船舶主体工种岗位培训教材

船 舶 钳 工

主编　金伟国　张信祥
主审　冯德明

国防工业出版社

·北京·

内 容 简 介

本书由基础知识、船舶钳工通用安装技术、动力装置、船舶辅机、船舶主要设备的安装及工艺共五篇组成,从基本理论、基础知识切入,由浅入深,着重讲解了船舶机械的工作原理、工艺要求、操作要领、故障分析、公式计算等,对船用各种机舱、甲板主辅机等主要机械设备的结构组成、工作原理、工艺技术等进行较详细说明。

本书是新进厂船舶钳工(劳务工)的岗位培训教材,也可作为本专业有关技术人员和工人的参考教材。

图书在版编目(CIP)数据

船舶钳工/金伟国,张信祥主编.—北京:国防工业出版社,2012.10 重印

船舶主体工种岗位培训教材

ISBN 978-7-118-05819-2

Ⅰ.船… Ⅱ.①金…②张… Ⅲ.船舶—钳工—技术培训—教材 Ⅳ.U671

中国版本图书馆 CIP 数据核字(2008)第 093134 号

※

*国防工业出版社*出版发行

(北京市海淀区紫竹院南路 23 号 邮政编码 100048)

天利华印刷装订有限公司印刷

新华书店经售

*

开本 787×1092 1/16 印张 20¾ 字数 471 千字

2012 年 10 月第 1 版第 3 次印刷 印数 12001—15000 册 定价 36.00 元

(本书如有印装错误,我社负责调换)

国防书店:(010)88540777 发行邮购:(010)88540776

发行传真:(010)88540755 发行业务:(010)88540717

船舶主体工种岗位培训教材
编著委员会

主　　任　路小彦

执行主任　黄永锡

副 主 任　孙　伟　　程小彬

委　　员　熊余红　　任少光　　曾爱兰　　黄成穗　　陈建良

　　　　　朱大弟　　陈　平　　周军华　　何汉武　　施克非

　　　　　赵伟兴　　章炜樑　　黄　镇　　金鹏华　　沈子玉

　　　　　邱隆宝　　张信祥　　陈胜林

顾　　问　周振柏

序

经过改革开放三十年,特别是新世纪以来近八年的发展,我国造船工业不仅在造船产量、能力规模方面实现了跨越式发展,而且在产品结构、造船效率、技术研发等方面有了长足进步,取得了令世人瞩目的历史成就。作为我国船舶工业的主力军,中船集团公司用短短几年时间提前实现了"五强"、"三强"目标,2007年造船完工量、新船接单量和手持定单量均跃居世界造船集团第二位。

当前,中船集团公司已经站在了从做大迈向更加注重做强的历史新起点。集团公司第六次工作会议明确提出,到2015年,我们不仅要成为世界第一造船集团,全面实现"五三一"目标,而且要推动做强的新跨越,达到"五个世界领先"。这个宏伟目标,既为我们各项工作进一步指明了方向,也提出了新的要求。其中,人才队伍世界领先更具战略意义,需要付出更多努力。我们要紧紧围绕集团公司改革发展实际需要,创新人力资源管理机制,以建设职业化的管理经营人才队伍、创新型科技人才队伍以及技艺精湛的高技能人才队伍为重点,建设世界领先的人才队伍。

加强员工培训,是提高人才队伍素质的重要手段。深入系统地开展岗位技能培训,提升企业员工尤其是造船生产一线员工的技能水平和业务素质,对于不断壮大集团公司技艺精湛的高技能人才队伍,更好地适应集团公司新的跨越式发展具有重要意义。为此,集团公司委托上海地区公司组织编著了《船舶主体工种岗位培训教材》系列丛书。这套书比较完整地汇集了集团公司各单位造船技术和工艺的精华,凝聚着集团公司造船专家们的经验和智慧,是一套难得的员工技能培训教材。希望集团公司各单位结合工作实际,真正学好、用好,取得实效。

谨向编著本套教材的专家和同志们表示衷心感谢。

中国船舶工业集团公司总经理

2008 年 4 月 10 日

V

编 者 的 话

近年来,随着我国船舶工业的快速发展,各造船企业的造船能力和产量迅速提升,各类新建造船企业如雨后春笋般涌现,由此带来造船员工队伍尤其是劳务工队伍的需求持续增长。伴随造船员工队伍总量的迅猛扩大,员工队伍的技能素质越来越难以适应造船总量的快速提升,在一定程度上已成为我国造船工业进一步发展的瓶颈。为了适应我国造船工业的快速发展,满足造船企业培训技能员工尤其是劳务工的需求,全面提升企业员工队伍整体技能素质,编写一套造船主体工种岗位培训教材已成为当务之急。

受中国船舶工业集团公司的委托,上海船舶工业公司从2005年开始筹划,并组织上海地区所属江南造船(集团)有限责任公司、沪东中华造船(集团)有限公司、上海外高桥造船有限公司、上海船厂船舶有限公司、中船澄西船舶修造有限公司等造船企业的几十名造船专家开展了船舶主体工种岗位培训教材的编写。

本套岗位培训教材共10本,囊括了造船生产中员工相对需求量较大的所有工种的岗位培训要求,是一套主体工种齐全、内容全面的上岗培训教材。它们是《船舶切割工》、《船体装配工》、《船舶电焊工》、《船舶管系工》、《船体火工》、《船体冷加工》、《船舶除锈涂装工》、《船舶起重工》、《船舶钳工》、《船舶电工》。

本套岗位培训教材的编写,以造船企业对技能人才的需求为导向,以造船工种岗位技能需求为依据,以现代造船流程和工艺为标准,以新入企业员工(劳务工)培训为对象,以模块化教学为单元。在编著过程中着力把握以下原则:一是实用性。突出标准操作流程和作业要领,教会员工正确的作业方法和操作步骤,并辅以基础理论知识。二是通用性。在内容上以现代造船模式的流程和新技术、新工艺、新设备为主,兼顾传统生产管理模式、流程和老设备。在深度上以适用文化程度较低的劳务工初级培训为主,兼顾已掌握一定技能员工进一步提高的再次培训。三是先进性。以建立现代造船模式为基础,广泛吸收国内外先进造船理念、技术和工艺,体现技术、管理和生产一体化思想,结合"HSE"和"5S"要求,使员工充分了解和掌握先进、规范的作业要求以及安全生产和产品质量的基本知识。

如有可能，我们还将陆续制作影像教学光盘，以便使教学更直观、更形象、更生动。我们真诚希望本套教材的出版，为加速培养我国造船工业更多、更优技能人才起到积极的推动和促进作用，同时衷心希望从事造船岗位培训教学人员和广大读者对本套教材提出宝贵意见和建议。

船舶主体工种岗位培训教材编著委员会

2008 年 3 月

前　言

本书是根据中国船舶工业集团公司岗位培训教材编著委员会审定的《船舶主体工种岗位培训教材》编写大纲，为适应现代造船工程的需要，培养船舶钳工掌握本专业技术知识，提高船舶钳工技术水平所编写的。

《船舶钳工》是一本涉及船舶建造现场施工工艺综合性的专业书籍。由于受到篇幅和培训教学学时所限，很难对每一篇和章节的理论、结构、系统及操作运行作深入阐述，而只能对其主要内容做到结合当前船舶实践，适应船舶新技术进展，力求理论联系实际，突出重点的叙述。本书强调教材内容具有较强的针对性，较好的系统性和适用性，尽力做到论述清楚、文字简洁、通俗易懂，方便教育和学习，力求达到通过本教材的学习，使学员能全过程学习、掌握基本的船舶主、辅机械的原理、类型和系统结构概况，并对系统运行具有一定的分析能力和解决实际问题的能力，具备船舶钳工的基本技能水平。

《船舶钳工》分为五篇，包括了基础知识，船舶钳工通用安装技术，动力装置，船舶辅机（机舱辅机和甲板机械）和主要设备的安装及工艺。为了论述清楚，将有关内容相对集中划分章节进行细化叙述，尽量达到论述清晰明了，同时贴近现代造船模式转换的要求，使培训教材既有实用性，又有前瞻性。

本书由上海船厂船舶有限公司金伟国同志任主编，张信祥同志任副主编。在编写过程中，部分章节由朱培锴、邹建平、张华、周阳生、戴壹龙等同志参与编写，主审冯德明先生为本书提出不少有益建议和技术指导，各兄弟船厂和高级专家审阅后也都提出了很有价值的宝贵意见和建议，谨在此向他们表示衷心的感谢。由于现代造船科技不断发展和提高，新的船舶建造规范和标准不断推出和更新，新设备、新材料、新工艺也层出不穷，且编者技术水准有一定的局限，编写内容欠缺之处恳请广大专家读者阅后指教。

编　者
2007 年 8 月

目　录

第一篇　基础知识

第五篇 船舶主要设备的安装及工艺

第一篇

基础知识

第一章 船舶钳工机械制图知识

第一节 船舶概述

一、船舶工业发展概况

(一) 古代造船史

在新石器时代,人们能够利用火和石斧制造独木舟。

中国古代的造船技术在世界上长期处于领先地位,中国、埃及、希腊和罗马,都是世界造船和航海的发源地。在世界船舶发展的历史长河中,我们先祖曾作出过重大贡献。

随着历史前进和生产力发展,小独木舟逐步越造越大,木船建造的结构也越来越复杂,用途也越来越广泛。人们起始的目的是把它作为交通运输工具,后来也用作了作战工具。三国鼎立时期,魏国为了攻打东吴,统领庞大的木战船组成水军,结果在赤壁遭遇火攻而溃败,这是中国古代历史上用木船进行大规模的水上作战实例。

古代的小木舟是依靠人力运动的,用人力拉纤、脚划、手摇橹进行航行。随着船体不断地增大,航行的动力也从单桨变为多桨,无舵变成有舵,延续至今的赛龙船运动就是一个很好的例子。人类在不断地进步,技术在不断地提高,人们利用自己的才智和高超的造船技术,充分利用自然动力源,替代人力作为航船动力,因而逐步发展为风帆船或机械传动的舟车动力船。中国在世界造船史和航海史上曾有不少伟大创举,明代永乐年间,让中国人引以为豪的郑和七下西洋就是一个典范。

郑和于 1405 年到 1433 年的 28 年间,受政府派遣统帅舟师七下西洋。每次出洋海员 27000 余人,船舶一二百艘,其中大型宝船长 44 丈 4 尺,宽 18 丈,排水量达 14000t 以上。郑和的船队不但访问了南洋群岛的主要国家,而且一直航行到了非洲东岸,总航程十万余里。其规模之大,人数之多,船舶技术之先进,航行海域之广阔,都是历史上前所未有的。

在 15 世纪初的中国,以高超的传统造船技术,能够建造难以置信的巨大航船,远渡重洋,进行国外经济与文化交流,郑和下西洋,达到了这一航海历史阶段的高峰,其丰功伟绩至今广为流传。

(二) 近代造船史

17 世纪到 18 世纪,现代造船科学开始建立,人们对航海的作用意义都有了更深刻的认识和体会。世界上不少国家通过建造更先进的风帆船进行远洋探险,发现了不少新大陆和岛屿,促进了人类世界的发展和进步。到 18 世纪末,西、法、英、美等诸国都有不少人探讨利用蒸汽机作为动力来推进船舶的设想。1807 年美国人富尔顿完成了第一艘蒸汽机明轮船"克雷门特"号。1838 年,英国建造了新型蒸汽机明轮客船"大东方"号,船长 207.13m,排水量 18915t,采用风帆、明轮和螺旋桨联合推进。

19 世纪 60 年代以后,中国封建统治者中的一些代表人物曾国藩、左宗棠、李鸿章等人,奏请清政府操办洋务运动:1861 年开办安庆内军械所;1865 年在上海创办了制造军火和轮船的综合企业——江南制造总局;1866 年在福建马尾设立专门从事造船的福州船政局,船政局设"前学堂"培养造船、造机人才;1872 年又创办了招商局。

1865 年,我国制造了第一艘蒸汽机轮船,该船长 17.6m,航速约 6kn。1868 年,制成了木壳桨轮船,航速约 9.5kn;1869 年,制成了木壳运输舰,航速约 10kn,是我国最初的几艘蒸汽机轮船,从技术上看,可能要比英国等技术先进的诸国落后七八十年,但这毕竟是中国近代造船工业的开端。

1879 年,在上海建成了载重 763t 的长江铁壳螺旋桨轮船,具有载重量大、燃料消耗低的特点。1905 年建成钢质长江客货轮,载重 1900t,载客 326 人,动力机器采用火管锅炉三座,三膨胀式蒸汽机两部,航速 12.5kn;1918 年建成载客 200 余人的客货船,航速达 13.79kn,受到航业界的欢迎,仅在 1919 年至 1922 年间,同型船就建造了 10 艘。

1918 年夏,第一次世界大战在持续进行,美国急需大批远洋运输船,遂与我国签订了承造 4 艘万吨级运输船的合同,4 艘船按合同要求于 1921 年至 1922 年陆续交船。这些船是全遮蔽甲板型蒸汽机货船,航速 11kn。

自洋务运动起到旧中国政府统治的 80 多年中,我国虽然也建造了一批钢质轮船,但处在半殖民地半封建社会,在外国帝国主义和本国官僚买办势力的双重压迫下,加上工业基础落后,造船业的发展极为缓慢,因而造成北洋水师的军舰,大部分只能依赖向国外购买,"甲午海战"中遭日本帝国主义的重创溃败后,中国没有强有力的造船基础,一蹶不振,无法与之继续抗衡,只能受辱签订不平等卖国条约。造船科学技术如没有国家强大的工业经济基础,没有政府的鼎力扶持是无法达到先进水平的,因此旧中国的造船业根本无所作为。

(三)国外造船工业的发展

第二次世界大战爆发前后的欧洲是工业化发达地区,钢铁、机械制造均为强项。欧美国家为了战争需要,高速开动国家工业机器,把舰船作为主要战争武器,把商船作为重要交通运输工具,在技术开发、经济投入上,倾注了很大的人力和物力,大批量舰船的建造,对整个反法西斯战争的胜利,起到了至关重要的作用。随着第二次世界大战的结束,在 1955 年之后,日本凭借其在战后恢复和发展中形成的工业基础,特别是在低廉劳动力成本上,欧洲无法与其竞争,造船业迅速从欧洲向日本转移。

20 世纪 60 年代是日本造船工业迅猛发展的阶段,针对当时大型油船、散货船、集装箱船等市场需求,日本加快了设备投资,不断扩大造船能力,10 年间造船能力扩大了 3 倍~4 倍,船舶产量增加了 4.5 倍;70 年代初,当时日本的造船能力和在国际造船领域的地位大幅上升,已经受到世界各国的瞩目,除了能建造大型商业运输船外,还能建造一定级别的军舰。

到了 1985 年,日本造船份额已占世界的 50%,而欧洲一路下滑到 21%。韩国在 1975 年占世界造船份额只有 1%。但从 1975 年起,韩国凭借其比日本更具竞争力的劳动力成本开始崛起,从欧洲和日本手里抢占造船份额,80 年代,韩国造船企业开始大规模进军国际市场。经过 20 多年的快速发展,韩国造船业占国际市场的比重已超过 30%,到

2002 年已占到世界 33％,而日本的市场份额则从 1985 年占世界 54％的高水平下降到 2002 年的 35％,欧洲则进一步落到只占世界份额的 15％。2003 年,韩国获得世界第一造船大国的桂冠,订单总量和世界最优秀船舶数量中标均超过日本。韩国造船工业协会称, 2006 年韩国造船业接获的订单总量相当于 2005 年造船量的两倍,总量达 1959 万修正总吨(CGT),占全球市场份额达 39.4％。截止 2006 年年底,韩国造船业手持订单总量为 4526 万修正总吨,相当于今后 4 年的造船量。在世界 5 大造船企业中,韩国占据 4 席,现代重工、三星重工、大宇造船、三湖重工分居前四位,占世界造船市场的比重合计达到 25％(2006 年统计)。目前,韩国建造的油船、集装箱船、液化天然气船(LNG)、浮式生产储油船(FPSO)、高速船和超大型油船以及豪华客船均居世界领先地位。

(四) 中国现代造船工业的发展

新中国成立之初,刚从旧中国政府接收下来的修造船厂和机械制造业,大部分只能做修修补补的工作,没有专业的配套设备厂,也没有造船的标准和规范,造船技术能力相当薄弱,在世界造船业中根本没有立足之地。为了发展我国造船业,我国政府高度重视,为造船工业倾注了很大的人力和财力,培养和教育了一大批造船优秀技术力量,使我国从原来以修船、租船、买船为主,逐步发展为造出口船、造高附加值船,把产品成功地打入国际市场,全国也逐渐形成较完善的船舶产品配套协作网。

近 20 年来,中国船舶工业成功地实现了战略大调整,造船生产获得较大发展。1982 年船舶总公司刚成立时造船产量为 42 万吨,到 2006 年,造船产量提高到 1400 多万总吨,占世界造船产量的份额由 1982 年的 0.8％(世界第 17 位),提高到 2006 年的 20％以上, 连续 12 年成为仅次于日本、韩国之后的世界第 3 造船大国。建造船舶的品种,从一般散货船、油船、干货船发展到具有国际先进水平的成品油船、化学品船、滚装船、大型冷风集装箱船、石油钻探船、液化石油气船和高速水翼客船等。船舶建造能力从万吨级提高到 30 万吨,中国已经成为发展中的造船大国。

新中国民用造船的发展大致可以分为三个时期。

1. 艰苦创业时期(1949—1966)

建国初期,百废待兴,工业基础薄弱,造船工业从修旧利废、改建旧船开始。20 世纪 50 年代初,将本世纪初建造的长江下游客货船加以改建后投入营运的交通工具一直使用到 70 年代。当时我国水运以发展内河航运为主,建造了一大批内河拖船、驳船和机帆船。为配合航道疏浚和水利建设,各地也建造一些挖泥、抛石等工程船舶。

20 世纪 50 年代,京沪铁路运输繁忙,设计和建造了一批火车渡船,船长约 110m,可装运 20 余节车厢,载客 936 人,首次采用我国自行设计制造的电动液压舵机并首次采用了极 U 型首部横剖线并配以弧形折角线,造型美观,航速也大有提高。1955 年,建成建国后第一艘沿海客货船,航速 11.5kn,载客 500 人,载货 700t。1960 年建成柴油机沿海客货船,可载客 800 余人,航速约 16kn,舱室设备和布置装潢方面达到了一个新水平。这一时期还设计建造了 5000t 沿海货船,主机采用当时较为先进的单流式蒸汽机,除雷达、测向仪购自国外,舾装、电气设备均是自行研制的。

20 世纪 50 年代末,我国研制的万吨级远洋货船,载货量 10000t,采用我国自行研制的直流扫气低速重型船用柴油机,除柴油发电机组为进口,船体材料和所有机电设备、各种配套机件都是我国自行研制的,航速达 17.3kn,该船在航速、装载量、钢材消耗量等方面均达到了当时较先进的水平。表明我国在船舶建造技术和配套设备的生产上有重大进步，为以后建造大型船舶打下了基础。

2. 曲折前进时期(1966—1978)

开始于1966年的十年动乱，严重干扰了船舶工业的正常发展，其间步履艰难，道路曲折。这个时间段为满足国内航运和对外贸易的需要，建造了主要以柴油机为动力的第二代运输船型。

1971年建成中型客货船，载客970人，具有较好的适用性和经济性，作为定型船舶批量建造了多艘。1974年设计建成大型客货船，是当时我国长江上尺度最大、载客最多的大型客货船。首次开辟了甲板中线内走廊，提高了客船的适用性与舒适性，航速也有显著提高。定型后先后建造了20艘，曾一度成为长江中下游客运的主力。

这一时期海洋船舶建造也得到快速发展，建成当时我国最大的沿海客货船，船长138m，载客960人，载货2000t，航速18kn。1969年完成15000t级油船，航速15.5kn；1973年经改型设计，将载荷量提高到24000t，航速15.77kn，先后批量建造16艘，这批油船在沿海油运方面发挥了很大作用；1973年建成尺度最大的、载重量25000t的散货船，采用球鼻首；1974年建造的载重量16000t的矿煤船，超载时可载货19000t，先后建造20多艘；1976年还建成载油量50000t的油船。

3. 改革开放时期(1978年以后)

1978年我国开始实行改革开放政策，国内国际市场的开拓促进了我国第三代内河及海洋运输船舶以及海洋建筑物的创新与开发。新船型的技术性能、经济指标、生产工艺、建造质量已提高到同期的国际水平；能按国际上任何一种建造规范，设计建造满足用户入级保险要求的符合国际公约、标准的各种类型现代化船舶；采用船机集控、遥控，或实现无人机舱，自动化程度有显著提高。

1986年建造两艘64000t巴拿马型散货船因质量上乘受到了航运界的称赞。1987年建成69000t成品/化学品油船，以装载成品油为主，还可装化学产品，航行于无限航区的国际航线。该船有球鼻首，尾柱带有尾球体；货油舱区域从甲板舷侧至底部均为双层焊接结构；设无人机舱，14个油舱及2个污油舱均采用特种涂装工艺处理，具有惰性气体保护设施。迄今为止，世界上只有少数造船大国能够设计制造这样的船舶。

1988年建成7000吨级滚装船，实测航速为16kn，采用双机双桨，通过减速器用可变螺距螺旋桨推进。在正常航行情况下，可在驾驶室进行遥控操纵。同年建造的24000吨级汽车滚装船，载车4000辆，其性能达到世界上同类型汽车滚装船的先进技术水平，堪称为"世界未来型"船舶。同年，为联邦德国建造的4万吨级全格栅大型冷风集装箱船，采用不对称尾型，其综合导航系统可实行从启运港到目的港全程自动导航，全船只需16名船员，可载2700个标准集装箱，其中544个冷藏箱可自动调温，被国际航运界誉为"未来型"的大型集装箱船。

近20年来，中国船舶工业成功地实现了由军转民的战略大调整，造船生产获得较大发展。1982年船舶总公司刚成立时造船产量为42万吨，到2006年，造船产量提高到1452万载重吨，占世界造船产量的份额由1982年的0.8%，世界第17位，提高到2006年的19%，连续12年成为仅次于日本、韩国之后的世界第3造船大国。至2007年6月底，新接船舶订单4262万载重吨，同比增165%，占世界市场份额42%，手持船舶订单1.054

亿载重吨,占世界市场份额 28%。目前,已有三家造船企业手持船舶订单入围世界造船企业前 10 强。产品结构得到进一步优化,不仅主流船型大型化、批量化、系列化特点更加突出,而且船舶技术含量和附加值大幅提高;承接油船比例大幅上升;集装箱船已形成系列化建造;高新技术船舶比重明显增加,首次承接万箱级集装箱船和 30 万吨级矿砂船;成功进入海洋工程国际高端市场,美国康菲石油公司 30 万吨超大型海上浮式生产储油船(FPSO)项目已顺利交船;还首次承接了第六代深水半潜式钻井平台改装工程。中国船舶工业综合竞争力有很大提高,中国船舶工业整体发展形势正由"快"转变为"又好又快",增长方式则由"做大"转变为"大强并举"。上海江南长兴造船基地、上海船厂崇明造船基地、广州龙穴造船基地、青岛海西湾造修船基地等正在建设的大型造船基地已陆续接单,将推动中国造船产量产生巨大飞跃,中国成为世界第一造船大国指日可待。

二、现代造船模式

(一) 造船模式的演变

造船模式的演变实际上是人们在不断追求提高造船的生产效率,确保建造质量和缩短造船周期的过程,船舶制造是一个极为复杂的制造工程,如何用科学的、先进的造船模式来解决"怎样造船"和"怎样合理组织造船生产"的问题,是造船工作者长期以来孜孜以求的目标。

造船模式是不断发展变化的,但相对地在一定的时期内又是稳定不变的。追溯世界造船史我们可以看到大体经历了四个阶段,形成了四种模式:

第一个阶段(20 世纪 40 年代以前的铆接船时代):按功能系统组织生产的造船模式;

第二个阶段(20 世纪 40 年代中后期全焊接船初期):按区域、系统组织生产的造船模式;

第三个阶段(20 世纪 50 年代末,60 年代初形成):按区域、阶段、类型组织生产的造船模式;

第四个阶段(20 世纪 70 年代初期形成):按区域、阶段、类型一体化组织生产的造船模式。此种模式一直沿用至今,已被国内外造船界公认为当今最先进的造船模式。

以上四种模式从本质上看又可分为两大类:前两种可归为一类,称为系统导向型的传统造船模式,后两种可另为一类,称为产品导向型的造船模式。

(二) 现代造船模式的一般概念

现代造船模式的主要特征就是把传统造船按功能、系统和专业的设计、生产、管理方式改变为按区域、阶段和类型的设计、生产、管理方式,又把传统造船的全能厂性质改变为总装厂性质。可形象化地认为,现代造船模式是一种以"块"(区域)代"条"(系统)的造船模式,就是把"块"作为船舶建造过程中的一个产品,以"块"的合格质量的"产品"与有效提供完成"块"所需的一切生产资源(含人、财、物),进行合理的空间分道、时间上有序的船体建造、舾装、涂装同步作业,以确保船舶建造质量与生产效率的提高,建造周期的缩短,以及生产成本的控制。为此,实现设计、生产、管理一体化,均衡、连续地总装造船,已为国内船舶行业所认同,这种模式业已成为现代造船行之有效的一种造船模式。

(三) 现代造船模式的内涵

现代造船模式是通过科学管理,特别是通过工程计划对各类中间产品在船舶建造过

程中的人员、资材、任务和信息的强化管理,实现两个"一体化"区域造船,其内涵主要有以下几个方面:

(1)成组技术的制造原理和相似性原理,以及系统工程技术的统筹优化理论,是形成现代造船模式的理论基础。

(2)应用成组技术的制造原理,建立以中间产品为导向的生产作业体系,是现代造船模式的主要标志。

(3)中间产品导向型的生产作业体系的基本特征是:以中间产品的生产任务包形式体现的。

(4)应用成组技术的制造原理进行产品作业任务分解,以及应用相似性原理按作业性质(壳、舾、涂)、区域、阶段、类型分类成组,必须通过生产设计加以规划。其中按区域分类成组,建立区域造船的生产组织形式,是形成现代造船模式的基础和必要条件。

(5)用系统工程的统筹优化理论,是协调用成组技术原理建立起来的现代造船生产作业体系相互关系的准则。该准则可形象化地概括为两个"一体化"。

其中,壳、舾、涂一体化,指以"船体为基础,舾装为中心,涂装为重点"的管理思想,把壳、舾、涂不同性质的三大作业类型,建立在空间上分道、在时间上有序的立体优化排序。而设计、生产、管理一体化,指设计、生产、管理三者的有机结合,在设计思想、建造策略和管理思想的有机结合中,以正确的管理思想作为三者结合的主导。两个"一体化"是组织整个系统工程极为重要的一种管理思想。

(四) 现代化造船模式的特点

(1)对生产设计工作进行优化,生产设计的过程是在图面上结合船厂所具备的施工条件规划"怎样造船"的一种设计。

(2)以中间产品为导向,实现分段区域化制造。

(3)在分段制造过程中,最大限度地实现壳、舾、涂一体化作业,把作业任务进行相互结合,做到空间上分道、时间上有序。

(4)作业者的专业分工逐渐消失,向一专多能方向发展,培养掌握多项操作技能的人才。

(5)资料、设备的采购、供应实现纳期管理、托盘化管理,物资流程网络管理。

(6)造船生产计划实行节点管理,造船生产的计划性得到了有效的加强。

(7)船舶制造过程逐步实行有条件的集成化、模块化、标准化、编码化。

(8)船舶制造厂向总装厂发展,扩大总量提高效益。

现代化造船摸式的推行和有效实施,必将把造船企业的船舶设计和造船生产、综合管理的水平推向一个新的高度。

三、船舶的通常分类

目前对于从事水上活动的工具分为两大类,一是船舶,二是海洋工程。而船舶又分为民用船舶和军用船舶两类,民用船舶简称为船舶,军用船舶简称为舰船。海洋工程主要是浮式生产储油船(FPSO)、钻井船和钻井平台等。

军用船舶按用途的分类见图1-1-1,民用船舶按用途的分类见图1-1-2。

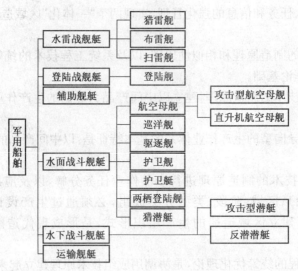

图 1-1-1　军用船舶的分类

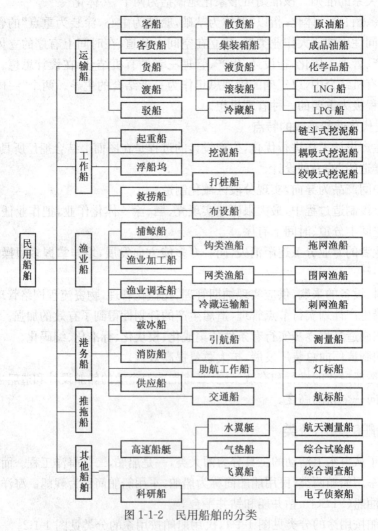

图 1-1-2　民用船舶的分类

8

军用船舶是指执行战斗任务和军事辅助任务的各类船舶的总称。通常分为战斗舰艇和辅助舰船两大类。

人们一般称排水量 500t 以上的船舶为舰,500t 以下的为艇。军用舰船一般有驱逐舰、护卫舰、登陆舰艇、航空母舰以及潜艇等。

在所有建造的民用船舶中,运输船占很大的比例,运输船又以散货船、集装箱船、油船、滚装船为主。而目前世界上公认设计和建造技术难度最高的船舶为液化天然气船和豪华游轮。下面就散货船、集装箱船、油船的概况作简单介绍。

1. 散货船

散货船是专门用来运输煤、矿砂、盐、谷物、钢材、木材、纸等散装货物的船舶。图 1-1-3 所示为 74500t 散货船。运输不同货物的船舶其结构会有些不同,但总的布置和特点基本相同。

图 1-1-3 74500t 散货船

散货船的船体结构可分为五大部分,即机舱、货舱、首部、尾部和上层建筑五部分。其上层建筑和机舱都设在船舶的尾部;货舱区内底板与舷侧用斜旁板连接组成底边水舱,外板与甲板用斜旁板连接组成顶边水舱;使用中和在建中的散货船的舷侧均为单壳,但随着对生态环境和船舶安全性要求的提高,散货船设计成双壳结构的要求将会提出。目前,国际公约已提出燃油舱双壳保护要求,并将于 2010 年 7 月 1 日生效,因而正在进行设计和建造的散货船已着手作相应的修改。

2. 集装箱船

集装箱运输是将货物预先装在标准的由金属制成的货箱内,这种货箱称为集装箱,装货时将其直接装在船上,然后运到目的地,这种船舶称为集装箱船。从装货的种类来分主要有常温集装箱和冷藏集装箱两种,常温集装箱简称为集装箱。根据长度来分主要有符合 ISO 标准的 20 英尺、24 英尺、30 英尺、49 英尺集装箱,但还有欧盟标准的 40 英尺及非标的 35、43、45、48、49、53 英尺的集装箱,其中最常用的是 20 英尺和 40 英尺集装箱。集装箱船的载箱量一般以 20 英尺的标准集装箱来衡量,其符号为 TEU。图 1-1-4 所示为 5688 TEU 集装箱船。

集装箱船的特点是货舱区域为双壳结构,内部均成阶梯形,每一货舱中间都设有空心舱壁,所有舱壁上都设有导轨架,用于集装箱的导入和固定;货舱舱口特别大,故船体结构必须有足够的强度,所以两舷外板大都采用高强度钢板;货舱上的舱口盖上方也装载集

图 1-1-4　5688TEU 集装箱船

装箱,8530TEU 船甲板上最高的舱可堆八层,舱口盖均为吊离式,故舱盖的重量受到港口起重量的限制;甲板上方还设有绑扎桥,也是集装箱船特有的舾装设施,作用是固定甲板上的集装箱;货舱区域的横舱壁都是双层结构,长度一般为二档肋距,与散货船、油轮不同;集装箱船是运输船舶中航速最高的船,航速一般都在 24kn～26kn,而散货轮航速一般在 16kn 左右,所以集装箱船的主机功率特别大,对于相同载重量的船舶,集装箱船的主机功率是散货船的四倍多。

与一般货船相比,集装箱船有许多优点,如装卸效率高,周转速度快,运输成本低,简化了货物的包装、装卸和理货等手续,便于实现搬运机械化,能减少或杜绝货物的损坏、遗失和混装等现象。在集装箱运输发展的初期所存在的一些问题,如建造专用码头、专用的运输工具、配置集装箱及集装箱固定附件、空箱回收、集装箱空间不能充分利用等,随着集装箱运输的发展都得到了解决。

3. 油轮

油轮可以分为原油轮、成品油轮,有的油轮可能还有部分舱装载液态的化学品。与散货船、集装箱船的最大区别在于它装载的是液货,而前两者装载的都是干货;其次是油轮的不安全因素较大,容易发生火灾;第三是油料的卸载依靠船上的设备来进行,因而设有专门的油泵舱;第四是油轮甲板上的管路较多,输油管系贯穿整个上甲板。由于油轮的海损会造成极大的不安全因素和污染海洋,因而除了新建的油轮都为双底双壳结构外,世界船级社协会还制定了共同规范,新建船舶必须执行新的规范要求。图 1-1-5 所示为 63000t 油轮。

图 1-1-5　63000t 油轮

除了按船舶的用途分类外,船舶还可按航行区域分为远洋船、近海船、沿海船、内河船和港湾船,前三种船舶统称为海船;按造船的主要材料分有钢质船、木船、钢筋水泥船、铝合金船、玻璃钢(塑料)船和钢木混合船等;按推进方式分有机动船和非机动船,机动船按推进装置的种类分为柴油机船、汽轮机船、电力推进船、燃气轮机船和核动力装置船;按航行状态分有浮行船、滑行船(滑行艇、水翼船)和腾空飞行船(气垫船)。

四、船舶各部位的名称和动力装置

(一) 船舶各部位的主要名称

为使读者对船舶具有基本的概念,现以散货船为例,先概括的叙述船舶各部位的主要名称及作用。

1. 位置名称

(1)船中心线:与水平面平行的连接船舶首尾中点的直线。该线位于船底平面时称为基线。

(2)右舷:从尾向首看,在船中线右面的区域称为右舷,在船中线左面的区域称为左舷。船舶设备在船上安装时,其定位尺寸中必须注明在船的左舷还是在船的右舷,到船中心线的距离是多少。

(3)水线:船两侧与水面的交线叫水线。由于船在水中有许多状态,所以有很多水线,其中最重要的是载重水线,例如轻载水线、重载水线等,主要是用于测量船舶的装载吨位。同时海水在不同季节、不同海区的密度也不同,所以有重载水线有热带载重线、夏季载重线、冬季载重线、北大西洋冬季载重线等。

(4)干舷:水线以上的船舷叫干舷。干舷的大小(高度)决定了船舶储备浮力的大小。它是衡量船舶安全性的一个标志,各船级社对其都有明确的要求。

(5)舭部:船底与船侧之间的弯曲部分叫舭部。

船舶的位置名称如图 1-1-6 所示。

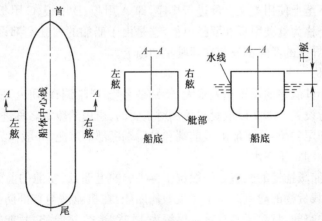

图 1-1-6　船舶位置名称

2. 甲板和舱室名称

船体结构可以被甲板分隔成若干层,也可以被纵横舱壁分成不同的舱室。大型的船舶从船底到最高处可以分成十几层,从首至尾、从左至右可以分成几十个不同用途的舱室。为了设计、制造、使用和管理上的需要,对这些甲板或舱室给予相应的命名,如图 1-1-7 所示。

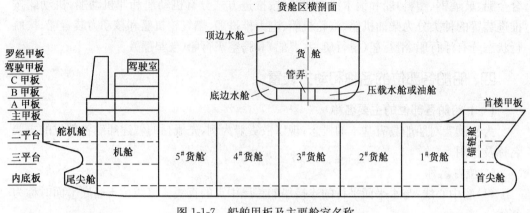

图 1-1-7　船舶甲板及主要舱室名称

(1)甲板名称。

①主甲板:对于货船,一般最上面一层从首至尾的连续甲板称为主甲板,主甲板下面的船体结构称为主船体。主甲板也称为上甲板。

②平台甲板:主甲板以下,机舱内的分层甲板称为平台甲板,从上至下加上相应的序号,称为二平台甲板、三平台甲板……可以简称为二平台、三平台等,最下面的底板称为内底板或双层底。其他区域与其在同一高度位置的甲板的名称相同。如果不在同一高度位置,则按其用途命名,例如舵机舱内安装舵机的甲板称为舵机甲板等。

③主甲板以上的甲板:对于货船,主甲板以上的甲板一般都不是从首至尾统长甲板,所以可统称为短甲板。由于在首尾部主甲板以上可以不设甲板,或仅设一层甲板,此时可称为首楼甲板和尾楼甲板。用于供船上人员居住、生活的结构称为居住区或上层建筑,它可以位于船上前后的任意位置,一般是随机舱的位置而定。上层建筑甲板的命名,目前常用的方法是从下至上使用英文字母进行排序,即 A 甲板、B 甲板、C 甲板……但最上面的二层甲板一般仍称为驾驶甲板和罗径甲板,这是由于船舶的驾驶室都设在上层建筑的最高位置,而用于导航的罗经都安装在驾驶室的顶上。

(2)舱室名称。

不同的船舶其舱室的设置相差很大,特别是客船、科学调查(研究)船、工程船等,其舱室更是按需进行设置。本文以散货船为例对主要的、通用的舱室名称进行介绍。

①首尖舱和尾尖舱:位于船舶最前端和最后端底部的水舱,一般作为压载水舱用。尾尖舱有时也称为固定压载水舱。

②锚链舱:储藏锚链的舱室。一般位于首尖舱的上部,1#货舱的前面。

③货舱:装载货物的舱室。对于尾机型的船舶,在机舱前与首部防撞舱壁后,主甲板与双层底之间的空间,货舱通常自首至尾编为 1#货舱、2#货舱、3#货舱等。

④压载水舱:对于单壳体散货船来说,首尖舱、尾尖舱、双层底压载水舱、顶边水舱、底边水舱都是压载水舱,用于船舶调整吃水、纵倾和横倾等的状态。

⑤机舱:是安装船舶动力装置的主要舱室,包括主机、柴油发电机、锅炉、泵、油水分离机、电气设备、管路等。

⑥舵机舱：是安装舵机及系统的舱室。

⑦上层建筑舱室：上层建筑内设有各种用途的舱室，包括船员的居住和活动的房间、驾驶室、厨房、配餐室、餐厅、冷藏室、空调冷藏机组室、货物控制室、应急发电机室、二氧化碳瓶室、洗衣室、烘衣室等，一般按其用途命名。

⑧管弄：大型船舶，采用双层底结构时，一般在双层底船中部分设置管弄，主要供管路敷设用。

船舶钳工必须熟悉船舶的基本结构和甲板、舱室的分布情况，才能准确地按设计的要求进行设备的安装工作。

第二节 识图入门

机械制图是研究机械图样的一门知识。机械图样是机械制造业中用来指导生产的技术文件，它是表达设计对象和进行生产与技术交流的重要工具。机械图样常常被人们称为机械工程中的语言，是一个新产品从方案确定、设计、制造、装配直到使用、维护整个过程中不可缺少的技术资料。

生产中首先接触的是零件图，为了看懂图，必须先研究零件图是怎样来的，它包括哪些基本内容，看懂之后才能进行零件的加工制造。现以定位键为例说明。

一、零件图的产生

定位键如图 1-2-1 所示，长方体上有两个上大下小的阶梯孔。把定位键置于眼前，分别从它的前方、上方、左方去看，把看得见和看不见的轮廓用图形表示出来，这种图形叫视图，如图 1-2-2 所示。正对着零件从前往后看，所得到的轮廓图形叫主视图；从上往下看，所得到的轮廓图形叫俯视图；从左往右看，所得到的轮廓图形叫左视图。三个视图规定的排列位置，如图 1-2-3 所示。

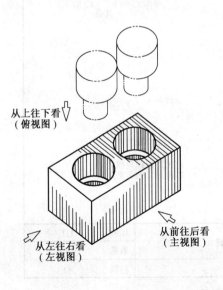

图 1-2-1 定位键

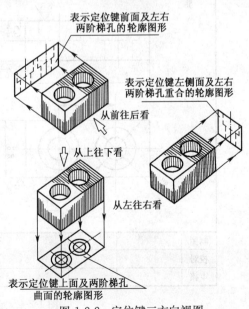

图 1-2-2 定位键三方向视图

13

二、图形的线型

为了使图形能表达清晰,便于看图,用粗实线表示零件上看得见的轮廓(图 1-2-3);用虚线表示看不见的轮廓;用点划线表示孔的中心线。

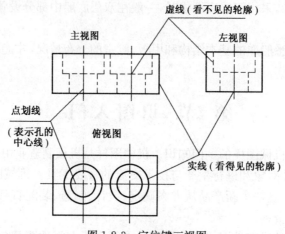

图 1-2-3 定位键三视图

必须指出:并不是每一个零件都要用三个视图才能把结构形状表达清楚,这要根据零件的复杂程度而定。简单的零件如定位键,只要有主视图和俯视图就可以了,如图 1-2-4 所示。

三、零件尺寸、表面粗糙度及标题栏

(一)零件的尺寸

图 1-2-4 中标明了定位键长、宽、高分别为 34、$18_{-0.012}^{0}$、12,孔的直径为 $\phi7$ 和 $\phi11$,两孔中心距为 15,大孔 $\phi111$ 深度为 6.5。

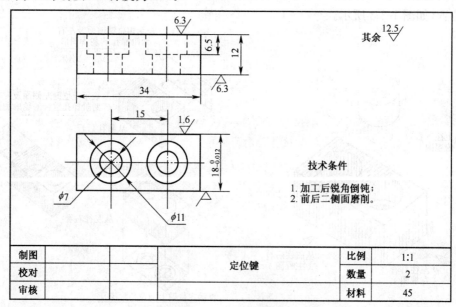

图 1-2-4 定位键零件图

14

（1）尺寸单位。根据国家标准规定，机械制图中凡是以 mm 为单位，在图中一律不写尺寸单位。例如定位键长 34，即表明长度为 34mm。

（2）圆和圆弧代号。为了表示圆和圆弧，用代号"ϕ"表示圆的直径，用代号"R"表示圆弧半径。例如：图中的 $\phi11$ 表示圆孔直径为 11mm。

（3）尺寸公差。零件有些尺寸要求严格。加工时，必须将该尺寸控制在一定的范围内。例如：尺寸 $18_{-0.012}^{0}$，说明在加工定位键前后两侧面时，最大尺寸只能是 18mm，最小尺寸为 $18-0.012=17.988$mm、尺寸在 $17.988\sim18$mm 之间是合格品（正品），超过这个范围则是不合格品（废品）。

（二）表面粗糙度

在一般图中，零件加工表面用代号"▽"表示，非加工表面用代号"◊"表示表面粗糙度。零件加工表面因作用不同，表面粗糙度也不同。例如定位键前后两侧面，在该零件各表面中是最光滑的 $\overset{1.6}{\triangledown}$；上下两面要求较低为 $\overset{6.3}{\triangledown}$；在图 1-2-4 的右上角注有 $\overset{12.5}{\triangledown}$，说明除了"$\overset{1.6}{\triangledown}$" 和 "$\overset{6.3}{\triangledown}$"加工面外，其他加工面均是 $\overset{12.5}{\triangledown}$。在 ▽ 上面数值越小，说明表面粗糙度越小。

（三）标题栏

在零件图右下方还有一个标题栏，里面记录了零件的名称、材料、数量及画图比例等。从图 1-2-4 中的零件图标题栏内可知零件叫定位键；制造零件所用的材料是 45 号钢；数量为 2，比例为 1∶1 说明图和实物一样大。

上面介绍的是零件图的基本内容。另外在图上空格中还应填有零件图的图号及表示此零件所属机械设备的名称。

第三节　基本视图和三视图

视图是机件向投影面投影所得的图形。现行标准规定：视图一般只画机件的可见部分，必要时，才画出其不可见部分。视图主要用来表达机件的外部结构形状。

现行标准将视图分为基本视图、斜视图、局部视图、旋转视图等。

（一）基本视图的名称及投影方向

以正六面体的六个面作为绘制机件图样时所采用的基本投影面。机件向这六个基本投影面投影所得到的六个视图称为基本视图。它们的名称和投影方向规定如下：

主视图：由前向后投影所得的视图；

俯视图：由上向下投影所得的视图；

左视图：由左向右投影所得的视图；

右视图：由右向左投影所得的视图；

仰视图：由下向上投影所得的视图；

后视图：由后向前投影所得的视图。

（二）投影面的展开及基本视图配置

六个投影面的展开方法是正立投影面（主视图）不动，其余各投影面按图 1-3-1 所示方向旋转。使各面与正立投影面（主视图）共面。展开后各基本视图的配置关系如图 1-3-

2 所示。即俯视图配置在主视图的下方；仰视图配置在主视图的上方；左视图配置在主视图的右方；右视图配置在主视图的左方；后视图配置在左视图的右方。由此可以看出，机件的主视图一旦被确定后，其他各基本视图的投影方向也就完全被确定了，它们与主视图之间的配置关系也就随之被确定。在同一张图上一律不标注视图名称。

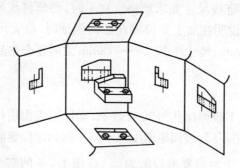

图 1-3-1 投影面的展开图

如不能按基本视图所配置的位置画图时，国家标准规定，应在视图的上方标出视图的名称"X 向"，在相应的视图附近用箭头指明投影方向，并注上同样字母，如图 1-3-3 所示。

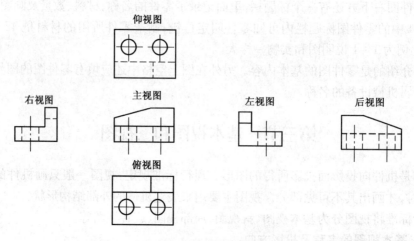

图 1-3-2 基本视图的配置关系

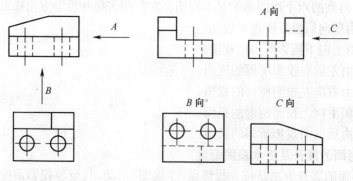

图 1-3-3 非基本视图的标注

16

第四节 其他视图和剖视图、剖面图

一、斜视图

斜视图是机件向不平行于任何基本投影面的平面投影所得的视图。斜视图通常仅用于表达机件上的倾斜部分。当机件上的倾斜表面在各基本视图上无法表达其真实形状时,可用变换投影面法,即选择一个与机件倾斜部分平行且垂直于一个基本投影面的辅助投影面,将该倾斜部分向辅助投影面投影,即得到斜视图,其画法和标注方法如图 1-4-1 及图 1-4-2 所示。图 1-4-2 所示"A 向旋转",是在不致引起误解时,允许将斜视图旋转。

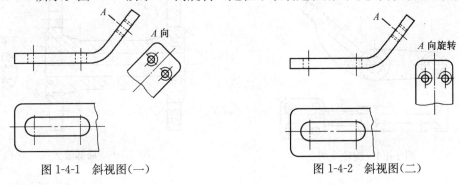

图 1-4-1 斜视图(一)　　　　　　图 1-4-2 斜视图(二)

二、局部视图

局部视图是将机件向基本投影面投影所得的视图。局部视图和基本视图相同的都是将机件向基本投影面进行投影;局部视图和基本视图不同的是:基本视图是将整个机件全部向基本投影面投影,而局部视图只是将机件的某一部分向基本投影面进行投影。如图 1-4-3 所示,图中的 D 向、E 向、F 向等都是将机件的某一部分向基本投影面投影的视图。

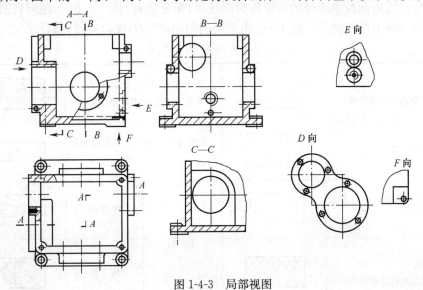

图 1-4-3 局部视图

17

三、旋转视图

旋转视图是假想将机件的倾斜部分旋转到与某一选定的基本投影面平行后向该投影面投影所得的视图,如图 1-4-4 所示。

四、局部放大图

局部放大图是将机件的部分结构用大于原图形所采用的比例画出的图形(图 1-4-5)。局部放大图可画成视图、剖视图、剖面图,它与被放大部分的表达方式无关。局部放大图一般配置在被放大部位的附近。

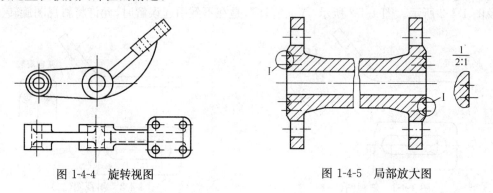

图 1-4-4　旋转视图　　　　　　　　图 1-4-5　局部放大图

五、剖视图与剖面图

在机械制图中经常采用剖视和剖面的方法来表达机件的内部结构和剖面形状,这样可以使图样更清晰、更直观。

(一) 剖视图

剖视是用一个假想剖切平面来剖开机件,将处于观察者和剖切面之间的部分移去,而将其余部分向投影面投影所得的图形称为剖视图,简称剖视(图 1-4-6)。在剖视图上,被剖切到的部分画上剖面符号。表 1-4-1 为常用的剖面符号(GB 4457.5—84)。

表 1-4-1　常用的剖面符号

金属材料 (已有规定剖面符号者除外)		型砂、填砂、粉末冶金、砂轮、陶瓷刀片、硬质合金刀片等	
线圈绕组元件		玻璃及供观察用的其他透明材料	
转子、电枢、变压器和电抗器等的迭钢片		木材	纵剖面	
非金属材料 (已有规定剖面符号者除外)			横剖面	

18

木质胶合板 （不分层数）		砖	
基础周围的泥土		格网 （筛网、过滤网等）	
混凝土		液体	
钢筋混凝土			

（二）剖视图的种类

剖视图分为全剖视图、半剖视图和局部剖视图三种。

1. 全剖视图

用剖切平面完全地剖开机件所得的剖视图称为全剖视图（图1-4-7）。全剖视图主要用于表达内形复杂的不对称机件或外形简单的对称机件。如图1-4-3中的 $B—B$ 剖视图、图1-4-9中的 $B—B$ 剖视图等都是分别采用不同的剖切平面和剖切方法得到的全剖视图。

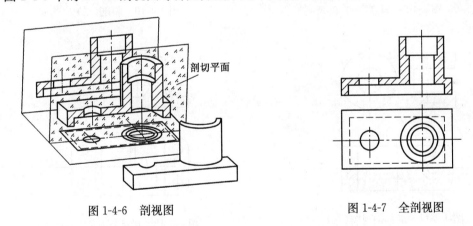

图 1-4-6　剖视图　　　　　　　　　　图 1-4-7　全剖视图

2. 半剖视图

当机件具有对称平面时，在垂直于对称平面的投影面上投影所得的图形，可以对称中心线为界，一半画成剖视，另一半画成视图，这种组合图形称为半剖视图（图1-4-8）。这样，可在一个视图上同时表达出机件的外部形状和内部结构。所以半剖视图主要用于内、外形状都需要表示的对称机件。

3. 局部剖视图

用剖切平面局部地剖开机件所得的剖视图，称为局部剖视图。如图1-4-3中的 $C—C$ 图和图1-4-10～图1-4-12所示。局部剖视图是局部地剖开机件，被剖部分与未剖部分即剖视与视图之间用波浪线作为分界线。

19

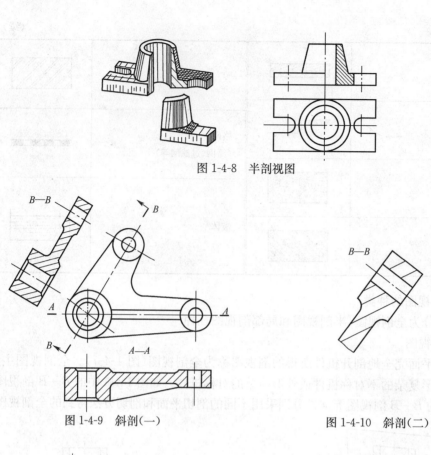

图 1-4-8　半剖视图

图 1-4-9　斜剖（一）

图 1-4-10　斜剖（二）

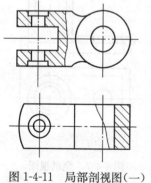

图 1-4-11　局部剖视图（一）

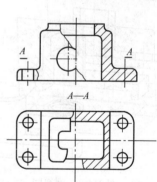

图 1-4-12　局部剖视图（二）

在剖视图中，一般应用带字母的剖切符号及箭头表示剖切位置与投影方向，并在剖视图的上方标出相应的字母"X—X"。当剖切后图形按正常视图关系配置，中间没有其他图形隔开时，允许省略箭头（图 1-4-13）；当剖切平面与机件的对称平面重合，且按正常视图关系配置，中间又没有其他图形隔开时，不必进行标注（图 1-4-8、图 1-4-13）；当剖切位置明显的局部剖视可不标注（图 1-4-11）。

（三）剖面和剖面的种类

1. 剖面

假想用剖切平面将机件的某处切断，仅画出断面的图形称为剖面图，简称剖面，如图

20

1-4-14 所示。

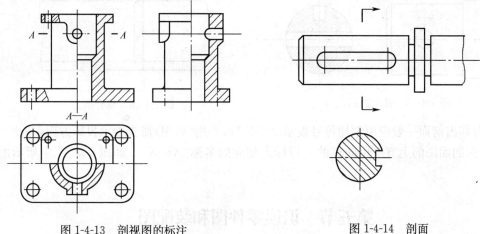

图 1-4-13　剖视图的标注　　　　　　　　图 1-4-14　剖面

2. 剖面和剖视的区别

剖面是机件上切断处断面的投影（即剖切平面与机件相交部分的投影），而剖视则是剖切后机件的投影。显然剖视图中包含着剖面。如图 1-4-14 所示，画有剖面线的图形为剖面图。图 1-4-15 所示为剖视图。

3. 剖面的种类

剖面根据其画在图上的位置不同分为移出剖面和重合剖面。

（1）移出剖面。画在视图外面的剖面称为移出剖面，如图 1-4-16、图 1-4-17 所示。移出剖面轮廓线用粗实线绘制。

图 1-4-16 中两个相交剖切平面剖切得出的移出剖面，中间一般应断开。图 1-4-17 为剖切平面通过回转面形成的孔或凹坑的轴线时，其结构按剖视绘制。

（2）重合剖面。画在视图内的剖面称为重合剖面。重合剖面的轮廓线用细实线绘制。当视图中的轮廓线与重合剖面的轮廓线重叠时，视图中的轮廓线仍连续画出，不予间断，如图 1-4-18 所示。

剖面的标注取决于剖面的图形是否对称和放置的位置。如图 1-4-14、图 1-4-18 中剖面图形不对称，所以要用剖切符号表示剖切平面的位置，并用箭头表示其投影方向。若图形对称，图形的中心线又画在剖切平面位置的延长线上，则不需要标注（图 1-4-16）。

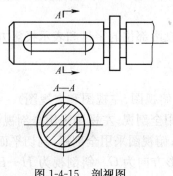

图 1-4-15　剖视图

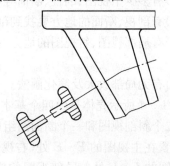

图 1-4-16　移出剖面（一）

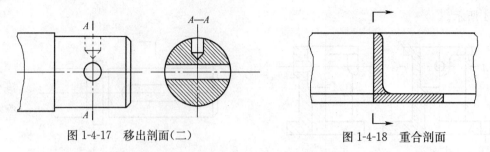

图 1-4-17　移出剖面(二)　　　　　　　　图 1-4-18　重合剖面

对移出剖面一般应用剖切符号表示剖切位置,不用(或用)箭头表示投影方向,并注上字母,在剖面图的上方应用同样的字母标出相应的名称"X—X"。如图 1-4-17 中所示的 A—A。

第五节　识读零件图和装配图

一、识读零件图

在生产、设计、学习等活动中,识读零件图是一项非常重要的工作。

(一) 识读零件图的目的

(1)了解零件的名称、材料和用途;

(2)了解组成零件各部分结构形状的特点、功用以及它们之间的相对位置;

(3)了解零件的制造方法和技术要求。

(二) 识读零件图的方法和步骤

图 1-5-1 所示为一张零件加工图,其识读方法和步骤如下:

1. 看标题栏

从标题栏里可以了解到零件名称、材料、重量、图样的比例等。即该零件叫壳体,由 ZL3 材料制成,图样比例为 1∶1。

2. 分析其表达方案

开始看图时,必须先找出主视图,然后看用了多少个图形和用什么表达方法,以及各视图的关系,搞清楚表达方案,为进一步看懂图样打好基础,可按下列顺序进行分析:

(1)找出主视图。

(2)有多少个视图、剖视、断面等,还要找出它们的名称、相互位置和投影关系。

(3)有剖视、断面的地方要找到剖切平面的位置。

(4)有局部视图、斜视图的地方,必须找到表示投影部位的字母和表示投影方向的箭头。

(5)有无局部放大及简化画法。

图 1-5-1 所示壳体是由四个基本视图(主视图、俯视图、左视图和右视图)、一个局部视图、二个斜剖视图和一个断面图组成。主视图采用全剖视;左视图采用全剖视,剖切平面的位置在主视图的 E—E 处;右视图采用外形图;俯视图采用全剖视,剖切平面的位置在左视图的 F—F 处。局部视图的投影部位和投影方向为 G。斜剖视为 H—H、I—I。断面为 J—J。

22

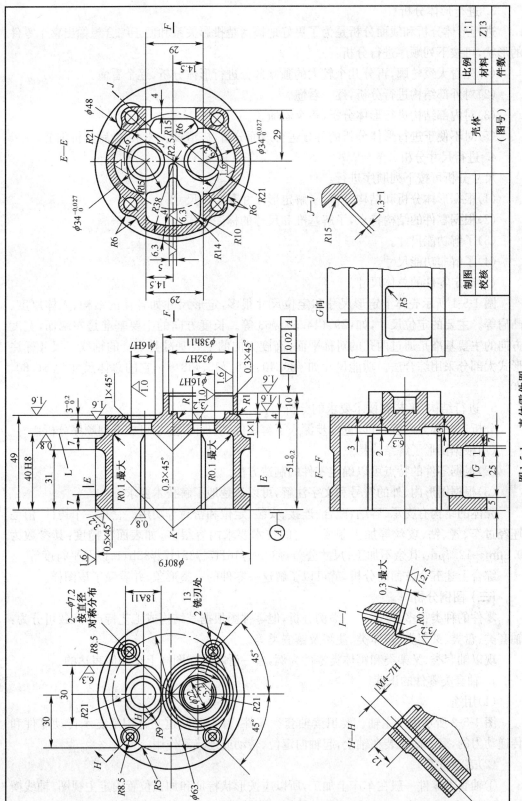

图1-5-1 壳体零件图

3. 进行形体分析

进行形体分析和线面分析是为了更好地搞清楚投影关系和便于综合想像出整个零件的形状，可按下列顺序进行分析：

(1)先看大致轮廓，再分几个较大的独立部分进行形体分析，逐个看懂。

(2)对外部结构进行分析，逐个看懂。

(3)对内部结构进行形体分析，逐个看懂。

(5)对不便于进行形体分析的部分进行线面分析，搞清投影关系，最后分析细节。

4. 进行尺寸分析

尺寸分析可按下列顺序进行：

(1)根据形体分析和结构分析，了解定形尺寸和定位尺寸。

(2)根据零件的结构特点，了解基准和尺寸的标注形式。

(3)了解功能尺寸。

(4)了解非功能尺寸。

(5)确定零件的总体尺寸。

图 1-5-1 所示壳体上定形尺寸和定位尺寸很多，定形尺寸如各孔的结构、壳体厚度、凸肩等。主要的定位尺寸，如：29、(14.5)、ϕ63 等。长度方向的主要基准是左端面，宽度方向的主要基准是通过两孔的对称平面，高度方向的主要基准是 ϕ80 的轴线。尺寸标注形式大部分采用综合法。功能尺寸如 ϕ80、40、ϕ16、ϕ32、ϕ38……它的总体尺寸为 61、80、80。

5. 进行结构、工艺和技术要求的分析

分析这一部分内容，可以进一步深入了解零件，发现问题，它可按下列顺序分析：

(1)根据图形了解结构特点。

(2)根据零件的特点可以确定零件的制造方法。

(3)根据图形内、外的符号和文字注解，可以清楚地了解技术要求。

壳体的结构有支承、容纳、配合、连接、安装、定位和密封等功用。它是一个铸件，由毛坯经过车、镗、钻、攻丝等加工制成。它的技术要求内容很多，如表面粗糙度：其参数为 $0.8\mu m\sim12.5\mu m$，其余不加工；尺寸公差：ϕ80f9、ϕ16H7、ϕ32H7、ϕ38h11；以及平行度等。

综合上述五个方面的分析，就可以了解这一零件的完整形象，并看懂了该图样。

(三) 图例分析

零件的种类很多，不能一一举例分析，但零件图根据其结构或工艺特点，大致可分为：轴套类、盘类、叉架类、箱体类、注塑及镶嵌类等。

现以轴套类、叉架类和箱体类零件为例，看一看零件在图样上是如何表达的。

1. 轴套类零件的识读

(1)用途。

图 1-5-2 所示为一主轴。要识读轴套类零件，首先要知道它是用来支承传动零件和传递动力的，套一般是装在轴上，起轴向定位、转动或连接等作用。

(2)表达方案。

①轴套类零件一般在车床上加工，所以应按形状特征和加工位置确定主视图，轴线横放，大端在左，小端在右，键槽、孔等结构可以朝前；轴套类零件的主要结构形状是回转体，

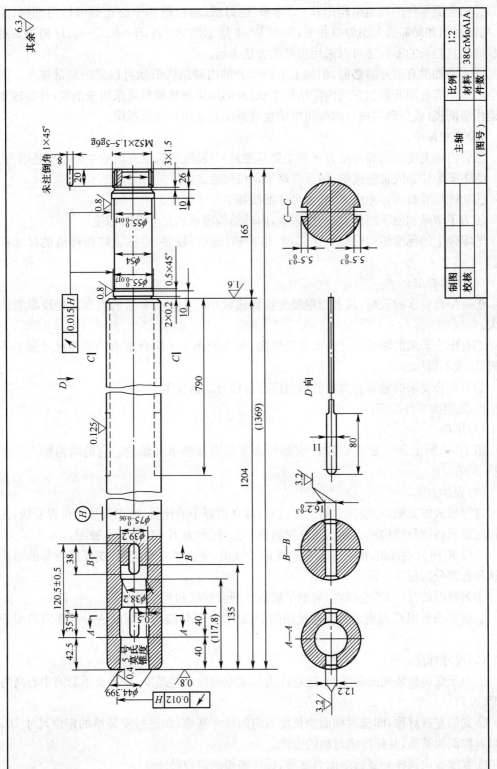

图 1-5-2 轴类零件

25

一般只画一个主视图。

②轴套类零件的其他结构形状,如键槽、退刀槽、越程槽和中心孔等可以用剖视、断面、局部视图和局部放大图加以补充,如图 1-5-2 所示的 A—A、B—B、C—C、D 向等。对形状简单且较长的零件还可以采用折断的方法表示。

③实心轴没有剖开的必要,但轴上个别部分的内部结构形状可以采用局部视图。而对空心套则需要剖开表达它的内部结构形状;外部结构形状简单可采用全剖视;外部较复杂则用半剖视(或局部剖视);内部简单的也可不剖或采用局部剖视图。

(3)尺寸标注。

①它们的宽度方向和高度方向的主要基准是回转轴线,长度方向的主要基准是端面。

②主要形体是同轴组成的,因而省略了定位尺寸。

③功能尺寸必须标注出来,其余尺寸都按加工顺序标注。

④为了清晰和便于测量,在剖视图上,内外结构形状的尺寸分开标注。

⑤零件上的标准结构(倒角、退刀槽、越程槽、键槽)较多,应按该结构标准的尺寸标注。

(4)技术要求。

①有配合要求的表面,其表面粗糙度参数值较小。无配合要求的表面粗糙度参数值较大。

②有配合要求的轴颈尺寸公差等级较高,公差较小。无配合要求的轴颈尺寸公差等级较低,或不需标注。

③有配合要求的轴颈和重要的端面应有形位公差的要求。

2. 叉架类零件的识读

(1)用途。

图 1-5-3 所示为一支架类零件,它是用来支承滚动轴承和轴的。它的结构特点见图示。

(2)表达方案。

这种形式的支架,一般按它的工作位置(即在机器中的位置)或主要加工位置安放,并以较能显示各部分结构形状和相互位置的那一面(图示为 K 向)作为主视图。

①以 K 向为主视图,配合带阶梯剖视的左视图,突出了支承套筒、支撑筋板等的结构形状和各部分的相互位置。

②俯视图的"D—D"全剖视,突出了筋板的断面形状和底板的形状。

③顶部凸台用 C 向表示。在左视图的剖视中,中间斜筋用规定画法——移出断面表示。

(3)尺寸标注。

①由于底面是装配的基准面,选它作为高度方向的尺寸基准,注出支承套筒中心高为 170 ± 0.1。

②支架左右对称,即选对称面为长度方向的尺寸基准,如底板安装槽的定位尺寸 70,便以对称面为基准,并标注成对称的形式。

③宽度方向选择套筒后端面为基准,标注筋板的定位尺寸 4。

④在各加工面中,支承孔要求较高,直径尺寸 $\phi72^{+0.046}_{0}$,表面粗糙度为 $Ra3.2$。

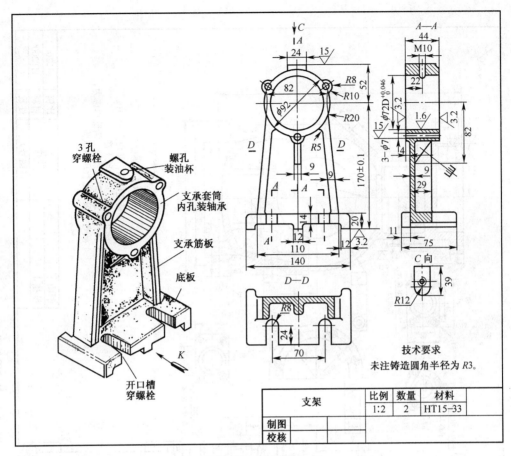

图 1-5-3 支架零件

⑤图样比例 1：2，零件的材料是灰铸铁 HTI50。技术要求是铸造对其铸造圆角半径为 R3。

3. 箱体类零件的识读

(1)用途。

图 1-5-4 所示为一箱体类零件，一般是铸件，有支承、容纳、定位和密封等用途。

(2)表达方案。

①箱体类零件多数经过多道工序制造而成，各工序的加工位置不尽相同，因而主视图主要按形状特征和工作位置确定。

②箱体类零件一般都较复杂，常需用三个以上的基本视图。对内部结构形状都采用剖视图表示。如果外部结构形状简单，内部结构形状复杂，且有对称平面时，可采用半剖视；如果外部结构形状复杂，内部结构形状简单，且具有对称平面时，可采用局部剖视或用虚线表示；如果内、外结构形状都较复杂，且投影不重叠时，也可采用局部剖视；重叠时，外部结构形状和内部结构形状应分别表达；对局部的外、内部结构形状可采用局部视图、局部剖视和断面来表示。

③箱体类零件投影关系复杂，常会出现截交线和相贯线；由于它们多数是铸件毛坯，所以经常会遇到过渡线等，要认真分析。

27

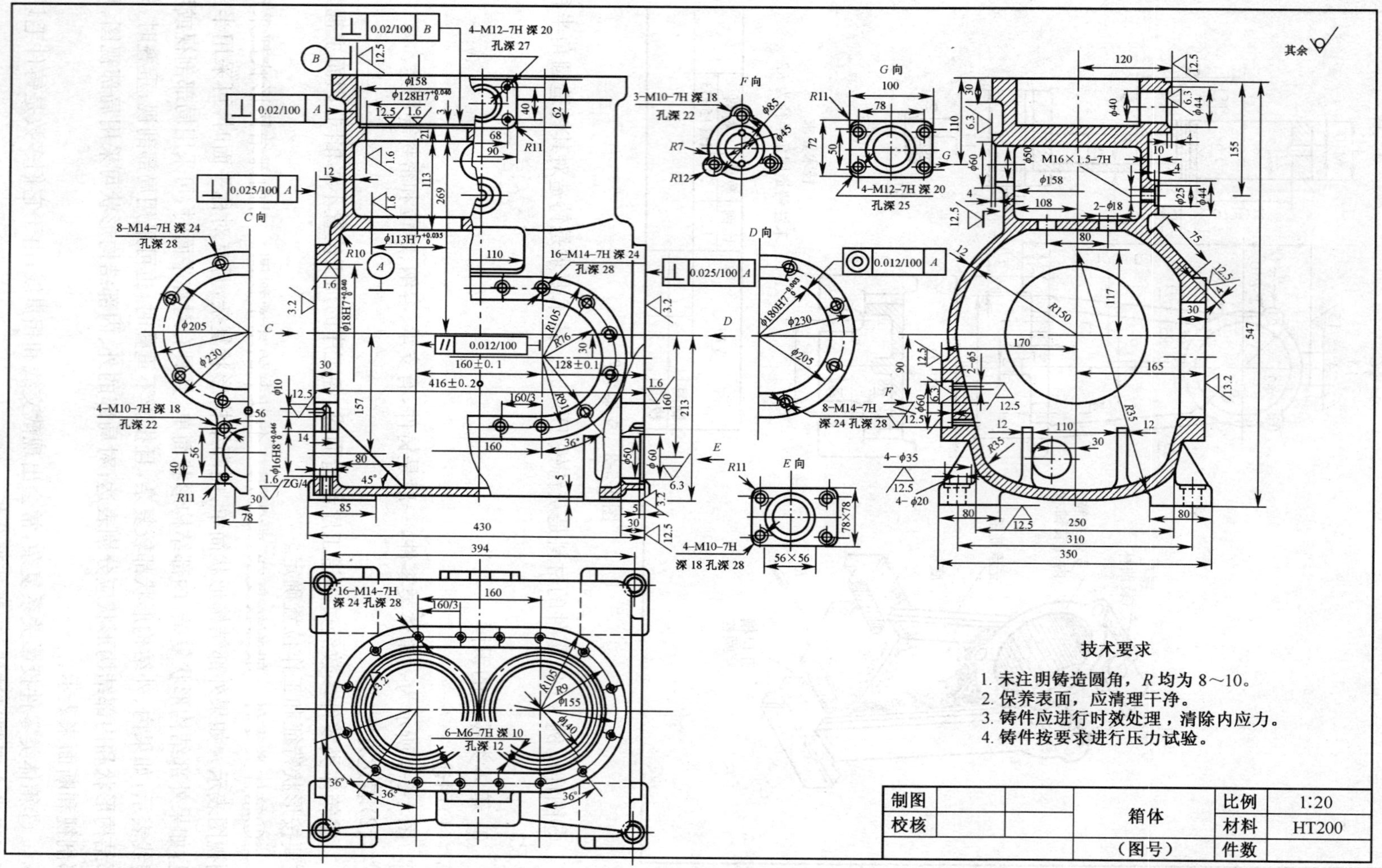

图 1-5-4　箱体零件图

技术要求

1. 未注明铸造圆角，R 均为 8～10。
2. 保养表面，应清理干净。
3. 铸件应进行时效处理，清除内应力。
4. 铸件按要求进行压力试验。

制图			比例	1:20
校核		箱体	材料	HT200
		(图号)	件数	

28

(3)尺寸标注。

①它们的长度方向、宽度方向、高度方向的主要基准也是采用孔的中心线、轴线、对称平面和较大的加工平面。

②箱体类零件的定位尺寸较多，各孔中心线（轴线）间的距离一定要直接标注出来。

③定形尺寸按形体分析标注出来。

(4)技术要求。

①重要的箱体孔和重要的表面，其表面粗糙度参数值较小。

②重要的箱体孔和重要的表面应该有尺寸公差和形位公差要求。

二、识读装配图

(一) 识读装配图的目的

(1)了解机器或部件的性能、功用和工作原理。

(2)了解各零件间装配关系及各零件的拆装顺序。

(3)熟悉各零件的主要结构形状和作用。

(4)了解机器各系统，如润滑系统、密封防漏系统等的原理和构造。

(二) 识读装配图的方法和步骤

现以图 1-5-5 所示的柱塞泵为例，说明识读装配图的方法和步骤。

1. 概括了解并分析视图

(1)阅读有关资料。

看装配图不仅要有投影和表达方法的知识，而且必须具备一定的专业知识。因此，首先要通过阅读有关说明书，装配图中的技术要求及标题栏等，了解柱塞泵的功用、性能和工作原理。从而了解柱塞泵是润滑系统中的重要组成部分。

(2)分析视图。

阅读装配图时，应分析整个图样采用了哪些表达方法？为什么采用？并找出各视图间的投影关系，进而明确各视图所表达的内容。图 1-5-5 表明柱塞泵装配图采用了一个基本视图。一个"A 向"视图和一个"B—B"剖视图。主视图为了表达柱塞泵的形状和三条装配干线，采用了局部剖视；俯视图为了表达柱塞泵的形状和四条装配干线，两处采用局部剖视；左视图为了表达柱塞泵的形状和局部结构的内部形状，也采用了局部剖视；为了表达零件 7（泵体）后面的形状，采用了零件 7"A 向"视图；为表达泵体右端的内部形状，采用了零件 7"B—B"剖视图。

2. 深入了解部件的工作原理和装配关系

概括了解之后，进一步仔细阅读装配图，一般方法是：

(1)从主视图入手，根据各装配干线，对照零件在视图中的投影关系。

(2)由各零件剖面线的不同方向和间隔，分清零件轮廓的范围。

(3)由装配图上所标注的配合代号，了解零件间的配合关系。

(4)根据常见结构的表达方法，来识别零件，如油杯、轴承、密封结构等。

(5)根据零件序号对照明细栏，找出零件数量、材料和规格，帮助了解零件作用和确定零件在装配图中的位置和范围。

(6)利用一般零件结构有对称性的特点；利用相互连接两零件的接触面应大致相同的

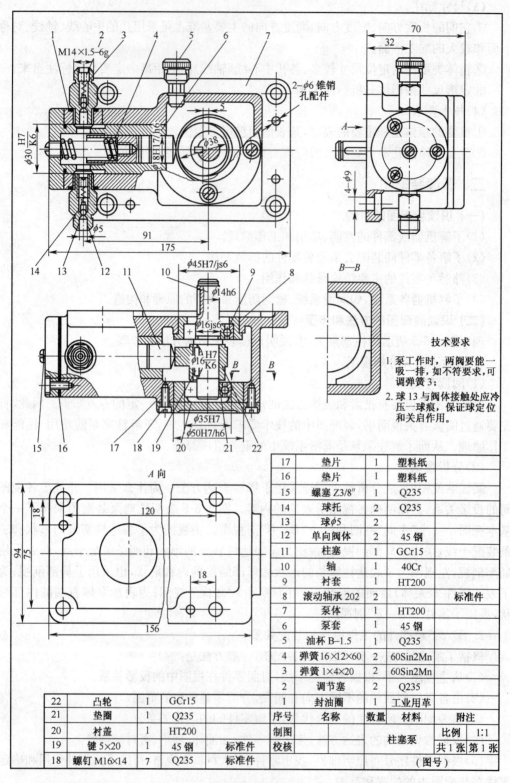

技术要求

1. 泵工作时，两阀要能一吸一排，如不符要求，可调弹簧 3；

2. 球 13 与阀体接触处应冷压一球痕，保证球定位和关启作用。

17	垫片	1	塑料纸	
16	垫片	1	塑料纸	
15	螺塞 Z3/8″	1	Q235	
14	球托	2	Q235	
13	球φ5	2		
12	单向阀体	2	45 钢	
11	柱塞	1	GCr15	
10	轴	1	40Cr	
9	衬套	1	HT200	
8	滚动轴承 202	2		标准件
7	泵体	1	HT200	
6	泵套	1	45 钢	
5	油杯 B—1.5	1	Q235	
4	弹簧16×12×60	2	60Sin2Mn	
3	弹簧1×4×20	2	60Sin2Mn	
2	调节塞	2	Q235	
1	封油圈	1	工业用革	

22	凸轮	1	GCr15				
21	垫圈	1	Q235	序号	名称	数量	材料	附注
20	衬盖	1	HT200	制图			柱塞泵	比例 1:1
19	键 5×20	1	45 钢	标准件	校核			共 1 张 第 1 张
18	螺钉 M16×14	7	Q235	标准件				(图号)

图 1-5-5 柱塞泵

特点,帮助想像零件的结构形状。有时甚至还要借助于阅读有关的零件图,才能彻底弄清机器(或部件)的工作原理及各零件的功用和结构特点。

根据上述分析,该柱塞泵的工作原理从主、俯视图的投影关系可知:运动部件 10(轴)输入,它将回转运动通过件 19(键)传递给件 22(凸轮),件 22 将回转运动传给件 11(柱塞),使 11 在作件 6(泵套)内向左作直线运动,而件 4(弹簧)则使件 11 向左运动,件 4 的松紧由件 15(螺钉)调节。配合尺寸 $\phi18\frac{H7}{h6}$ 和 $\phi30\frac{H7}{k6}$ 可知,件 11 确实是在件 6 内作直线往复运动,而件 6 在件 7(泵体)内是无相对运动的。从主视图上可知,泵体左端上、下各装了一个单向阀,以保证油液单向进、出互不干扰。对照主、俯视图和明细栏,还可知件 5(油杯)和件 8(轴承)都是标准件,件 5 为了润滑凸轮,两滚动轴承为了支承件 10(轴)和改善轴的工作情况。从俯视图可知,泵体左端和前端的衬盖和泵套用螺钉固紧在泵体上。

3. 分析零件

随着看图的逐步深入,可以对各组成零件进行形体、尺寸、加工要求和相互装配关系的分析。一台机器(或部件)上有标准件、常用件和一般零件。对于标准件、常用件一般是容易弄懂的,但一般零件有简有繁,它们的作用和地位又各不相同,应先从主要零件开始分析,运用上述六条一般方法确定零件的范围、结构、形状、功用和装配关系。柱塞泵的泵体是一个主要零件,必须认真分析三视图和"A 向"视图、"B—B"剖视图,并运用零件结构对称特点想像出泵体前端盖处的结构。从左、俯视图和"A 向"视图中可知,泵体底板处有安装用的四个螺栓孔和两个定位销孔。

4. 综合分析

在对装配关系和主要零件的结构进行分析的基础上,还要对技术要求,全部尺寸进行研究,进一步了解机器(部件)的设计意图和装配工艺。如柱塞泵凸轮轴的装配顺序应为:凸轮轴→键→凸轮→两端轴承→衬套→衬盖;然后再一起由前向后装入泵体;最后装上四个螺钉。这样对整台机器(或部件)才能得到一个完整的概念。

剖面的标注取决于剖面的图形是否对称和放置的位置。如图 1-4-14、图 1-4-18 中剖面图形不对称,所以要用剖切符号表示剖切平面的位置,并用箭头表示其投影方向。若图形对称,图形的中心线又画在剖切平面位置的延长线上,则不需要标注(图 1-4-16)。

第二章 常用量具及测量仪器、仪表

第一节 常 用 量 具

在生产过程中,用来测量各种工件的尺寸、角度和形状的工具,叫做量具。

钳工在制作零件、检修设备、安装和调整等各项工作中,都需要用量具来检查加工尺寸是否合乎要求。因此,熟悉量具的结构、性能及其使用方法,是技术工人保证产品质量,提高工作效率必须掌握的一项技能。

钳工常用的量具种类很多,其用途和结构也不相同。

一、游标卡尺

游标卡尺是一种测量中等精度的量具。它可以直接量出工件的内外径、宽度、长度、深度和孔距等。

(一) 游标卡尺的结构

游标卡尺的结构如图 1-2-1 所示。游标卡尺的读数装置是由主尺 1 和副尺(游标)4 两部分组成。当副尺量爪 5 与主尺量爪 6 密合时,副尺零线与主尺零线对准。在量取工件尺寸时,向右移动副尺 4 使副尺量爪 5 与主尺量爪 6 离开并与被测面接触。当需要微动调节时,先拧紧螺钉 8,松开螺钉 7,转动微调螺母 3,通过螺杆 2 使副尺微动。量得尺寸后,可拧紧螺钉 7 使副尺紧固,这时两个量爪之间的距离即为工件尺寸。工件尺寸的毫米整数部分可由主尺刻度读出,毫米小数部分可由副尺及主尺相互配合而读出。

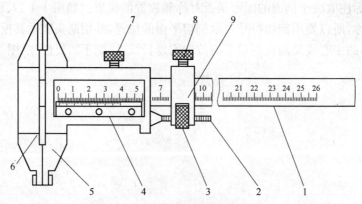

图 2-1-1 游标卡尺(可微动调节)

1—主尺;2—螺杆;3—微调螺母;4—副尺(游标);5—副尺量爪;6—主尺量爪;7,8— 螺钉;9—滑块。

带有测深杆的游标卡尺如图 2-1-2 所示。尺后的测深杆可用来测量内孔和沟槽深度。

游标卡尺按测量范围分为:0~125mm、0~150mm、0~200mm、0~300mm、0~

500mm 等多种,最大可测至 3000mm。

游标卡尺按其测量精度可分为:0.1mm、0.05mm、0.02mm 三种规格。这个数值就是卡尺所能量得的最小读数精确值。

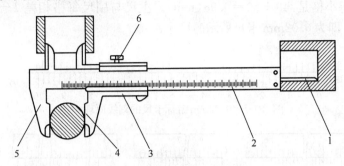

图 2-1-2 游标卡尺(带测深杆)

1—测深杆;2—主尺;3—副尺(游标);4—副尺量爪;5—主尺量爪;6—螺钉。

(二) 游标卡尺的刻线原理及读法

1. 精度为 0.1mm(即 $\frac{1}{10}$mm)的游标卡尺

如图 2-1-3 所示,主尺每小格 1mm,每大格 10mm。主尺上的 9mm 刚好等于副尺上的 10 个格。副尺每小格是:$9 \div 10 = 0.9$(mm)。主尺与副尺每格的差是 $1 - 0.9 = 0.1$(mm)。

游标卡尺的读数方法分为三步:

(1)查出副尺零线前主尺上的 mm 整数。

(2)在副尺上,查出与主尺刻线对齐的那一条刻线的读数,即为小数。

(3)将主尺上的整数和副尺上的小数相加即得所测的工件尺寸。图 2-1-4 即为 0.1mm 卡尺的尺寸示例。

图 2-1-3 0.1mm 游标
卡尺的刻线原理

60+0.05=60.05

图 2-1-4 0.1mm 游标卡尺所示尺寸

2. 精度为 0.05mm(即 $\frac{1}{20}$mm)的游标卡尺

如图 2-1-5 所示,主尺每小格 1mm,每大格 10mm。主尺上的 19mm 长度,在副尺上分成 20 格。副尺每小格是:$19 \div 20 = 0.95$(mm)。主尺与副尺每格的差是 $1 - 0.95 = 0.05$(mm)。图 2-1-6 即为 0.05mm 卡尺所示的尺寸。

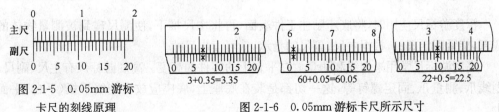

图 2-1-5 0.05mm 游标
卡尺的刻线原理

3+0.35=3.35   60+0.05=60.05   22+0.5=22.5

图 2-1-6 0.05mm 游标卡尺所示尺寸

3. 精度为 0.02mm(即$\frac{1}{50}$mm)游标卡尺

如图 2-1-7 所示，主尺每小格 1mm，每大格 10mm。主尺上的 49mm，刚好等于副尺上的 50 格。副尺每小格是：49 ÷ 50 = 0.98(mm)。主尺与副尺每格相差 1 − 0.98 = 0.02(mm)。图 2-1-8 即为 0.02mm 卡尺所示的尺寸。

0 1 2 3 4 5
主尺
副尺
0 1 2 3 4 5 6 7 8 9 10

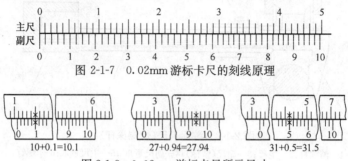

图 2-1-7　0.02mm 游标卡尺的刻线原理

10+0.1=10.1
27+0.94=27.94
31+0.5=31.5

图 2-1-8　0.02mm 游标卡尺所示尺寸

(三) 其他游标尺

1. 深度游标尺、高度游标尺

这两种游标尺都是由主尺、副尺(游标)组成。其刻线原理和测量精度与游标卡尺相同，如图 2-1-9、图 2-1-10 所示。

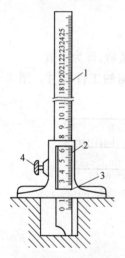

图 2-1-9　深度游标尺

1—主尺；2—副尺；
3—活动底座；4—螺钉。

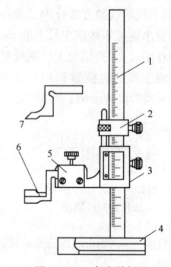

图 2-1-10　高度游标尺

1—主尺；2—微调部分；3—副尺；4—底座；
5—固定架；6—测量爪；7—划线爪。

深度游标尺使用时，将底座贴住工件表面，再将主尺推下，使测尺碰到被测量物体的底部，旋紧固定螺钉，根据主尺、副尺的指示，就可读出尺寸。

高度游标尺常用来划线和测量放在平台上的零件的高度。高度游标尺有主尺、副尺、划线爪、测量爪、固定螺钉等，这一切都是装在底座上，底座应放在划线平板(平台)平面上。

2. 齿厚游标卡尺

齿厚游标卡尺是利用游标原理,以齿高尺定位,对齿厚尺两测量爪相对移动分隔的距离进行读数的测量工具,如图 2-1-11 所示。用来测量齿轮的弦齿高度 h_c 和弦齿厚 S_c。这种游标卡尺由两根互相垂直的主尺和副尺(游标)组成。h_c 的尺寸由齿高尺调整 S_c 的尺寸由齿厚尺调整。其读数方法和读数值与一般游标卡尺相同。

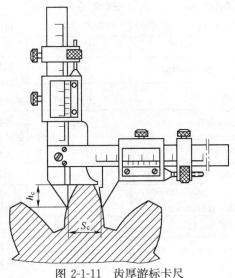

图 2-1-11　齿厚游标卡尺

3. 带指示表的游标卡尺

一般游标卡尺都是直接在尺上读数,用久后刻度和数字会不清晰,容易读错。目前有一种带指示表装置的游标卡尺,这种游标卡尺在零件表面上量得尺寸时,可通过机械传动系统将两测量爪相对移动转变为指示表指针的回转运动,并借助尺身刻度和指示表对测量爪相对移动而分隔的距离进行读数,即在指示表上直接指示数字,如图 2-1-12 所示。使用极为方便。

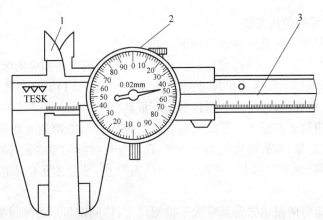

图 2-1-12　带指示表的游标卡尺

1—量爪;2—百分表;3—mm 标尺。

4. 电子数显的游标卡尺

有一般电子数显卡尺、电子数显深度卡尺、电子数显高度卡尺等。它是采用 LCD 数

35

字显示,并可进行米制、英制转换,在任意位置置零,具有数据输出功能,可直接在表上显示数字,读来方便,且精度较高,一般为0.01mm。

游标卡尺的有关参数可参阅表2-1-1。

表2-1-1 游标卡尺的有关参数

产品名称	规　格		用　　途
	测量范围/mm	分度值/分辨率/mm	
游标卡尺	0~70,0~125,0~150……0~2000	0.02,0.05,0.10	用于一般机械加工中的测量,可测量内、外径尺寸
	0~4″,0~6″,0~12″	0.01″,1/128″	
带表卡尺	0~150,0~200,0~300	0.02	用表式机构代替游标读数。用于一般机械加工中的测量,可测量内、外径尺寸
	0~6″,0~12″	0.001″	
电子数显卡尺	0~150(可带测深附件)……0~1500	0.01	采用LCD数字显示并可进行公英制转换,在任意位置置零,具有数据输出功能
	0~6″……0~60″	0.0005″	
深度游标卡尺	0~200;0~300;0~400;0~500	0.02,0.05	用于测量深度、台阶等
高度游标卡尺	0~200,0~300,0~500,0~600,0~1000,0~1500,0~2000	0.02,0.05	用于测量高度或划线等
	0~8″,0~12″	1/128″,1/1000″	
电子数显深度卡尺	0~200,0~300	0.01	采用LCD数字显示并可进行公英制转换,在任意位置置零,具有数据输出功能
	0~8″,0~12″	0.0005″	
电子数显高度卡尺	0~200,0~300,0~500	0.01	采用LCD数字显示并可进行公英制转换,在任意位置置零,具有数据输出功能。采用数字显示技术,测量精确,效率高
	0~8″,0~12″,0~20″,0~25″,0~40″	0.0005″	
可调高度游标卡尺	0~500	0.02,0.05	

注:表中所列均为哈尔滨量具刃具厂产品

(四) 游标卡尺的使用方法

游标卡尺的使用方法及注意事项如下:

(1)测量或检验零件尺寸时,应按零件尺寸的公差等级选用相应的量具。游标卡尺是一种中等精确度的量具,只适用于尺寸公差等级为IT10~IT16的测量检验。不允许用游标卡尺测量铸、锻件毛坯尺寸,否则容易损坏量具。

(2)测量前,应检查游标卡尺零位的准确性。擦净量爪的两测量面,并将两测量面接触贴合,如无透光现象(或有极微的均匀透光)且尺身与游标的零线正好对齐,说明游标卡尺零位准确。否则,说明游标卡尺的两测量面已有磨损,测量的示值不准确,必须对读数加以相应的修正。

(3)测量时,应将两量爪张开到略大于被测尺寸,将固定量爪的测量面贴靠着工件,然后轻轻移动游标,使活动量爪的测量面也紧靠工件,如图2-1-13所示,然后把制动螺钉拧紧,即可读出读数。测量时测量面的连线垂直于被测表面,不可处于如图2-1-14所示的歪斜位置。

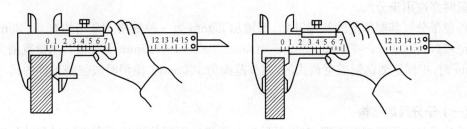

图 2-1-13　测量时量爪的动作

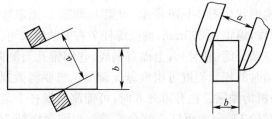

图 2-1-14　游标卡尺测量面与工件的错误接触

（4）图 2-1-15（a）所示为测量内孔孔径的方法。测量时应使一个量爪接触孔壁不动，另一个量爪微微摆动，取其最大值，以量得真正的孔径尺寸。图 2-1-15（b）所示为测量孔的深度，测量时，应使尺身与孔端面垂直。

（5）读数时，应把游标卡尺水平拿着，在光线明亮的地方，视线垂直于刻度表面，避免因斜视造成的读数误差。

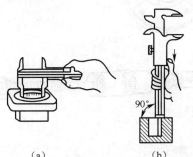

（a）　　　　　　　（b）

图 2-1-15　游标卡尺测量孔径和孔深

（a）测量孔径；（b）测量孔深。

二、千分尺（外径分厘卡）

千分尺是利用螺旋读数原理制造的一种常用量具。通常可分为百分尺和千分尺。百分尺的最小读数值是 0.01mm，千分尺的最小读数值是 0.01mm。千分尺在工厂用得较少，工厂中习惯上把百分尺称为千分尺。沿用工厂的习惯，这里介绍的千分尺实际是百分尺，其最小读数为 0.01mm。

千分尺的种类很多，如外径千分尺、内径千分尺、测深千分尺、螺纹千分尺、杠杆千分尺等。而外径千分尺使用较为广泛。

外径千分尺主要用来测量工件的外径、长度、厚度等。使用比较灵敏且精度比一般游标卡尺高，测量精度可达 0.01mm，并能准确地读出尺寸，因此在加工精度要求较高的工件测量时多应用千分尺。

外径千分尺其测量范围从零开始,每增加 25mm 为一种规格。常用的有 0～25mm、25mm～50mm、50mm～75mm、75mm～100mm、100mm～125mm 等规格。测量范围大于 300mm 时,把固定测砧制成可调式的,调节范围为 100mm。使用时按被测工件的尺寸选用。

(一) 千分尺的结构

千分尺是利用螺旋副原理,对弧形尺架上两测量面间分隔的距离进行读数的长度测量工具。

常用千分尺的结构形状如图 2-1-16 所示,尺架 1,测砧 2,固定套筒(主尺)3 的表面有刻度,衬套 4 内有内螺纹,螺距为 0.5mm,测微螺杆 7 右面的螺纹可沿此内螺纹回转。在固定套筒 3 的外面有一微分筒(副尺)6,上面有刻线,它用锥孔与测微螺杆 7 右端锥体相连。测微螺杆 7 在转动时的松紧程度可用螺母 5 调节。当要测微螺杆 7 固定不动时,可转动手柄 13 通过偏心机构锁紧。松开罩壳 8 时,可使测微螺杆 7 与微分筒 6 分离,以便调整零线位置。转动棘轮 11,测微螺杆 7 就会前进。当测微螺杆 7 左端面接触工件时,棘轮 11 在棘爪 10 的斜面上打滑,由于弹簧 9 的作用,使棘轮 11 在棘爪 10 上滑过而发出咔咔声。如果棘轮 11 以相反方向转动,则拨动棘爪 10 和微分筒 6 以及测微螺杆 7 转动,使测微螺杆向右移动。棘轮 11 用螺钉 12 与罩壳 8 连接。

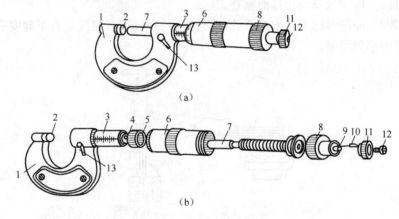

(a)

(b)

图 2-1-16　千分尺的结构

(a) 千分尺的整体图;(b) 千分尺的分解图。

1—尺架;2—测砧;3—固定套筒(主尺);4—衬套;5—螺母;6—微分筒(副尺);
7—测微螺杆;8—罩壳;9—弹簧;10—棘爪;11—棘轮;12—螺钉;13—手柄(锁紧装置)。

(二) 千分尺的刻线原理及读法

千分尺的刻线原理如图 2-1-17 所示,是将微分筒上的副尺刻度由角度位移变为直线位移。测微螺杆的螺距为 0.5mm。在固定套筒上的轴向刻有一条中线,这条线是微分筒副尺的读数基准线。在该线上下各刻有一排间距为 1mm 与此中线垂直的刻度线,互相错开 0.5mm。其中上一排刻线刻有 0、5、10、15、25,是表示毫米整数值;相对的下一排刻线是错过 0.5mm 数值的,因此上排和下排的刻度线之合相当于在固定套筒上 25mm 长分成 50 个定套筒 25mm 长分成 50 个小格,即一格等于 0.5mm,正好等于测微螺杆的螺距。测微螺杆每转一周它所移动的距离正好等于固定套筒上的一格。顺时针转一周，就便测距缩短 0.5mm；逆时针转一周，就便测距延长 0.5mm。如果转 1/2 周，就移动 0.25mm。将微分筒副尺沿圆周等分成 50 个小格，转 1/50 周（一小格），则移动距离为 0.5mm×1/50＝0.01mm。微分筒转动 10 小格时，就移动 0.1mm。因此从固定套筒上能读出毫米整数和 0.5mm，从微分筒上读出精确到 0.01mm 的小数。

读数实例如图 2-1-18 所示。

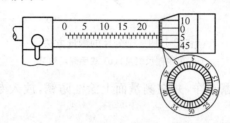

图 2-1-17 千分尺的刻线原理

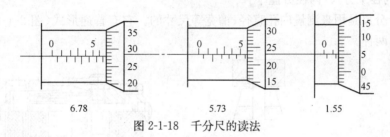

图 2-1-18 千分尺的读法

（三）千分尺的使用方法

千分尺的使用方法及注意事项如下：

(1)千分尺的测量面应保持干净，使用前应检查零位的准确性。对 0～25mm 的千分尺，首先应使两测量面接触；对其他规格的千分尺，应先将检验棒置于测砧与测微螺杆端之间，检查固定套筒中线和微分筒的零线是否重合，微分筒的轴向位置是否正确。如果固定套筒中线和微分筒的零线不重合，即：微分筒的端部将固定套筒的零线盖住或离线太远都必须调整。调整的方法是松开罩壳 8，用锁紧装置 13 固定测微螺杆，扭动微分筒即可调整。

(2)测量时，千分尺的测量面和零件的被测表面应擦拭干净，以保证测量准确。千分尺要放正，先转动微分筒，当测量面接近工件时，再扭动棘轮 11，当出现空转，并发出"咔咔"响声，即可读出尺寸。要注意两个测量面将接触工件时不可扭动微分筒进行测量，只能旋转棘轮。

测量方法如图 2-1-19 所示，其中图 2-1-19(a)所示为单手握尺测量，可用大拇指和食指握住微分筒，小指将尺架压向手心即可测量。图 2-1-19(b)所示为双手握尺测量。

(3)读数时，最好不取下千分尺进行读数。如果工件条件限制不便查看尺寸时，可旋紧锁紧装置，轻轻取下千分尺，并防止尺寸变动进行读数。读数时，要看清刻度，不要错读 0.5mm。

(4)不能用千分尺测量毛坯，更不能在工件转动时去测量，或将千分尺当锤子敲击物体。

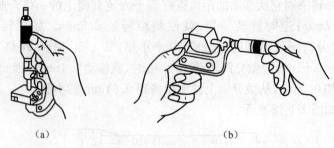

（a）   （b）

图 2-1-19　千分尺的测量方法

(a) 单手握尺测量；(b) 双手握尺测量。

（5）千分尺用完后应擦干净，并在测量面上涂油防锈，放入专用盒内，不能与其他工具、刀具、工件等混放。

（6）千分尺应定期送计量部门进行精度鉴定。

（四）内径千分尺（内径分厘卡）

内径千分尺是用来测量内孔直径、槽宽等尺寸的。它有普通形式（图 2-1-20）和杆式（图 2-1-21）两种。

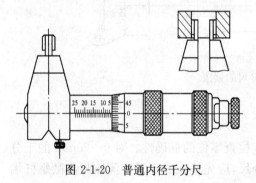

图 2-1-20　普通内径千分尺

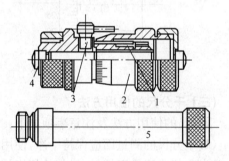

图 2-1-21　杆式内径千分尺

1—固定套筒；2—微分筒；3—锁紧装置；

4—测量面；5—接长杆。

测量孔径不大时（如小于 40mm），可用普通内径千分尺。这种千分尺的刻线方向与外径千分尺相反，当微分筒顺时针转动时，测微螺杆带动卡脚移动，测距越来越大。

测量大孔时，可用杆式内径千分尺。它由两部分组成，一是尺头部分，二是接长杆，它有多种长度规格，可根据被测工件孔的尺寸大小选用不同规格的接长杆，并装在尺头（千分尺）上。

（五）其他千分尺

（1）深度千分尺。用于测量阶梯孔、凹槽、盲孔的深度。结构与千分尺相同，但它的测微螺杆可根据工件尺寸不同进行调换（图 2-1-22）。

（2）螺纹千分尺。用来测量普通螺纹的螺纹中径，测量中径范围：0～25mm、25mm～50mm、50mm～75mm，可测量螺纹的螺距为 0.4mm～6mm。它有两个特殊的可调换的量头 1 和 2，量头的角度车螺纹牙形角相同（图 2-1-23）。

（3）壁厚千分尺（图 2-1-24）用来测量精密管形零件的壁厚。

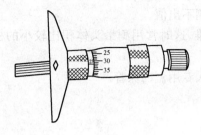

图 2-1-22　深度千分尺

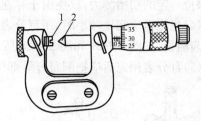

图 2-1-23　螺纹千分尺

1、2—量头。

(4)数字显示千分尺(图 2-1-24)是一种新型千分尺,当零件上量得尺寸时,这个尺寸就会在微分筒窗口中显示出来,使用比较方便。

三、百分表

百分表是钳工常用的一种精密量具,它用来检验机床精度和测量工件尺寸、形状和位置的微量偏差。它的主要优点是方便、可靠、迅速。百分表的结构如图 2-1-25 所示。

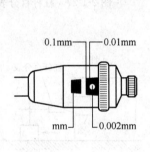

图 2-1-24　数字显示千分尺

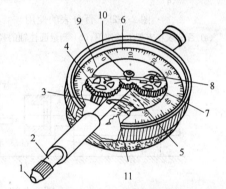

图 2-1-25　百分表的结构

1—触头;2—齿杆;3—16 齿的小齿轮;4—100 齿的大齿轮;
5—10 齿的小齿轮;6—长指针;7—大齿轮;8—短指针;
9—表盘;10—表圈;11—拉簧。

百分表是以指针指示出测量结果的,因其最小读数值为 1mm 的百分之一(0.01mm)而称为百分表。百分表是利用齿轮——齿条传动机构,把测头的直线移动转变成指针的较动进行测量的一种量仪。

目前,国产百分表的测量范围(即测杆最大移动量)有 0～3mm、0～5mm、0～10mm 等多种。

(一) 百分表的使用方法

百分表的使用方法及注意事项如下:

(1)百分表在使用时应安装在专用的表架上,如图 2-1-26(a)所示。支架有"H"形底座,表架安置在平板或某一整位置上,使底面能很好地与平台或基面贴合,使用时更为稳定。百分表在表架上的上、下、前、后位置可以任意调节。

(2)测量前,应检查表盘、指针和测量头有无松动现象,以及指针的灵敏性和稳定性。

(3)测量时,测量杆应垂直零件表面。如要测圆柱,测量杆还应对准圆柱轴中心。如图 2-1-26(b)所示。测量头与被测表面接触时,测量杆应预先有 0.3mm～1mm 的压缩量,保持一定的初始测力,以免由于存在负偏差而测不出值。

（4）当测量空间比较小时,用百分表测量有困难,这时常用测量头体积比较小的杠杆百分表测量,如图 2-1-27 和图 2-1-28 所示。

（5）百分表用完后应把测量杆等部位上油,放入专用盒内保管。

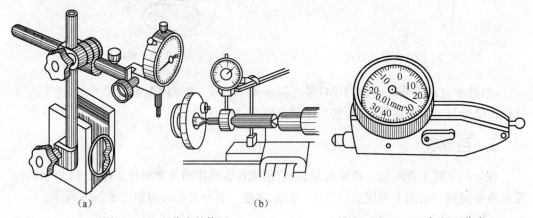

图 2-1-26　百分表的使用　　　　　　　　　　图 2-1-27　杠杆百分表

（a）百分表在支架上的使用;（b）测量圆柱轴的径向跳动。

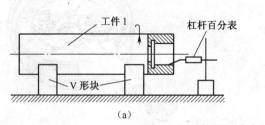

图 2-1-28　杠杆百分表测量

（a）测量孔和外圆的同轴度;（b）测量 A、B 面的平行度。

（二）内径百分表

内径百分表可用来测量孔径和孔的形状误差,对于测量深孔极为方便。内径百分表的结构如图 2-1-29 所示。在测量头端部有可换测头 1 和活动测头 2。测量内孔时,孔壁使活动测头 2 向左移动而推动摆块 3,摆块 3 使杆件 4 向上,推动百分表量杆 6,使百分表指针转动而指出读数。测量完毕时,在弹簧 5 的作用下,量杆回到原位。

通过更换可换触头 1,可改变内径百分表的测量范围。内径百分表的测量范围有 6mm～10mm、10mm～18mm、18mm～35mm、35mm～50mm、50mm～100mm、100mm～160mm、160mm～200mm 等。

内径百分表的示值误差较大,因此在每次测量前都必须用千分尺校对尺寸。

内径百分表的使用方法如图 2-1-29（c）所示,测量时应放正,测量过程中来回摆动读得的最大值为正确值。

此外,百分表还有杠杆百分表、电子数显百分表、千分表、杠杆千分表等种类。

四、万能游标量角器

万能游标量角器（游标角度尺）可以测量工件和样板的内外角度。测量范围 0°～320°

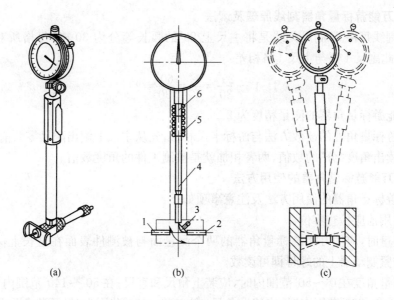

图 2-1-29　内径百分表
(a) 内径百分表外形 ;(b) 内径百分表结构 ;(c) 内径百分表的使用方法。
1—可换测头;2—活动测头;3—摆块;4—杆件;5—弹簧;6—量杆(百分表触头)。

按游标的测量精度分为 2′和 5′两种。现介绍测量精度为 2′的万能游标量角器。

(一) 万能游标量角器的结构

  万能游标量角器的结构如图 2-1-30 所示。万能游标量角器由有角度刻线的主尺 1 和固定在扇形板 2 上的游标副尺 3 所组成。扇形板 2 可以在主尺 1 上回转移动,形成和游标卡尺相似的结构。直角尺 5 可用套箍 4 固定在扇形板 2 上,直尺和直角尺,都可以滑动。如拆下直角尺 5,也可将直尺 6 固定在扇形板上。可以自由装卸和改变装法。如图 2-1-31所示,万能游标量角器不同安装方式所能测量的范围是 0°～50°、50°～140°、140°～230°、230°～320°等几种。

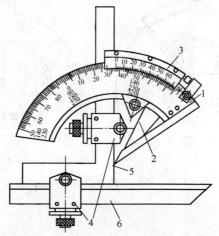

图 2-1-30　万能游标量角器的结构
1—主尺;2—扇形板;3—副尺(游标);4—套箍;5—直角尺;6—直尺。

43

(二) 万能游标量角器刻线原理及读法

主尺刻线每格 1°，副尺刻线是将主尺上 29° 的弧长等分为 30 格，每格所对的角度为 29°/30，因此副尺 1 格与主尺 1 格相差：

$$1° - \frac{29°}{30} = \frac{1°}{30} = \frac{60'}{30} = 2'$$

即万能游标量角器的测量精度为 2′。

万能游标量角器的读数方法与游标卡尺相似，先从主尺上读出副尺零线前的整度数，从副尺上读出角度"分"的数值，两者相加就是被测工件的角度数值。

(三) 万能游标量角器的使用方法

万能游标量角器的使用方法及注意事项如下：

(1) 使用前应检查零位。

(2) 测量时，应使万能游标量角器的两个测量面与被测件表面在全长上保持良好接触，然后拧紧制动器上的螺母即可读数。

(3) 测量角度在 0°～50° 范围内时，应装上角尺和直尺；在 50°～140° 范围内时，应装上直尺；在 140°～230° 范围内时，应装上角尺；在 230°～320° 范围内时，不装角尺和直尺。

(4) 万能角度尺用完后应擦净上油，放入专用盒内保管。

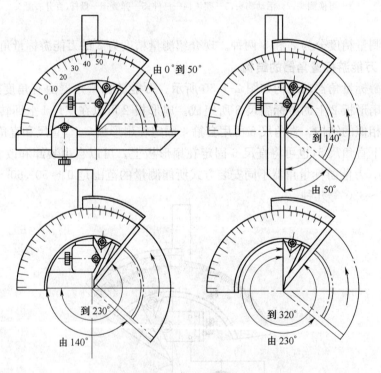

图 2-1-31　不同安装方式所能测量的范围

五、量块（块规）

量块是由两个相互平行的测量面之间的距离来确定其工作长度的高精度量具。其长度为计量器具的长度标准。通过对计量仪器、量具和量规等示值误差的检定等方式，使机

44

械加工中各种制成品的尺寸能够溯源到长度基准。

量块是用不易变形的耐磨钢材(如铬锰钢)制成的长方形块状六面体,有两个精密平行的测量面和四个侧面。

量块一般做成一套,装在特制的木盒内,盒上标明出厂时的级别、编号。成套量块装盒如图 2-1-32 所示。量块具有较高的研合性,把量块的测量面相互推合后,即可牢固地研合在一起。因此可选用各种不同尺寸量块组合来得到需要的尺寸。每套中都备有若干保护块,在使用时,可放在量块组的两端,用以减少量块的磨损起保护量块的作用。

选用量块时,为减少积累误差,应尽可能采用最少的块数组成量块组。一般不希望超过四块。在计算时,选取第一块应根据组合尺寸的最后一位数字选取,后面各块依次类推。例如,所要的尺寸为 87.545 mm,由 91 块一套的盒中选取。

利用量块附件和量块组测量外径、内径和高度的使用方法,如图 2-1-33 所示。为了保持量块的精度,延长其使用寿命,除测量一些精度要求高的工件外,一般不允许用量块直接测量工件。

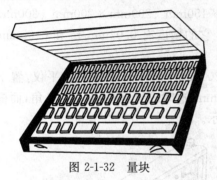

图 2-1-32 量块

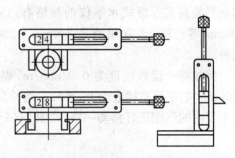

图 2-1-33 量块附件使用方法

六、塞尺(探隙尺、厚薄规)

塞尺是测定两个工件的缝隙以及平板、直角尺和工作物间的缝隙使用的片状量规。塞尺由一些不同厚度的薄钢片组成的。在每一片钢片上都刻有厚度的尺寸数字,在一端像扇子般那样钉在一起,如图 2-1-34 所示。塞尺的长度有 50mm、100mm 和 200mm 等三种。厚度是 0.03～0.1mm 时,中间每片间隔为 0.01mm;如果厚度是 0.1mm～1mm 时,中间每片间隔为 0.05mm。

使用时,用适当厚度的塞尺插进被测定工件的缝隙里作测定。如没有适当厚度的,可组成数片进行测定(一般不超过三片)。使钢片在隙缝内既能活动,又使钢片两面稍

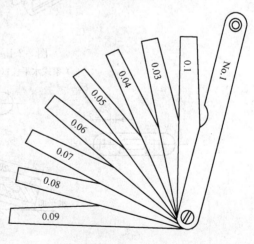

图 2-1-34 塞尺

有轻微的摩擦为宜。例如用 0.3mm 的间隙片可插工件缝隙,而 0.35mm 的间隙片插不

进去,这说明零件的隙缝在 0.3mm~0.35mm 之间。

第二节　水 平 仪

水平仪主要用于检验工件平面的平直度、机械相互位置的平行度和设备安装的相对水平位置等。

一、普通水平仪

普通水平仪有框式和条式两种,如图 2-2-1 所示。框式水平仪是由四个相互垂直的框架和水准器组成。框架的侧量面上制成"V"形槽状。水准器有纵向、横向两个。水准器是一个封闭的弧形玻璃管,内装乙醚或酒精,并留有气泡,管子内壁磨成一定的曲率半径,管上刻有与内壁曲率半径相应的刻度线,间距约 2mm,如图 2-2-2(a)所示。当放置水平位置时,水准器的气泡正好在中间位置;当放置倾斜面上,水准器的气泡就向左或向右移动到最高点。框式水平仪的规格有:150mm×150mm 、200mm×200mm 、300mm×300mm 等三种 ,最常用的是 200mm×200mm。它的精度有 0.02mm/m 和 0.05mm/m 两种。

例如将一读数精度为 0.02mm/m、规格为 200mm×200mm 的框式水平仪,置于长 1000mm 的平尺左端表面上,平尺右端抬高 0.02mm,这时,平尺便倾斜一个 θ 角,而框式水平仪内的气泡正好移动一格,如图 2-2-2(b)所示。

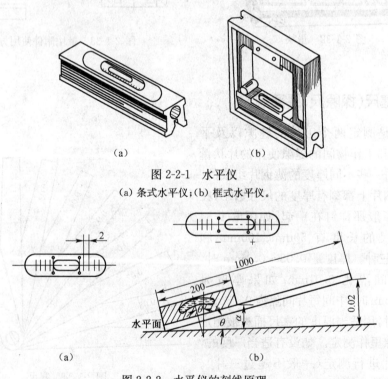

图 2-2-1　水平仪
(a) 条式水平仪;(b) 框式水平仪。

图 2-2-2　水平仪的刻线原理
(a) 刻度线;(b) 倾斜 θ 角的情况。

框式水平仪与平尺的倾斜角 θ 的大小可从下式求出：

$$\sin \theta = \frac{0.02}{1000} = 0.00002$$

$$\theta = 4''$$

从上式可知，精度为 0.02mm/m、规格为 200mm×200mm 的水平仪，气泡每移动一格，其倾斜角度值为 4″。这时在离左端 200mm 处的高度 α 值可从下式求出：

$$\sin \theta = \frac{\alpha}{200} = 0.00002$$

$$\alpha = 200 \cdot \sin 4'' = 200 \times 0.00002 = 0.004(\text{mm})$$

因此，精度为 0.02mm/m、规格为 200mm×200mm 的框式水平仪，它的每一格误差值为 0.004mm。

弧形玻璃管上的刻度距离是按下面原理来计算的。现以精度为 0.02mm/m，$\theta=4''$ 为例：玻璃管的弯曲半径 R 约为 103m，当水平仪倾斜 4″ 时气泡移动一格的数值为：

$$\text{刻线一格弧长} = \frac{2\pi R\theta}{360 \times 60 \times 60} = \frac{2\pi \times 103 \times 4}{360 \times 60 \times 60} = 0.002(\text{m}) = 2(\text{mm})$$

即 0.02mm/m（4″）精度水平仪的玻璃管刻线间格为 2mm（图 2-2-2）。

二、水平仪测量实例

用框式水平仪测量平面导轨长 1600mm 在垂直面内的直线度误差。框式水平仪规格为 200mm×200mm、精度为 0.02mm/m。

（一）导轨初步校平

将被测量的导轨置于可调整的支承平面上，置水平仪于该导轨的两端或中间位置，初步校平导轨，其目的是便于观察水平仪的格数。

（二）分段测量

将导轨分成 8 段，使每段与方框水平仪的规格相适应。现测得如下 8 组不同的数据读数：+1，+1，+2，0，−1，−1，−0.5，如图 2-2-3 所示。

（三）作直线度误差坐标图

根据上述测得的 8 档读数，作出如图 2-2-4 所示的坐标图。取坐标纸的 10 小格表示水平仪气泡移动 1 格（y 坐标）的数值，取坐标纸 20 小格表示水平仪的测量段数，每段=200mm（x 坐标）。将测得的每档读数绘出图中所示的曲线，该曲线即为导轨的直线度误差。由此可以看出导轨的直线度误差最大为 3.5 格，而且呈现中间凸的情况。凸的部位在导轨的 600mm～800mm 段。如图 2-2-4 所示，以两端连线法确定误差时，误差是以误差曲线与端点连线之间的最大纵坐标值计。曲线在连线之上时为凸。

（四）框式水平仪格数的换算方法

一般都不习惯用水平仪的格数来表示允差值，而习惯于用 mm 为单位，因此需将水平仪的格数换算成 mm。例如：采用 200mm×200mm、精度 0.02mm/m 的框式水平仪，参阅前述，它的每一格误差值为 0.004mm，即可将图 2-2-4 所示的误差值 3.5 格换算成 0.004×3.5=0.014mm。

三、光学合像水平仪

光学合像水平仪能检验工件表面微小的倾斜度、直线度、平面度，比普通水平仪有更高的测量精度,并能直接读出测量结果。

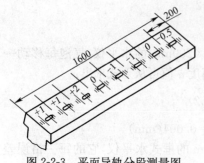

图 2-2-3 平面导轨分段测量图

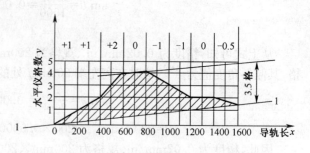

图 2-2-4 导轨直线度误差坐标图

（一）水平仪的结构和工作原理

水平仪的结构和工作原理如图 2-2-5 所示。水准器 5 安装在水平仪内部杠杆 7 架上,其水平位置可用旋钮 4 的转动,通过下面连接的丝杠、螺母使杠杆 7 移动进行调节得到。即水准器在调节进行中主要起指零作用。

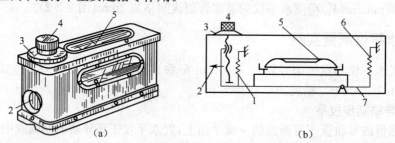

图 2-2-5 水平仪的外观及结构原理图

(a) 水平仪的外形;(b) 结构原理图。

1、6—弹簧;2—指针;3—刻度;4—旋钮;5—玻璃管(水准器);7—杠杆。

（二）水平仪合像原理与测量方法

1. 合像原理

水平仪合像原理如图 2-2-6 所示。它是利用两块棱镜 1、2 使气泡的 a、b 两头经过二次反射后,复合在一个视场内。两块棱镜 1、2 的接触线 cc' 成为气泡的界线,再经过棱镜 3、放大镜 4 而被人眼所看到。因为人眼对两线重合的估计有较高的精度,因而提高了水平仪的精度。

2. 测量方法

使用水平仪时如不在水平位置,两端有高度差,A、B 两半个气泡就不重合,如图 2-2-6(a)所示。此时,转动旋钮 4 进行调节(图 2-2-5),使玻璃管处于水平位置时,A、B 两半个气泡就会重合,如图 2-2-6(b)所示。这时可记下指针 2 所指的刻线(一般为零),然后再看刻度旋钮上的格数。每格表示 1m 长度内误差 0.01mm。

举例:如指针 2 的刻线读数是 1mm,刻度旋钮为 16 格,那么它的高度差读数就是 1.16mm(1+0.01×16=1.16mm)。

如果工件长度不是 1m,而是 500mm,那么在 500mm 长度内的高度差是 $\dfrac{1.16}{2}=$

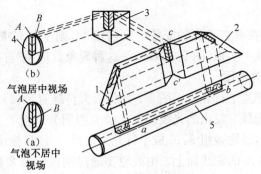

图 2-2-6　合像原理图

1、2、3—棱镜；4—放大镜；5—水准器（玻璃管）。

0.58mm。

　　由于光学合像水平仪的玻璃管的位置可以调整，而且视场像采用了光学放大，并以双像（即两半个气泡）重合来提高对准精度，可使玻璃管的曲率半径减小，因此测量时气泡达到稳定的时间短，其测量范围要比框式水平仪大。

　　各种水平仪存在一个共同的问题，即温度对气泡影响很大。故在使用前，一定要消除仪器和被测工件之间的温差，并与热源隔开。

第三节　光学量仪

　　光学量仪精度高、性能稳定、通用性好，可将被测件或刻线尺进行一定倍数放大，因而具有读数精度高相便于观察等优点，因此在制造工业中得到广泛应用。

　　光学量仪常用的光学系统，有望远光学系统、显微光学系统和投影光学系统等。各种光学系统是由很多形状简单的光学元件组成的，如反射镜、透镜、棱镜等元件。

　　在建筑、造船行业中主要用光学量仪进行测量、定位。

一、自准直仪

　　自准直仪是根据光学的自准直原理制造的测量仪器。其基本原理如图 2-3-1 所示。

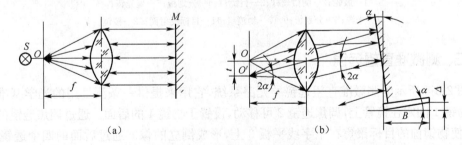

图 2-3-1　光学的自准直原理

（一）平行光管

　　如图 2-3-1(a)所示光源 S 发出的光，照亮了位于物镜焦面上 O 点的像，经物镜后成平行光束射出，这样的简单光学装置称为平行光管。

（二）自准直

上述光学装置，当在垂直于光轴安放一反射镜 M，则平行光束反射回来。通过物镜仍在焦面上原来位置成一实像（图 2-3-1(a)）。这种现象就称为"自准直"。

（三）自准直仪及光路图

自准直仪又称自准直平行光管。图 2-3-2 所示为自准直量仪外观图。图 2-3-3 所示为其光路系统图。从光源 7 发出的光线经聚光镜 6 照明分划板 8 上的十字线，由半透明棱镜 12 折向测量光轴，经物镜组 9、10 成平行光束出射，再经目标反射面 11 反射回来，把十字线成像于分划板 4、5 的刻线面上。由鼓轮 1 通过测微丝杆 2 移动照准双刻线（刻在可动分划板 4 上），由目镜 3 观察，使双刻线与十字线重合，然后在鼓轮 1 上读数。

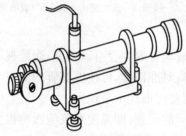

图 2-3-2　自准直量仪外观图

自准直仪的国产型号有 42J、JZC 等，其主要技术数据大致相同：测微鼓轮示值读数每格为 $1''$，测量范围为 $0\sim10'$，测量工作距离 $0\sim9\mathrm{m}$。

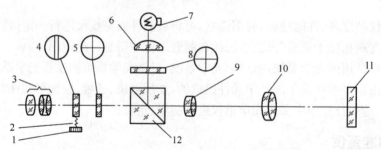

图 2-3-3　自准直量仪光路系统图

1—鼓轮；2—测微丝杆；3—目镜；4、5—分划板；6—聚光镜；
7—光源；8—分划板；9、10—物镜组；11—目标反射面；12—棱镜。

二、测微准直望远镜

图 2-3-4 所示为测微准直望远镜的光路系统，它用来提供一条测量用的光学基准视线。物镜 1 固定在镜管上，调焦透镜 2 可移动，设置于物镜 1 的后面。通过调焦透镜的作用，可使物镜前的目标聚焦在十字线平板 3 上，形成倒立的像。通过后面的四个透镜 4，用来使十字线平板上的倒立像形成正像，透镜中的第四个透镜将正像放大。国产 GJ10l 型测微准直望远镜的示值读数每格为 0.02mm。测微准直望远镜的光轴与外镜管口轴线的同轴度误差不大于 0.005mm，平行度误差不大于 $3''$。这样，以外镜管为基准安装定位时，即严格确定了光轴位置，也确定了基准视线位置。

建立测量基准线的基本方法，是依靠光学量仪提供一条光学视线，同时合理选择靶

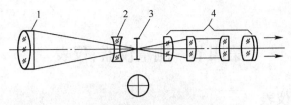

图 2-3-4　测微准直望远镜光路系统

1—物镜；2—调焦透镜；3—十字线平板；4—四个透镜。

标，并将靶标中心与量仪光学视线中心调至重合，如图 2-3-5 所示。此时在量仪与靶标之间，建立起一条测量基准线。然后把工件置于靶标之间测量或校正。

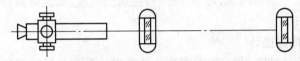

图 2-3-5　利用两个靶标建立基准线

三、经纬仪

经纬仪是一种高精度的光学测角仪器。

图 2-3-6 所示为国产 J2 型经纬仪的外形结构图。其原理与测微准直望远镜没有本质区别。其特点是具有竖轴和横轴，可使瞄准望远镜管在水平方向作 360°的方位转动，也可在垂直平面内作大角度的俯仰，其水平面和垂直面的转角大小可分别由水平度盘和垂直度盘示出，并由测微尺细分，测角精度为 2″。

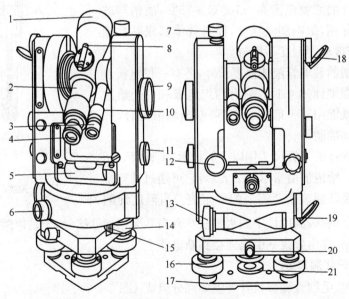

图 2-3-6　J2 型经纬仪

1—望远镜物镜；2—望远镜调焦手轮；3—读数显微镜目镜；4—望远镜目镜；5—水准器；6—照准部自动手轮；7—望远镜制动手轮；8—光学瞄准器；9—测微手轮；10—读数显微镜镜管；11—换像手轮；12—望远镜微动手轮；13—照准部微动手轮；14—换盘手轮护盖；15—换盘手轮；16—脚螺旋；17—三角基座底板；18—竖盘照明反光镜；19—水平度盘照明反光镜；20—三角基座制动手轮；21—固紧螺母。

第四节 测量仪器、仪表

一、温度测量仪表

测量温度的仪表可分为两大类，一类是接触式，例如玻璃管液体温度计、热电偶、热电阻和热敏电阻等；另一类是非接触式，它与被测介质不接触，而是利用辐射原理，接受被测介质的辐射能而确定所测的温度，例如光学高温计、比色高温计等。

接触式温度计由于结构简单、可靠，不但可测表面温度，而且可测物体内部的温度，因此应用较广。

（一）玻璃管液体温度计

玻璃管液体温度计的测温原理，是利用液体在玻璃管内受热膨胀的性质。它具有较高的精确度，使用简单、方便。

温度计中的工作液体，常用的是水银和酒精。水银与玻璃之间没有黏附作用，可以把毛细管做得很细而提高测量精度。水银在0℃～200℃范围内的体膨胀系数与温度之间有较好的线性关系，所以玻璃管上可以做成等分刻度。水银温度计的测温范围在－30℃～300℃之间。如果在水银上面空间充以一定压力的氮气，提高其沸点，玻璃材料用石英玻璃，则测温范围可提高到500℃～1200℃。

酒精温度计的测温范围为－100℃～75℃，酒精与玻璃之间有黏附作用，影响测量精度，而且其体膨胀系数随温度而变化，使玻璃管刻度不均匀。

除上述普通的玻璃管液体温度计外，还有一种电接点式玻璃管液体温度计（2-4-1）。它有两组电极和一个给定值指示装置。既能用于一般指示，又可与断电器配合，广泛用于温度自动控制。

电接点温度计的下标尺7用以一般指示，上标尺5用以给定值指示。给定值由指示件2表示，它可通过调整螺母1使螺杆3旋转而改变至需要的给定值。当温度计的温度上升到给定值时，温度计中的水银柱6升高并与铂丝8接触，于是使两根铜丝4接通而形成闭合回路，并由导线9引出连接到断电器上。

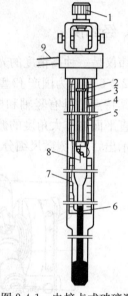

图 2-4-1　电接点式玻璃温度计

1—调整螺母；2—指示件；3—螺杆；4—铜丝；5—上标尺；6—水银柱；7—下标尺；8—铂丝；9—导线。

（二）压力计式温度计

它由感温包、毛细管和弹簧管等主要部分组成（图2-4-2）。

压力计式温度计，是利用封入其封闭系统中的工质（氮气、水银或甲醇等）在感温包温度变化时，工质的压力随之相应变化的原理而达到测温目的。

感温包5用钢或铜制成，可将其固定于测温的容器或管道中。当其温度变化时，工质压力也变化，通过毛细管6将压力传递给弹簧管1，弹簧管的自由端便发生位移。通过连接杆 3 带动扇形齿轮 4 摆动某一角度,再带动齿轮 2 而使指针指示出某一刻度值。

毛细管用钢或铜制成,内径为 0.2mm～0.5mm,壁厚为 0.2mm～2mm,长度可按需要确定(最长可达几十米)。为了保证测温的精度,毛细管应位于温度变化较小的地方。

压力计式温度计的特点是可用于远距离测温,其测温范围为−80℃～550℃。

(三)热电偶

热电偶是一种感温元件,它不能直接指示温度,必须与指示(或数字显示)仪表配套应用。热电偶可用以测量 0℃～1800℃ 范围内液体、固体或气体的温度,或气体的温度,测温精度高,便于远距离和多点测温,应用十分普通。

如图 2-4-3 所示,热电偶由两根不同材料的热电极 A 和 B 焊接而成。焊合的一端(形成一个结点)T 称为热端,用以插入测温物体中;与导线 l 连接的另一端(有两个接线头)T_c 称为冷端。如热端和冷端所处的温度不同,则在回路中会产生电流(这种现象称为热电效应),于是测量仪表 2 便可指示相应的温度值。

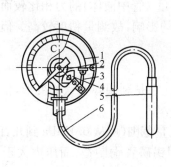

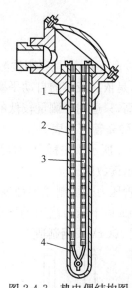

图 2-4-2　压力计式温度计

1—弹簧管;2—齿轮;3—连接杆;4—扇形齿轮;

5—感温包;6—毛细管。

图 2-4-3　热电偶结构图

1—接线盒;2—保护套管;3—绝缘套管;

4—热电偶丝。

常用的热电偶材料有:镍铬—考铜、镍铬—镍硅、铂铑—铂等。热电偶材料的性能要求主要是热电势要大、性能稳定、不易氧化腐蚀和有足够的强度等。其直径通常为 0.1mm～0.5mm,对于测量瞬时温度的热电偶,为了有较高的灵敏度(热惰性小),可采用更小的直径。

常用的热电偶结构如图 2-4-3 所示,它由接线盒 1、保护套管 2、绝缘套管 3 和热电偶丝 4 组成。

热电偶用于测量管道中流体温度或物体壁面温度时,往往直接将热电偶的热端埋设在测温处,但必须使结点与物体的壁面接触良好,以减小热阻,否则会增加测量误差。

二、压力测量仪表

(一)"U"形管压力计

"U"形管压力计是一种最简单的液体压力计,常用来测定气体的压力。如图 2-4-4 所示。压力计中的液体是水或水银。如果 P_2 为大气压力（0.0981MPa），P_1 为所测气体的压力，则 h 就反映 P_1 内的压力大小，其相互关系为：

$$h=\frac{P_1-P_2}{\rho g}$$

故 $\qquad\qquad\qquad\qquad P_1=P_2+h\rho g$

式中 $\quad g$ ——当地重力加速度（m/s²）；

$\qquad P$ ——液体的密度（kg/m³）；

$\qquad H$ ——压力计标尺读数（mm）。

计算时，P_2 可近似取 100000Pa，重力加速度近似取 10，当液体为水时，$\rho=1kg/m^3$。例如"U"形管中的液体为水时，测量某气体压力所得 $h=100mm$，则该气体压力 P_1 为：

$$P_1=P_2+h\rho g$$
$$=100000+100\times1\times10$$
$$=101000(Pa)$$
$$=0.101(MPa)$$

"U"形管压力计，是利用被测压力的力与已知质量（管中液体）的力相比较而达到测量目的的，是依靠液体的自动平衡，而不受其他因素的影响，故测量精度较高。但由于液柱不能太高，只适用于测量较低的压力范围。

（二）弹簧管压力表

图 2-4-5 所示为一种应用极广的弹簧管压力表。它是利用弹簧管的变形，推动机械结构而指示读数的。

弹簧管压力表能制成多种规格，以适应不同的测量范围（可从 0.1MPa 到几百兆帕）。对于 10MPa 以下压力范围的压力表，其弹簧管常用锡磷青铜制造，而压力大于 10MPa 的，则采用 50CrVA 钢制造。

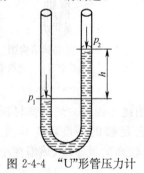

图 2-4-4 "U"形管压力计

图 2-4-5 弹簧管压力表

三、转速表

（一）离心式转速表

离心式转速表，是利用旋转体的离心力作用来测定转速的。其外形见图 2-4-6(a)，其内部构造原理见图 2-4-6(b)。

当转速表的转轴 6 被带动旋转时，两个重块 4 旋转而产生离心力。两重块由弹簧片 2 连接。其上端有固定套筒 1，下端活动套筒 5 在重块张开的同时，压缩弹簧 3 而向上滑动。通过扇形齿轮 7 带动小齿轮 8 使指针指定在某一数值。游丝 9 用以消除齿轮间隙，保证指针的复位精度。

离心式转速表,由于测量时操作上的误差,以及弹簧和机械阻力的不稳定性,一般不能获得很高的测量精度。

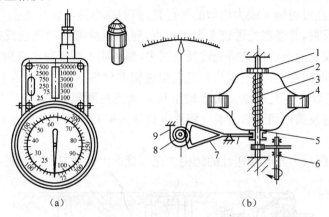

图 2-4-6　离心式转速表

1—固定套管;2—弹簧片;3—压缩弹簧;4—重块;5—活动套筒;
6—转轴;7—扇形齿轮;8—小齿轮;9—游丝。

(二) 磁电式转速计

磁电式转速计,是利用电磁感应的原理而达到测速目的的。

图 2-4-7 所示为磁电式转速计的构造。

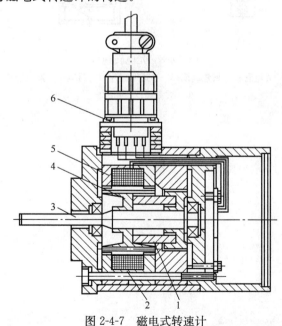

图 2-4-7　磁电式转速计

1—磁钢;2—线圈;3—转轴;4—齿轮;5—内齿轮;6—接线座。

磁电式转速计测得的感应电动势频率,是要由专门的仪器才能显示出来的,所以要与频率仪或专用的显示仪器配套使用。

（三）光电转速计

图 2-4-8(a)所示为光电转速计的测速原理图。测量前，先要在被测轴 6 的圆周表面上用反射纸带均匀而间隔地贴好，形成黑白反射面，测速时光电转速计对准此反射面。光源 7 发射的光线经过透镜 4 成为均匀的平行光，照射在半透明膜片 3 上，部分光线透过膜片，部分光线被反射，并经聚光透镜 5 聚成一点，照射在被测轴的黑白反射面上。当被测轴转动时，黑白反射面上的白条将光线反射回去，黑条则不能反射。反射回去的光再经透镜 5 照射在半透明膜片上，透过膜片并经聚焦透镜 2 聚焦后，为均匀的平行光，照射在光电管 1 上，使光电管产生光电流。由于轴上反射面黑白间隔，光电管产生的光电流脉冲数，就与轴的转速及黑白间隔数有关。将此电流送入配套仪器中计数并显示后，便可获得所测的转速。

图 2-4-8(b)所示为光电转速计的结构。光电管产生的电流由左端的导线输出。

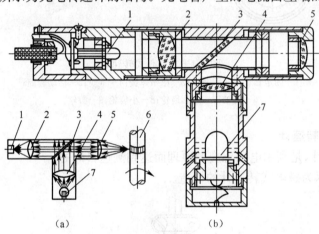

图 2-4-8　光电转速计

1—光电管；2—聚焦透镜；3—半透明膜片；4—透镜；5—聚光透镜；
6—被测轴；7—光源。

第三章　常用金属材料及钢的热处理

　　金属材料的品种、规格繁多,在国民经济中应用最为广泛。由于金属材料在各种条件下使用,为确保产品的质量和使用的可靠性,正确地认识材料,了解其性能,合理地选用是极其重要的。金属材料种类多,分类方法也各有不同,常用的金属材料分类如下:

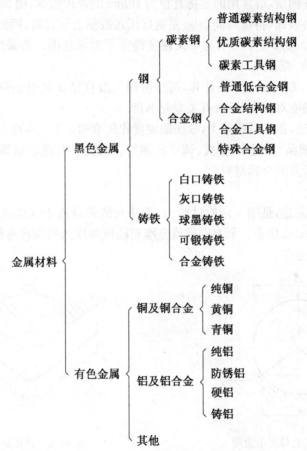

　　金属材料有多种性能,不同材料具有不同的性能。概括起来有物理性能、化学性能、力学性能和工艺性能等。下面就金属材料的力学性能和工艺性能加以介绍。

第一节　金属材料的力学性能

　　机械零件和工具,都是在各种外力作用下使用。在一定的外力作用下,金属本身不发生显著的变形或断裂,表现为具有一定的抵抗能力。把金属这种对外力的抵抗能力称为力学性能(又称机械性能)。

金属材料的力学性能是通过专门的试验测定的。衡量金属材料的力学性能的主要指标是强度、塑性、硬度、韧性和抗疲劳强度等。

一、硬度

硬度是指金属材料抵抗其他更硬物体压入的能力。任何机器零件和工具都应具备足够的硬度,才能保证其使用性能和寿命。由于硬度试验方法简便,不需专门试样,不损坏零件,因此,硬度常作为检测热处理质量的方法之一。测量硬度的方法很多,常用的方法有布氏、洛氏、维氏三种。

(一) 布氏硬度

布氏硬度 HBS 测量,最常用的是将直径为 10mm 的淬火钢球,用 3000kgf(29.42kN) 的试验力,压向材料表面,持续时间 30s,便钢球压入被测金属表面,用试验力与压痕面积的比值作为硬度值。图 3-1-1 所示为布氏硬度测定原理示意图。若采用硬质合金压球,硬度值符号用 HEW 表示。

在实际测定时,布氏硬度不需计算,可从所测压痕直径 d 经查表得出硬度值。有关"压痕直径与布氏硬度对照表"可查有关专业书籍。

布氏硬度测定法,由于压痕较大,故所测硬度比较准确。布氏硬度主要用于测定小于 HBS450 的金属半成品,如退火、正火、调质的钢材、灰铸铁、有色金属等。布氏硬度试验力较大,不适于测较薄的金属材料。

(二) 洛氏硬度

洛氏硬度 HR 测量,是用一定的试验力,把淬火的钢球或 120°圆锥形金钢石压入金属表面,原理如图 3-1-2 所示。如果钢球或金刚石圆锥体压入的深度愈深,则被测金属的硬度愈低;反之,则愈高。

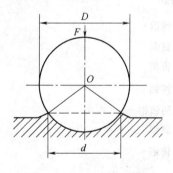

图 3-1-1　布氏硬度示意图

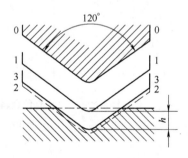

图 3-1-2　洛氏硬度原理图

洛氏硬度分为 HRA、HRB、HRC 三种。洛氏硬度测量用的压头、负荷及应用范围见表 3-1-1。其中 HRA 用于测量高硬度薄件及较薄硬化层零件;HRB 用于测量软钢、有色金属等;HRC 应用最普遍,常用于测验高、中硬度的零件,如各种钢制工具、齿轮、弹簧等。有时也用于硬度偏低(HRC>20)的小尺寸材料或成品件的测量。

洛氏硬度测定简便,能直接从刻度盘上读出硬度值,压痕较小,因此可测定成品件及较薄零件的硬度。由于压痕小,故准确性低于布氏硬度。一般同一试件应测三点以上,取其平均值。

表 3-1-1　洛氏硬度压头、负荷及适用范围

硬度符号	压　头	总负荷/N	适　用　范　围
HRC	120°顶端半径 0.2mm 金刚石圆锥	1500	HRC20～HRC67 高、中硬度的零件及厚硬化层零件等
HRB	$\phi \frac{1}{16}''$ 钢球	1000	HRB25～HRB100 软钢、退火钢、铜合金等
HRA	同 HRC	600	HRA>70 高硬度薄件及较薄硬化层零件等

（三）维氏硬度

维氏硬度 HV 测量，其测定原理如图 3-1-3 所示，与布氏硬度测定原理相同。不同之处是，维氏硬度采用的压头为对面夹角 136°的金刚石正四棱锥。试验力调整范围宽，一般由 5kgf～100kgf（49.03N～980.7N）。在测定后，已知 F 与 d 值代入公式计算可得硬度值。在实际应用中，一般不需计算，可由 d 的平均值，从预算好的表中直接查得。

维氏硬度试验力小，而且调整范围宽，故可测定极软到极硬的材料，同时还用于测定布氏、洛氏所不能测的薄零件、薄硬化层、镀层等。所测硬度可直接比较其大小，不需换算。

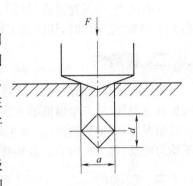

图 3-1-3　维氏硬度原理图

用各种硬度法测得的硬度值，不能直接进行比较，必须通过专门的硬度换算表，换算成同一硬度后，方能比较其大小。

二、韧性

有些金属材料在静载荷作用下，表现为较高的强度，但在冲击载荷作用下，却表现非常脆弱；相反，也有些材料，强度并不高，但在冲击载荷作用下，反而表现出很高的韧性。韧性就是金属材料在冲击载荷作用下对破裂的抵抗能力。金属材料的韧性大小可通过冲击试验测定。

三、疲劳及疲劳强度

金属材料在低于屈服强度的交变应力作用下发生破裂的现象称为疲劳。疲劳强度是指金属材料承受无限次交变载荷作用而不破裂的最大应力。在对称应力作用下的疲劳强度用 σ 表示。

为防止机器零件的疲劳断裂，在成批生产之前，对机器的重要零件，例如汽车上的连杆、钢板弹簧、齿轮等，需做疲劳试验，以保证使用的可靠性。

机器零件的疲劳断裂具有很大危险性，常造成事故，必须引起足够的重视。疲劳的实质，主要是由于金属材料的表面粗糙或内部夹杂等缺陷起到疲劳裂纹源的作用，在交变应力作用下，逐渐扩展导致断裂的。因此，对零件表面精细加工、喷丸强化、表面热处理及合理选材都会有效地提高疲劳强度。

第二节 金属材料的工艺性能

金属材料的工艺性能,一般是指切削加工性、铸造性、可锻性、可焊性和热处理性能。

一、切削加工性

切削加工性,是指金属材料接受切削成型的能力,是在一定的切削条件下,根据工件的精度和表面粗糙度,以及刃具的磨损速度和切削力的大小等进行评定的。

一般认为,硬度过高或过低的金属材料,其切削加工性能较差。金属材料硬度 HBS 在 160～230 范围内时,切削加工性能最佳。

二、铸造性

铸造性是指金属熔化后,浇注成合格铸件的难易程度。评定金属材料的铸造性,主要依据其流动性(液态金属能够充满铸型的能力)、收缩性(金属由液态凝固时和凝固后的体积收缩程度)和偏析倾向(金属在凝固过程中因结晶先后而造成的内部化学成分和组织的不均匀现象)等三项内容。灰铸铁、铸造铝合金、青铜和铸钢等,都具有较好的铸造性。

三、可锻性

可锻性是指金属材料在热压力加工过程中成型的难易程度。如材料的塑性和塑性变形抗力及应力裂纹倾向等都反映锻压性能的好坏。低碳钢、低碳合金钢具有良好的锻压性能,而铸铁就不能锻压加工。

四、可焊性

可焊性是指金属材料能适应普通常用的焊接方法和焊接工艺,其焊缝质量能达到要求的特性。焊接性能好的金属材料能获得无裂缝、气孔等缺陷的焊缝及较好的力学性能。低碳钢的焊接性能比较好,而铸铁的焊接性能较差。

五、热处理性能

热处理性能是指金属材料通过热处理后改变或改善性能的能力。钢是采用热处理最为广泛的金属材料,通过热处理,可以改善切削加工性能,可以提高力学性能,延长使用寿命。

第三节 钢

一、概述

钢是经济建设中极为重要的金属材料。由于钢具有良好的工艺性能和使用性能,因而在各个领域中得到广泛应用。为了合理选择、正确使用各类钢,必须了解钢的分类、编号及用途等知识。

钢是以铁、碳为主要成分的合金。碳钢是指含碳量为 0.06%～2% 的铁碳合金。碳钢除含铁、碳元素外,还含有硅、锰、硫、磷等元素,其中硫、磷系杂质元素。碳钢的价格低廉,而且产量多,目前在工业上应用得最多。

碳钢的使用性能和工艺性能取决于碳、硅、锰、硫、磷的含量和热处理工艺。碳元素是碳钢中除铁外最主要的元素。它的含量对碳钢的机械性能及其他性能起很大作用。

为了改善和提高钢的性能,满足使用上的要求,有目的地在钢中加入一些合金元素就成了合金钢。由于合金钢具有优良性能。其应用日益广泛。

钢的分类方法很多,常见的分类方法如下:

(一) 按化学成分分类

按钢中碳与合金元素含量的不同,钢可分为碳素钢和合金钢两大类。

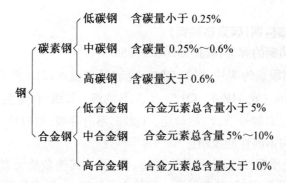

此外,合金钢还可按钢中所含的主要合金元素的种类分为锰钢、铬钢、硅锰钢、铬镍钢等。

(二) 按钢的质量分类

按钢中有害杂质硫、磷的含量分为以下三类:

(1)普通钢:硫≤0.055%,磷≤0.045%。

(2)优质钢:硫≤0.045%,磷≤0.040%。

(3)高级优质钢:硫≤0.030%,磷≤0.035%。

(三) 按钢的用途分类

按钢的用途可分为结构钢、工具钢和特殊性能钢。

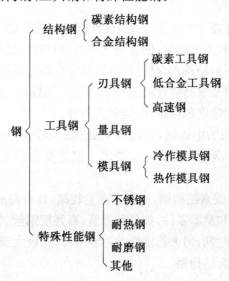

二、结构钢

在工业上，凡用于制造机械零件及制作各种工程结构件的钢种都称为结构钢。

用于工程结构的钢，出于其冶炼及加工艺简单，常直接作为承受静载荷的工程结构件使用，不需进行热处理，因此大多选用成本较低的普通结构钢。

用作机械零件的钢，大多是具有较高性能的优质钢。为适应机械零件承受复杂载荷的要求，这类钢还需要进行热处理，以充分发挥钢材力学性能的潜力。

结构钢包括普通碳素结构钢、优质碳素结构钢、低合金高强度结构钢、合金结构钢和铸钢等。

(一) 普通碳素结构钢 (碳素结构钢)

1. 普通碳素结构钢的牌号 (根据 GB700—88)

它是用钢材的屈服点为牌号，例如 Q215，Q 表示屈服点；215 表示钢号的屈服点 (σ_0) 最低值，单位为 N/mm^2 (或 MPa)。Q125 有 A、B 两级。E 级 (作常温下冲击试验，"V" 形缺口)。例如 Q215 与旧牌号 A、C，相对应。Q275，不分等级，与旧牌号 C_s 对应。

2. 普通碳素结构钢的性能及用途

普通结构钢与优质钢相比，主要是含碳量、硫、磷及其他杂质元素含量要求等的限制较宽。容易冶炼，工艺性能好，并能保证一定的力学性能，一般多轧制成型钢、钢板、钢管，用于厂房、桥梁、船舶等建筑结构和螺钉、螺母、连杆等要求不高的机械零件。

(二) 优质碳素结构钢

1. 优质碳素结构钢牌号 (根据 GB699—88)

优质碳素结构钢是用两位数字表示平均含碳量的万分之几。当含锰量较高 (0.70%～1.20%) 时，在钢号后加 Mn。例如：45 表示平均含碳量为 0.45% 的碳素结构钢。65Mn 表示平均含碳量为 0.65% 的含锰量较高的碳素结构钢。

2. 优质碳素结构钢的性能及用途

钢中含杂质元素硫、磷比普通结构钢少，力学性能比普通结构钢好，常用于制造重要的工程结构件和机械零件。

优质碳素结构钢的性能主要取决于钢中碳的含量，其含碳量大多在 0.7% 以下。钢号数字愈大则含碳量愈高，钢的强度、硬度随之增高，而塑性、韧性随之降低。

(1) 一般在 25 号以下的结构钢含碳量较低，具有良好的塑性和韧性，易于冲压、焊接，主要用于制造受力不大而要求高韧性的构件和零件。如螺钉、螺母、容器、钢丝、钢带等，也可用于制造负荷较低而耐磨的渗碳件、碳氮共渗件。

(2) 30 号～55 号常用的中碳钢，常经调质处理后，可获得良好的综合力学性能，故又称调质钢。其中以 45 钢应用最广。主要用于制造受力较大的齿轮、套筒、轴类等零件。

(3) 60 号以上的优质碳素结构钢，由于含碳量较高，具有高的强度、硬度和弹性，经适当热处理后，可制作弹性和耐磨零件，如各种弹簧、高强度钢丝、轧辊等。但优质碳素结构钢的力学性能不高，淬透性低，回火稳定性差，当零件尺寸较大或性能要求高时，就达不到要求。为此，必须采用合金结构钢。

(三) 低合金高强度结构钢

1. 低合金高强度结构纲的牌号(根据 GB/T 1591—94)

例如牌号 Q295 低合金高强度结构钢,其质量等级有 A、B 两级,A 级钢应进行弯曲试验。Q 表示屈服点;295 表示钢号的屈服点(σ_0)最小值,单位为 MPa。与旧的(GBl591—94)标准牌号对照,如 Q295 即为旧牌号 09MnV,09MnNb,09Mn2,12Mn。又如:Q420 其旧牌号:15MnVN,14MnVTiRE。

2. 低合金高强度结构钢的性能及用途

普通低合金结构钢是在普通碳素钢的基础上,加入少量合金元素(总量不大于 3%),而炼成的一类钢种。它比相同含碳量的普通碳素钢的强度(特别是屈服点)高,同时具有高的塑性、韧性和良好的焊接性,有的还具有耐磨、耐腐蚀、耐低温等特殊性能,而且生产成本、价格与普通碳素结构钢相近。

普通低合金结构钢发展很快,应用范围不断扩大,它用于建筑、桥梁、船舶、车辆、锅炉、容器、油管以及各种机械制造中的结构件。

(四) 合金结构钢

1. 合金结构钢的牌号(根据 GB 3077—88)

合金结构钢的钢号用"二位数字十化学元素符号十数字"表示。前面的数字表示平均含碳量为万分之几,合金元素用化学符号表示,合金元素后面的数字表示该元素含量为百分之几。当合金元素的含量小于 1.5% 时,牌号中一般只标出元素符号而不标明含量。如是高级优质钢,还应在牌号后加符号 A。例如平均含碳量为 0.60%,硅为 2%,锰小于 1.5% 的钢,其钢号为 60Si2Mn。

除此之外,还有一些特殊专用钢。为表示钢的用途,在牌号前加以专用符号。如 Yl2,表示平均含碳量为 0.12% 的易切削钢。在滚动轴承钢的钢号中,铬元素后面的数字是表示含铬量为千分之几。如 GCrl5,表示平均含铬量为 1.5% 的滚动轴承钢。

2. 合金结构钢的性能及用途

合金结构钢是在优质碳素结构钢基础上有目的地加入某种或某几种合金元素,改变钢的性能、使之具有高的机械强度、高的热硬性、耐蚀性、耐热性、好的电磁性等,这就是合金钢。合金钢中常加人的合金元素有:锰、铬、镍、硅、钨、铝、铜、硼、氮、钛、钴、钼、钒、锆、铌等。合金元素的加入,改变了钢的内部组织结构,从而改善了钢的使用性能。各种合金元素及其在钢中的含量不同,对钢的性能起着质的影响。锰、硅、镍能提高强度、硬度。当锰、硅的加入量小于 1% 时,并不降低其韧性。钛、铌、钒、钼、锰、铬、钨加入后,与碳化合形成碳化物,具有极高的硬度,钢的强度、熔点及耐磨性也相应得到提高,但含量过多,会使钢变脆。上述合金元素除锰外,一般都能提高钢的强度及冲击韧性;除钴外,都能增加钢的淬透性,保证钢具有优良的综合机械性能。合金元素能提高钢的回火稳定性,在回火时能保证不降低钢的强度和硬度,又增加了韧性。加入钛能使钢的组织致密;铬加入量超过 13%,将使钢具有防锈、耐酸的能力,成为不锈钢;硅加入量在 2.5%~4.4% 时,能使钢成为良好的软磁材料;以镍为主的镍基合金,是重要的耐高温材料;加入铜后,可以提高钢的防锈能力和抵抗若干种酸腐蚀的作用;加入氮后,能提高钢的硬度及耐热性等。

综上所述,各种合金钢因加入各种不同的合金元素而体现出不同的优良性能;而正确的热处理工艺又能使各种优良性能得到充分的发挥。

合金结构钢按用途和热处理工艺特点,可分为渗碳钢、调质钢、弹簧钢、滚动轴承钢等。

(1)渗碳钢经渗碳淬火及低温回火,心部保证了高韧性和足够的强度,而表层则获得高硬度及耐磨性,常用来制作表面耐磨并承受动力负荷的零件。

(2)调质钢经先淬火然后高温回火双重处理之后具有好的综合机械性能,常用来制作多种负荷下工作的,受力情况比较复杂的高强度、高韧性的机械零件。

(3)弹簧钢经淬火及中温回火处理,具有高的拉伸强度、高的屈强比(σ_s/σ_b),高的疲劳强度和足够的塑性和韧性,常用来制作各种弹性零件。

(4)滚动轴承钢经球化退火、淬火和低温回火,具有高而均匀的硬度和耐磨性,高的弹性极限和接触疲劳强度,足够的韧性和淬透性,在大气和润滑剂中具有一定的抗蚀能力,常用来制作各种滚珠、滚柱和套圈。

(五)铸造碳钢

1. 铸钢的牌号(根据 GB 1132—93)

铸钢包括碳素铸钢和合金铸钢。碳素铸钢的钢号用"ZG 十两组数字"表示。ZG 是铸钢的代号,两组数字分别表示最低屈服点和最低抗拉强度。如 ZG200~400,表示屈服点不小于 200MPa,抗拉强度不小于 40OMPa 的碳素铸钢。若是合金铸钢则在合金钢钢号前加 ZG,如 ZG35CrMo。

2. 铸钢的性能及用途

铸钢是用钢液直接浇注成的各种成型铸件,很多形状复杂、难以用锻造或机械加工成型,并且承受冲击载荷的大型零件,通常为铸钢件。如变速箱体、起重运输机齿轮、水泵体等。

铸钢与铸铁相比,具有较高的力学性能,特别是塑性、韧性好,还有良好的可焊性。但它的铸造性差,难免产生较多的铸造缺陷,除在铸造工艺上采取适当措施外,铸钢件的铸造缺陷还可通过焊接修补。还应看到,铸钢的组织晶粒粗大,偏析严重,从而降低钢的塑性与韧性,为此,应进行正火或退火处理,以改善铸钢件的力学性能,并消除铸造应力。

合金铸钢如 ZG22Mn、ZG35SiMn、ZG2OCrMn、ZG1Cr13 等。加入合金元素是为了提高铸钢的力学性能和获得一些特殊性能,如耐热、耐腐蚀等,从而扩大铸钢的使用范围。

三、工具钢

工具钢是指用于制造切削刀具,冷、热变形模具、量具的钢,为保证工具使用时具有高的硬度和耐磨性,足够的强度和韧性,因而工具钢都具有较高的含碳量,一般在 0.6%~1.5%之间,并且均为优质钢或高级钢。按化学成分的不同,工具钢分为碳素工具钢、合金工具钢两大类,按途则可分为刃具钢、模具钢和量具钢。

(一)刃具钢

刃具钢是指用于制造各种切削刀具的钢种。刃具在工作中,受到很大的切削力、摩擦力及切削热的作用,因而要求刃具钢应具备高硬度、高耐磨性、高的红硬性外,还应具有足够的强度和韧性。刃具钢包括碳素工具钢、低合金刃具钢(即合金工具钢)、高速钢三种。

1. 碳素工具钢

碳素工具钢的含碳量在 0.7~1.35%之间,由于它冶炼容易,加工性能好,因而成本较低,是工具钢中最廉价的一种。经淬火和回火后,能得到高硬度和耐磨性。但因其红硬性差、淬透性差等缺点,因此碳素工具钢只适宜制作尺寸较小、形状简单的低速切削刀具,也可制造性能要求不高的模具和量具。

碳素工具钢的钢号如:T8,T 是碳素工具钢符号,8 表示平均含碳量为 0.8%。如 Tl2A 则表示平均含碳量为 1.2% 的高级优质碳素工具钢。

2. 合金工具钢(低合金刃具钢)

在碳素工具钢基础上,加入少量合金元素(3%～5%)而形成的一类钢种。钢中加入的合金元素是铬、锰、硅、钨、钒等。加入合金元素后使钢的硬度和耐磨性提高,并具有更高的淬透性,能制造尺寸较大、形状较复杂的工具,可以在油或硝盐浴等较缓和的淬火介质中淬火,使变形减小。但由于钢中合金元素加入量少,红硬性不高,维持切削性能的最高温度只能达到 250℃～300℃。因此,它的应用范围也受到很大限制,一般用于截面较大,要求热处理变形小,以及要求耐磨性和韧性较好的低速机动和手动工具。

合金工具钢的钢号表示方法与合金结构钢基本相同,所不同的只是用一位数字表示平均含碳量为千分之几,即"一位数字+化学元素符号+数字"。当钢中含碳量大于或等于 10% 时,则不标出。例如:9CrSi;表示平均合碳量为 0.9,铬和硅的含量均小于 1.5% 的合金工具钢;CrW5 表示平均含碳量大于 1.0%,铬的含量小于 1.5%,钨的含量约为 5% 的合金工具钢。

3. 高速钢

高速钢是一种高碳合金工具钢。热处理后具有高的红硬性,在 600℃ 以下工作时,仍然保持高的硬度、耐磨性和足够的强度。因此,一些重要的、形状复杂的高速切削工具一般都采用高速钢制造。

高速钢的含碳量一般在 0.7%～1.5% 之间,以保证钢的高硬度和高耐磨性。钢中常加入钨、钼、铬、钒等合金元素,其总量超过 10%,大大提高了钢的淬透性和回火稳定性。

高速钢的品种繁多,我国常用的有钨系高速钢、钨钼系高速钢和超硬高速钢。

高速钢除主要用于制造各种刀具外,还广泛用于制造冷冲模、冷挤压模等模具,以及一些要求耐磨性好的重要机械零件。高速钢是贵重的工具钢,应节约使用。

在高速钢钢号中,一般不标含碳量,只标出合金元素平均含量为百分之几。如 Wl8Cr4V 等,尽管其含碳量小于 1.0%,也不予标出。

(二) 模具钢

模具钢是用于制造冲压模、锻模、压铸模等模具的钢种,按工作条件的不同,模具钢可分为冷作模具和热作模具两类钢。

1. 冷作模具钢

用于制造能使金属材料在常温下变形的模具。冷作模具与刃具的性能基本相似,故尺寸较小、形状简单的一般可用 T8A、T1OA、Tl2、9CrSi、CrWMn、GCr15 等。对于形状复杂、耐磨性要求高、淬火变形小的大型模具,则需采用 Crl2、Crl2MoV 等制造。

2. 热作模具钢

该钢用于制造能使金属在高温下成型的模具。如热锻模、热挤压模、热铸模等。常用的热作模具钢有 5CrNiMo、5CrMnMo。5CrNiMo 用于大、中型锻模。5CrMnMo 用于中、小型锻模,3Cr2W8V、4Cr5SiV 等具有较高的韧性、耐磨性及良好的导热性,广泛用作

65

压铸模、精密锻造和高速锻造模具等。

(三) 量具钢

量具钢用于制造测量和检验工件尺寸的工具,如卡尺、量规、量块、样板等。量具在长期使用和保存时,不应产生形状尺寸变化而降低精度,因此,它的工作部分要求具有高的硬度和耐磨性,以及热处理变形小和尺寸稳定性好等。

常用量具钢材中,一般量具可用 TlOA,Tl2A,9CrSi 等制造;对精度要求高且形状复杂的量具,一般选用 CrWMn、CrMn、GCrl5 等制造。

四、特殊性能钢

特殊性能钢主要是指具有特殊的物理性能和化学性能的钢种。它包括不锈钢、耐热钢、耐磨钢等。这些钢在机械制造,特别是在化工、石油、仪表和国防工业等部门有着广泛而重要的用途。

特殊性能钢的钢号表示方法与合金工具钢基本相同。例如:2Crl3 表示平均含碳量为 0.2%,含铬量约为 13% 的不锈钢。应该指出,特殊性能钢一般是在低、中碳钢中加入较多的合金元素,获得特别性能的,因此,大多数特殊性能钢的含碳量在 0.5% 以下,而合金工具钢的含碳量一般都在 0.5% 以上,在判别或选用这两类钢时,应注意加以区别。

(一) 不锈钢

不锈钢是具有抵抗空气、水、酸、碱等介质腐蚀作用的钢种。它在化工、仪表、医疗器械以及其他在腐蚀环境下工作的机械中广泛应用。常用的不锈钢主要有铬和铬镍不锈钢。

1. 铬不锈钢

铬不锈钢的含铬量大于或等于 13%,较多的铬使钢表面形成一层致密的 Cr_2O_3 氧化膜,将钢与外部介质隔离,避免里层金属继续被腐蚀。钢中含碳量一般在 0.4% 以下。随含碳量的增加,钢的硬度和强度提高,但抗腐蚀能力则相应减弱。

铬不锈钢一般是在弱腐蚀条件下工作的。主要牌号有 1Cr13、2Cr13、3Cr13、4Cr13 等。如 2Cr13 表示平均含碳量为 0.2%,含铬量约为 13% 的不锈钢。1Cr13、2Cr13 含碳量较低,具有较高的塑性、韧性,适于制造要求韧性较高的承受冲击载荷的零件。如汽轮机叶片、水压机阀、某些仪表齿轮、螺栓、螺母等。3Cr13、4Cr13 含碳量较高,淬火后能得到较高的硬度和强度,主要用于制造轴承、弹簧、阀门、医疗器械等耐磨零件。

2. 铬镍不锈钢

铬镍不锈钢是含铬约为 18%,含镍 8% ~ 11% 的一类钢种。其主要牌号有 1CrI8Ni9、lCrl8Ni9Ti 等。由于含大量的铬、镍,不仅使钢表面形成致密而稳定的 Cr2O3 保护膜,提高钢的耐蚀性,而且,经热处理后使钢具有良好的塑性、耐热性、焊接性和低温韧性。

铬镍不锈钢主要用于制造各种强腐蚀介质中工作的设备,如吸收塔、酸槽、管道、化工容器等。此外还可作仪表、仪器中的防磁零件。

(二) 耐热钢

耐热钢是指在高温条件下,具有良好的抗氧化能力及较高强度的钢种,它广泛用于制造锅炉、汽轮机、航空发动机、冶金及石油工业等高温条件下工作的设备。耐热钢包括抗氧化钢和热强钢等。

（三）耐磨钢

耐磨钢是指在冲击载荷作用下发生冷作硬化的一种高碳高锰钢。它主要用于在强烈冲击和严重磨损条件下工作的零件。如拖拉机履带、球磨机衬板、挖掘机铲齿、铁道道岔等。

常用的耐磨钢是 ZGMnl3，其含碳量为 $1.0\% \sim 1.3\%$，含锰量达 $11\% \sim 14\%$。由于钢中含锰量很高，在室温就能获得奥氏体为基体的组织，硬度较低，而塑性、韧性很好。因此，这类钢只有受到强烈冲击和剧烈摩擦时，因塑性变形而产生加工硬化的情况下才有耐磨性。而在一般机器工作条件下它并不耐磨。耐磨钢因加工时极易硬化，使切削加工变得困难。因此，用耐磨钢制作的零件，大都是铸造成型的。

第四节　铸　铁

铸铁是含碳量大于 2% 的铁碳合金。工业用铸铁是以铁、碳、硅为主并含有锰、磷、硫等杂质的多元合金，其含碳量一般在 $2.5\% \sim 4\%$ 范围内。

铸铁是一种生产工艺简单、成本低并且具有许多优良性能的金属材料。虽然力学性能低于钢，但有钢所不及的良好铸造性、耐磨性、减振性及切削加工性，可用于制造各种形状复杂的零件。随着技术的发展，有些经一定处理的铸铁在力学性能及物理、化学性能方面已近于钢，因此，铸铁在机器制造、交通运输、国防工业等部门广泛应用。

碳在铸铁中的存在形态不同，铸铁的组织、性能也不同，通常可分为白口铸铁、灰铸铁、可锻铸铁及球墨铸铁等。

一、白口铸铁

白口铸铁因其断面呈亮白色而命名。白口铸铁中极大部分的碳都以化合物(Fe_2C)存在，其性脆而硬，因而白口铸铁具有脆硬的特性。白口铸铁表现为高的硬度（大于 HB450）和高的脆性，耐磨性好，塑性几乎为零，难以切削加工，因此白口铸铁的应用受到限制。

由于白口铸铁具有很高的抗磨损能力，常用于要求耐磨而不受冲击载荷的制件。如拔丝模、拉丝板、喷丸机卡片等。白口铸铁主要用作可锻铸铁的坯料及炼钢原料。

二、灰铸铁

铸铁中的碳主要以片状石墨形式出现，断口呈灰色，故称灰铸铁。灰铸铁的组织实际是钢的基体上分布着片状石墨，因此，可把灰铸铁内部的片状石墨看成裂缝或空洞分布在钢的基体组织中，起到割裂基体和应力集中作用，所以灰铸铁与其相同基体的钢相比，力学性能比钢低得多。灰铸铁中石墨数量越多，石墨片粗大且分布不均匀，灰铸铁的性能就越差。相反，石墨数量较少、细小并且分布均匀，就能提高铸铁的性能。

灰铸铁在机械工业中使用较多，常被用来铸造机架、床身、箱体、壳体等。灰铸铁的牌号是用灰铁两字汉语拼音的字首 HT 表示的，字母后有一组数字，表示该铸铁的最低抗拉强度 σ_b，其单位为 MPa。例如 HT200 即是灰铸铁，其 $\sigma_b \geqslant 200$MPa。

三、可锻铸铁

铸铁中的碳大部分或几乎全部以团絮状石墨形式存在,因其有一定的塑性和韧性,故称可锻铸铁。实际上,可锻铸铁并不可锻造。团絮状石墨是由白口铁加热到900℃~1000℃,并经长时间保温,然后缓慢冷却,致使渗碳体(Fe₃C)分解,碳以石墨碳形态析出并聚集而成。这一过程称为"可锻化退火"。由于退火后的石墨碳在金属基体中呈团絮形态存在,与呈片状的石墨相比,它对金属基体的割裂及应力集中的程度危害大为减小,因而机械性能比灰铸铁好。可锻铸铁的断口呈灰墨色的称黑心可锻铸铁,断口呈白亮色的称白心可锻铸铁。珠光体可锻铸铁是它的基体主要为珠光体的黑心可锻铸铁。

可锻铸铁一般用于铸钢和灰铸铁在工艺或性能上不易达到要求的零件,例如截面较薄,形状状比较复杂,尺寸不大或强度、韧性要求较高的零件。

可锻铸铁的牌号是由三个字母及两组数字组成。其中:前两个字母,"KT"是"可铁"两字汉语拼音的缩写,表示可锻铸铁;第三个字母 H 或 B 或 Z 是黑或白或珠的汉语拼音缩写。分别表示黑心、白心、珠光体;其后的第一组数字表示最低的抗拉强度 σ_b,第二组数字表示最低的延伸率 δ。如 KTH300—06 即为黑心可锻铸铁,$\sigma_b \geqslant 300\text{MPa}$,$\delta \geqslant 6\%$;KTZ550—04 即为珠光体可锻铸铁,$\sigma_b \geqslant 550\text{MPa}$,$\delta \geqslant 4\%$;KTB380—12 即为白心可锻铸铁,$\sigma_b \geqslant 380\text{MPa}$,$\delta \geqslant 12\%$。

四、球墨铸铁

铸铁中的碳大部分或几乎全部以球状石墨形式存在的铸铁称为球墨铸铁。球化良好的铸铁对金属基体的割裂和引起应力集中的程度远比片状和团絮状石墨为小。球墨铸铁比灰铸铁和可锻铸铁有更好的机械性能。球墨铸铁还有铸铁所特有的良好切削加工性、耐磨性、减振性和铸造性等。因此,球墨铸铁被广泛应用。

球墨铸铁的牌号是用球铁两字汉语拼音的字首 QT 表示,字母后有两组数字,第一组数字表示最低的抗拉强度 σ_b,第二组数字表示最低的延伸率 δ。如 QT500—7 即为球墨铸铁,$\sigma_b \geqslant 500\text{MPa}$,$\delta \geqslant 7\%$。

第五节　有色金属及硬质合金

工业生产中,通常把钢铁称为黑色金属,除黑色金属以外的其他金属及其合金统称为有色金属。有色金属的用量虽比黑色金属少,但其具有某些特殊性能和优点,因而,使其成为现代工业技术中不可缺少的金属材料。有色金属与黑色金属相比,具有一系列特点,其中如银、铜、铝等具有良好的导热性和导电性;铅、钛等具有优异的化学稳定性;镍铁合金具有高导磁性;铝合金和钛合金等,比重小而强度高;钨、铌、钽、锆等具有很高的熔点,从而弥补了黑色金属的不足。

有色金属的种类很多,这里只对机械制造工业中常用的铝及铝合金、铜及铜合金、硬质合金等,作一简要的介绍。

一、铝及铝合金

（一）铝

铝是一种轻金属，密度为 $2.7g/cm^3$，白色，可塑性和导电性、导热性都比较好，因其表面氧化能形成紧密的氧化膜，故能耐腐蚀。纯铝机械强度低，一般只能用来作为电线及电器零件和一些日用品。在机械工业中大都用它的合金。工业纯铝的代号用"L+顺序号"表示。L 是铝字的汉语拼音缩写。工业纯铝的牌号有 L1，L2，…，L7。顺序号数字越大，纯度越低。

工业纯铝的强度和硬度都很低，不能作为结构材料使用。但在铝中加入硅、铜、镁、锰等合金元素制成的铝合金，既能保持纯铝的优良特性，又具有比纯铝高得多的力学性能，因而能用于制造承受一定载荷的机械零件。

（二）铝合金的分类

铝合金按其成分及生产工艺特点，可分为形变铝合金和铸造铝合金两类。形变铝合金塑性较高，适于压力加工。其中能热处理强化的称热处理强化铝合金，不能热处理强化的称热处理不能强化铝合金。铸造铝合金适于铸造而不适于压力加工。

（三）形变铝合金

经过冷、热加工变形后，以锻坯、板材、管材和棒料等形式供应的铝合金都属于形变铝合金。形变铝合金按其性能和用途又可分为防锈铝合金、硬铝合金、超硬铝合金、锻造铝合金等。

形变铝合金的牌号分别用该合金的汉语拼音字首加顺序号表示，顺序号不直接表示合金元素的含量。防锈铝用 LF、硬铝用 LY、超硬铝用 LC、锻铝用 LD 表示。如 LF5 表示 5 号防锈铝合金。

1. 防锈铝合金

防锈铝合金是铝—锰系或铝—镁系合金。这类合金具有比纯铝更高的强度和硬度，并具有良好的抗蚀性、可塑性和可焊性。主要用于制造耐蚀性高又承受焊接的容器、管道、壳体及受力小的结构件等。各种防锈铝合金均不能用热处理方法强化，但可通过冷压力加工方法提高它的强度。

2. 硬铝合金

硬铝合金是铝—铜—镁系合金。这类合金经热处理后，强度、硬度明显提高，但耐蚀性差，尤其不耐海水腐蚀。若需要防护的硬铝件，可以在它的表面包一层纯铝，以增加其耐蚀性。硬铝合金主要用于制造飞机的大梁、隔框、空气螺旋桨以及螺栓、铆钉等。

3. 超硬铝合金

超硬铝合金是在硬铝合金的基础上，再加入锌形成的铝—铜—镁—锌系合金。这类合金的强度比硬铝合金还高，但它的耐蚀性较差，表面一般也要用纯铝包覆，以防腐蚀。超硬铝合金主要用于制作飞机上受力较大的结构零件，如飞机大梁、桁架、起落架等。

4. 锻造铝合金

锻造铝合金大多属于铝—铜—镁—硅系合金。这类合金的力学性能与硬铝合金相近，而且具有良好的热塑性和耐浊性，适于用压力加工方法制造形状复杂的零件，如压气机轮、风扇叶轮、内燃机活塞等。

（四）铸造铝合金

铸造铝合金是用铸造的方法，生产制造零件的铝合金。常用的铸造铝合金有铝—硅系、铝—铜系、铝—镁系、铝—锌系四种。铸造铝合金的代号用"ZL+三位数字"表示。ZL是铸铝两字的汉语拼音缩写；第一位数字表示合金的类别，如1为铝—硅系，2为铝—铜系，3为铝—镁系，4为铝—锌系；第二、三位数字表示合金的顺序号，顺序号不同，合金的化学成分和用途也不同。如ZL102，表示为2号铝—硅系铸造铝合金。铸造铝合金主要用来制造一些形状复杂，承载不大，质量较轻，有一定耐蚀性及耐热性要求的铸件。

二、铜及铜合金

（一）铜

纯铜，是玫瑰红色的金属，表面被氧化生成氧化铜薄膜后呈紫红色，故称紫铜。它的导电、导热性比铝还高，容易受冷、热加工制成线材、板材和各种机械零件。由于它的表面能生成氧化铜保护薄膜，故其耐蚀性也非常好。但是纯铜的机械强度不高，且价格较贵，故目前使用的大都为铜合金。工业纯铜的代号用"T+顺序号"表示。T是铜字的汉语拼音缩写。工业纯铜有T1、T2、T3、T4四种。顺序号数字越大，纯度越低。还有无氧铜 TU_1、TU_2 等；脱氧铜 TP1、TP2 等。工业纯铜大都用来作为铜合金的原料。

（二）铜合金的分类

常用的铜合金有黄铜、白铜、青铜等。在机械工业中，铜及其合金的用量仅次于钢铁。

（三）黄铜

在纯铜中加入一定量的锌便成为黄铜，随着含锌量的增加，铜的颜色将逐渐由紫红变为淡黄。按化学成分的不同，它可分为普通黄铜和特殊黄铜两类。

1. 普通黄铜

黄铜的力学性能与锌的含量有关。含锌量在39%以下时，塑性很好，适于冷、热压力加工；含锌量在39%～45%之间，则塑性下降而强度增高，脆性也加大，仅适于热压力加工和铸造。普通黄铜广泛用于制造机械零件、电气元件和日常用品。普通黄铜的代号用"H+数字"表示。H是黄字的汉语拼音缩写，数字表示平均含铜量为百分之几。如H80，表示平均含铜量为80%的普通黄铜。

2. 特殊黄铜

特殊黄铜是在普通黄铜中加入铅、铝、锰、硅等元素，以提高黄铜的力学性能、耐蚀性能以及改善某些工艺性能的黄铜。特殊黄铜是以加入元素的名称命名的，如加入铅时，称铅黄铜，加入铝时称铝黄铜等。特殊黄铜的代号用"H+主要加入元素的化学符号+数字"表示。数字依次表示铜和加入元素的平均百分含量。如HSn62—1，表示平均含铜量为62%，含锡量约1%的锡黄铜。铸造黄铜则在牌号前加"Z"。

（四）白铜

白铜是以铜和镍为主的铜合金。普通白铜是铜和镍的二元合金；在普通白铜基础上加入其他元素时称为特殊白铜。

1. 普通白铜

通常把含镍小于50%的铜镍合金称为普通白铜。它有优良的塑性，还具有很好的耐蚀性、耐热性和特殊的电性能，因此，它是制造精密机械零件和电器元件不可缺少的材料，普通白铜的代号用"B+数字"表示。B是白字的汉语拼音缩写,数字表示平均含镍量为百分之几。如B19表示平均含镍量为19%的普通白铜。

2. 特殊白铜

特殊白铜是在普通白铜中加入锌、铝、铁、锰等元素,以改善白铜的力学性能、工艺性能和电热性能以及某些特殊性能的白铜。特殊白铜也是以加入元素的名称命名的,如锌白铜、铝白铜等。特殊白铜的代号用"B+主要加入元素的化学符号+数字"表示。数字依次表示镍和加入元素的平均百分含量。如BMn3—12,表示平均含镍量为3%,含锰量约为12%的锰白铜。

(五) 青铜

青铜是纯铜和某些元素(锡、铝、硅、铍、铅)组成的合金的统称。以锡为主要加入元素的叫锡青铜,以铝或硅、铅、锰、镍、铍等为主要加入元素的叫无锡青铜或特殊青铜,如铝青铜、硅青铜、铅青铜,铍青铜等。大多数特殊青铜都具有比锡青铜更高的力学性能、耐磨性能及耐蚀性能。

青铜的代号用"Q+主要加入元素的化学符号+数字"表示。Q是青字的汉语拼音缩写,数字依次表示主加元素和其他加入元素的平均百分含量。铸造青铜在牌号前加"Z"。如ZSn10—1,表示平均含锡量为10%,其他加入元素含量约为1%的铸造锡青铜。

锡青铜也称普通青铜,是以锡为主加元素的铜合金。锡对青铜的力学性能有很大影响。当含锡量小于5%~6%时,塑性良好;超过6%时,强度增高而塑性急剧下降;当含锡量大于20%时,强度也急剧下降。因此,工业上使用的锡青铜含锡量一般在3%~14%之间。含锡量小于8%的锡青铜,由于具有较好的塑性和适当的强度,适于压力加工;而含锡量大于10%的锡青铜,塑性较差,只适于铸造。锡青铜具有良好的耐蚀性、耐磨性和铸造工艺性,适于制造耐磨性和耐腐蚀的零件以及铸造对外形尺寸要求较严的铸件,但因其致密度较低,不宜于制造要求致密度高及密封性好的铸件。

三、硬质合金

(一) 硬质合金材料与性能

硬质合金是为适应现代工业对切削刀具提出的高切削速度、高红硬性、高耐磨性要求,以及加工一些难切削材料而研制发展起来的一种性能优良的工具材料。硬质合金刀具已在机械制造业中广泛使用。硬质合金是一种粉末合金材料。它是以一种或几种熔点高、硬度高的金属碳化物,如碳化钨、碳化钛等粉末为主要成分,加入起粘接作用的金属(钴)粉末、混合均匀、经磨细后,烧结制成的。在组成硬质合金的金属碳化物和粘接金属(钴)中,金属碳化物起坚硬耐磨的作用;起粘接作用的金属则是硬质合金韧性的来源。因此,在同类硬质合金中,随着粘接金属的增加,强度、韧性提高,而硬度、耐磨性下降。

(二) 硬质合金的分类

根据化学成分和性能特点的不同,目前常用的硬质合金有钨钴类、钨钴钛类及通用类硬质合金三类。

1. 钨钴类硬质合金

钨钴类硬质合金的主要化学成分为碳化钨（WC）和钴（Co）。其牌号用"YG＋数字"表示。YG 是硬钴两字的汉语拼音缩写，数字表示平均含钴量为百分之几。如 YG6，表示平均含钴量为 6％、含碳化钨约为 94％的钨钴类硬质合金。钨钴类硬质合金的韧性、磨削性和导热性较好，主要用于加工产生断续切屑的脆性材料，如铸铁，以及有色金属和非金属材料。

2. 钨钴钛类硬质合金

钨钴钛类硬质合金的主要成分为碳化钨、碳化钛（TiC）和钴。其牌号用"YT＋数字"表示。YT 是硬钛两字的汉语拼音缩写，数字表示平均碳化钛含量为百分之几。如 YT15，表示平均含碳化钛为 15％，含碳化钨和钴约为 85％的钨钴钛类硬质合金。钨钴钛类硬质合金中加入碳化钛提高了硬度、耐磨性和红硬性，在加工钢材时刀具表面形成一层氧化钛薄膜，使切屑不易黏附。但它的抗弯强度，磨削性和导热性比钨钴类硬质合金低，而且低温脆性很大，因此，它主要用于高速切削韧性材料，如钢材等。

3. 通用类硬质合金

通用类硬质合金是在钨钴钛类硬质合金中，加入少量的碳化钽（TaC）或碳化铌（NbC）取代部分碳化钛而形成的合金。其牌号用"YW＋顺序号"表示。YW 是硬万两字的汉语拼音缩写。如 YW1，表示 1 号通用类硬质合金。通用类硬质合金中加入适量的碳化钽或碳化铌，能显著提高红硬性、耐磨性和抗氧化性，并使合金具有一定的韧性，而且能细化合金中碳化物的晶粒，使硬度得到进一步提高。总之，这类合金具有比钨钴类和钨钛类硬质合金更好的综合切削性能，以及更长的使用寿命，但因其价格较贵，故主要用作耐热钢、高锰钢、不锈钢等难加工钢材的切削刀具。

硬质合金除制造各种刀具外，还用来做各种冲压模具、拉伸模具及量具等。

第六节　钢的热处理

一、钢的热处理

随着科学技术的发展，人们对钢铁材料性能的要求越来越高。提高钢材性能，主要有两个途径，一是调整钢的化学成分，在钢中有意加入一些合金元素，即合金化的方法；二是对钢进行热处理，通过热处理改变其内部组织，从而改善材料的加工工艺性能和使用性能。例如，用 T8 钢制造錾子，淬火前硬度仅为 HBS180～HBS200，耐磨性差，难以錾削金属，经淬火处理后，硬度可达 HRC60～HRC62，耐磨性好，切削刃锋利。由此可见，热处理是充分挖掘材料潜力，提高生产效率和产品质量，延长零件使用寿命，减少刀具磨损的有效手段。所以，热处理在船舶机械制造业中占有很重要的地位。

二、热处理工艺

钢的热处理是将钢采用适当的方式进行加热、保温和冷却，以获得所需要的组织结构与性能的工艺。根据加热和冷却方式的不同，热处理一般可分为下列几类：

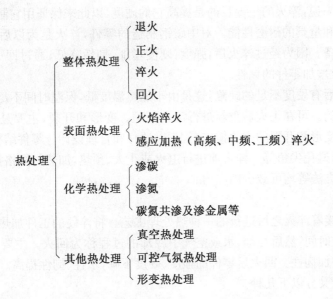

（一）退火与正火

经过轧制、锻造、铸造、焊接的零件坯料内部常存在各种组织和性能上的缺陷。经过适当的退火或正火处理，可以消除这些缺陷，为后面的工序作准备。

退火与正火的目的，是调整钢件硬度，以利于切削加工。如高碳钢和一些合金钢经轧制或锻造后，常因硬度较高难以切削加工；而低碳钢坯料往往因硬度太低，切削时易"黏刀"而影响加工效率和零件表面粗糙度。经适当退火与正火处理后，钢件硬度可控制在HBS170～HBS230之间，最适于切削加工。也可消除钢中残余内应力，以防止变形及开裂并改善钢的力学性能。

1. 退火

将钢加热到临界温度以上（不同钢号的临界温度不同，一般是710℃～750℃，个别合金钢到800℃～900℃），在此温度停留一定时间（保温），然后，在炉内或埋入导热性差的介质中缓慢冷却的热处理工艺称为退火。

2. 正火

把钢件加热到临界温度以上，保温一定时间，然后放在空气中冷却的热处理工艺称为正火。

正火的作用和退火基本相同，不同的是正火的加热温度稍高，而且冷却速度较退火快。正火后的钢件强度、硬度都比退火时高，塑性较退火时低。

对于低碳钢工件，正火可以细化晶粒，均匀组织，改善切削加工性能，而且工艺过程比退火短。对于中碳钢工件，正火与退火后的性质有较显著的差别，正火后工件的强度和硬度都有所提高，因此，不能用正火代替退火。对于高碳钢工件，正火可以消除原始组织中的缺陷。因此，常用于较重要的工件在球化退火和淬火前的预备热处理。

（二）淬火

将钢件加热到临界点以上，保温一定时间，然后在水、盐水或油中（个别材料在空气中，急速冷却的过程叫淬火。它的主要目的是提高工件的强度和硬度，增加工件的耐磨性，延长工件的使用寿命。

对工具钢来说,淬火的主要目的是提高它的硬度,以此来保证用它制造刀具的切削性能及制造模具和量具的耐磨性能。对中碳钢制造的零件,淬火是为以后的回火做好结构和性能上的准备。因为经过淬火后,强度、硬度增加,韧性降低,通过回火后,适当降低部分强度,可大大增加零件的韧性。

常见淬火后有硬度不足的缺陷,这是由于加热温度低,保温时间不足或冷却速度不够快等原因造成的。可在正火后重新进行淬火处理。变形和开裂,主要是淬火内应力造成的,减少、避免变形和开裂的主要措施是,正确选材和合理设计。零件结构设计中,应尽量减少不对称性,避免尖角等。淬火前进行退火或止火、预热,加热时严格控制加热温度,采用合适的冷却方法等均可减少内应力。

(三)回火

回火是紧接着淬火之后进行的一种热处理工艺。将淬硬的工件加热到临界点以下的温度,保温一定时间,然后在油、水或空气中冷却的过程称为回火。主要目的是消除淬火后的内应力,增加韧性。回火后零件的强度、硬度下降,塑性、韧性提高。根据回火温度和作用不同,回火又分以下几种。

1. 低温回火

在120℃～250℃的温度范围内进行。目的是保持工件淬火后得到的高硬度和耐磨性的情况下,降低淬火脆性及内应力。这种回火方法主要用于各类高碳工具、模具、量具、滚动轴承、渗碳件及表面淬火件等。低温回火后的硬度一般为HRC58～HRC64。

2. 中温回火

淬火钢件在250℃～－500℃之间的回火称为中温回火。这种回火方法可以在保持一定硬度的情况下,使工件得到较高的弹性。中温回火可显著减少淬火应力,并使零件获得较高的弹性极限、抗拉强度和韧性。主要用于各种弹簧、弹簧夹头、锻模及回火后硬度在HRC35～HRC45之间的零件。

3. 高温回火

在500℃～650℃的温度范围内进行的回火,称为高温回火。高温回火几乎能完全消除淬火内应力,并使工件得到高强度和高韧性的综合机械性能。钢件淬火及高温回火的复合热处理工艺即为调质处理。

(四)调质

工件淬火后再进行高温回火的工艺过程,叫调质处理。它的目的是使钢件获得高韧性和足够的强度,使其具有良好的综合机械性能。调质,一般是在机械加工以后进行,也可把毛坯或经粗加工的零件调质后再进行机械加工。它主要用于承受冲击、交变载荷作用下的重要结构零件、工模具。如轴、齿轮、连杆、螺栓等。还常作为渗氮、表面淬火等表面强化件及某些精密零件、量具、模具的预备热处理。中碳钢调质后的硬度一般在HBS200～HBS330之间。

(五)时效

时效处理有自然时效和人工时效两种。

1. 自然时效

将要加工的零件,先在需要加工的表面上进行粗加工,然后,在露天停放一段时间,或将机件(如丝杠)吊挂数天,使其内应力逐渐削弱。

2. 人工时效

将机件在低温回火后,精加工之前,加热到 100℃～160℃,保持 10h～40h,然后慢慢冷却。

时效处理的目的是消除毛坯在制造时产生的内应力,以防止或减少由于内应力引起的变形。

(六) 钢的表面热处理和化学热处理

在冲击、交变载荷及摩擦条件下工作的零件,例如齿轮、凸轮、销子、曲轴、蜗杆等,要求表面具有高的硬度、耐磨性和疲劳强度,而心部应具有足够的塑性和韧性。为了达到上述要求,生产中常采用表面热处理或化学热处理的方法。

1. 钢的表面热处理

仅对工件表层进行热处理以改变其组织和性能的工艺,称为表面热处理。表面热处理的方法很多,生产中广泛采用的是感应加热淬火和火焰淬火。

感应加热淬火是利用感应电流通过零件所产生的热效应,使工件表面、局部或整体加热并进行快速冷却的淬火工艺。感应加热淬火的主要优点是生产效率高,加热温度和淬火硬层容易控制,淬火质量高,而且节约能源,便于实现机械化、自动化,适应于大批量生产,但设备较复杂。

火焰淬火是应用氧—乙炔(或其他可燃气)火焰对零件表面进行加热,随之淬火冷却的工艺。火焰淬火具有设备简单、成本低、工件大小不受限制等优点,但生产效率低,零件表面易过热,淬火质量不稳定。主要用于单件、小批量生产,如中碳钢、中碳合金钢制造的大型齿轮、轴、轧辊等零件的表面淬火。

2. 钢的化学热处理

钢的化学热处理是将钢件置于一定温度的活性介质中保温,使一种或几种元素渗入它的表层,以改变其化学成分、组织和性能的热处理工艺。化学热处理的方法很多,根据渗入元素的不同,分为渗碳、渗氮、碳氮共渗及渗金属等。化学热处理的目的是以提高钢表面的硬度、耐磨性和疲劳强度为主。渗氮还能提高零件表面的热硬性和耐腐蚀性等。

(1)钢的渗碳。为了增加钢件表层的含碳量和一定的碳浓度梯度,将钢件在渗碳介质中加热并保温,使碳原子渗入表层的化学热处理工艺,称为钢的渗碳。渗碳用含碳量为 0.15%～0.25% 的低碳钢或低碳合金钢。例如 15、20、25CrMnTi 等钢。渗碳件经淬火和低温回火后,表面具有高硬度、高耐磨及较高的疲劳强度,而心部仍保持良好的韧性和塑性。根据采用的渗碳剂不同,渗碳方法分为固体渗碳、液体渗碳和气体渗碳三种。目前,生产中应用最广泛的是气体渗碳。渗碳只是增加了零件表层的含碳量,要使渗碳件表面强化,渗碳后必须进行淬火和低温回火处理。

(2)渗氮(氮化)。在一定温度下,使活性氮原子渗入工件表面的化学热处理工艺,称为渗氮。常用的渗氮方法是气体渗氮,气体渗氮是把零件放入专用的渗氮炉内,通入氨气(NH_3),加热到 500℃～600℃,使氨气分解出活性氮原子,部分被工件表面吸收,并向内扩散形成深 0.2mm～0.6mm 的氮化层。渗氮时间约 30h～70h。和渗碳相比,渗氮层有更高的硬度、耐磨性及疲劳强度(可提高约 15%～35%)、抗蚀性。

(3)碳氮共渗。在一定温度下,将碳、氮同时渗人工件表层,并以渗碳为主的化学热处理工艺,称为碳氮共渗。生产中常用气体碳氮共渗。碳氮共渗是同时向炉内通入渗碳气体和一定数量的氨气。碳氮共渗后可直接淬火或冷却后再加热淬火。碳氮共渗与渗碳比较,不仅加热温度较低,零件不易过热、变形小,而且渗层有较高的硬度、耐磨性、疲劳强度和抗压强度。生产中常用碳氮共渗来处理汽车和机床上的齿轮、蜗杆、蜗轮和轴类零件等。

(七) 发黑和发蓝处理

发黑和发蓝处理同属于氧化处理方法。它的主要作用是使工件表面生成一层保护膜而增强工件表面防锈和抗蚀能力;同时可使工件表面光泽美观,对淬火工件进行发黑或发蓝处理时,还可消除淬火应力。

1. 发黑(煮黑)处理

将工件放在很浓的碱和氧化剂溶液(苛性钠和过氧化钠)中加热氧化,使工件表面生成一层黑色的四氧化三铁薄膜的过程,叫发黑处理。发黑处理主要应用于碳素钢和低碳合金工具钢制成妁工件。由于材质和其他因素的影响,发黑层的薄膜有蓝黑色、黑色、红棕色及棕褐色等。其组织较致密,厚度为 $0.6\mu m \sim 0.8\mu m$ 左右。

2. 发蓝(烤蓝)处理

发蓝是利用回火的方法,使钢件表面生成各种不同颜色的氧化膜。具体做法是:将工件放在盛有木炭粉的箱中,加热到 350℃～450℃,保温 5min～6min 后取出工件,将需要发蓝的表面涂上石油,再放回箱中加热 10min～15min,就得到一层蓝色的氧化膜。这种方法主要用于一般常见的紧固件和各种小型零件,如螺母、螺钉、垫圈及表针等。

第四章　船舶油类和品种

船舶常用主要油类可划分燃料油和润滑油两大类。

第一节　燃　料　油

一、燃料油的作用和技术要求

(一)燃料油的作用和用途

(1)燃料油是供给柴油机的动力源,通过燃料油发火燃烧产生热能转化为机械能,保证柴油机的正常运转。

(2)燃料油供给锅炉、焚烧炉等设备,经燃烧后提供日常生活和系统加热源。例如:油舱加温、生活热水、生活取暖、垃圾处理、柴油机预热等。

(3)其他作用:0号轻柴油可以清洗机械零件的污垢。

(二)燃料油的技术要求

(1)燃料油的质量直接影响柴油机的正常使用寿命和修理间隔时间,柴油机的精密部件,例如:燃油高压油泵、喷油器等,燃料油的质量将会造成偶件磨损加剧,甚至于咬死现象。燃油雾化恶化会导致柴油机燃烧不良,所以,燃料油必须在使用前经过分水和杂质处理。

(2)柴油机的主要性能指标——燃油消耗率是衡量经济效益主要数据,因此燃油质量根据柴油机的型号、大小、转速及其用途而有所不同。

二、燃料油品种和牌号

(一)燃料油品种和性质(表 4-1-1)

表 4-1-1　燃料油品种和性质

性质＼油种	0 号轻柴油	船用柴油	中质燃油	重油
密度(15℃)kg/m³	0.82～0.84	0.85～0.90	0.89～0.95	0.96～0.98
黏度(40℃)mm²/s	3～8(20℃)	5～19(20℃)	30～420	420～600
用途	应急柴油发电机和主柴油发电机	大功率柴油发电机	船舶主机和锅炉	大功率船舶主机和锅炉

从表上看,燃料油是按比重和黏度划分,黏度高的燃料必须通过加热来降低黏度才能使用,有的船还配备混油装置进行油种配比。

（二）燃料油牌号

（1）0 号轻柴油和船用柴油。通常以油质比重要求作为选择依据，而渣油型燃料油牌号以运动黏度系数单位"厘泊"（cSt）或者（m^2/s）[1]来表示。

（2）中质燃油（13cSt～80cSt）。例如：80cSt 燃料油——称为 600 秒燃料油。

（3）重油（120cSt～380cSt）。常用船用重油牌号为三种：

① 120cSt 燃料油——称为 1000 秒燃料油；

② 180cSt 燃料油——称为 1500 秒燃料油；

③ 380cSt 燃料油——称为 3500 秒燃料油。

第二节　船用润滑油

船用润滑油按其主要用途和品种分三大类——润滑油类、润滑油脂类和液压油类。

一、船用润滑油类（包括液压油类）

（一）船用润滑油类的作用和用途

（1）润滑机械运动部件，避免机械部件因摩擦产生过热，烧灼、咬死等现象，保持运动部件正常运作。

（2）进行热交换功能，也就是讲，通过润滑油在系统中流动进行热量传递或冷却作用。

（3）润滑油经过增压后，用作液压控制操作动力源。

（4）可以对机械部件起到防腐防蚀作用。

（二）船用润滑油的技术要求

（1）系统中润滑油应具有良好的防锈抗氧化性能。

（2）应具有良好的防泡沫和抗乳化特性，满足黏度范围要求。

（3）润滑油的含水量<0.2%以下，黏度变化±10%以下，无杂质，酸值低。

（4）定期对系统润滑油进行分水杂质处理或用洁净油换新。

（5）在寒区航行船舶必须按适用温度选用低温液压油。

（三）船用润滑油的名称种类

船用润滑油的名称种类很多，有柴油机油、汽缸润滑油、透平、液压调速器油、压缩机油、齿轮油、冷冻机油、导轨油、汽轮机油、抗磨液压油等，这些名称种类的润滑油依据黏度等级再进行细分。

根据不同设备的工作条件，功率、转速和技术性能要求，每台设备制造厂在产品说明书上推荐或指定润滑油的使用牌号、使用部位和技术性能指标，因此，为了保证柴油机和其他机械设备的正常工作，必须按产品说明书要求，正确选择适用的润滑油品种、牌号。在使用过程中，不能将润滑油混合使用或随意选择说明书以外品种、牌号的润滑油替代使用。

（四）润滑油的牌号

1. 滑油的选用

目前润滑油的品种牌号繁多，为防止混淆，各国家和产品商都有自己品牌和独立品牌标识，所以润滑油牌号也各不相同，著名品牌商的润滑油产品在国际市场相当普及。远航

---

[1] 1cSt=$1×10^{-6}m^2/s$。

船的船东为了确保远航船的安全航行,又能方便选购适用的润滑油,因此润滑油大部分选择国际品牌产品。为了对润滑油牌号有一定认识,下面介绍一下国产润滑油的牌号。

2. 国产润滑油的牌号和用途

润滑油产品牌号表示方法(祝燮权.实用五金手册(第五版)[M].上海:科学技术出版社,1995.):

$$\boxed{类号}-\boxed{组号和品种号}-\boxed{黏度牌号}$$

(1)例1:L—FC100 轴承润滑油或 L—FCN100 轴承润滑油

　　　　L—润滑剂类;FC—具有抗氧防锈性能的油种;

　　　　F—L 类产品的 F 组(轴承油);C—F 组产品中的一个品种;

　　　　100—该产品在 50℃运动粘度牌号;N100—该产品在 40℃运动黏度牌号。

(2)例2:L—C90 齿轮油

　　　　L—润滑剂类;C—L 类产品的 C 组(齿轮用油);

　　　　90—黏度牌号。

(3)例3:L—DN100 压缩机油

　　　　L—润滑剂类;D—L 类产品的 D 组(压缩机用油);

　　　　N100—表示该产品在 40℃运动黏度牌号。

二、船用润滑油脂类

(一) 润滑油脂的特点

1. 润滑油脂的优点

(1)密封简单,不易脏污。

(2)不必经常加换润滑油,减少经济损失。

(3)受温度的影响不大,不易流失。

(4)耐压,抗冲击,对载荷性质、运动速度的变化等有较大适应范围。

(5)对工作条件恶劣、不易加油的设备,润滑油脂有重大实际作用。

(6)与金属之间附着力强,防锈性能较好,更适用于开式润滑和防腐。

(7)不易溶于水、油和大部分气体,稳定性较好。

(8)润滑油脂价格比润滑油低。

2. 润滑油脂的缺点

(1) 润滑油脂的流动性差,导热系数小,不能作循环润滑剂。

(2) 摩擦阻力大,机械效率低。

(3) 润滑油脂使用一定期限,表层容易产生干固。

(二) 常用润滑油脂的品种及用途

常用润滑油脂可分为通用润滑脂和高温润滑脂。

1. 通用润滑脂的品种、牌号及用途

(1)钙基润滑脂 1 号~4 号:适用于≤55℃~70℃低速、中速和各种负荷的机械设备润滑。

(2)石墨钙基润滑脂。适用于≤60℃开式齿轮传动,齿轮转盘,钢丝绳索摩擦部位的润滑。

(3)无水钙基润滑脂。适用于－45℃～100℃寒冷区域机械摩擦部位的润滑。

(4)钠基润滑脂。适用于≤120℃～130℃较高温度下工作的机械部位的润滑。

(5)通用锂基润滑脂。是属于长寿命多用途润滑脂,适用于－20℃～120℃各种机械设备的摩擦部位的润滑。

(6)合成锂基润滑脂1号～4号。适用于长期120℃左右的环境下工作的高温高速机械部件的润滑。

2. 高温用润滑脂的品种、牌号及用途

(1)复合钙基润滑脂1号～4号。适用于工作温度120℃～150℃摩擦部位的润滑。

(2)复合铝基润滑脂1号～2号。适用于－20℃～150℃高温高湿下运转设备的润滑。

(3)复合锂基润滑脂。可长期在－20℃～150℃温度范围内工作,短期使用温度也可达180℃。

第五章 液 压 传 动

传动是指能量或动力由原动机向工作装置的传递。液压传动是一种传动方式,它借助于液体的压力能实现能量的传输和变换。

液压传动装置由动力元件(电动机—液压泵)、控制元件(液压阀)、执行元件(液压缸或液压马达)和辅助元件(油箱、油管、过滤器等)组成。液压传动装置又称为液压系统,系统中的各种元件,统称为液压元件。液压元件和管道常用一定的图形符号来表示,但只表示液压元件的职能和连接通路。系统中各液压元件的符号用规定的线条连接起来就构成液压系统图。有了液压系统图,就便于掌握液压传动装置的工作原理和进行故障分析。

在船舶建造中,液压传动已广泛应用于舵机、锚机、系泊绞机、舱盖启闭、起重机械设备(包括食品吊、物料吊)、压载舱底液压泵站等。

第一节 常用液压泵及液压马达的种类、工作原理及应用

一、液压泵

液压泵是液压系统的一种能源装置。它将原动机输出的机械能转换为液压能,为系统提供一定流量和压力的油液,是液压系统的重要组成部分。

(一) 液压泵的分类和选用

液压泵按其结构形式可分为齿轮泵、叶片泵、柱塞泵、螺杆泵。其中齿轮泵又分为外啮合齿轮泵和内啮合齿轮泵;叶片泵分为双作用叶片泵、单作用叶片泵和凸轮转子叶片泵;柱塞泵分为径向柱塞泵和轴向柱塞泵;螺杆泵分为单螺杆泵、双螺杆泵和三螺杆泵。

选择液压泵时要考虑的因素有:工作压力、流量、转速、定量或变量、变量方式、效率、寿命、噪声、压力脉动率、自吸能力、经济性、维修性等。这些因素,有些已写在产品样本或技术资料上。

(二) 液压泵的结构及工作原理

1. 外啮合齿轮泵

外啮合齿轮泵的结构如图 5-1-1 所示。它由一对几何参数相同的渐开线齿轮 6、长短轴 12 和 15、6 泵体 7、前后盖板 8 和 4 等主要零件组成。其主要优点是结构简单、制造方便、价格低廉、体积小、质量小、自吸性能好、抗污染能力强、工作可靠;其缺点是流量脉动和噪声都较大,容积效率较低,因此主要用于对噪声水平要求较低的场合。

工作原理如下:

如图 5-1-2 所示,泵体、前后盖板和齿轮之间形成密封容腔,两齿轮的啮合线把密封腔分成吸油区和压油区,当齿轮按图示方向旋转时,左侧的轮齿退出啮合,使密封容积增

大,形成局部真空,齿轮泵吸油;油液被旋转的齿轮带到右侧,再进入啮合的另一侧,密封容积减小,油液被挤出,通过压油口排油。齿轮连续旋转,泵就连续不断地吸、排油。

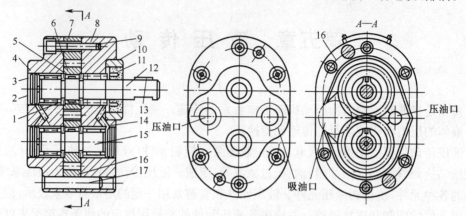

图 5-1-1　外啮合齿轮泵结构图

1—弹簧挡圈;2—压盖;3—滚针轴承;4—后盖;5—键;6—齿轮;7—泵体;8—前盖;9—螺钉;
10—密封座;11—密封环;12—长轴;13—键;14—滑油通道;15—短轴;16—卸荷沟;17—圆柱销。

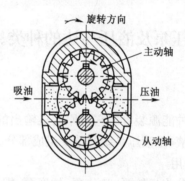

图 5-1-2　齿轮泵的工作原理图

外啮合齿轮泵的齿数越少,流量脉动越大。

2. 双作用叶片泵

工作原理如下:

双作用叶片泵用作定量泵。双作用叶片泵的结构如图 5-1-3 所示。主要零件包括传动轴 9、转子 4、定子 5、叶片 3、配流盘 2 和 6、右泵体 7 和左泵体 1。转子由传动轴带动旋转,其工作原理可用图 5-1-4 来说明。定子内表面由两段大半径 R 圆弧、两段小半径圆弧 r 和四段过渡曲线组成,定子和转子同心,转子上沿圆周均匀分布若干条叶片槽,叶片在槽内可自由滑动,在配流盘上对应于定子过渡曲线的位置开有四个配流窗口,窗口 a 通吸油口,窗口 b 通压油口,定子内表面、转子外表面、叶片和配流盘构成密封工作空间。当转子按图示方向旋转时,叶片在根部压力油和离心力的作用下压向定子内表面,并随定子曲线的变化在槽内往复滑动,在窗口 a 处的密封容积增大,通过窗口 a 吸油;在窗口 b 处的密封容积减小,通过窗口 b 压油,转子每转一周,叶片泵完成两次吸油和压油,故称这种泵为双作用叶片泵。

82

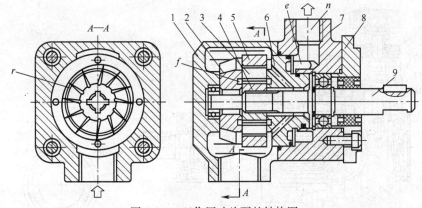

图 5-1-3 双作用叶片泵的结构图

1—左泵体；2—配流盘；3—叶片；4—转子；5—定子；6—右配流盘；7—右泵体；8—泵盖；9—传动轴。

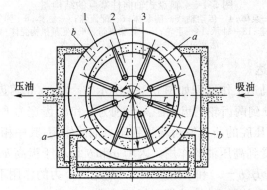

图 5-1-4 双作用叶片泵的工作原理图

1—定子；2—转子；3—叶片。

3. 斜盘式轴向柱塞泵

工作原理如下：

图 5-1-5 所示为斜盘式轴向柱塞泵的装配图。柱塞 2 均布在缸体 7 的柱塞孔内，安装在传动轴 4 中空部分的弹簧 8，一方面通过压盘 21 将柱塞头部的滑履 1 压向斜盘 20，另一方面又将缸体压向配流盘 6，当传动轴带动缸体顺时针旋转（面对输入轴）时，位于左半圆的柱塞不断外伸，柱塞底部的密封容积扩大，通过配流盘的吸油窗口吸油；于右半圆的柱塞不断缩入，密封容积减小，通过配流盘的压油窗口压油，缸体每转一周，每个柱塞吸油和压油各一次。由理论推导知，柱塞数为奇数时流量脉动比为偶数时小，从结构和工艺考虑，柱塞常数取 5、7 或 9。

二、液压马达

液压马达是将系统的压力能转换成机械能的装置，它使系统输出转速和转矩，驱动工作部件运动，属于液压系统的执行元件。从工作原理上讲，液压系统中的液压泵和液压马达都是靠工作腔密封容积的变化而工作的，因而液压泵和液压马达在原理上是可逆的，但它们在结构上是有差别的，并不能通用。

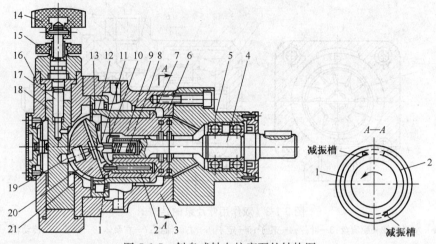

图 5-1-5　斜盘式轴向柱塞泵的结构图

1—滑履；2—柱塞；3—泵体；4—传动轴；5—前泵体；6—配流盘；7—缸体；8—弹簧；9—外套；10—内套；11—钢球；12—钢套；13—轴承；14—手轮；15—锁紧螺母；16—变量机构壳体；17—螺杆；18—变量活塞；19—轴销；20—斜盘；21—压盘。

（一）齿轮液压马达

外啮合齿轮液压马达工作原理如图 5-1-6 所示。c 为 Ⅰ、Ⅱ 两齿轮的啮合点，h 为齿轮的全齿高。啮合点 c 到两齿轮的齿根距离分别为 a 和 b，齿宽为 B。当高压油 p 进入马达的高压腔时，处于高压腔的所有轮齿均受到压力油的作用，其中相互啮合的两个轮齿的齿面只有一部分齿面受到高压油的作用。因为 a 和 b 均小于齿高 h，所以在两个齿轮 Ⅰ、Ⅱ 上就会产生作用力 $pB(h-a)$ 和 $pB(h-b)$。在这两个力的作用下，对齿轮产生输出转矩，于是齿轮按图示方向旋转，油液被带到低压腔排出。

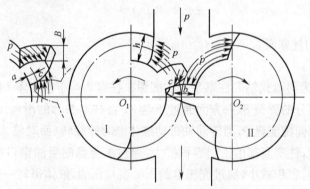

图 5-1-6　外啮合齿轮液压马达工作原理图

齿轮液压马达与齿轮泵在结构上基本相同，不同点在于：

（1）齿轮泵一般只沿一个方向旋转，其吸油口大，排油口小。而齿轮液压马达需沿两个方向旋转，其进、出油口通道对称，孔径相等，而且困油卸荷槽[1]，亦对称布置。

---

①困油现象和卸荷槽。为使齿轮转动平稳，齿轮的重叠系数应大于1，即前一对齿轮尚未脱离啮合，而两对齿轮同时啮合时，它们之间就形成了一个吸、压油腔均不相通的闭死容积。此闭死容积随齿轮旋转，容积大小不断变化，而其内的液体又不可压缩，因此产生齿轮发热、气蚀、噪声的现象称困油现象。消除困油现象的方法，通常是在两侧盖板上铣两个卸荷槽，使闭死容积内的液体有地方被压缩和膨胀。通常，泵的困油卸荷槽是不对称的。

（2）齿轮泵内泄漏都流回吸油口，而齿轮液压马达则将内泄漏单独引出至油箱。

（3）为了减小启动摩擦力矩，齿轮液压马达一般采用摩擦系数小的滚动轴承；为了减小转矩脉动，其齿数比齿轮泵的齿数要多。

齿轮液压马达体积小、质量小、结构简单、工艺性好、对液压油的污染不敏感、耐冲击。但它的容积效率低、转矩脉动较大、低速稳定性差，仅适用于高速、低转矩的情况。它一般用于工程机械、农业机械及对转矩均匀性要求不高的机械设备上。

（二）轴向柱塞液压马达

轴向柱塞液压马达的工作原理如图 5-1-7 所示。其中斜盘 1 和配流盘 4 固定不转动，转子缸体 2 与液压马达轴 5 相连并一起转动。斜盘的中心线与缸体的轴线相交一个倾斜角 α。当压力油通过配流盘的进油口输入到缸体的柱塞孔时，处于高压区的各个柱塞在压力油的作用下顶在斜盘的端面上。斜盘给每个柱塞的反作用力 F 是垂直于斜盘端面的。该作用力可分解为两个分力：水平分力 F_x 和垂直分力 F_y。F_x 与作用在柱塞上的液压力相平衡，使处于压油区的每个柱塞都对转子缸体中心产生一个转矩，这些转矩的总和使缸体带动液压马达的输出轴逆时针方向旋转。因 F_y 所产生的使缸体旋转的转矩与柱塞在高压区所处的位置有关，因而液压马达的输出转矩是脉动的，其瞬时输出转矩随柱塞转角 θ 而变化。

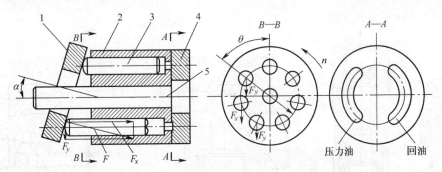

图 5-1-7　轴向柱塞液压马达的工作原理
1—斜盘；2—缸体；3—柱塞；4—配流盘；5—马达轴。

若使进、回油路交换，即改变输油方向，则液压马达的旋转方向亦随之改变。液压马达的转速取决于输入液压马达的实际流量和斜盘倾角 α 的大小。改变斜盘倾角 α 的大小，即改变排量，就可调节液压马达的转速。在输入流量不变的情况下，斜盘倾角 α 越大，产生的转矩越大，转速越低。斜盘倾角可调的液压马达为轴向柱塞变量液压马达。

第二节　液压控制阀的种类、工作原理及应用

液压控制阀可分为普通阀、二通式插装阀和比例控制阀等。本节重点介绍普通阀。

液压系统中，按功用普通阀可分为三类：

（1）方向控制阀。用于控制液压系统中油液的流向，如单向阀、换向阀等。

（2）压力控制阀。用于控制液压系统中的油压，如溢流阀、减压阀、顺序阀等。

（3）流量控制阀。用于控制液压系统中的流量，如节流阀、调速阀等。

一、方向控制阀

(一) 单向阀

单向阀只允许油液正向(或单向)流过,故又称为止回阀。按油液的流向,单向阀可分为直通式和直角通式,结构和图形符号如图 5-2-1 所示。当油液从下部进入时,油压对阀芯 3 的液压作用力就克服弹簧的张力,使阀自动开启,油液可顺利通过;当油液从上部进入时,在油压和弹簧的作用下,阀即自动关闭,阻止油液通过,起着止回的作用。

图 5-2-1(a)所示为球式阀芯直通式单向阀,虽结构和工艺均简单,但易磨损而使密封性变差,应用渐少;图 5-2-1(b)所示为锥形阀芯直通式单向阀,体积小,结构简单,但流阻损失较大,易产生噪声;图 5-2-1(c)所示为直角通单向阀,流阻损失较小,工作平稳,修理和更换弹簧方便,但外形尺寸较大。实际应用以直角通式的单向阀居多。

(二) 液控单向阀

它是在有控制油压下可实现反向流动的单向阀,其结构如图 5-2-2 所示。当无控制压力油供入时,它相当于普通单向阀;而当从 K 供入控制压力油时,控制活塞 7 将阀芯 1 强行顶开,油液即可由 B 向 A 反向流动。

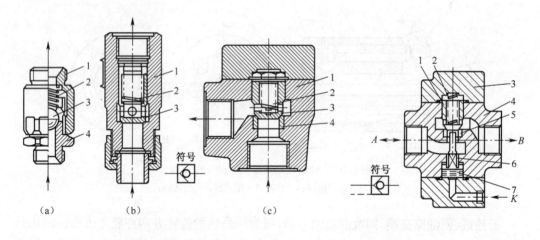

图 5-2-1　单向阀
1—阀体;2—弹簧;3—阀芯;4—阀座。

图 5-2-2　液控单向阀
1—阀芯;2—弹簧;3—上盖;4—阀体;
5—阀座;6—顶杆;7—控制活塞。

某些场合(如舵机的转舵油缸的供回油路)需单向阀在一定条件下允许油液反向通过时采用液控单向阀。单向阀的密封性可用注入煤油的方法检查,若有泄漏,则应清洗、研磨或更换。

(三) 换向阀

它是靠阀芯相对阀体的位移控制油路的通断和油液流向的阀件。按推动阀芯位移的动力,可分为手动、机动、电动、液动和电液动。按阀控制的油路接口数,可分为 2 通、3通、4 通等。按阀芯工作时停留的位置数,可分为 2 位、3 位等。在舵机液压系统中,使用较多的是手动、液动和电液动三位四通换向阀。

1. 手动三位四通换向阀

手动三位四通换向阀的结构和图形符号如图 5-2-3 所示。p 为压力油口，O（或 T）为通油箱或泵吸口的回油口，A、B 为通油缸或油马达的工作油口。

当未扳动操作手柄 1 时，滑阀 7 处于中位（图 5-2-3），油口 A、B、P、O 彼此均不相通（如图 5-2-3 中符号中间方框），油路锁闭。

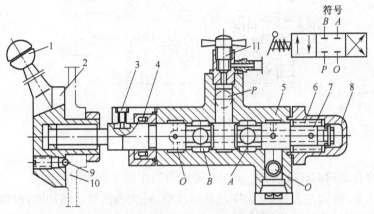

图 5-2-3　手动三位四通换向阀

1—手柄；2—手轮；3—限位螺钉；4—密封圈；5—阀体；6—弹簧；7—滑阀；
8—阀盖；9—定位钢珠；10—操纵台；11—放气阀。

当面向操纵台 10 向右扳动操纵手柄时，由于手轮 2 与滑阀左端为螺纹配合，而手轮又不能移动，滑阀受限位螺钉 3 的约束不能转动，故滑阀左移，使 P 与 A、O 与 B 分别连通（图 5-2-3 中符号右方框）；同理，当向左扳动手柄时，滑阀右移，油口 P 与 B、O 与 A 连通（如图 5-2-3 中符号左方框），使通往执行机构的进回油方位改变（即油路换向）。手柄左右摆动的转角由钢珠 9 定位，只要松开手柄，在弹簧 6 作用下，滑阀即自动回中。

换向阀滑阀的外伸端常用"O"形密封圈密封，以阻止油液的外漏。滑阀端部的泄油口，或通过阀内通道与油口 O 连通，或接油管直接接至油箱。

滑阀和阀孔的加工精度差、配合间隙过小、配合面碰伤变形、油液不洁等，均可能导致滑阀移动或复位发生困难。

2. 液动三位四通换向阀

该阀的结构和图形符号如图 5-2-4 所示。滑阀处于中位、左移和右移时的油口连通情况见图形符号。油口 C、D 接前面换向阀的工作油口（即其中一为压力油口，一为回油口），A_2、B_2 为接执行元件的工作油口。滑阀 8 的两端均有通道分别与油口 C 和 D 连通。只要油口 C、D 其中一油口进压力油，压力油就可引入滑阀的一端，而滑阀的另一端则通油口 C、D 中的回油口，在液压力作用下使滑阀左移或右移。由于油口 C、D 始终由两个节流针阀 3 连通，故阀换向时，有一部分压力油，经油口 C、D 和两节流针阀旁通回油箱，使进油口 A_2 或 B_2 供入执行机构的压力油的流量减小。显然，调节两个节流针阀的开度，就可改变所控执行元件运动的速度。两个节流针阀的开度应力求调得基本一致，以保证所控执行元件正、反向运动的速度相同。

87

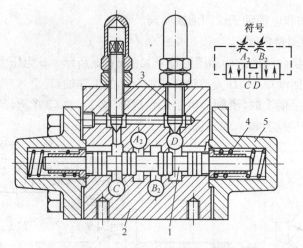

图 5-2-4　液动三位四通换向阀

1—滑阀；2—阀体；3—节流针阀；4—弹簧；5—阀盖。

滑阀只有在油口 C、D 连通时，d 能在弹簧力的作用下迅速回中。

从符号可见，滑阀左右移，均为同两油口连通，并无油路换向的功能，故该阀在液压系统中，只是用作调整执行元件的运动速度，减小液压冲击。一般用于操纵系统。

3. 电液动三位四通换向阀

该阀的结构和图形符号如图 5-2-5 所示。它由电磁换向阀和液动换向阀组合而成，前者用以控制后者。

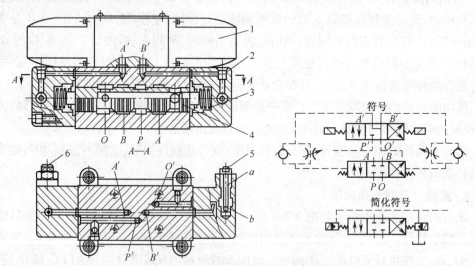

图 5-2-5　电液动三位四通换向阀

1—电磁换向阀；2—阀体；3—弹簧；4—阀芯；5、6—单向节流阀。

当电磁换向阀 1 的右端线圈通电时，其阀芯左移，控制压力油经油口 P'、B' 和阀体 2 上相应的油道流至单向节流阀 5 的端部，顶开单向节流阀后进入液动换向阀的阀芯 4 的右端，而阀芯左端则经单向节流阀 6 的节流口、阀体 2 上相应通道、油口 A' 和 O' 通油箱，在液压力作用下,阀芯 4 左移;同理,当左端线圈通电时,阀芯 4 右移;一旦电磁线圈断电,电磁换向阀的阀芯回中,阀芯 4 左右端各经单向节流阀、油口 A' 和 B' 及 O' 连通卸压,在弹簧 3 的作用下,阀芯 4 回中。由于阀芯 4 左移或右移时一端回油的速度和阀芯回中的两端油压的均衡卸压均受单向节流阀的节流口的阻尼,所以改变节流阀节流口的大小,就可调整液动换向阀的换向和回中速度。

阀中的单向节流阀又称阻尼调节器,用以减慢油路换向速度,减小液压冲击。阀中的控制油压,若由辅泵或主泵的支路减压提供,则称为外控;若来自液动换向阀(主阀)的 P 腔,则称为内控。

该阀在舵机液压系统中,常用于应急系统。

二、压力控制阀

1. 溢流阀

溢流阀的功用是在系统的油压超过调定值时,把油液溢回油箱,以保持阀前系统中的油压大致稳定或防止超压。按其在液压系统中的功用基本上可分为两种:定压阀:系统工作时阀常开,借改变溢流量来保持系统的油压基本稳定;安全阀:系统工作时阀常闭,仅在系统油压偶尔超过调定值时开启溢油。

(1)直动式溢流阀。

阀芯可以是钢球、锥体或滑阀,图 5-2-6 所示为滑阀式直动溢流阀。进口的压力油经阀芯 3 的径向孔和节流孔 4 引入阀芯的底部,对阀芯产生一向上的液压力。当阀前系统的油压上升至使油压对阀芯的作用力足以克服弹簧 2 的张力时,

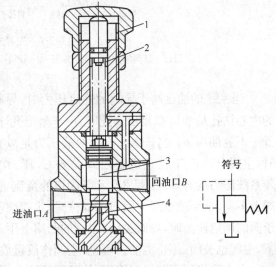

图 5-2-6　滑阀式直动溢流阀
1—调节螺母;2—弹簧;3—阀芯;4—阻尼孔。

阀芯上移,使进、回油口 A 与 B 连通,阀开始溢油,随着系统中油压的升降,阀芯伴之上下移动(即阀的开度增减),改变溢流量,以维持前系统的油压基本稳定。阀芯上的阻尼孔 4 用以防止阀进口压力脉动时,因阀动作过快而产生振荡,以提高阀工作的平稳性。

(2)先导式溢流阀。

图 5-2-7 所示为先导式溢流阀的结构和图形符号。它由主阀 1 和导阀 4 组成,主阀的启闭由导阀控制。主阀下部的锥面是密封面,控制进回油口 P 与 C 的通断。主阀的中部是圆形凸肩,与阀体滑动配合,其上有一阻尼小孔(孔径为 $0.8\text{mm} \sim 1.2\text{mm}$),用以连通凸肩的上下腔。系统工作时,压力油经阀的进口 P、主阀台肩的下腔、阻尼孔 f、台肩的上腔 K 和阀体上相应的通道到达导阀的左腔。导阀 4 实际上是一个小的直动式溢流阀。当系统的油压低于导阀的开启压力时,导阀处于关闭状态,阀内油液呈静压平衡,即台肩上下腔的油压 p_1 与 p 相等,主阀在弹簧 7 作用下关闭,进油口 P 与 C 隔断。

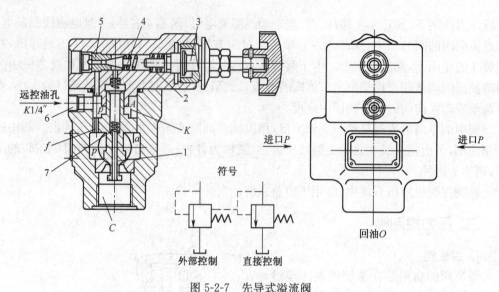

图 5-2-7　先导式溢流阀

1—主阀；2—导阀弹簧；3—调节螺杆；4—导阀；5—导阀座；6—远控油口；7—主阀弹簧。

当系统的油压高于导阀的开启压力时，导阀开启，少量油液经导阀的微开口和主阀的中心钻孔从油口 C 溢出。此时，由于阻尼孔 f 的节流作用，便主阀台肩上腔的油压 p_1 低于下腔油压 p。当该压差产生的液压力足以克服主阀的重力、摩擦力和弹簧 7 的张力时，主阀上移开启，接通进溢油口 P 与 C，压力油经主阀口节流降压流回油箱。此后，随着系统压力的升降，经阻尼孔和导阀口的溢流量就会增减，使凸肩上下腔的压差升降，主阀上下移，从而改变经主阀口的溢流量，维持阀前系统的压力基本稳定。当系统的压力低于阀的调定压力时，导阀关闭，主阀的凸肩上下腔很快趋于静压平衡，在主阀弹簧的作用下，主阀也关闭，停止溢油。可见，主阀作流量放大级。

由于先导阀只起控制作用，故可做得较小，其弹簧较软。而主阀的凸肩上方引入了油压 p_1，使油压 p 对主阀的作用力的主要部分得以平衡，即便阀前的油压很高，仍可采用较软的主阀弹簧。这样，当溢流量（即阀的开度）变化时，由于弹簧力改变不大，故阀前油压波动较小，即使用于高压系统，其静态压力变化量一般也不超过调定压力的 5%。但先导式溢流阀的动作不如直动式溢流阀灵敏，阀的动作具有一定滞后性，当系统中的油压突升时，会瞬时超过阀的调定压力，阀开启后需经历短时波动才能稳定于调定压力。若系统发生液压冲击，阀往往来不及开启。

顺时针转动调节螺杆 3，增大导阀弹簧 2 的预紧力，阀的调定压力升高；反之，调定压力降低。

若用管道外接一直动式溢流阀于远控油口 K，把先导阀的弹簧预紧力调至最大，便可实现阀调定压力的远程控制（即外控）；若外接一换向阀于油口 K，便主阀凸肩上腔泄油，则主阀会完全升起，使系统泄油，阀便可作卸荷阀用，此时进溢油口压差一般为 0.15MPa～0.35MPa。

2. 减压阀

用于降低油压，使之得到低于液压泵供油压力的稳定压力，并使同一液压系统具有两个或几个不同压力回路的控制阀称为减压阀。减压阀也有直动式和先导式之分，常用的是定压减压阀(简称减压阀)。图 5-2-8 所示为先导式减压阀的结构和图形符号。从进口来的压力油进入阀内的 d 腔，经主阀 2 的阀口无节流后，压力由 p_1 降为 p_2，从 f 腔引出。压力降为 p_2 的油液还经主阀上的小孔 g 进入主阀的下腔；经阻尼孔 e、主阀上腔、小孔 b 和 a，进入导阀的右腔。正常工作时，出口压力 p_2 高于导阀的开启压力，导阀常开，少量油液经阻尼孔 e 和导阀从油口泄出。由于阻尼孔 e 的节流作用，主阀下腔的油压高于上腔。该压差产生的液压力与弹簧力的平衡，使主阀的阀口 x 保持一定。若阀出口压力发生升降，经导阀的泄油量就随

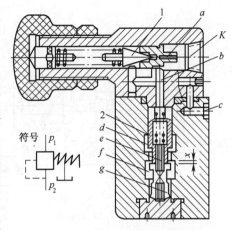

图 5-2-8　先导式减压阀
1—导阀；2—主阀。

之增减，使主阀上下腔的压差升降，主阀的阀口 x 增减，以阻止出口压力 p_2 的升降，从而维持出口压力 p_2 基本稳定在调定值附近。一旦出口压力 p_2 低于调定值，导阀关闭，主阀上下腔油压平衡，在弹簧作用下，主阀被推至最下端，阀口 x 开至最大，这时已超出阀的调节能力范围，无法再维持阀后压力基本稳定。显然，顺时针转动调节螺母，增大导阀的弹簧力，出口压力升高；反之，出口压力降低。

减压阀的泄油口 c 需外接油管通油箱(外泄)，这与溢流阀的泄油口直接通至出口(内泄)不同。

三、流量控制阀

靠改变阀的开度实现流量控制的液压阀称流量控制阀，常在定量泵液压系统中用以调整执行元件的运动速度。常用的有节流阀和调速阀。

(一)节流阀

靠改变阀口的大小而改变通过阀的油液流量的液压阀称节流阀。图 5-2-9 所示为 L 型节流阀和图形符号。

这种阀的节流口为轴向三角沟式。顺时针转动调节旋钮 3，推杆 2 就推压阀芯 1 左移，节流口减小；逆时针转动调节旋钮，在弹簧 4 的推压下，阀芯右移，节流口增大。

节流阀常与定压液压源配合，用以调节执行元件的运动速度。

图 5-2-10 所示为单向节流阀的结构和图形符号。当油液从油口 A 进 B 出时，相当于一单向阀，无节流作用；当油液从 B 进 A 出时，油液只能从阀芯的轴向三角沟流过，相当于一节流阀，有节制流量的作用。正反转调节旋钮，可使节流口增减。

单向节流阀常装于液压系统中蓄能器充放液管路上，使蓄能器既能通畅地充液，又可有节制和流量可调地放液。

使用中，节流口的开度不能调得过小，以免节流口发生阻塞，过阀流量不稳定，造成执行机构出现走走停停的"爬行现象"。为此，每一个节流阀都有一能正常工作的最小流量限制。

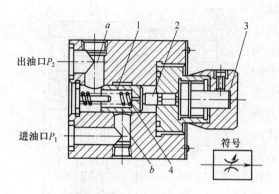

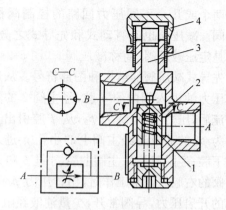

图 5-2-9　L 型节流阀
1—阀芯；2—推杆；3—调节旋钮；4—弹簧。

图 5-2-10　单向节流阀
1—平衡弹簧；2—阀芯；3—顶杆；4—调节旋钮。

（二）调速阀

调速阀由节流阀与定差减压阀，或与定差溢流阀组合而成，使节流口的进出端的压差不受外界负载（即工作油压）变化的影响，保证过阀流量稳定。

1. 串联式调速阀（简称调速阀）

图 5-2-11 所示为该阀的原理图和图形符号。来自定压油源、压力为 p_1 的油液经减压阀后，压力降为 p_2，分别引至节流阀的进口、减压阀的 a 腔和 d 腔；压力为 p_2 的压力油流经节流阀后，压力降为 p_3，分别引至工作油缸和减压阀的 b 腔。当油缸的负荷 R 增大使 p_3 升高时，减压阀因 b 腔油压增大而下移，减压阀口 x 开大，于是 p_2 升；反之，若 R 减小，阀口 x 关小，于是 p_2 下降。当减压阀稳定时，忽略阀芯重力和摩擦力，可列出减压阀的力平衡方程：

$$p_1 A = p_2 A + F_s$$

式中　A——减压阀阀芯大端面积；

　　　F_s——减压阀弹簧张力。

可得　　　　　　　　　　　　　$p_1 - p_2 = F_s / A$

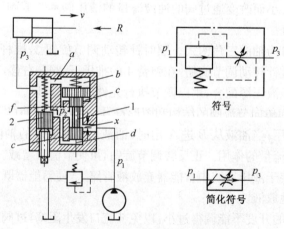

图 5-2-11　串联式调速阀
1—定差减压阀；2—节流阀。

92

由于弹簧较软,阀芯移动量不大,减压阀口改变时弹簧力 F_s 变化不大,故节流阀前后的压差(p_1-p_2)基本保持不变,过节流阀的流量也就基本稳定。调速阀工作时,进出口压差一般最少应保持 0.4MPa～0.5MPa。串联式调速阀效率较低,特别是在低负荷下,但流量稳定性较好,适用于速度稳定性要求高的液压系统。

2. 并联式调速阀(溢流节流阀)

图 5-2-12 所示为该阀的原理图和图形符号。由定量泵供给的压力为 p_1 的油源,进入阀后,一路绕过溢流阀至节流阀的进口,并经通道进入溢流阀的 a 和 b 腔;另一路经溢流阀控制的油口由泄油管泄回油箱。油液经节流阀后,压力由 p_1 降为 p_2,供至执行机构,同时引入溢流阀的 c 腔和安全阀的左腔。当 p_2 因油缸负载 R 的增大而升高时,溢流阀芯下移,关小泄油阀口,溢流量减小,p_1 升高;反之,p_2 下降,溢流阀芯上移,开大泄油口,溢流量增大,p_1 降低。由阀芯 2 的力平衡方程知,弹簧的刚度和阀芯的移动量不大时,节流阀前后的压差(p_1-p_2)随油缸负载的改变变化也不大,从而使通过节流阀的流量基本稳定。

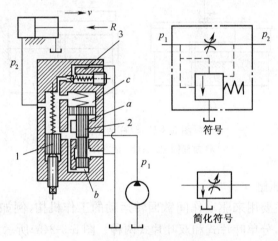

图 5-2-12　并联式调速阀

1—节流阀;2—定差溢流阀;3—安全阀。

由于定差溢流阀阀口液流动量的变化对阀芯的反作用力(稳态液动力)与弹簧力的方向相反(定差减压阀两力方面相同),且数值较大,故阀芯移动阻力较大,弹簧较硬,节流阀前后的压差(p_1-p_2)变化量较大,使并联式调速阀的流量稳定性不如串联式。但它能使液压泵的排压随负载变化,且比油缸的工作油压 p_2 高出不多(约 0.3MPa～0.5MPa),因而功率损失小,油液发热程度轻,适用于对流量稳定性要求不高和功率大的节流调速系统。

为防止负载过大时 p_2 和 p_1 超过允许值,故并联式调速阀往往都设有安全阀 3。

第三节　液压油缸的种类、工作原理及应用

液压缸是液压系统中的又一类执行元件,它也是把系统的压力能转换成机械能的装置。前述液压马达实现的是连续回转运动,而液压缸实现的则是往复直线运动或摆动。液压缸可以单个使用,也可以两个或多个组合起来或和其他机构组合起来使用。

液压缸结构简单,工作可靠,在液压系统中得到了广泛的应用。

一、液压缸的分类

液压缸种类繁多,按其结构特点分为活塞式、柱塞式和摆动式三大类;按其作用方式又分为单作用式和双作用式。活塞式液压缸和柱塞式液压缸实现往复直线运动,输出速度和推力;摆动式液压缸实现往复摆动,输出角速度和转矩。下面介绍几种常用的液压缸。

(一) 双杆活塞缸

双杆活塞缸是活塞两侧都带有活塞杆的液压缸,根据安装方式不同又分为活塞杆固定式和缸筒固定式两种。如图 5-3-1(a)所示为缸筒固定式双杆活塞缸,它的进、出油口位于缸筒两端。活塞通过活塞杆带动工作机构移动,工作机构移动范围等于活塞有效行程的三倍,占地面积大,因此仅适用于小型设备。图 5-3-1(b)所示为活塞杆固定式双杆活塞缸。缸筒与工作机构相连,活塞杆通过支架固定在设备上,此种安装形式的工作机构的移动范围等于活塞有效行程的两倍,因此占地面积小,常用于大、中型设备中。

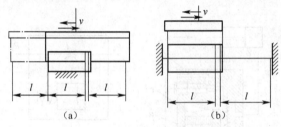

图 5-3-1　双杆活塞缸
(a) 缸筒固定式 ;(b) 活塞杆固定式。

(二) 摆动式液压缸

摆动式液压缸主要用来驱动作间歇回转运动的工作机构,例如回转夹具、液压机械手、船舶舵机等装置,分单叶片式和双叶片式两种。图 5-3-2(a)所示为单叶片式摆动液压缸。当压力油从左下方油口进入缸筒时,叶片和叶片轴在压力油的作用下作逆时针方向转动,摆动角度一般小于 300°,回油从缸筒左上方的油口流出。图 5-3-2(b)所示为双叶片式摆动液压缸。图中缸筒的左上方和右下方两个油口同时通入压力油,两个叶片在压力油的作用下使叶片轴作顺时针转动,摆动角度一般小于 150°,回油从缸筒右上方和左下方两个油口流出。双叶片式摆动液压缸与单叶片式相比,摆动角度小,但在同样大小结构尺寸下转矩增大一倍,且具有径向压力平衡的优点。摆动式液压缸也称为摆动液压马达。

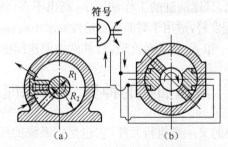

图 5-3-2　摆动式液压缸
(a) 单叶片式;(b) 双叶片式。

二、液压缸的安装与维护

液压缸的安装方式有多种,在具体安装中要根据机器的安装条件,受外加负载作用力的情况及液压缸稳定性的优劣来选择安装方式。

液压缸的正确使用与精心维护对其能否正常工作有很大影响。正确的使用与维护,可防止机件过早磨损和遭受不应有的损失,使其经常保持良好状态,发挥应有的效能。为此,要注意以下事项:

(1)液压缸在污染严重的环境中工作时,对活塞杆要加防尘措施;

(2)注意液压缸对工作介质的要求;

(3)要按设计规定和工作要求,合理调节液压缸的工作压力和工作速度;

(4)定期维护、定期检查、定期清洗、定期更换密封件。

第四节　液压辅助元件的种类及应用

辅助元件是液压系统的重要组成部分。它包括蓄能器、过滤器、油箱、热交换器、管件、密封装置等。这些元件的设计、选用与安装是否合理将在很大程度上影响液压系统的效率、噪声、工作可靠性等技术性能,因此应予以重视。

一、蓄能器

蓄能器是一种能储存液体压力能,并在需要时把它释放出来的能量储存元件。它的主要功用如下:

(1)作辅助动力源;

(2)保持系统压力;

(3)消除压力冲击和吸收压力脉动。

二、过滤器

在液压系统中,工作介质的过滤是液压系统中的一个重要环节。

统计资料表明,液压系统中,约有 70％的故障是由油液污染造成的。外界的灰尘、脏物和油液氧化后的析出物侵入系统后,会引起液压元件运动副结合面的磨损、划伤,或卡死运动件,堵塞阀口和管道小孔,使系统不能正常工作。系统内油液污染越严重,系统的工作稳定性也就越差。因此,对油液进行过滤,保持油液的清洁度,是保证系统可靠工作的重要手段。

(一) 过滤器的功用和类型

过滤器的功用就是过滤混在油液中的杂质,降低系统中油液的污染度,保证液压系统的正常工作。

按过滤材料和结构形式不同,过滤器分网式、线隙式、烧结式、纸芯式和磁性过滤器;按过滤材料的过滤原理不同,过滤器分表面型、纵深型和吸附型过滤器。

(二) 过滤器的选用

不同的液压系统对油液的过滤精度、通流能力、压力损失、耐压力的要求也不同,因

此,选用过滤器时应考虑以下几个方面:

(1)过滤精度应满足系统的要求。

(2)要有足够的通流能力。

(3)滤芯要有一定强度,这样可以防止过滤器在液体压力作用下被破坏。

(4)滤芯应具有良好的抗腐蚀能力,以保证过滤器能够在规定的温度下长期工作。

(5)考虑系统的具体要求,对于不能停机的液压系统,要选择切换式的过滤器,以利于更换滤芯;对于需要滤芯堵塞报警的场合,要选择带发讯装置的过滤器。

(6)滤芯的更换、清洗和维护要方便。

三、油箱

油箱在液压系统中的主要功用:储放系统工作用油;散发系统工作时产生的热量;沉淀污物并逸出油中气体。此外,油箱还具有支承液压元件的作用。

液压系统中的油箱有整体式和分离式两种。

四、冷却器和加热器

在液压回路与液压装置中,液压泵、液压马达的内部摩擦、黏性阻力、其他损失以及溢流阀的溢流作用等都要产生能量损失。这些损失大部分辅化为热能,除少部分热量散发到周围的空间外,大部分热量使油温升高。

系统内液压油的温度过高,会使油液的黏度下降,密封材料过早老化,破坏润滑部位的油膜,油液饱和蒸汽压升高引起气蚀等。相反,液压轴的温度过低,会造成油液黏度上升,装置或部件启动困难,压力损失加大并引起振动,甚至酿成事故。

系统内液压油的正常工作温度在 30℃~50℃之间,过高或过低都会使液压装置的性能下降。因此,控制油箱也是保证液压系统可靠工作的重要环节。油温的控制是靠热交换器实现的。热交换器是冷却器和加热器的统称。

五、管件

管件包括管子和各种管接头。其作用是连接各液压元件,以输送液压油。有了管件连接,才能将液压控制元件、液压执行元件以及其他各种液压元件连接成完整的液压系统。因此,管件是液压系统中不可缺少的元件。为保证液压系统的正常工作,管件应保证有足够的强度、没有泄漏、密封性好、压力损失小、拆装方便。液压系统用的管道有硬管和软管两种。

六、密封装置

液压系统的密封由密封装置来完成。密封装置的种类很多,根据被密封部位配合面间有无相对运动,密封装置分动密封和静密封装置两大类。

对密封装置的基本要求:

(1)在一定的工作压力和温度范围内具有良好的密封性能;

(2)密封装置与运动件之间摩擦系数小;

(3)耐磨性好、寿命长、不易老化、抗腐蚀性强;

(4)价格低廉,拆装方便。

第五节　液压系统基本回路的工作原理及应用

任何液压系统都是由一些基本回路组成的。所谓基本回路就是指能实现某种特定功能的典型回路。

液压传动系统的压力控制回路包括调压、减压、卸载、增压、保压和平衡等多种回路。它们利用压力控制阀来控制整个系统或局部支路的压力,以满足执行元件对力或转矩的要求。

(一)调压回路

调压回路的功用是调整和控制系统压力为一定值、多级定值或不超过某个值。对于液压系统,一般由溢流阀来实现这一功能。

1.单级调压回路

如图5-5-1(a)所示,在液压泵的出口处设置并联的溢流阀1来控制系统的最高压力为恒值,溢流阀1作定压阀用。若此回路无节流阀,或在变量泵后设置并联的溢流阀,用以限制系统压力不超过某值(一般为系统工作压力的1.1倍),此溢流阀作安全阀用。

2.多级调压回路

如图5-5-1(b)所示,先导式溢流阀2的遥控口串接二位三通换向阀3和远程调压阀4。在压力阀4的调压值小于压力阀2调压值的条件下,换向阀在左位或右位,系统压力分别调定为阀2或阀4的调压值。如果先导式溢流阀的遥控口通过多位换向阀串接多个远程调压阀,且被串接远程调压阀的调压值均低于先导式溢流阀的调压值,则系统可得到多级压力。

3.无级调压回路

如图5-5-1(c)所示,根据工作需要,改变比例溢流阀5的输入电流,即可得到任何合适的系统压力。

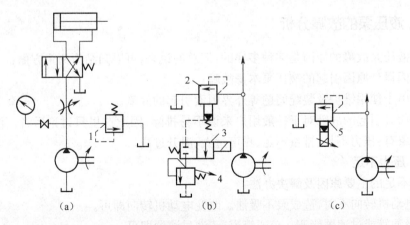

图 5-5-1　调压回路

(a)单级调压回路;(b)多级调压回路;(c)无级调压回路。

1—溢流阀;2—先导式溢流阀;3—二位三通换向阀;4—远程调压阀;5—比例溢流阀。

(二) 减压回路

机床的夹紧、定位、导轨润滑及液压控制油路常需要比系统压力低的压力。减压回路能减小系统压力到需要的稳定值,以满足这些油路的需要。

如图 5-5-2(a) 所示,在通往液压缸 4 的油路上串接定值减压阀 2。调整减压阀,缸 4 便可得到所要求的低压。当主油路压力低于减压阀的调压值时,单向阀 3 关闭,短期保压,使液压缸 4 免受低压影响。

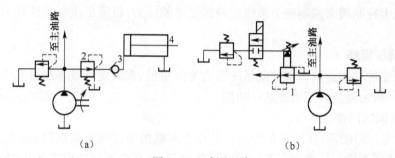

图 5-5-2　减压回路
(a) 单级减压回路;(b) 二级减压回路。
1—先导型减压阀;2—定值减压阀;3—单向阀;4—液压缸。

如图 5-5-2(b) 所示,在先导型减压阀 1 的遥控口串接换向阀和远程调压阀,同样可得到不同的减压调定值。用比例减压阀也可实现无级减压。

减压阀要稳定工作,其最低调整压力应不小于 0.5MPa,最高调整压力应至少比系统压力低 0.5MPa。由于减压阀的泄漏油口向油箱泄油,为保证减压回路中执行元件的调速精度,调速元件应装在减压阀的下游。

第六节　液压系统常见故障

一、液压泵的故障分析

造成液压泵故障的原因是多种多样的,但总的说来,可以归结为两个方面:

一是因设计原因引起的液压泵本身故障;

二是由于使用维护及装配问题等外界因素引起的故障。

由于前者引起的故障对于一般用户来说不易排除,因此这里只讨论后者。液压泵常见故障现象有:压力不足、排量不足、噪声过大、温升过高。

(一) 压力不足

压力不足的主要原因及解决办法:

(1)电动机转向不对,造成泵不吸油。改变电动机转向即可。

(2)吸油管或过滤器堵塞。疏通管道、清洗过滤器即可。

(3)液压泵泄漏严重。这种情况大多由于液压泵的磨损所致。

①齿轮泵的齿轮端面与泵盖内侧面磨损后,会造成端面间隙过大,这是引起泄漏的主要原因。解决的办法是修磨齿轮端面和泵体端面,保证适当的端面间隙。

②叶片泵的定子内表面及叶片顶部、转子与配流盘端面的磨损是最常见的。双作用叶片泵定子内表面的过渡曲线,在吸油区的部分因为受到叶片根部压力油的作用最易磨损。解决办法是磨损不严重时,可用细砂布修磨,把定子旋转 180°使用;如果叶片顶部磨损,可把叶片根部做成倒角或圆角,当做新的顶部使用;转子与配流盘端面磨损严重时,也可采用修磨的办法,但同时应修磨叶片,保证叶片宽度比转子小 0.005mm～0.01mm,还要修磨定子端面,使轴向间隙控制在 0.04mm～0.07mm 范围内。

③柱塞泵的缸体与配流盘、柱塞与缸孔之间磨损严重时也会造成输出压力不足。解决办法是修磨接触面或更换配流盘和柱塞。

此外,还应注意紧固连接处的螺钉,严防泄漏。

(二) 排量不足

液压泵前述压力不足的原因也常常是排量不足的原因,此外还有以下原因:

(1)液压泵转速不够,使吸流量不足。这种现象往往是由于泵的驱动装置打滑或功率不足所致。

(2)吸油口漏气。漏气的原因多是管接头处密封不良。

(3)油箱中油液不足、泵的安装位置过高、油液黏度过高等,都会使吸油困难。

(4)空气的混入、油液黏度过低或油温过高便泄漏增加,导致流量不足。

(三) 噪声过大

流量与压力剧变、发生气穴、机械振动等,都会引起液压泵的异常声响。控制噪声的常用方法如下:

(1)严格防止空气的混入而产生气穴。

(2)油箱的油量要充足,油面不能太低,否则会从吸油管吸入空气。

(3)进油管的密封性要好。

(4)过滤器的过滤能力要强。

(5)尽量防止由于装置不良、液压泵管件松动等引起的振动与噪声。

(四) 温升过高

液压泵的温度以不超过 65℃为宜。从使用维护的角度考虑,造成温升过高的原因如下:

(1)装配质量没有保证,使相对运动的表面油膜被破坏而形成干摩擦。

(2)液压泵磨损严重,使泄漏增加,容积效率降低,其损失转化为热能。

(3)油液被污染,油液黏度过高。污染物使运动的摩擦力增大,黏度过高使流动阻力增加。

(4)液压泵超负荷运动,液压系统卸荷不当。

(5)油箱小,散热差。

为了控制温升,液压泵从制造到使用、维护的各个环节都应根据质量要求严格检查。装配时,要使零件间的间隙符合要求,使有相对运动的零件表面不得出现干摩擦;系统工作压力要调整到小于泵的额定压力,油液黏度要适当,并保持其清洁性;油箱要足够大,使油液得到充分冷却。

二、液压马达的故障

液压马达的可靠性和寿命很大程度上取决于正确的使用和维护,为此使用时要注意以下几点。

（1）液压马达通常允许在短时间内以超过额定压力 20%～50% 的压力下工作，但瞬时最高压力不能和最高转速同时出现。对液压马达的回油路背压有一定限制，且在背压较大时，必须设置泄漏油管。

（2）一般情况下，不应使液压马达的最大转矩和最高转速同时出现。实际转速不应低于液压马达的最低转速，否则将出现爬行现象。当系统要求的转速较低，而低速液压马达在转速、转矩等性能参数不易满足工作要求时，可采用高速液压马达并增设减速机构。

（3）安装要求：安装液压马达的底座、支架必须具有足够的刚性。

（4）液压马达的工作条件：液压马达在使用中应注意油液的种类和黏度、油液使用中的温度、系统滤油精度等均应符合产品样本的规定。

（5）运转前注意事项：液压马达使用前必须在壳体内灌满清洁液压油，便各运动副表面得到润滑，以防咬死或烧伤；检查系统中是否有卸荷回路和溢流阀的调整压力；在无负载状态下以不同的转速运转一段时间进行排气。油箱中有泡沫、系统中有噪声以及液压马达或液压缸有滞进（颤动）等现象都证明系统中有空气。建议在系统中临时接入一个过滤精度较高的过滤器，在无负载状态下运行 30min，以便清除系统中的脏物；只有当系统充分洗净和排气，才能给液压马达逐渐增加负载。通常第一次加的油应在运转较短的时间（如 2 个月～3 个月或更短）内进行更换，以后定期检查油液污染程度，每 1 年～2 年换一次油，定期检查和清洗过滤器，定期检查油箱油面高度。

三、减压阀的常见故障

减压阀的常见故障见表 5-6-1。

表 5-6-1　减压阀的常见故障

故　障	原　因
出口无压力	（1）主阀卡死于关闭位置； （2）阻尼孔堵塞或主阀弹簧失效
无减压作用	（1）主阀卡死于全开位置； （2）泄油口不通或泄油阻力过大（例如泄油管错接于有回油背压的回油管），主阀全开； （3）因弹簧过硬或卡住等造成先导阀无法开启，主阀全开
出口压力不稳定	（1）主阀移动不灵活，调节不灵活—阀或阀体的几何精度差、弹簧太弱或弯曲受阻、阻尼孔时堵时通； （2）油中有太多气体； （3）导阀与阀座加工精度差或磨损面接触不良，或弹簧弯曲变形
出口压力升不高	（1）主阀体与先导阀体间的密封圈损坏漏油或远控口 K 的丝堵漏油，造成主阀上腔油压太低； （2）先导阀关闭不严或弹簧太弱，使主阀上腔油压太低

复 习 题

1. 举例图纸中表面形状和位置公差的代号及标注方法有哪几种？

2. 金属材料测量其硬度方法有哪几种？它们有什么不同？

3. 钢的含碳量的含义是什么？举例三种以上合金钢牌号中数字和字母的含义（60Si2Mn；40Cr；9SiCr；GCr15）。

4. 钢的热处理有哪几类？它们的含义分别是什么？

5. 船用润滑油的作用和用途是什么？润滑油主要名称种类有哪些？

6. 常用液压泵分为哪几类？按结构形式和工作原理可分为哪些泵？

7. 液压控制阀分哪三类？它们的作用是什么？通常各类液压控制阀有哪些名称？

8. 液压油缸的工作其液压系统是由哪些主要附件组成？它们起何作用？

9. 液压系统常见故障有哪些？试说明解决的方法？

第二篇

船舶钳工通用安装技术

第六章 连接件的安装

第一节 螺纹连接

螺纹连接,具有装拆简便、调整更换方便、宜于多次拆装等优点,在现代机器制造和船舶制造中得到了广泛的应用。

一、螺纹连接的基本形式和螺纹的钻孔攻丝要求

(一) 螺纹连接的基本型式

螺纹连接有螺栓连接、双头螺柱连接、螺钉连接和紧定螺钉连接四种基本形式。它们的结构、主要尺寸关系、特点和应用列于表 6-1-1。

表 6-1-1 螺纹连接的基本类型、特点和应用

类　型		结　构	主要尺寸关系	特点和应用
螺栓连接	普通螺栓连接		1. 螺纹余留长度 L_1 　普通螺栓连接 　静载荷 $L_1 \geqslant (0.3 \sim 0.5)d$ 　变载荷 $L_1 \geqslant 0.5d$ 　冲击、弯曲载荷 $L_1 \geqslant d$ 　配合螺栓连接尽可能小 2. 螺纹伸出长度:$L_2 \approx (0.2 \sim 0.3)d$ 3. 螺栓轴线到被连接件边缘的距离:$e = d + (3 \sim 6)$mm 4. 通孔直径 $d_0 \approx 1.1d$	无需在被连接件上切制螺纹,结构简单,装拆方便,应用最广。用于通孔并能从连接件两边进行装配的场合
	配合螺栓连接			
双头螺柱连接				双头螺柱的座端旋入并紧定在被连接件之一的螺纹孔中,用于受结构限制而不能用螺栓或希望连接结构较紧凑且时常装拆的场合

类　型	结　构	主要尺寸关系	特点和应用
紧定 螺钉连接		螺纹旋入深度 H 当螺纹孔材料为 钢或青铜时 $H \approx d$ 铸铁时 $H \approx (1.25 \sim 1.5)d$ 铝合金时 $H \approx (1.5 \sim 2.5)d$ 螺纹孔深度为 H_1	旋入被连接件的螺纹孔中,其末端顶住另一被连接件的表面或顶入相应的坑中,以固定两个零件的相互位置,并可传递不大的力或转矩
螺钉连接		$H_1 = H + J_2$ 钻孔深度 H_2 $H_2 = H + J_3$ $J_2 \approx (0.41 \sim 0.66)d$ $J_3 \approx (0.65 \sim 1.52)d$	不用螺母,而且能有光整的外表面,应用与双头螺柱连接相似,但不宜用于经常装拆的连接,以免损坏被连接件的螺纹孔

螺纹连接件包括螺栓、双头螺柱、螺钉、螺母和垫圈等。螺栓、螺柱与相同等级的螺母和垫圈相配,机械上常用 A 级和 B 级。常用的螺纹连接件都已标准化,其形状和尺寸在国家标准中都有规定,使用时可按标准选择。

（二）普通内螺纹的攻丝与钻孔要求

（1）利用丝锥（称罗丝攻）来加工螺母或其他机件上的普通螺纹的内螺纹工作称为攻丝。按不同尺寸的螺纹相对应有各种规格丝锥,丝锥分为机用丝锥和手用丝锥两种,机用丝锥用高速钢材料制成,适用于机床上攻丝,手用丝锥用碳素工具钢或合金工具钢制成,适用于手工攻丝。一种规格丝锥以初锥和底锥组成一组,为了便于攻丝和保证丝孔垂直,先使用初锥后再用底锥完成攻丝工作,在攻丝时要涂润滑油或肥皂沫润滑,在攻丝过程中,不间断正反方向旋转,防止丝锥受力咬死,容易发生断裂,攻丝到规定深度后,取出丝锥,把螺纹孔内的铁屑垃圾清理,则攻丝工作完成。

（2）内螺纹攻丝对相应钻孔尺寸有明确要求,尺寸关系列于表 6-1-2。

表 6-1-2　内螺纹攻丝对相应钻孔的尺寸要求　　　　　　（mm）

内螺纹规格	M3	M4	M5	M6	M8	M10	M12	M14	M16	M18	M20
攻丝钻孔直径	2.5	3.3	4.2	5	6.7	8.5	10.2	11.9	14	15.4	17.4
内螺纹规格	M22	M24	M27	M30	M33	M36	M39	M42	M45	M48	M52
攻丝钻孔直径	19.5	20.9	24	26.4	29.2	32	35	37.3	40.5	42.7	47

（三）螺纹的尺寸标注、种类及表示法

1. 螺纹的尺寸标注含义（普通公制螺纹）

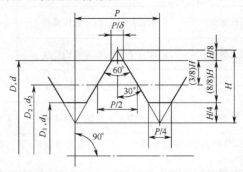

螺距	P
原始三角形高度	$H=0.866025P$
牙高（牙型高度）	$\dfrac{5}{8}H=0.541266P$
内螺纹大径（内螺纹公称直径）	D
外螺纹大径（外螺纹公称直径）	$d=D$
内螺纹中径	$D_2=D-0.6495519P$
外螺纹中径	$d_2=d-0.649519P$
内螺纹小径	$D_1=D-1.082532P$
外螺纹小径	$d_1=d-1.082532P$

2. 螺纹的划分

螺纹可按螺距不同分为粗牙和细牙；按标准不同可分为英制和公制；按用途不同可分为普通螺纹和管螺纹；按螺纹形状不同可分为一般普通螺纹和特殊螺纹；按安装方式不同可分为左旋和右旋；按公称直径规格不同可分为不同系列。为了保证螺纹的质量，除了常规测量公称尺寸和螺距外，用标准测齿规或齿模螺纹塞规等查验螺纹的标准规格和精度。

3. 螺纹的种类和表示方法

由于螺纹的划分种类不一样，所以不同螺纹的表示方法也完全不同，例如：普通螺纹的表示方法见表 6-1-3，管螺纹的表示方法见表 6-1-4。

表 6-1-3　普通螺纹的表示方法

标准	螺纹种类	螺纹分类	螺 纹 全 称	表示方法	备　注
公制规格	普通螺纹	粗牙普通螺纹	公称直径为 24mm 粗牙普通螺纹	M24	第一系列
			公称直径为 24mm 左旋粗牙普通螺纹	M24 左	第一系列
			公称直径为 4.5mm 粗牙普通螺纹	M4.5	第二系列
			公称直径为 7mm 粗牙普通螺纹	M7	第三系列
		细牙普通螺纹	公称直径为 24mm 细牙普通螺纹	M24×1.5	1.5 为螺距
			公称直径为 24mm 左旋细牙普通螺纹	M24×1.5 左	
			公称直径为 4.5mm 细牙普通螺纹	M4.5×0.5	
			公称直径为 7mm 细牙普通螺纹	M7×0.75	

标准	螺纹种类	螺纹分类	螺纹全称	表示方法	备注
英制规格	威氏螺纹	粗牙威氏螺纹	公称直径为$\frac{7''}{16}$粗牙威氏螺纹	$\frac{7''}{16} \times 14$	14为每英寸牙数
		细牙威氏螺纹	公称直径为$\frac{7''}{16}$细牙威氏螺纹	$\frac{7''}{16} \times 18$	18为每英寸牙数
美制规格	螺纹统一标准	粗牙统一标准螺纹	公称直径为$1''$粗牙统一标准螺纹	$1''-8$UNC	UNC表示粗牙
		细牙统一标准螺纹	公称直径为$1''$细牙统一标准螺纹	$1''-12$UNF	UNF表示细牙

注:第一系列——优先选用螺纹公称直径;第二系列——其次选用公称直径;第三系列——尽可能不选用公称直径

表 6-1-4　管螺纹的表示方法

螺纹种类	螺纹分类	螺纹形式	螺纹全称	表示方法	备注
管螺纹	55°圆柱管螺纹	圆柱管螺纹内螺纹	公称尺寸$1\frac{1}{2}''$为圆柱管螺纹内径	G$1\frac{1}{2}''$	
		圆柱管螺纹外螺纹	公称尺寸为$1\frac{1}{2}''$圆柱管螺纹外径	G$1\frac{1}{2}''$A	A为螺纹公差等级
	55°圆锥管螺纹	圆锥管螺纹内螺纹	公称尺寸为$1\frac{1}{2}''$圆锥管螺纹内径	Rc$1\frac{1}{2}''$	
		圆锥管螺纹外螺纹	公称尺寸为$1\frac{1}{2}''$圆锥管螺纹外径	R$1\frac{1}{2}''$ KG$1\frac{1}{2}''$	

注:圆柱管螺纹外径的螺纹公差等级分为 A 和 B 两种

4. 特殊螺纹

因用途和使用技术要求不同,需要按螺纹形状不同加工成特殊螺纹,例如:梯形螺纹、锯齿形螺纹等,由于涉及面较小,不详细介绍。

梯形螺纹主要用于可动连接(例如起重螺旋等)及传递运动(如机床丝杠等)。锯齿形螺纹用于单向受大轴向力的连接(如螺旋压床,辗压机的螺旋等)。特殊螺纹的制作公差精度是由机床加工和螺纹塞规、螺纹环规检测来保证,用于机床传动丝杠,行进螺杆、调节螺杆等螺纹还应进行啮合研磨,确保内外螺纹结合的较高精度。

二、紧固双头螺栓的装配

(一)双头螺栓装配时的主要技术要求

(1)保证双头螺栓的紧固端与机体螺纹配合的紧固性,而不致在装拆螺母的过程中,双头螺栓有任何松动的现象。因此,双头螺栓的紧固端应当采用螺纹中径有过盈的形式、有台肩的形式(图 6-1-1),或最后几圈螺纹浅些,以达到螺纹配合的紧固性。当双头螺栓装入软材料工件时,过盈要大些。

(2)双头螺栓的轴心线必须与机体表面垂直,通常用角尺进行检验(图 6-1-2)。螺栓轴线的不垂直度较小时,一般可以把它敲准。

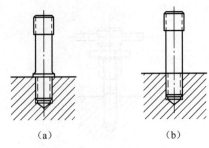

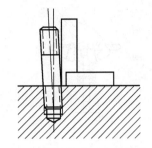

　　（a）　　　　　　　　（b）

图 6-1-1　双头螺栓的紧固形式　　　图 6-1-2　用角尺检验双头螺栓的垂直度

（a）带有台肩的；（b）带过盈或末几圈带浅螺纹的。

　　（3）装入双头螺栓时，必须用油润滑，以免旋入时产生咬住现象，同时使今后拆卸更换时较为方便。

　　此外，在双头螺栓安装时，还应注意以下几点：

　　（1）双头螺栓安装歪斜时，不应用校直的方法消除。否则，容易造成螺栓弯曲或根部断裂。在此情况下，应该把它拧出来，再用丝锥校正螺孔，对偏斜大的，则应钻掉孔内螺纹，重新攻丝，再更换一端有相应直径的双头螺栓。

　　（2）若没有把螺栓拧到底，就感觉阻力太大，这时应该拧出来，再用丝锥校正一下，并选择一个螺纹中径较小的螺栓拧入。

　　（3）双头螺栓旋入过深或过松时，应旋出，选择一个中径较大的螺栓旋入，以保证螺栓的伸出长度和紧密配合。

　　（4）双头螺栓的有效旋入深度一般为螺纹直径的 1.5 倍以上。即：$H \geqslant 1.5d$。

（二）旋紧双头螺栓的专用工具

　　（1）图 6-1-3（a）所示为使用两个螺母的旋紧法。方法是将两个螺母相互旋紧，然后，旋动上面的一个螺母，双头螺栓即旋入螺孔中。这种方法的缺点是在拆下螺母时，可能导致已经旋紧的双头螺栓松动。

　　（2）图 6-1-3（b）和图 6-1-3（c）所示为使用长螺母的旋紧法。用制动螺钉 2 或楔来阻止螺母和双头螺栓之间的相对运动，然后，旋动长螺母 1，双头螺栓即可旋入。在松掉螺母时，先使螺钉或楔回松。

　　（3）图 6-1-3（d）和图 6-1-3（e）所示为带有偏心盘的旋紧用套筒。偏心盘 2 的周围有滚花，当套筒 1 套入双头螺栓时，依旋紧方向转动手柄，偏心盘即可在双头螺纹的圆柱处楔紧而将它旋入螺孔中。回松时，将手柄倒转，偏心盘由于失去楔紧，故套筒可方便地退出。

三、螺母和螺栓的装配

　　在装配螺母和螺栓的时候，要保证它们连接得紧固有力，不会松动；拆卸的时候，要求零件完整无损。为此，掌握旋紧螺纹的要点是很重要的。对正确使用旋紧（或回松）螺纹用的工具也不能忽视。

（一）螺母和螺栓的装配要求

　　（1）螺栓或螺母与零件贴合的表面应光洁、平整，贴合处的表面应当经过加工。否则容易松动或使螺钉弯曲。

　　（2）接触的表面应当清洁，螺栓、螺母应当在机油中洗净，螺孔内的脏物应当用压缩空

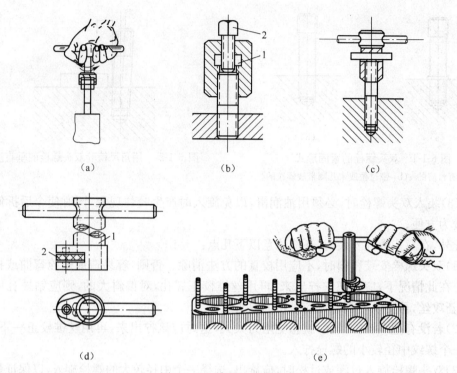

（a）　　　　　　　（b）　　　　　　　（c）

（d）　　　　　　　　　　（e）

图 6-1-3　　旋入双头螺栓工具

（a）用两个螺母旋紧 ;（b）、（c）用长螺母旋紧;（d）、（e）用带偏心盘的旋紧套筒旋紧。

气吹净。

（二）螺纹连接的预紧和防松装置

旋紧螺纹时,松紧程度必须合适。旋紧力太大时,会出现螺栓拉长或断裂、螺纹拉坏或滑牙、机件变形等现象,从而使螺栓在工作过程中发生断裂,甚至可能引起严重事故;旋紧力太小时,则不能保证机器工作时的可靠性和准确性,并容易产生回松现象。

1. 预紧

（1）拧紧力矩的确定。为了达到连接牢固可靠,连接时必须施加拧紧力矩,使螺纹之间产生预装力,从而使螺纹具有一定的摩擦力矩。

（2）根据装配要求,测量螺栓拧紧后的伸长量,便可确定拧紧力矩是否合适。

（3）扭角法,即螺栓拧至与被连接件贴紧后,再拧转一定的角度。

以上方法一般是根据经验进行操作。

（4）利用专门的工具。利用专门的装配工具控制预紧力则比较准确、方便。常用的工具有扭力扳手和定力矩扳手(图 6-1-4)。

2. 防松装置

连接用的螺纹一般都有自锁能力,但在冲击、振动或变载荷作用下,以及温度变化较大的场合,很容易发生松脱,为了确保连接可靠,必须采取以下防松措施。

（1）将开口销插入螺栓孔内,使螺母自动回松不超过一定的限度,如图 6-1-5 所示。

（2）对成对的或成组的螺栓和螺母,可以用钢丝穿过螺栓头互相绑住,以防止回松(图6-1-6)。用钢丝绑住的时候,必须用钢丝钳或尖头钳拉紧钢丝,钢丝旋转的方向必须与螺

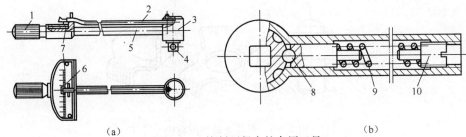

图 6-1-4 控制预紧力的专用工具

(a) 扭力扳手;(b) 定力矩扳手。

1—手柄;2—长指针;3—柱体;4—钢球;5—弹性杆;6—指针尖;7—刻度板;

8—圆柱销;9—弹簧;10—调整螺钉。

纹旋转方向相同,使螺栓或螺母不松动。

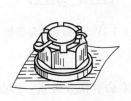

图 6-1-5 用开口销防松

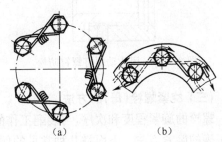

图 6-1-6 用钢丝防止螺纹回松

(3)用弹簧垫圈制止螺纹回松。这种防松装置可靠,所以应用较普遍,如图 6-1-7 所示。

(4)用点铆的办法制止螺纹的回松,如图 6-1-8 所示。这种方法用在不常拆卸的螺栓上。

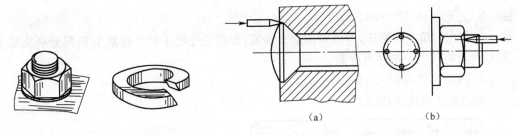

图 6-1-7 用弹簧垫圈防松

图 6-1-8 点铆法防松

(a) 螺钉上点铆;(b) 侧面,点铆。

(5)用保险垫圈防止螺纹的回松(图 6-1-9)。使用带耳垫圈(又称止动垫圈)时,必须把内外耳插入槽内。

(6)用止动螺钉来制止螺纹的回松,如图 6-1-10 所示。

(7)锁紧螺母如图 6-1-11 所示。它是依靠两螺母 a、b 间在螺母端面上所产生的摩擦力来防松的。

(8)涂粘合剂:在旋合的螺丝表面,涂上粘合剂,拧紧螺栓待粘合剂固化,起到防松作用,特别对双头螺栓来讲效果更佳。

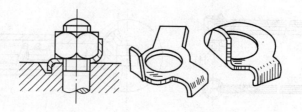

图 6-1-9　带耳止动垫圈防松

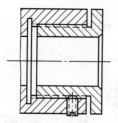

图 6-1-10　用止动螺钉螺钉防松

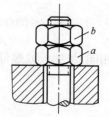

图 6-1-11　用锁紧螺母防松

（三）旋紧螺栓（母）的方法

螺栓的旋紧程度和次序，与装配工作的精度和机器的寿命有很大关系。因此，必须采用正确的旋紧方法。下面举几种常见的例子分别说明。

1. 条形工件（图 6-1-12（a））

螺栓的数量很多时，先分别将螺栓旋到靠近工件处，但不要加力；然后，按图示的顺序号 1、2、3、…依次旋到旋紧程度的 1/3 左右；之后，再按上述顺序旋到 2/3 左右；最后，再按顺序全部旋紧。这样做能使全部螺栓的旋紧程度一致，同时，被连接的工件也不会变形。

2. 方形工件（图 6-1-12（b））

分布在四角上的螺栓，应该对称交叉旋紧，也就是先把 1 和 2 旋紧 1/3；再分别旋紧 3 和 4；然后再按同一顺序再旋紧。

3. 圆形工件（图 6-1-12（c））

与方形工件旋法相同。

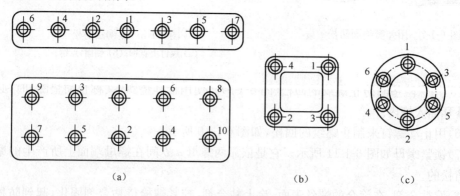

（a）　　　　　　　　　（b）　　　　（c）

图 6-1-12　拧紧螺纹的次序

（四）装配螺栓常用工具

由于螺纹连接的种类很多，所以，装配工具也有各种不同的型式，必须根据生产需要，进行合理的选择。

1. 螺钉旋具（螺丝刀）

用来旋紧（或松开）头部带沟槽的螺钉，一般是用碳素工具钢制成的。起子的种类很多，可根据工作情况的不同来选用。

（1）标准螺钉旋具（图6-1-13）。由柄1、刀体2和刀口3组成。根据工作情况的不同有不同的规格。

使用螺钉旋具时，要注意刀口的宽度和厚度必须与螺钉头上沟槽的长度和宽度相符。不能把螺钉旋具当撬棒或錾子用。修磨螺钉旋具时要保持起子的宽度和厚度，并经常浸水，以防起子刀口退火，使用时软口。

（2）弯头螺钉旋具（图6-1-14）。这种起子有两个刀口，一端刀口与柄平行，另一端刀口与柄垂直，当空间受到限制时，可以调换使用。

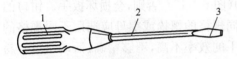

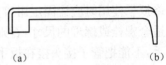

（a）　　　　　　　　（b）

图6-1-13　标准螺钉旋具　　　　　　图6-1-14　弯头螺钉旋具

1—柄；2—刀体；3—刀口。

（3）快速螺钉旋具（图6-1-15）。当把螺钉旋具手柄压紧时，使它的麻花杆通过来复孔而转动，这样，不须用手转动，就能把螺钉旋紧。

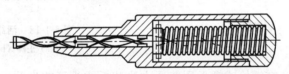

图6-1-15　快速螺钉旋具

根据使用情况不同，还有限力螺钉旋具、丁字螺钉旋具、机械化螺钉旋具等。

2. 扳手

是用来旋紧六角形、正方形螺栓和各种螺母。扳手用工具钢、合金钢或可锻铸铁制成。它的开口处要求光洁和坚硬耐磨。

扳手可分为下列几种：

（1）固定扳手。主要用来装卸方形和六角形的螺母或螺栓。除了单头和双头的之外，还有梅花的（图6-1-16）。扳手的规格都是以扳手的长度和开口大小来决定。使用时，必须严格地符合螺栓或螺母的尺寸，以保证旋紧力适当和避免损伤螺栓或螺母的棱角或使扳手打滑。

用得最广泛的是十二角形梅花扳手，它只要转过30°就能调换方向。所以，容易在狭窄的地方工作。整体扳手比开口扳手强度高，因为它受力的面积大，使用比较广泛。

（2）活络扳手。工作中经常需要很多不同尺寸的扳手，扳手太多时，保存和使用都不方便，故常采用活络扳手（图6-1-17），开口的尺寸能在一定范围内调节。它的规格很多，

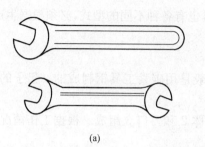
(a)

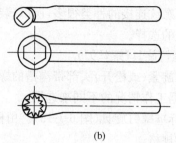
(b)

图 6-1-16　固定扳手
(a) 开口扳手(呆扳手)；(b) 整体扳手。

按长度有 100mm、150mm、200mm、250mm、300mm、350mm、400mm、450mm 等几种；按钳口的最大尺寸有 19mm、30mm、36mm、41mm、46mm、50mm 等几种；工厂中习惯用英寸叫法，如 3in(1in＝25.4mm)、4in、6in、8in、10in、12in、14in、18in 活络扳手等。

　　活络扳手使用时应让固定钳口受主要作用力(图 6-1-18)，否则，会损坏扳手。钳口的尺寸应适合螺栓或螺母的尺寸，否则会扳坏。不同规格的螺栓或螺母应选用不同规格的活络扳手，不能把管子接头接在扳手上。活络扳手的效率不高，不够精确，活动钳口容易歪斜，往往会损坏螺栓或螺母，除修理时应用外，一般最好不选用。

图 6-1-17　活络扳手

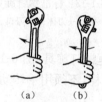
(a)　(b)

图 6-1-18　活络扳手的使用
(a) 正确；(b) 不正确。

　　(3) 套筒扳手。在螺栓或螺母用普通方法装拆或为了节省装拆时间时采用成套套筒扳手(图 6-1-19)。它由一套尺寸不等的扳手组成。

　　(4)锁紧扳手。锁紧扳手用在圆螺母上，如图 6-1-20 所示。在圆螺母的边缘或平面上开槽或钻孔，以便用锁紧扳手锁紧。

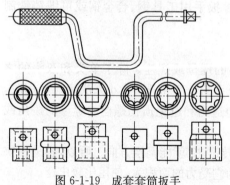

图 6-1-19　成套套筒扳手

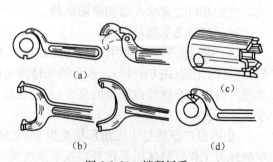
(a)

(b)

(c)

(d)

图 6-1-20　锁紧扳手
(a) 钩头锁紧扳手；(b) "U"形锁紧扳手；
(c) 冕形锁紧扳手；(d) 销头锁紧扳手。

112

钩头锁紧扳手(图 6-1-20(a)),用来锁紧开槽的圆螺母。

"U"形与冕形锁紧扳手(图 6-1-20(b)和图 6-1-20(c)),用来锁紧在平面开槽或钻孔的螺母。

销头锁紧扳手(图 6-1-20(d)),用来锁紧在圆柱上钻孔的螺母。

(5)内六角扳手(图 6-1-21)。用于旋紧内六角螺钉。这种扳手是成套的,可旋紧或旋出 M3～M24 的内六角螺钉。根据螺纹规格可采用不同的内六角扳手。

(6)特种扳手。

①棘轮扳手(图 6-1-22),用于在狭窄的地方装卸螺栓或螺母。这种扳手只要摆动的角度不小于 20°时,就能旋紧螺栓或螺母。工作时,正转手柄,棘爪就在弹簧的作用下进入内六角套筒的缺口内,套筒便跟着转动;反转时,棘爪就从套筒缺口的斜面上滑过去,因此螺母(或螺栓)不会随着反转。当需要扳手松开螺栓或螺母时,可以把它翻转过来,用另一面进行工作。

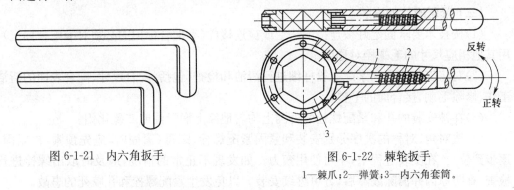

图 6-1-21　内六角扳手

图 6-1-22　棘轮扳手

1—棘爪;2—弹簧;3—内六角套筒。

②管子钳(图 6-1-23)。装卸管子等要用管子钳。

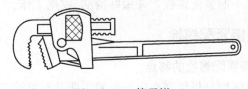

图 6-1-23　管子钳

③扭力扳手及定力矩扳手(图 6-1-4)。此种扳手为控制预紧力的专用工具。

四、紧配螺栓的装配

紧配螺栓(俗称拂螺丝)的外圆和所配合孔之间的公差采取过渡配合,螺栓的外圆和所配合的孔定位准确、无间隙。因为采用紧配螺栓连接无需在被连接上切制螺纹、结构简单、拆装方便,所以紧配螺栓在机械、设备、零件之间需要准确定位和通孔连接的场合得到了广泛的应用。

紧配螺栓在船舶设备的制造和安装中应用也很普遍。如主机和中间轴、中间轴和中间轴、中间轴和艉轴之间的连接都采用紧配螺栓。

(一) 紧配螺栓配合孔的加工

为保证紧配螺栓配合孔加工的形状误差和位置误差,紧配螺栓孔的加工有以下两种:

（1）一对连接法兰或被连接件的孔分开加工。这种加工方法对加工精度的要求很高，一般用数控机床或采用专用工装进行加工才能满足要求。

（2）一对连接法兰或被连接件的加工分别先进行粗加工，连接后成组进行配合孔的精加工（或用铰刀铰孔）。

（二）紧配螺栓的机加工

紧配螺栓的机加工分两步：

（1）按图纸的要求先完成紧配螺栓所有尺寸的加工，但对紧配螺栓的配合外圆仅作粗加工，留有精车和磨加工余量。

（2）待紧配螺栓的孔加工结束后（加工时，在配合孔加工结束后，必须刮平与螺栓和螺母接触的两个结合面），准确测出孔的尺寸，按过渡配合的公差要求，留有合适的过盈量，精（车、磨）加工紧配螺栓的外圆。（如果各紧配螺栓的孔的尺寸不同，则不但必须对每个螺栓进行单独加工配制，还应在每个配合孔与每个螺栓上分别做好标记）。

（三）紧配螺栓的安装

（1）按技术要求固定好被连接的法兰或被连接件（有配合标记的必须对准配合标记），用其他相应尺寸的毛螺栓对称固定。

（2）对将安装的孔和紧配螺栓仔细进行清洁和检查（包括：配合尺寸、配合表面的清洁工作、修除毛刺、接合面的平整）。

（3）在被安装的孔和紧配螺栓的外圆上均匀地涂上润滑油或二硫化钼。

（4）按对角、对称的次序分别安装和紧固紧配螺栓、螺母（紧固时，应先预紧，再紧固，逐步到位）。在安装过程中，不可使用蛮力。如发现不正常的情况，应及时取出螺栓进行检查，查明原因并消除故障后，方可继续安装。以免发生紧配螺栓和孔咬死的事故。

（5）拆去预安装的毛螺栓，装好相应位置的紧配螺栓。

（6）最后，全部紧固一遍紧配螺栓。并做好清洁、收尾工作。

五、液压无键连接紧配螺栓

（一）液压无键连接紧配螺栓的特点

液压无键连接紧配螺栓是近年来在国外造船工业乃至机械工业各个领域应用较多的一种紧配螺栓。它的出现是对传统的紧配（铰制）螺栓的工艺变革。它主要具有下述优点：

（1）采用液压拉伸器装拆紧配螺栓，工艺简便快捷，取代了传统螺栓的"锤击"或"冷套"的紧配螺栓安装方法。

（2）液压紧配螺栓拆卸后，其带斜锥的螺栓杆身、中间锥套内外圆以及联轴节内孔等配合部位均保持原有表面粗糙度，故可反复使用。避免了传统紧配螺栓一旦拆卸，即因配合部位"拉毛"而报废的缺陷。

（3）螺栓靠其杆身的剪切力吸收扭矩的大部分，而扭矩的小部分由螺栓的预载荷所造成的法兰间平面摩擦力承担；预紧后的螺母不必单独锁紧。

（4）液压紧配螺栓并不要求相配内孔有精确的公差和螺栓的配磨加工，大大方便了内孔和螺栓的加工。螺栓完全互换，螺栓和内孔间的间隙视螺栓直径不同而在 0.05mm～0.10mm 内变化，故可手工推入和反复拆装。

图 6-1-24 所示为一种液压紧配螺栓。它是一种带有可扩涨中间锥套的紧配螺栓。它由带斜锥的杆身、具有相应圆锥内孔的中间锥套和两只螺母组成。在螺栓杆身上开设了螺旋形油槽。联轴节运转时，螺栓靠其杆身中的剪切力吸收扭矩的大部分，扭矩的小部分则由螺栓预载荷所造成的法兰间的摩擦力承担。预紧后的螺母不必单独锁紧。安装时，利用油泵和液压拉伸器将螺栓轴向拉伸，使中间锥套在内孔中涨成过盈配合，然后再对两端螺母进行预紧紧固；拆卸时，先用液压拉伸器松开螺母，再用油压扩涨法使螺栓松脱，或从另一端用液压拉伸器将螺栓反向拆卸。采用这种液压紧配螺栓，安装前中间锥套的外径与螺栓孔是间隙配合，安装时用手便可轻松推入，工艺简便快捷，

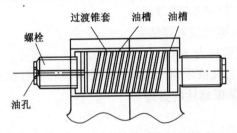

图 6-1-24　液压无键紧配螺栓

（二）液压无键连接紧配螺栓的轴向压入量和安装压力量

1. 液压无键连接紧配螺栓的轴向压入量

液压无键连接紧配螺栓的轴向压入量是指液压无键连接紧配螺栓的中间锥套在安装时，在轴向方向上的移动值。

中间锥套扩涨式液压紧配螺栓安装拉伸前轴向压入量的确定是十分重要的，它直接决定了拉伸到位后，中间锥套外圆在相配内孔中的扩涨过盈值。安装拉伸前可按此时中间锥套外圆在相配内孔的间隙来确定本次拉伸时的轴向压入量。一般轴向压入量为4.5mm 左右。

2. 安装压力

安装压力是指液压无键连接紧配螺栓在拉伸安装时，液压油泵的工作压力。安装压力是安装拉伸时的另一项极其重要的技术数据。安装压力的高低同轴向压入量、中间锥套与螺栓间的接触情况、毛刺、拉毛磨损以及润滑油、防咬剂的特性与厚薄等因素有关。正常情况下，拉伸时的压力应在一定范围内波动。也就是说，可按拉伸时的压力值波动情况来判断安装拉伸的正常与否。

（三）液压无键连接紧配螺栓的安装

1. 准备工作

用清洗剂清洗联轴节螺孔、中间锥套内外圆和拉紧螺栓锥部等配合部位油脂、杂物，然后，在上述部件的配合部位涂抹润滑油和防咬剂。

润滑油采用抗压性较强的机床液压油；防咬剂采用进口的 767 抗咬剂。

2. 确定相配的螺孔和螺栓

根据联轴节螺孔的镗孔记录和相配的液压紧配螺栓的中间锥套外圆的磨加工尺寸间的间隙，确定与之相配的螺孔和紧配螺栓。确定安装油压的 p 值。若无特殊说明，则紧配螺栓和螺孔均可互换。

3. 拉伸

（1）用手将螺栓放入中间锥套，到位后一并放入所配装的螺孔中。

（2）在中间锥套沿拉伸方向前端放入止动板，装上液压拉伸器。

（3）接通高压油泵与液压拉伸器的油路，拉伸紧配螺栓。待压力 p 到位后，拉伸即结束，记录下此时的压力 p 值。拆卸液压拉伸器和止动板。

4. 螺母预紧

（1）将螺母分别旋上左、右端后，用扳手拧紧螺母。装上液压拉伸器，拉伸螺纹，待油压上升至规定的预紧压力值 $p\pm10\%$，即泵压结束。

（2）用扳手拧紧左端（拉伸器）螺母。

（3）拆卸液压拉伸器，螺母预紧即结束。

（4）螺母 M52×5，预紧压力 p 取 95.682MPa。

（5）依次进行联轴节各孔液压紧配螺栓的拉伸安装和螺母预紧。

（四）液压无键连接紧配螺栓的拆卸

1. 螺母松卸

装上液压拉伸器拉伸螺纹，待油压上升至规定预紧压力或稍大时，用扳手旋松螺母，并拆卸液压拉伸器。旋松螺母，使其与法兰左端距离 λ 约 2 倍于螺栓的轴向压入量 S，即 $\lambda=2S$。

2. 螺栓松卸

（1）在拉伸螺栓的左端中部螺孔处接入高压油路；

（2）往螺栓左端中部螺孔中泵入高压油，待油压上升至一定值后，拉伸螺栓连同中间锥套即自动松脱；

（3）拆卸高压油路，分别旋下左、右端螺母，取出中间锥套和拉伸螺栓，拆卸即告结束。

3. 依次进行联轴节各孔液压紧配螺栓的螺母与螺栓松卸

安装时以油压 p 为主控制，轴向压入量 S 供参考，以判别拉伸的过程是否正常进行。

第二节 键、销 连 接

一、键连接的装配

键是用来连接轴和轴上零件（如齿轮、皮带轮、蜗轮等），使它们之间连成一体，以传递转矩的一种机械零件。它具有结构简单、工作可靠、装拆方便等优点，因此在机械行业中得到广泛应用。

（一）平键的装配

平键依据断面形状分，有正方形与长方形两种。正方形键一般用于实心轴与厚轮毂的连接，长方形键一般用于空心轴与薄轮毂的连接。

平键在装配时，它与轴上键槽的两侧面必须带有一定的过盈。这样，在工作中，如有顺、逆旋转时，键不会产生松动现象，以免降低轴和键槽的使用寿命及工作的平稳性。而键顶面和轮毂间必须留有一定的间隙。为了使键拆卸时不损坏，可在键上面备有螺孔，如图 6-2-1 所示。

平键和键槽的共配方法如下：

(1)清除键槽的锐边，以防装配时过紧。

(2)修配键与槽的配合精度及键的长度。

(3)修锉键的圆头（一般键装在轴端部为平头，装在轴中间端的键为半圆头）。

(4)键安装于轴的键槽中必须与槽底接触，一般采用虎钳夹紧（必须在虎钳与键平面之间垫上铜皮）或敲击等方法。

(5)轮毂上的键槽与键配合过紧时，可修整轮毂的键槽，但不允许松动。

(二) 滑键和导键的装配

滑键和导键不仅带动轮毂旋转，还使轮毂沿轴线方向来回移动，故装配时，键与键槽（键座）宽度的配合必须是间隙配合，而键与非滑动件（轴）的键座（或键槽）两侧面必须过盈配合紧密，没有松动现象。有时，为防止键因振动而松动，需用埋头螺钉把键固定（图6-2-2）。这样才能保证滑动件在工作时的正常滑动。

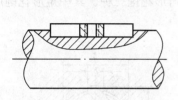

图 6-2-1　带有螺孔的平键

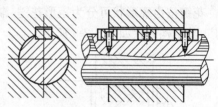

图 6-2-2　导键固定在轴上

(三) 斜键(楔形键)的装配

斜键形状与平键相似，但在顶面有倾斜度。斜键有头（图6-2-3(a)），主要是为了便于拆装。拆卸工具如图6-2-3(b)和图6-2-3(c)所示。斜键的顶面亦与键槽的顶面接触，能承受振动和一定的轴向力。键槽的倾斜度与键的倾斜度一致，一般是1：100。键的侧面与键间有一定的间隙。楔形键即为紧键连接，能传递转矩并能承受单向轴向力。

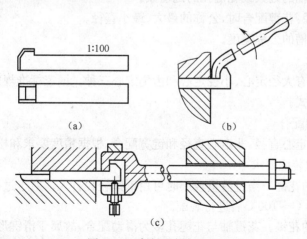

图 6-2-3　斜键及拆卸工具
(a)斜键；(b)、(c)拆卸工具。

斜键的装配方法如下：

(1)清除键槽锐边。

(2)修配键与槽的配合精度,然后,把轮毂套在轴上。

(3)使轴与轮毂键槽对正,在斜键的斜面涂色来检查倾斜度正确与否,用刮削法进行修整,使键和轮毂键槽紧密贴合,并使接触长度符合要求。

(4)清洗斜键及键槽等,最后把斜键上油后,敲入键槽中。

(四)半圆键(月牙键)的装配

如图 6-2-4 所示,半圆键一般用在直径较小的轴或锥形轴上,以传递不大的动力,如机床上手轮和轴配合等。这种键的装配方法与平键相同,但键在键槽中可以滑动,能自动适应轮毂的倾斜度。

(五)花键的装配

花键连接有静连接、动连接两种方式,它的特点是轴的强度高,传递转矩大,对中、导向都很好,但制造成本较高,因此广泛用于机床、汽车、飞机等制造业中。

花键按齿廓形状可分为矩形花键、渐开线花键、三角形花键三种。其中矩形花键用得最广,其结构形状如图 6-2-5 所示。

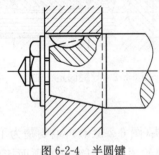

图 6-2-4 半圆键

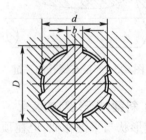

图 6-2-5 矩形花键连接

1. 花键要素

(1)键数:花键轴的键数或花键孔的键槽数。

(2)大径和小径:花键配合时,公称的最大、最小直径。

(3)键宽:键或槽的公称宽度。

2. 定心方式

花键定心方式有大径定心、小径定心和齿侧定心三种。国家标准规定采用精度高、质量好的小径定心方式。

3. 矩形花键的配合

花键配合包括定心直径、非定心直径和键宽配合,根据精度要求和松紧来确定。

4. 花键连接的装配要求

(1)固定连接的花键。当过盈量较小时可用铜锤轻轻打入。对于过盈量较大的连接,可将套件加热至 80℃～100℃后进行装配。

(2)滑动连接的花键。花键轴与花键孔多为滑动配合,故属于滑键形式。花键轴在滚或铣出后,一般外圆经过磨削,花键孔是拉出来的,因此,轴与孔配合比较准确。在装配前必须清理花键轴和孔上的凸起处的毛刺和锐边,以防装配时产生拉毛、咬住现象。然后,根据涂色的情况来修正孔套间的配合,直到花键孔在轴上能够自由滑动为止。

二、销连接的装配

销连接是用销钉把机件连接在一起,使它们之间不能互相转动或移动。销连接可以起到定位、连接和保险作用。连接所用的销子,有圆柱销和圆锥销两种。圆锥销的锥度为1:50。按连接的用途,销子又可分成紧固销和定位销,除某些定位销外,销与销孔都是依靠过盈达到紧固的连接。

(一)圆柱销的装配

圆柱销全靠配合时的过盈,故一经拆卸失去过盈就必须调换。为了保证销子与销孔的过盈量,要求销子和销孔表面粗糙度较小,通常两零件的销孔必须同时钻出,并经过铰孔,以保证两零件销孔的重合性、销孔的尺寸及较小的表面粗糙度,如图 6-2-6 所示。

装配时,在销子上涂油,用铜棒垫在销子端面上,把销子打入孔中。对某些定位销,不能用打入法,可用"C"形夹头把销子压入孔内(图 6-2-7)。压入法比打入法好,销子不会变形,工件间不会移动。

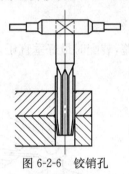

图 6-2-6　铰销孔

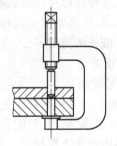

图 6-2-7　用"C"形夹头把销子压入

(二)圆锥销的装配

圆锥销大部分是定位销,它的优点是装拆方便,可在一个孔内装拆几次,而不损坏连接质量。装配后,销子的大端应稍露出零件的表面,或与零件的表面一样平;小头应与零件表面一样平或缩进一些。圆锥孔铰好后,如果能用手将圆锥销塞入孔内 80%～85%(图 6-2-8),则能获得正常的过盈,而销子装入孔中的深度一般也较适当。

有时为了便于取出销子,可采用带螺纹的圆锥销(图 6-2-9),旋紧图 6-2-9(a)上的螺母即可将带外螺纹的销子拔出。对带内螺纹的圆锥销(图 6-2-9(b)),要用拔销器取出,如图 6-2-10 所示。

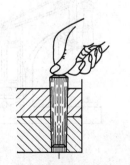

图 6-2-8　圆锥销的正确配台

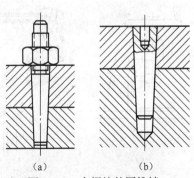

（a）　　　　　　（b）

图 6-2-9　有螺纹的圆锥销

(a)带外螺纹的圆锥销;(b)带内螺纹的圆锥销。

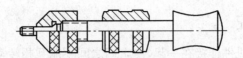

图 6-2-10　拔销器

三、过盈连接的装配

过盈连接是依靠包容件(孔)和被包容件(轴)配合后的过盈值达到紧固连接的目的。装配后,由于材料的弹性变形,在配合面间产生压力,依靠此压力产生的摩擦力传递转矩和轴向力。过盈连接结构简单、对中好、承载能力强、能承受一定冲击力,但对配合面的加工精度要求高。

(一) 过盈连接的装配要点

(1)装配前,应对工件进行清理,并将配合表面用油润滑,以防装配时擦伤表面。

(2)压入过程应保持连续,速度也不宜过快。

(3)压入时,应经常用角尺检查,以保证孔与轴的中心线一致。

(4)对于细长的薄壁零件,要特别注意检查其形状偏差,装配时最好垂直压入。

(二) 装配方法

1. 锤击装配法

这种装配方法常用来装配过盈量较小的配合件,如图 6-2-11 所示。装配前,应对配合件的孔口及轴端进行倒角,并在连接表面涂上机械油。锤击时,应在工件锤击部位垫上软金属,锤击力方向不可偏斜,四周用力要均匀。

2. 压入装配法

这种装配方法是用压力机械将过盈连接的配合件压入。与锤击法相比较,它的导向性好,配合件受力均匀,能装配尺寸较大和过盈量较大的配合件。常用的压力机械有专用螺旋"C"形夹头、螺旋压力机、齿条压力机和气动压力机等(图 6-2-12)。压合装配时,配合表面必须涂上机

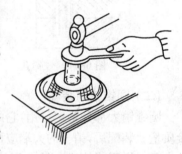

图 6-2-11　锤击装配法

械油润滑,压入速度要保持平稳,不允许有间断,否则配合表面因停留会产生压痕。

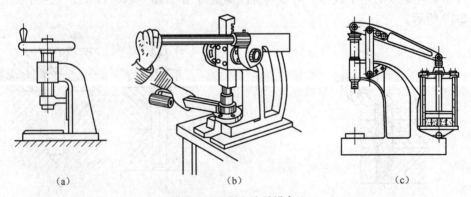

(a)　　　　　　　(b)　　　　　　　(c)

图 6-2-12　压入法及设备

(a)螺旋压力机压入 ;(b)齿条压入机压入 ;(c)气动杠杆压力机压入。

120

3．热胀法

热胀法是利用物体受热膨胀的原理,将孔件加热,使孔径增大,然后将轴件套入孔中,待冷却后,轴与孔便紧固地连接在一起。热胀法的加热方法应根据配合零件的尺寸大小来选择:一般中小型零件在燃气炉或电炉中进行加热,也可浸入油中加热;对大型零件,可用感应加热器等加热。

4．冷缩法

冷缩法则是利用物体温度下降时体积缩小的原理将轴件冷却,使轴件尺寸缩小,然后将轴件套入孔中。当温度回升后,轴与孔便紧固连接。

冷缩法可采用干冰冷缩(可冷至$-78℃$),也可用液氮冷缩(可冷至$-195℃$),其冷缩时间短,生产效率高。

冷缩法与热胀法相比,变形量小。多用于过渡配合,有时也用于小过盈配合。

第七章 轴承的装配

第一节 滚动轴承的装配

一、滚动轴承概述

滚动轴承是标准件,由专门工厂成批生产。一般来说,滚动轴承通常由外圈 1、内圈 2、滚动体 3 和保持架 4(为减少滚动体间的摩擦,起隔开分离作用)四个部分组成(图 7-1-1)。内圈的外面和外圈的里面都有供滚动体作滚动的滚道 5。内圈是和轴颈配合,外圈和轴承座或机座配合。通常是内圈随轴颈旋转,外圈不转,也可以是外圈旋转而内圈不转。

滚动体的形状有球形、短圆柱滚子、滚针、圆锥滚子和球面滚子等,如图 7-1-2 所示。

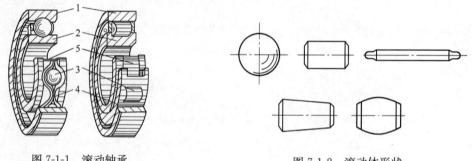

图 7-1-1 滚动轴承   图 7-1-2 滚动体形状

制造内外圈和滚动体的主要材料是轴承钢(GCr6、GCr9、GCr15),热处理后硬度一般不低于 HRC60,工作面经过磨削和抛光。保持架常用软钢、铜合金或塑料制成。

工作时,形成滚动摩擦,它具有摩擦小,效率高,轴向尺寸小,安装、维修方便,价格便宜等特点,因此在机械行业中得到广泛应用。

二、滚动轴承的类型、特点和应用

滚动轴承的分类按滚动体形状可分为球轴承、滚子轴承和滚针轴承等(图 7-1-2)。而按承受载荷的方向可分为向心轴承(主要承受径向载荷)、向心推力轴承(可同时承受径向和轴向载荷)和推力轴承(只承受轴向载荷),如图 7-1-3 所示。

三、滚动轴承的装配

(一)滚动轴承的装配方法
滚动轴承的装配方法主要由轴承的尺寸大小、安装精度的高低来确定。一般滚动轴

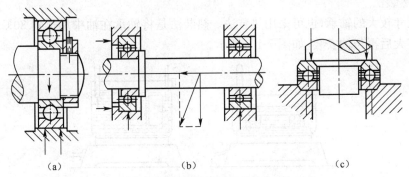

(a)   (b)   (c)

图 7-1-3　滚动轴承的承载方向

(a) 向心轴承；(b) 向心推力轴承；(c) 推力轴承。

承的装配方法有四种，即：锤击法、压入法、热装法、液压套合法。

1. 锤击敲入法

锤击敲入法主要用于尺寸较小、装配精度一般的小轴承装配上，如图 7-1-4 所示。

2. 压入法

对尺寸略大、装配精度要求高的滚动轴承，则多采用压入法进行装配。

向心球轴承的装配，常用的装配方法是用压力机压入轴承的压入法，如图 7-1-5、图 7-1-6所示。图 7-1-6(a)所示为轴承与轴的装配；图 7-1-6(b)所示为轴承与轴孔的装配；图 7-1-6(c)所示为轴承与轴、孔同时装配。

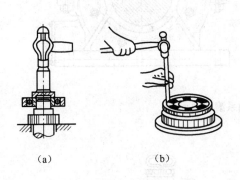

(a)   (b)

图 7-1-4　用铜棒、套筒敲入法

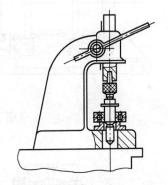

图 7-1-5　杠杆齿条压力机压入轴承

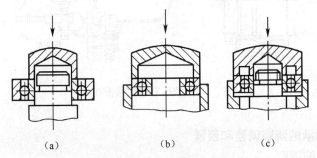

(a)   (b)   (c)

图 7-1-6　轴承座圈的安装

(a) 轴承先装在轴上；(b) 轴承先压入壳体孔；(c) 轴承同时装入轴和壳体孔。

3. 热装法

对尺寸较大的轴承,也可采用热装法。热装法是将轴承在油中加热到 80℃～100℃,待孔径扩大后再与轴安装,如图 7-1-7 所示。

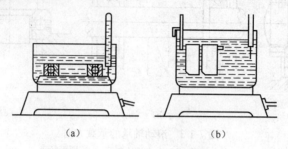

(a)　　　　　　　　(b)

图 7-1-7　轴承在油箱中加热的方法

4. 液压套合法

船舶轴系滚动轴承(图 7-1-8)的装配,是采用液压装置将轴承压入的方法。如图 7-1-9 所示。

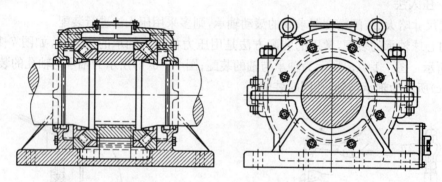

图 7-1-8　船舶轴系滚动轴承

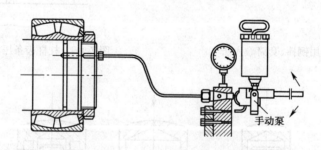

手动泵

图 7-1-9　液压套合法装配轴承

(二)滚动轴承的游隙调整和预紧

1. 滚动轴承的游隙

所谓滚动轴承游隙是指外圈(或内圈)固定后,内圈(或外圈,在径向或轴向的最大位移量。径向上的位移称为径向游隙,轴向上的位移称为轴向游隙。如图 7-1-10 所示。

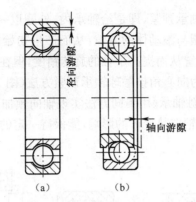

图 7-1-10　滚动轴承的游隙

2. 滚动轴承游隙的调整

一般来说,滚动轴承在工作过程中允许有适当的游隙。滚动轴承游隙的大小直接决定装配后的间隙大小。游隙过大,会使同时承受载荷的滚动体数目减少,易使滚动体与套圈产生弹性变形,降低轴承寿命,同时,还将降低轴承旋转精度,产生径向跳动,从而引起振动和噪声;游隙过小,则工作时阻力增大,轴承容易磨损,同时阻力增大会使轴承特别是滚动体易发热变形,发热后又会进一步增大运动阻力而形成恶性循环。因此,许多轴承在装配过程中都需要控制和调整游隙。调整游隙的方法是使轴承内、外圈作适当的相对轴向位移,从而保证轴承的安装间隙。

(1)调整垫片法。如图 7-1-11(a)所示,通过改变轴承盖与壳体端面间垫片的厚度 δ 来调整轴承的轴向和径向间隙。如果轴向移动量大,还可采用垫片 a 和垫片 b 的双垫片厚度来调整轴承间隙,如图 7-1-11(b)所示。

(2)螺钉调整法。如图 7-1-12 所示,调整的顺序是圆锥滚子轴承间隙大时,其轴向间隙与径向间隙同时都存在。先将背帽 2 松开,再紧固螺钉 3,则使轴承压盖 1 向左轴向移动,而轴承外圈作轴向移动,这时轴承的轴向、径向间隙同时消除,用手转动轴灵活后,再将背帽 2 旋紧。

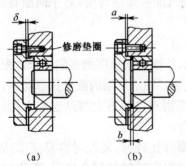

图 7-1-11　用垫片调整轴承间隙

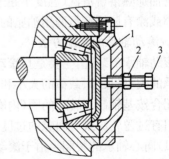

图 7-1-12　用调整螺钉调整轴承间隙
1—压盖;2—锁紧螺母;3—调整螺钉。

3. 滚动轴承的预紧

在精密机床主轴或其他重要的精密传动件上安装滚动轴承时,常预加一定负荷以提高其刚性和工作精度。对轴承预紧,即是给轴承内、外圈以一定的轴向预载荷,使内外圈发生相对位移,消除内、外圈与滚动体的游隙,从而产生初始的接触弹性变形。预紧后轴承能控制内、外圈的正确位置从而提高了轴的旋转精度,但在高速旋转中易发热和磨损。

轴承常见的预紧方法为向心角接触球轴承预紧方法(图 7-1-13)。图 7-1-13(b)、(d)、(e)、(f)采用成对向心角接触轴承(用不同方法实现轴向预加载荷)。图 7-1-13(c)所示为弹簧预紧,不受轴承磨损和轴向热变形的影响,能保持一定的预紧力。预紧力大小靠弹簧调整。

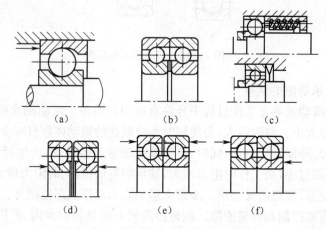

图 7-1-13　滚动轴承预紧原理和方法
(a) 预紧原理;(b) 垫圈预紧;(c) 弹簧预紧;(d) 磨窄内圈;(e) 磨窄外圈;(f) 外圈宽、窄端相对安装。

(三) 滚动轴承的装配

1. 装配前的准备工作

按所装的轴承准备好所需工具和量具。将与轴承相配合的零件去毛刺,并清理和清洗。

清洗轴承,如轴承用防锈油封存的可用汽油或煤油清洗;如用原油或防锈脂封存的,用矿物油加热溶解清洗(温度不超过 100℃)后再用汽油或煤油清洗;对于两面有防尘盖、密封圈或涂有防锈润滑两用油脂的轴承不需清洗。

2. 滚动轴承的装配方法

滚动轴承的装配,主要是指滚动轴承内圈与轴、外圈与轴承座的孔的配合。配合应根据轴承的类型、尺寸、载荷的大小和方向、性质等决定。轴承与轴的配合按基孔制,与轴承座的配合按基轴制。转动的圈(内圈或外圈)一般采用有过盈不大的过度配合;固定的圈常采用有过盈较小或有间隙的过度配合和间隙配合。

(1)向心轴承的装配。由于滚动轴承的内、外圈都比较薄,装配时容易变形,因此,在装配前,必须测量一下轴和轴承座孔的尺寸,随时掌握它们间的配合情况,避免过紧的装配。

装配时,必须保证轴承的滚动体不受压力,配合面不擦伤,轴颈或轴承座孔台肩处的角应符合要求,如图 7-1-14 所示。

图 7-1-15 所示为各种装配用的心轴,使用这些心轴可以防止在安装时(特别是用敲击法)污物掉入轴承内,同时便轴承受力合理而均匀,提高了装配的质量。

126

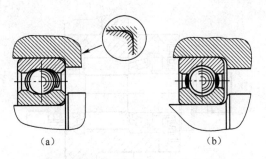

图 7-1-14 滚动轴承在台肩处的配合

(a) 正确;(b) 不正确。

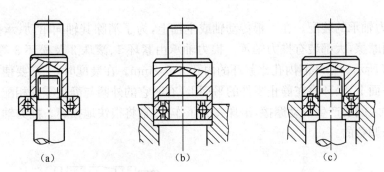

图 7-1-15 安装滚动轴承用心轴

(a) 内圈受装配力;(b) 外圈受装配力;(c) 内外圈都受装配力。

　　(2)向心推力轴承的装配。圆锥形的向心推力滚子轴承可承受在运转时轴向和径向两个方向的载荷。它的特点是内外圈是分开的。外圈可以自由脱开,内圈和滚动体一起装在轴上,外圈则装配在轴承座的孔内。它的外圈与内圈之间的游隙是安装后进行调整而定的。间隙太大,工作时会振动;间隙太小,则磨损加快。调整游隙的方法,通常是依靠外圈的轴向移动(图 7-1-16)或内圈的轴向移动来控制,如图 7-1-17 所示。

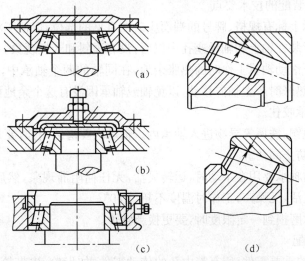

图 7-1-16 圆锥形滚子轴承以外圈移动来控制游隙

(a) 用垫片;(b) 用螺钉;(c) 用螺母;(d) 调整前后的游隙。

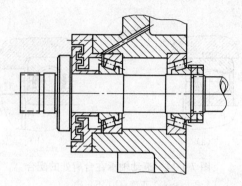

图 7-1-17　圆锥形滚子轴承以内圈移动来控制游隙

（3）推力轴承的装配。在一根传动轴或主轴上，为了消除其轴向窜动、承受轴向载荷及减少端面摩擦，大都装有推力轴承。推力轴承由紧环 1、滚珠 2 及松环 3 等零件组成，如图 7-1-18 所示。松环的内孔比紧环的内孔大 0.2mm。在装配时，一定要使紧环靠在转动零件的平面上，松环靠在静止零件的平面上（有时它的外圈与静止零件相配）。否则，在轴承与零件之间要产生滑动摩擦，滚珠丧失了作用，轴将很快地损坏。推力轴承的游隙也是用螺母来调整的。

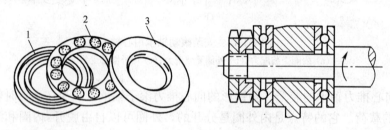

图 7-1-18　推力轴承
1—紧环；2—滚珠；3—松环。

3. 滚动轴承装配的技术要点

（1）滚动轴承上标有规格、牌号的端面应装在可见的部位，以便于将来更换。

（2）保证轴承装在轴上和轴承座孔中以后，没有歪斜和卡住现象。

（3）为了保证滚动轴承工作时的热胀余地，在同轴的两个轴承中，必须有一个的外圈（或内圈）可以在热胀时产生轴向移动，以免轴或轴承因没有这个余地而产生附加应力，甚至在工作时使轴承咬住。

（4）严格避免铜、铁屑等异物进入轴承内。轴承内要清洁，有时要加些牛油，通过加密封盖或密封圈来防止漏油。

（5）装配后的轴承要用在手动时，运转灵活，无任何阻滞现象，然后才能试运转；工作时，轴承运转应灵活，无噪声；工作时温度不超过 50℃。

（6）滚动轴承磨损到一定限度时，要更换新轴承。

4. 轴组的装配

轴是机械中的重要零件，所有带内孔的传动零件，如齿轮、皮带轮、链轮、蜗轮等都要安装在轴上，并和轴一起转动才能工作。轴、轴上零件与两端支撑轴承的组合称为轴组。

轴组的装配是指将装好的轴组组件正确地安装到机器中，并达到一定的技术要求，能正常的工作。轴组装配的主要内容是指将轴组装入箱体中，进行轴承定位、轴承游隙的调整、轴承的预紧、轴承的密封、轴承的润滑装置的装配及调整。轴承的固定（轴向）方式目前主要有两种：一种是两端单向定位，如图 7-1-19 所示；另一种是一端双向定位，如图 7-1-20 所示。后者虽然定位安装较麻烦，但轴在工作受热伸长变形后的旋转精度要好于前者，因此多应用于工作温升较大的设备上，如精密机床的前主轴承就采用一端双向定位，而普通机床为降低成本，其主轴的前、后支撑轴承采用的是两端单向定位，主要用于粗加工或半精加工。

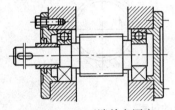 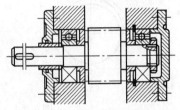

图 7-1-19　两端单向固定　　　　　　图 7-1-20　一端双向固定

（四）滚动轴承的拆卸

滚动轴承的拆卸可用压力机或拉出器进行，如图 7-1-21 所示。

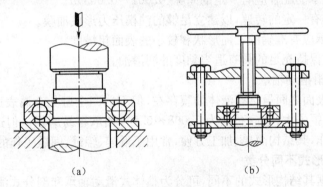

（a）　　　　　　　　　（b）

图 7-1-21　滚动轴承的拆卸
（a）用压力机拆卸；（b）用拉出器拆卸。

第二节　滑动轴承的装配

滑动轴承工作平稳可靠，无噪声，承载能力高，并能承受较大的冲击载荷。所以多用于精、重载的转动场合。

一、滑动轴承的种类及工作原理

（一）按润滑状态不同分类

滑动轴承根据其润滑状态不同，可分为液体润滑滑动轴承和半液体润滑滑动轴承。

1. 液体润滑滑动轴承

液体润滑滑动轴承中，根据轴与轴颈所处润滑状态，又可分为动压液体润滑和静压液

129

体润滑(即利用压力油把接触面隔开)。其中:动压液体润滑的摩擦系数为 0.001～0.01,静压液体润滑的摩擦系数小于 0.001。

动压液体润滑的过程如图 7-2-1 所示。轴在静止时,在本身重力作用下处于最低位置,在轴颈和轴承之间形成楔形油膜;当轴旋转时,由于金属表面的附着力和油本身的黏性,轴颈带着油层一起转动。在油层经过油楔缝时,油受到挤压,对轴产生压力,轴的转速高,产生的压力大;当轴的转速达到一定程度时,轴在轴承中逐渐浮起(图 7-2-1(b)),直至轴颈与轴承表面完全被油膜隔开(图 7-2-1(c))而形成液体润滑。

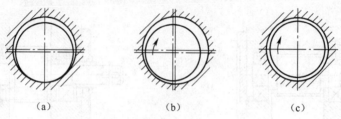

（a）　　　　　　　　　（b）　　　　　　　　　（c）

图 7-2-1　形成液体动压润滑的过程
（a）静止时;（b）转动时;（c）达到一定转速时。

由上述过程可以看出,形成动压液体润滑的条件如下:
(1)轴颈与轴承的配合应有一定的间隙(0.001～0.003)d。
(2)轴颈应具有一定的转速,以建立足够的油楔压力形成油膜。
(3)轴颈、轴承应有准确的几何形状和较小的表面粗糙度。
(4)轴承内应保持充足的具有适当黏度的润滑油。

2. 半液体润滑滑动轴承

轴颈与轴承表面之间虽然有液体油膜存在,但不能完全避免金属表面凸起部分的直接接触,因此摩擦损失大(摩擦系数为 0.008～0.1),轴承容易磨损。但这种轴承在一般情况下能正常工作,其结构简单,加工方便,常用于低速、轻载、间歇工作的场合。

（二）按结构形式不同分类

滑动轴承根据其结构形式的不同,可分为整体式滑动轴承和剖分式滑动轴承两种。

1. 整体式滑动轴承

整体式滑动轴承是滑动轴承和安装滑动轴承的外壳被制成一个完整的、不可分的整体。如图 7-2-2 所示,把一个青铜轴套 3 压入轴承座内,且在端面套的圆周上采用紧定螺钉 4 来加以圆周定位,该轴承是最简单的整体式滑动轴承。缺点是轴与套间隙增大时无法调整,所以只应用于低速、轻载的小型轴承中。

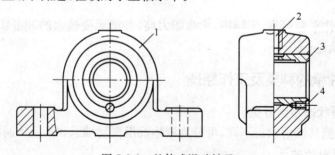

图 7-2-2　整体式滑动轴承
1—轴承座;2—润滑孔;3—青铜轴套 ;4—紧定螺钉。

130

2. 剖分式滑动轴承

剖分式滑动轴承是把滑动轴承和安装滑动轴承的外壳分别制成可以分开的两个部分。又称对开式滑动轴承,如图 7-2-3 所示,是由轴承座、盖、上下轴瓦及拉紧螺栓组成。其主要特点是轴承间隙在增大变化后可以调整(通过减少瓦口垫片来实现),而且承载力大,是目前应用较多的滑动轴承。图 7-2-4 所示为船舶轴系中的支撑滑动轴承,由于大船尾轴质量较大,因而轴承的上瓦可省去,船舶大部分中间轴承只有下瓦结构。

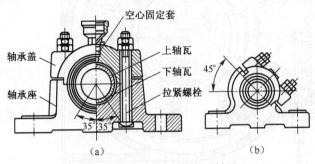

图 7-2-3 对开式向心滑动轴承

(a) 轴承结构图;(b) 对开式斜滑动轴承。

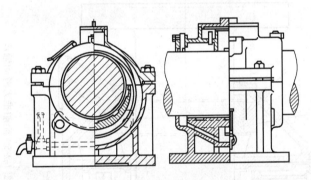

图 7-2-4 船舶滑动轴承

图 7-2-5 所示为船舶推力滑动轴承,在推力轴盘的前后分别设置 8 片推力片(推力轴片),它可以把螺旋桨转动形成的的推船力,由推力盘通过推力片传给轴承座,又由轴承座传给船体。

动压滑动推力轴承油楔形成的工作原理如图 7-2-6 所示。处在推力盘 1 与轴承座 3 之间的推力片 2,靠背面具有弧度的偏心的支撑块 4(一对)支撑在座上,同时具有一定的偏心度。轴盘静止时与推力片面紧贴在一起,当推力盘转动时,以一定的速度 v 从推力片上滑过,吸附在盘面上的油立即将推力片压开一角度大量油涌入楔形腔内,并在支撑块处形成压力油膜,使推力盘与推力片间形成油膜润滑。

二、滑动轴承的装配

滑动轴承是轴的支座,为了减少摩擦,提高工作效率,轴套的材料应该耐磨、易散热,有的还要能含有润滑液。常用的轴承材料有:铜合金、灰铸铁、巴氏合金、石墨含油材料等。为了节省材料和装拆更换方便,大都把轴套压入机体中。

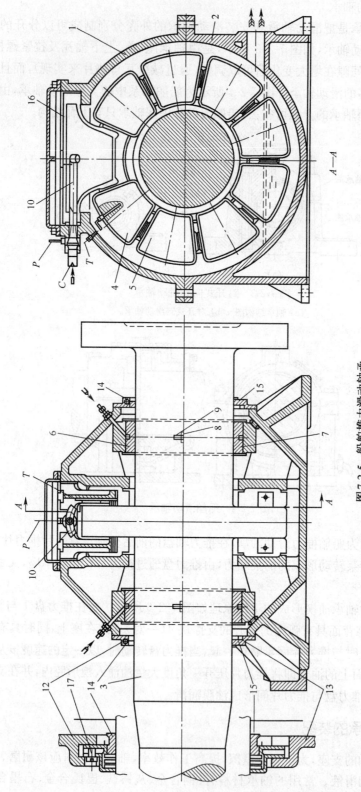

图 7-2-5 船舶推力滑动轴承

1—轴承盖；2—轴承座；3—推力轴；4、5—推力轴片；6—滑动轴承上瓦；7—滑动轴承下瓦；8、9—润滑油楔隙、油路；10—轴承滑油注入管；12、14—上油装置；13、15—下轴封装置；16—推力轴片圆周固定位装置；17—螺钉。

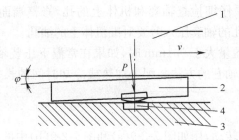

图 7-2-6　推力片式推力轴承油楔形成原理

1—推力盘；2—推力片；3—轴承座；4—支撑块。

除含油轴承外，轴承工作时在轴与轴套孔中要加润滑油润滑，以防运动时轴与轴承发热后咬死。对滑动轴承装配的要求，主要是使轴颈与轴套孔之间获得所需要的间隙，便于滑油进入，并形成油膜。其次是保证轴颈与轴承良好的接触面积和准确的接触位置，使轴在轴承中旋转平稳可靠。轴套装入机体的顺序，决定于轴承的结构。

（一）整体固定式滑动轴承（轴套）的装配

安装前，先将轴套和轴承座孔去毛刺，清理干净后在轴承座孔内涂少量润滑油。

轴套装到机体内的顺序是：压入和固定轴套，装配后检验和修整。装配时，根据轴套的尺寸和配合过盈的大小以及轴套在机体上的位置，可用冷压或加热机体或冷却轴套的方法装入轴套。

1. 压入轴套的方法和工具

根据轴套在机体上的位置和轴套的尺寸，可用简单或特殊工具，靠手锤或压力机将轴套压入。

用垫板和手锤压入是一种最简单的压入方法（图 7-2-7）。用这样的方法压入轴套时，开始必须放正位置，边压边检查，待压正后，再加大力压入。否则，会使压合表面擦伤，使轴套变形。如图 7-2-7(b)所示在孔上放一导向套 1，当开始压入轴套时，导向套对轴套 2 起导向作用，防止轴套歪斜。

为了保证轴套与孔的中心对正，可用图 7-2-8 所示的工具。工作时，轴套 2 先套在特制的心轴 1 上；然后，拧上垫板 3，将心轴 1 的下端放入孔内，经垫板 3 来传递手锤或压力机的压力，将轴套压入孔内。在大批量生产中，采用这种工具最为适宜。

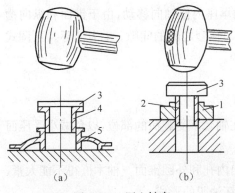

图 7-2-7　压入轴套

1—导向套；2—轴套；3—垫板；4—轴套；5—机体。

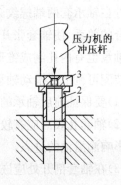

图 7-2-8　压入轴套的工具

1—心轴；2—轴套；3—垫板。

在压入轴套前,必须仔细检查轴套和机体上的孔,修整端面上的尖角,擦净接触表面,并涂上润滑油,有油孔的轴套压入时要对准机体上的油孔。

直径过大或配合过盈量大于 0.1mm 时,如果在常温下压装轴套,就会引起损坏。因此,常用加热机体或冷却轴套的方法装配。加热或冷却时间的长短,按零件的形状、重量和材料来决定。

2. 固定轴套的方法

轴套压入后,为防止转动,用如图 7-2-9(a)和图 7-2-9(b)中的螺钉和图 7-2-9(c)中的销钉、图 7-2-9(d)中的骑缝螺钉等固定。

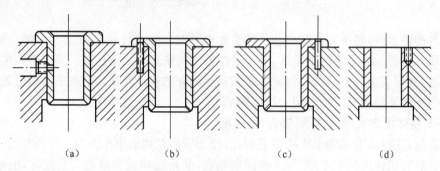

| (a) | (b) | (c) | (d) |

图 7-2-9　轴套的固定

3. 装配后的检查和修整

轴套压入后,往往发生变形(如椭圆形、圆锥形和偏斜等)或工作表面擦伤。因此,在装配后需要进行检查和修整。

修整时,常采用铰孔和刮削的方法,使轴套和轴颈之间的间隙及接触点达到所要求的质量。

(二) 整体可调式滑动轴承的装配

如图 7-2-10 所示,这种轴承用于磨损较快而需要便于调节间隙的场合,如金属切削机床的主轴轴承等。轴套 1 的内表面是圆柱形,通常以轴为基准,通过刮研使其与主轴 5 相配合。外面制成圆锥面,轴承座的锥孔也要进行刮研,并要注意轴承座机体的端面刮得与孔垂直。沿轴向开有四条纵向槽 2,其中有一条槽切通,其余三条为不切通的纵向槽。旋转拧在轴承套两端螺纹 3 上的螺母 6,轴套在轴承座内作轴向移动,由于锥面和纵向槽可配合的关系,使轴套张开或合拢,从而调节主轴与轴套之间的间隙。4 为油环。可调式滑动轴承也有内孔制成锥形,而外面制成圆柱形的。

装配可调节式滑动轴承时的要求如下:

(1)要保证前后轴承的同轴度。

(2)轴套孔表面应有较小的粗糙度。油槽设在轴套不受载荷的部位,以免减小受压面积和影响润滑油的进入。

(3)在轴套剖开处应嵌入柚木。柚木不能高出内孔和外圆锥面。柚木嵌得不能太紧,否则,无法调整间隙;也不能嵌得太松,否则,会破坏油膜的形成。

(4)轴承径向间隙的大小对形成油膜和轴的工作精度有很大的影响。间隙过大,机器

134

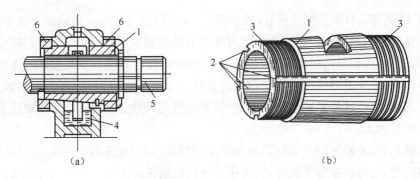

（a）   （b）

图 7-2-10　可调式轴承

（a）轴承装配图；（b）轴承放大图。

1—轴套；2—纵向槽（四条）；3—螺纹（两端）；4—油环；5—主轴；6—螺母（两端）。

会发生振动，影响工作性能；间隙过小，则将加剧磨损，甚至工作时产生咬住现象。所以，间隙要调整到符合图纸规定要求。

对于一般精度的车床、钻床和铣床的主轴承，间隙为 0.015mm～0.03mm；磨床的主轴承间隙为 0.01mm～0.015mm；精密机床的轴承间隙为 0.004mm～0.01mm。

由于间隙与工作温度的高低有很大关系，因此，在热态下工作的转速较高的轴承间隙须大些。

（5）轴与轴套孔的接触点必须均匀分布，并保证达到一定的密度。接触点过少，将影响轴的工作精度和加快零件的磨损。

（三）对开式滑动轴承的装配

对开式滑动轴承的轴瓦有厚壁的和薄壁的两种，如图 7-2-11 所示。荏轴瓦内表面一般都浇铸巴氏合金、锡青铜或其他耐磨合金。现在生产的轴瓦都是可互换的。

在轴瓦装入轴承座之前，应修光所有配合面的毛刺，检查轴承盖和轴瓦上的油孔是否能对正。最后，用油枪和煤油洗净所有的油孔和油槽。

轴瓦装入轴承座和轴承盖的时候，应在轴瓦的两个平面上垫上铅片或木板。然后，用手锤轻轻打入，要求轴瓦的外表面与轴承座和盖能紧紧地贴合，如果贴合不好（图 7-2-12），轴瓦受到轴颈上的力后，将引起变形或耐磨层破裂和脱落。

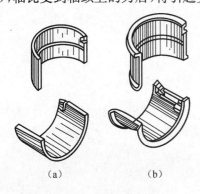

（a）   （b）

图 7-2-11　厚壁、薄壁轴瓦

（a）薄壁；（b）厚壁。

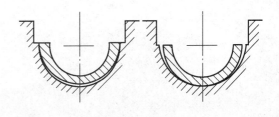

图 7-2-12　轴瓦的不正确配合

为了保证轴瓦与轴颈配合良好,在装配时,应进行必要的检验和修刮。其方法是:先在轴颈上涂好显示剂,接着,把轴放在装有下半轴瓦的轴承座上,将轴转动 2 圈~3 圈,然后,把轴取下来,按照研出的斑痕来判断轴瓦与轴颈的配合情况。如果在轴瓦上的斑痕很大而且不均匀,必须进行修刮。当在轴瓦的全长上都有了斑点以后,再将上半轴瓦装上,拧紧上盖的螺栓,使轴紧紧地转动几圈后,按着色情况刮削上下轴瓦,直到轴瓦上出现要求的斑点数目为止。

　　刮完轴瓦后,还要用垫片调整轴瓦与轴颈的间隙,以保证形成油膜而达到液体润滑。轴瓦上的油槽,可用油槽錾子錾出,也可用车床拉出或铣刀铣出。

第八章 船舶辅机的安装

第一节 船舶辅机安装的技术要求

一、概述

随着现代造船技术的不断发展,各大船厂都把提高工作效率、缩短造船周期作为工厂追求的目标。工厂大力推行以中间产品为导向,实行壳、舾、涂一体化的生产模式,船舶分段的划分越来越大、造船进度也越来越快。在造船过程中,船舶辅机的安装工作艺也必须与船体分段的建造相适应,实行同步施工。即在船体分段制造的同时,在分段上就进行船舶辅机的安装。有时船舶辅机也会被制成单元,与船体的分段的施工同时完工。

由于现代船舶辅机的种类很多。随着预舾装工艺的发展,就其结构的特点和在船上布置的情况,各类辅机上船安装的方式可归纳为如下几种:

(1)单台辅机直接进行安装。如焚烧炉、各类泵、热交换器、滤器、空气瓶、压力柜、辅锅炉热水井等。

(2)把原动机和从动机械组装成一个机组,装在同一机壳或共用机座上(或称机组单元)进行安装。

(3)把辅机机组与功能性附属设备及管路在车间内组装成一体的功能性单元(因其体积一般较大,而且刚性较低,常需加装临时支撑或支架),如分油机功能单元、淡水制造单元等。

各类辅机均有各自的安装特点和工艺技术要求,在安装时都要区别对待,认真操作。

二、对使用联轴节连接的两台辅机对接安装工艺要求

对于使用联轴节连接的辅机在安装时,常将比较重而大的机械先装,小巧而轻便的后装,以便于校中对合。如发电机机组,先安装原动机(柴油机),而发电机按柴油机输出端进行校中;又如分油机、驳运离心泵类,先定泵体,而电动机根据泵轴对中连接。

原动机与从动机两轴中心线对中的允许位移和曲折值,根据两轴连接的性质不同而异。在没有具体规定要求的情况下,可考虑采用下列范围的数值:

(1)采用刚性连接时(法兰或刚性联轴节):

位移值　　　　0.05mm;

曲折值　　　　0.05mm/m。

(2)采用活动联轴节连接时(爪式或齿式联铀节):

位移值　　　　0.10mm;

曲折值　　　　0.10mm/m。

（3）采用弹性离合器连接时（液力式、摩擦式、电磁式等）：

位移值　　　0.10mm；

曲折值　　　0.15mm。

（4）套筒销子连接（用橡胶栓、橡胶块或橡胶盘等）：

位移值　　　0.15mm；

曲折值　　　0.10mm/m。

对于两根水平连接轴，其中有一根单支承轴时，则其曲折方问可考虑联轴节成上开口趋势为宜。

第二节　船舶辅机的固定

一、船舶辅机的固定方式

船舶辅机固定的安装形式分为以下几类。

（1）各种钢质垫块的安装：

A 型——采用楔块调节。

B 型——采用螺栓把基座调准，垫块与辅机座脚连接。

C 型——采用固定垫片钻孔攻丝后焊于基座，用双头螺栓或螺栓固定。

D 型——在基座和辅机座脚不平处加装适当薄垫块。

（2）带减震器的安装。

（3）浇注环氧树脂垫块的安装。

根据船舶辅机的结构和工作特征，船舶辅机可采用图 8-2-1 所示各种形式垫片将已定位的辅机位置固定下来。

图 8-2-1 中 A 型固定方式，常用于动力类辅机，如发电机组、锚机、舵机。绞缆机及大功率的空压机、驳油泵等等。

图 8-2-1 中 B 型固定方式，常用于旋转式辅机，如透平驱动不带减速箱的机械、电动机传动的离心泵、齿轮泵、螺杆泵、功率不大的往复泵及单缸柴油机等。

图 8-2-1 中 C 型固定方式常用于挂装在舱壁上的辅机。固定螺栓位于加强筋板上以及一些装在有水密、气密性要求的舱、柜上的辅机。一般这类辅机多数是轻而小、功率不大，或者是热交换设备容器、箱柜、滤器等。机座与垫片接合面在螺母不松的条件下，用 0.05mm 塞尺应插不进。

图 8-2-1 中 D 型固定方式多用于机座或基座等面板不予加工的辅机，如各类水箱、油柜、油盘、小型滤器以及箱型减震器的垫片。这种固定方式加装的垫片不能太多，应在 3 张以内，而且不准用半张；垫片加装处应在螺孔附近，螺母的圆度范围内必须有着硬点，不可完全脱空。

此外，船舶辅机的安装还有采用橡胶避震垫片的固定方式。但它的安装技术要求一般较低，在安装方法上除了使用橡胶避震垫片外，其余与图 8-2-1 中的 D 型固定方式基本相同。故在本书中不再赘述。

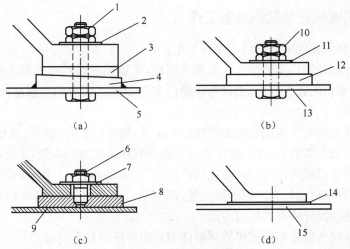

图 8-2-1　辅机固定方式

1—底座螺栓和螺母；2、11—垫圈；3—调整垫片；4—固定垫片；5、13、15—基座或甲板；6—双头螺柱（或螺栓）；7—弹簧垫圈；8、12—固定垫片；9—基座或甲板仓壁；10—基座螺栓、螺母；14—薄铜皮垫片。

二、船舶辅机安装定位的技术要求

辅机吊放于机座上后，都应按照布置图（或安装）的要求，首先将机组或设备在基座上放平。如辅机的机座为圆形，可按基座面纵向和横向的中线对中。如为矩形机座，则以基座面板纵向中线为准，当确定辅机中心线在面板纵向中线上时，辅机左右向的位置可以认为确定了，而其前后向位置，只要求辅机支撑法兰边缘与基座面板的支承面边缘之之间的距离达到相对均匀就可，高低符合图纸要求（实际上基座焊妥后，辅机高低位置基本上也已定妥。或按定位基准面、船中心线，舱壁或肋骨之间距离来使辅机定位。如施工图上无特殊要求时，其允差通常为±10mm。

甲板机械或设备根据与之相互的构件位置定位，或者与上述机舱辅机一样根据船中线、肋位、桁材的位置等进行定位。

此外，对船舶辅机定位有中心高度要求的，在定位时应注意满足图纸的要求。

三、对辅机安装基座的技术要求

辅机大多数都是通过垫片或减震器安装在基座上的，因此对基座的构件要求不高。

对支承机座平面（或基座上的固定垫片平面）的要求如下：

（1）支承面对于基准面（水平面或垂直水平面的垂直面）的不平行度或不垂直度小于4mm/m。

（2）支承面的粗糙度在 $\overset{12.5}{\triangledown}$ 以上。

（3）固定垫片焊固前，其与基座面板应紧贴接触，无挠曲现象，接合面之间，0.10m 塞尺插不进。然后用压板或夹具夹固，在四周先对称点焊，待夹具或压板松后，接触面之间不应有脱空现象，而后再通焊四周。

（4）支承面不平度用平板涂色油检查，每 25mm×25mm 内应有 2 个以上色斑，在个别部位，0.10mm 塞尺插入深度不得超过 10mm。

四、船舶辅机安装前的准备工作

船舶辅机在安装前应做好以下准备工作：

（1）钳工在船舶辅机安装前应认真熟悉图纸；了解船舶辅机的安装工艺和技术要求；正确掌握船舶辅机的施工方法；明确船舶辅机在船舶辅机安装的甲板层次，安装的前后、左右、高低位置。

（2）认真核对所安装船舶辅机的船舶施工编号，辅机的名称、数量、型号、规格和参数，对有船舶左、右舷布置的要求时，应注意是对称布置还是非对称布置，不能搞错。

（3）严格检查机组的（或设备的）完整性（包括设备的附件、工具、仪表）。做好设备的外保养工作，对所有孔口、进出管子法兰处，都应用闷头、盲孔板或塑料粘胶纸带封闭，以防在吊运、安装期间异物进入机组内部。

（4）认真核对所安装船舶辅机的质量证书和船检证书是否完备。

（5）对于机组上的易损零件、仪表，必要时应拆下包装吊运。否则，应用防护罩做好保护，以防碰损。

（6）在辅机吊运前，应对辅机的安装底平面进行清洁和整修；在吊运过程中，若机组或设备不可能在 24h 到达安装地或安装完毕的，则应在其机座或支撑的安装支承面上作好防锈措施。

注意：以上的准备工作对所有需上船（或分段）安装的设备都是必须进行的操作流程，下文不再一一赘述。

五、船舶辅机的安装工艺

（一）船舶辅机采用薄型金属垫片的安装工艺

采用薄型金属垫片安装的船舶辅机其安装的精度要求不高。安装基座或面板一般不予加工，船舶辅机可直接吊船（或分段）进行安装。其安装工艺如下：

（1）按照图纸的要求在安装位置划出安装位置孔，并在划出的安装位置孔上打好洋冲孔，然后钻孔（如是双头螺柱连接，则应先钻孔，后用丝锥攻妥螺纹）。

（2）钻孔（或攻丝）后，修去毛刺，做好安装平面和孔的清洁工作。

（3）将辅机按要求吊到安装位置。做好辅机下平面的清洁工作后，落位。

（4）用塞尺检查所有的孔在辅机底脚平面和安装平面之间的间隙，做出记录。

（5）分别选取薄型金属垫片（薄铜皮或薄铁皮）做成图8-2-2 所示的形状，并按记录配成若干组（每组不超过 3片），分别塞进与记录相对应的间隙中，垫片的外侧不要露出辅机底脚的外沿。

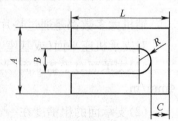

图 8-2-2 垫片

垫片的形状和尺寸如图 8-2-2 所示。L、A 的尺寸与基座的尺寸相同；B 的尺寸比螺栓直径大 2mm；C 的尺寸比辅机外沿至安装用螺孔边缘的尺寸小 2mm。

（6）装好螺栓（或双头螺柱），按螺栓紧固的要求分别紧固所有的螺母。

（7）用手盘动辅机的转动部分，检查辅机的运转是否灵活。

(8)做好完工后的清洁和收尾工作。

（二）船舶辅机采用楔形垫片的安装工艺

采用楔形垫片安装的船舶辅机其安装工艺如下：

(1)按照图纸的要求于船体施工的同时，在安装位置上将基座和固定垫片焊妥，固定垫片的上平面为经过机加工的斜面，斜面的倾斜度为1：100。焊接固定垫片时应注意斜面的坡口分别向辅机左右两侧倾斜，并左右对称。

(2)对每个安装基座上部的斜平面以小平板为检验基准。用竹筒型风磨机磨平斜平面。检验方式为色油检查。标准为：色斑点(5点～7点)/(25mm×25mm)(一级辅机为7点/(25mm×25mm)；二级辅机为5点/(25mm×25mm))。

(3)按照图纸的要求在安装位置基座划出安装位置孔，并在划出的安装位置孔上打好洋冲孔，钻孔并用丝锥攻妥螺纹(如是通孔，则无须攻螺纹)。

(4)钻孔(或攻丝)后，修去毛刺，做好安装平面和孔的清洁工作。

(5)将辅机按要求吊到安装位置。做好辅机下平面的清洁工作后，落位。

(6)将辅机按照图纸的要求将辅机的安装位置(前后、左右、高低)调整到位。此时，辅机下端的顶升用的工装或千斤顶不能放在基座的安装位置上，以免妨碍楔形垫片的测量和后续施工(调整好的辅机安装位置的状态是辅机安装下平面不与基座上部的斜面接触，而是处于悬空状态；辅机安装下平面与基座上部的斜面一般控制在30mm～40mm之间)。

(7)用三脚卡板测量将每个基座的上平面和辅机底脚平面间的间隙(斜度)，做出记录，并将每个卡板和每个安装基座一一对应，做好编码和记号。

①三脚测量卡板如图8-2-3所示。它由底板、测量螺钉、锁紧螺母组成。

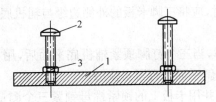

图 8-2-3　测量卡板

1—底板；2—测量螺钉；3—锁紧螺母。

a. 底板的外形尺寸(A、B)根据基座的图纸定，厚度为12mm，其一个平面必须经过精刨(铣)。如图8-2-4所示。以底板的两条轴中心线为中心，在底板上对称的钻有三个螺孔(3～M8)。

b. 测量螺钉是将普通的螺钉头部改车，成圆头。长度根据需要决定。如图8-2-5所示。

c. 锁紧螺母是将普通的M8螺母改车，厚度为5mm，两面倒角。

②用三脚测量卡板可以测量楔形垫片的原理是：在三维空间内的任何一个平面，只要确定这个平面上的三个点，就能确定这个平面。所以当三脚测量卡板的底平面和安装基座的上平面贴合，三脚测量卡板的三个脚和底座的底平面准确接触时，就能准确确定楔形垫片的形状和尺寸。

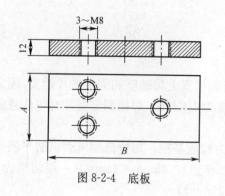

图 8-2-4 底板

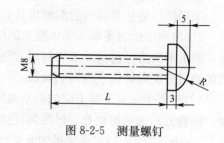

图 8-2-5 测量螺钉

③测量时注意:

a. 三脚卡板塞入时,将三脚卡板的一个钉脚的一侧向内,两个钉脚的一侧向外;三个钉脚向上塞入。如图 8-2-6 所示。

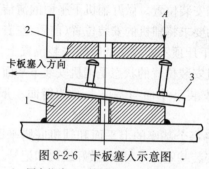

图 8-2-6 卡板塞入示意图
1—固定垫片;2—辅机座;3—测量卡板。

b. 三脚卡板在测量时,应将三脚卡板的外侧边缘与辅机底平面的外侧边缘对齐。如图 8-2-6 中箭头 A 处所示。

c. 三脚卡板在测量时,当三个钉脚顶紧辅机底平面后,用 0.02mm 塞尺检查三脚卡板的底平面与基座的上部斜平面是否紧密接触。

(8)将三脚卡板取出,并用卡板上的锁紧螺母锁紧三个测量脚,送机加工车间。在运送三脚卡板时必须注意轻拿轻放,避免因碰撞引起三脚卡板的测量尺寸的变化。

(9)机加工车间以三脚卡板为标准,将已经过粗加工的半成品铸铁垫片精加工成准确的楔形垫片;按三脚卡板或相应的记录在加工好的楔形垫片上做好对应的记号。精加工好的楔形垫片,其上、下两个平面均留有钳工拂磨余量。

①机加工时三脚卡板的测量。

a. 因为三脚卡板上有三个螺孔,测量时分厘卡无法直接测量。这时可在螺孔下方放一块量块进行测量,测出读数后,减去量块的厚度即得实际尺寸,如图 8-2-7 所示,即

$$H_{实际} = H_{测量} - \delta$$

式中　δ——量块的厚度。

b. 楔形垫片尺寸(三脚卡板)的测量

先分别按上述方法测出三个测量脚的实际尺寸。如果我们分别把三个测量脚分别编号为 1 号、2 号、3 号(单个脚为 1 号,其余两个为 2 号、3 号),因为三个测量脚的位置在底板上是对称分布的,所以三个测量脚的平均高度就是楔形垫片的平均高度。其数

142

值为：

$$H_{平均}=\frac{1}{2}\Big[H_1+\frac{1}{2}(H_2+H_3)\Big]$$

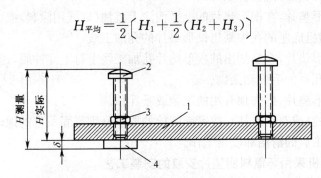

图 8-2-7　三脚卡板尺寸测量方法
1—底板；2—测量螺钉；3—锁紧螺母；4—量块。

②楔形垫片机加工。

a. 楔形垫片机加工的尺寸。

机加工时，是把一个平面已经经过精加工的楔形垫片坯料，叠放在三脚卡板上一起加工的（图 8-2-8），所以机加工的尺寸为：

$$H_{加工}=2H_{平均}+2\varepsilon$$

式中　$H_{加工}$——完成机精加工后的测量尺寸（楔形垫片叠放在三脚卡板上一起测量）；

$H_{平均}$——三脚卡板的平均尺寸；

ε——钳工的拂磨余量，ε 的数值由经验定，一般为：0.08mm～0.10mm（两平面留拂磨余量×2）。

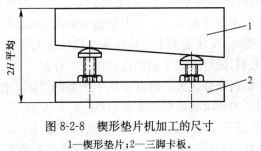

图 8-2-8　楔形垫片机加工的尺寸
1—楔形垫片；2—三脚卡板。

b. 楔形垫片机加工的注意点。

在楔形垫片机加工时必须注意，楔形垫片与三脚卡板重叠时两者的摆放位置应保持与钳工在测量时的同一位置上。如图 8-2-6 中 A 处箭头所示。即将三脚卡板与楔形垫片的外侧边缘对齐，这样才能保证加工后的楔形垫片的外侧边缘，在实际安装时与辅机底平面的外侧边缘对齐。

（10）将经过精加工的楔形垫片按对应的记号，一一对应每个相配的基座，分别磨配楔形垫片上、下两个平面使其和辅机底平面、基座的上部斜平面紧密接触；并注意在磨配时，使楔形垫片的外侧与辅机底脚平面的外侧基本保持齐平。磨配上、下两个平面的检验仍以色油进行检查。标准为：色斑点（5 点～7 点）/（25mm×25mm）（一级辅机为 7 点；二级辅机为 5 点）。用 0.05mm 塞尺检查（局部允许 0.1mm）塞尺塞入深度<10mm。

（11）交船东和验船师检验、认可。

（12）取出楔形垫片,在楔形垫片的上平面涂上蓝油(划线用涂料)或白粉后,塞入楔形垫片,用划针从辅机底座的孔中划出楔形垫片的孔加工线。

（13）取出楔形垫片,在已划出的楔形垫片孔加工线上打上洋冲眼,送机加工钻孔。

（14）清除钻孔后的毛刺和杂物。

（15）塞入楔形垫片,拆去顶升用的工装或千斤顶。

（16）装好螺栓(或双头螺柱),按紧固螺栓的要求分别紧固所有的螺母。

（17）做好完工后的清洁和收尾工作。

(三)船舶辅机采用环氧树脂垫片安装的安装工艺

造船生产中,有许多大型设备的定位安装(如主机、发电机、锚机、舵机等)除了采用铸铁楔形垫片的安装方法外,还可以采用环氧树脂垫片安装的工艺方法。

铸铁楔形垫片的安装方法的优点是安装牢固、可靠,接触强度高。它的缺点是:铸铁垫片安装后,其与机座的接触面积不足70%。为满足机座与垫片的接触面达到一定的标准,往往采用人工的方法拂磨,这样做不但作业强度大,而且作业周期较长。

采用环氧树脂垫片安装的优点是:机座的接触面积基本接近100%,且抗震性好、不易磨损。不但能满足这些设备机座垫片的技术要求,而且操作简单、省时、省力。它的缺点是:安装的可靠性和接触强度不如采用铸铁楔形垫片安装方法的好。

环氧树脂垫片的原材料在常温下是一种可以流动的液体。只有当在原材料中加入了一定比例的添加剂后,通过均匀搅拌,并经24h~48h的固化后。环氧树脂垫片才达到期望的强度和硬度,这为施工提供了极大的方便。

船舶辅机采用环氧树脂垫片安装的安装工艺:

（1）按照图纸的要求在基座的安装位置上划出安装位置孔,并在划出的安装位置孔上打好洋冲孔后钻孔,必要时,反面需刮出与螺栓头平面接触的鱼眼坑平面。

（2）钻孔后,修去毛刺,做好安装平面和孔的清洁工作。

（3）将辅机按要求吊到安装位置。做好辅机下平面的清洁工作后,辅机落位。

（4）将辅机按照图纸的要求将辅机的安装位置(前后、左右、高低)调整到位。此时,辅机下端的顶升用的工装或千斤顶不能放在基座的安装位置上,以免妨碍环氧树脂垫片的浇注和后续施工(调整好的辅机安装位置的状态是:辅机的安装下平面不与基座上平面接触,而是处于悬空状态;辅机安装下平面与基座上平面留有环氧树脂的浇注空间)。

（5）再次清洁将浇注环氧树脂的平面(清除杂物、油漆、油污和水等),使机座下平面和基座上平面清洁无油污、异物。

（6）按垫片的设计图用薄铁皮、海绵条(由厂商提供的特殊海绵)围成垫片浇注模框。要求模框放好后,模框的四周在浇注环氧树脂时不能泄漏。

（7）在垫片范围内的设备紧固螺栓孔内。塞进一段圆形海绵套筒(厂商提供),以防浇注时环氧树脂从已钻好的螺栓孔泄漏。

（8）经检查,确认清洁和密封后,在模框中喷涂一层脱模剂,以便今后拆检。

（9）浇注时,注意搅拌均匀,避免产生气泡。浇注口应高于垫片上平面25mm~30mm,以便于环氧树脂充满整个浇注空间(在浇注环氧树脂时,应同时浇注两块环氧树脂垫片试验样块,尺寸为:50mm×50mm×50mm)。

(10)在一定的环境温度下,固化 24h～48h 后,对两块环氧树脂垫片试验样块进行机械强度、硬度检测,在确认机械强度、硬度满足条件后(标准为:巴氏硬度＞40;抗拉强度＞93N/mm²),整个浇注工作完成。

(11)交船东和验船师检验、认可。

(12)拆除临时设备支撑(千斤顶等)和临时紧固设备的底脚螺栓。

(13)装好螺栓,按紧固螺栓的要求分别紧固所有的螺栓。

(14)做好完工后的清洁和收尾工作。

几点注意事项:

(1)环氧树脂具有一定的压缩变形量,一般情况为垫片厚度的 0.1％～0.2％左右。因此,浇注前,应充分考虑到这种压缩变形。

(2)环氧树脂搅拌速度不宜高于 500 转/min,且宜匀速搅拌,以免产生气泡。环氧树脂原材料的保质期一般为一年。

(3)垫片厚度一般在 20mm～80mm,否则应采取特殊措施浇注。

(4)浇注时,环氧树脂原材料的温度不应低于 20℃,以便搅拌(但不大于 80℃);环境温度不低于 13℃,以减少固化时间,否则,应采取加温和保温措施。

复 习 题

1. 螺纹共分为几类? 螺纹的表示方法是怎样的?

2. 紧固后的螺栓螺母防止松动有哪几种形式?

3. 为什么螺栓和螺母的旋紧程度和次序要采用正确的方法? 柴油机中哪些主要工作紧固时要严格执行上述要求?

4. 紧配螺栓的配合要注意哪些事项? 铰孔作业时应注意哪些要领?

5. 滚动轴承的安装和拆卸方法有哪几种? 与滚动轴承配合的部件结合面有何特点和要求?

6. 可调节式滑动轴承有哪几种间隙测量的方法? 薄壁轴瓦的特点有哪些?

7. 船舶辅机的固定安装形式有几种? 如何正确选择?

8. 简要说明楔形垫片的安装工艺步骤和注意事项有哪些?

9. 采用环氧树脂垫片安装的特点有哪些?

10. 简要说明环氧树脂垫片的安装工艺步骤是哪些?

第三篇

动力装置

第九章 船舶动力概述

船舶动力装置是指船上产生动力,保证船舶正常航行、作业、停泊和生活所必须的一整套机械设备的的总称。船舶动力装置主要任务是产生各种能量,并将能量转换为机械能,以利于船舶正常航行、作业。

第一节 船舶动力装置的含义及组成

船舶动力装置主要由推进装置、辅助装置、船舶甲板机械、船舶管路系统、机舱自动化设备等。

一、推进装置

推进装置是产生动力推动船舶,并保证船舶以一定航速前进的一整套设备。它是船舶动力装置中最重要的组成部分。推进装置包括以下几部分。

(1)主机。主机是产生动力并推动船舶的主要机械,主要有柴油机、汽轮机和燃汽轮机等。

(2)推进器。推进器是将主机发出的能量转换成船舶推力的设备。主要包括:螺旋桨、喷水推进器等。

(3)传动装置。传动装置是将船舶主机发出的功率传送给螺旋桨的设备。它包括传动轴、减速齿轮箱、离合器、联轴器、密封件以及为上述设备服务的管系。图 9-1-1 所示为船舶推进装置示意图。

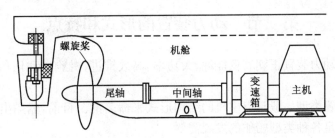

图 9-1-1 船舶推进装置示意图

二、辅助设备

除了供给推进船舶的能量,保证船舶航行和船员(旅客)生活的必须辅助设备。一般有如下设备组成。

(1)船舶电站。船舶电站是供给辅助机械及全船所需的电能的设备。由发电机组、配电板等组成。发电机组主要有柴油发电机组、汽轮发电机组、轴带发电机和余热发电机组。

（2）锅炉装置。

①主锅炉：为蒸汽加热和蒸汽动力机械提供蒸汽的设备。

②辅锅炉：一般民用船只用它产生低压蒸汽以满足加热、取暖及其他生活需要。

三、机舱自动化设备

机舱设备、远距离遥控操纵和集中控制，包括对主机、辅机和其他机械设备，自动化控制操纵系统，调节、检测、报警系统等。

主要有自动控制、操纵系统、自动调节及集中监测系统。

四、甲板机械

船舶甲板机械是保证船舶航行、停泊、作业及救生等所必需的设备。主要有：

（1）锚泊机械：锚机、绞机、绞盘等。

（2）操舵机械：舵机及操舵执行机构。

（3）起重机械：起货机、液压起重吊、救生艇起卸机、吊杆等。

五、全船系统

全船系统是保证船舶的生命力及保证船员及旅客正常生活所需要的系统，主要包括压载水、舱底水、生活供水、消防、冷藏、施救、空调通风、污水处理、取暖等。

在船舶动力装置中，推进装置是动力装置中最重要的部分，是决定船舶活动的根本依据。推进装置性能的好坏，直接涉及到船舶的正常航行和安全。有了动力装置其他各组成部分的有机配合，才能保证推进装置正常可靠的工作。所以在修造船中，对于动力装置必须予以高度关注、重视，只有保证整个船舶动力装置处于正常状态，船舶才能安全、正常地工作。

第二节　动力装置的形式和特点

现代船舶的动力装置正朝着低能耗、大功率、高效推进、机舱自动化和计算机信息管理控制方向发展。

船舶动力装置类型一般是以主机的结构形式来命名的。目前，船舶出现了多种类型的动力装置以满足各种类型船舶的发展需要。

按主机的类型可分为柴油机动力装置、蒸汽机动力装置、燃气轮机动力装置、汽轮机动力装置、联合动力装置和核动力装置。

一、柴油机动力装置

柴油机动力装置具有比较优良的特性，在现代船舶中，不论商船、渔船、工程船及军用舰艇等，都得到了极为广泛的应用。在各类船舶的动力装置中，柴油机动力装置占了很大的比例。从现代造船的技术来分析，柴油机动力装置具有以下良好的技术特性：

（1）有较高的经济性。柴油机动力装置的耗油率比蒸汽、燃气动力装置低得多，船舶在一定的续航能力条件下，所需的燃油储备量较少，从而使营运排水量相应增加。

（2）体积小。柴油机动力装置中除主机和传动机组外，不需要主锅炉、燃烧器等设备。所以相应的辅助设备较少，布置简单。

（3）具有良好的机动性。柴油机启动方便，操纵简单，一般从正常启动到全负荷工作的时间只需要 10min～30min，紧急时只需要 3min～10min；正倒车换向只需要 10s，柴油机动力装置停车只需要 2min～5min。

（4）机型众多。目前，优质品牌柴油机众多。根据建造各类船舶的需要，机型有大、中、小型；速度有高、中、低速，选择范围宽广。

柴油机动力装置存在如下缺点：

（1）单机功率受本身质量和尺寸的限制。

（2）柴油机工作时噪声、振动大。

（3）中、高速柴油机的运动部件磨损较严重。

（4）柴油机在低转速时稳定性差，因此不能有较小的稳定转速，影响船舶的低速航行。

二、汽轮机动力装置

汽轮机动力装置是由锅炉、汽轮机、冷凝器、轴系、管系及其他有关机械设备组成，这种动力装置的燃料在主锅炉内燃烧，产生出高温、高压蒸汽在蒸汽过热器中吸热成为过热蒸汽，供给高压汽轮机、低压汽轮机膨胀做功，使汽轮机旋转做功，再通过减速齿轮箱传递给推进器工作。

汽轮机动力装置的优点如下：

（1）它的单机功率比活塞式发动机大（由于汽轮机工作过程的连续性有利于采用高速工质和高转速工作轮）。

（2）轮机叶轮转速稳定、机组振动小、噪声小。

（3）磨损部件少，操纵、维修、保养简单，工作可靠性高。

（4）能使用廉价劣质燃料油，滑油消耗量小。

汽轮机动力装置的缺点如下：

（1）装置的总质量及尺寸大。

（2）油消耗量大、装置效率低、经济性差。

（3）机动性差。汽轮机动力装置的启动准备暖缸时间和从一种工况变换到另一种工况所需要较长时间。

三、燃汽轮机动力装置

燃汽轮机动力装置是以燃汽轮机为船舶主机的动力装置的。燃汽轮机动力装置是利用燃料在燃烧室内燃烧，所产生的燃气直接推动叶轮做功。它主要部件有压气机、燃烧室、燃气轮机。它的工作过程是助燃空气首先进入压气机，经过压缩后升高到 100℃～200℃被到燃烧室（燃气发生器）。与此同时，燃料通过喷嘴喷入燃烧室与高温高压空气混合后点火燃烧，这时，温度可达 2000℃左右。用渗入压缩空气的方法，即二次通风的方法。降低燃气的温度至 600℃～700℃。燃气进入燃气轮机中膨胀，将其动能转换成机械能,推动叶轮旋转,再通过减速装置,带动螺旋桨工作。

燃汽轮机动力装置具有高速、高机动性、单位质量较小的特点和工作性能,在现代军用舰艇中较常使用。

燃汽轮机动力装置的优点如下:

(1)单机功率大、外型尺寸小、质量小。

(2)良好的机动性,从冷态启动到全负荷只需要 2min～3min。

(3)燃油消耗低、运转平稳、振动与噪声小。

燃汽轮机动力装置的缺点如下:

(1)效率低,对燃油品质要求高。

(2)对叶片、燃气发生器材料的要求高。

(3)主机没有反转速,必须配置专门的倒车设备。

四、联合动力装置

联合动力装置一般用在军用舰艇上,舰艇采用联合动力装置后,大大提高了舰艇的航速和机动能力,有良好的经济性和续航能力。为解决舰艇在全速时的大功率和巡航时的经济性,就出现了两类发动机联合工作的联合动力装置。目前,有 3 种联合动力装置。汽轮机与燃汽轮机联合动力装置,柴油机与燃汽轮机联合动力装置,燃汽轮机与燃汽轮机联合动力装置。

联合动力装置的优点如下:

(1)质量小、尺寸小,在一定排水量的条件下,可提高航速或增加配置功率。

(2)操纵方便,有良好的机动性。在紧急情况下,可将燃汽轮机立即启动,用倒顺离合器或调节桨距实现倒车。

(3)从巡航到全负荷加速迅速。

(4)可以两个机组共同使用一个减速器,具有多机组并车的可靠性。

由于是两种装置联合,所以联合动力装置具有如下缺点:

(1)必须配置不同机种的燃料及相应管路的储存设备,不同类燃料的储存比例会影响舰艇的战术性能。

(2)共同使用一个减速器,小齿轮数目多、结构复杂。

(3)在减速器周围布置两种不同类型的机组有一定难度。

五、核动力装置

核动力装置是以原子核的裂变反应所产生的巨大热能来产生蒸汽,推动汽轮机,驱动舰艇前进的一种装置,现有的核动力舰艇或民用船只几乎全部采用压力水型反应堆。

核动力装置的优点如下:

(1)核动力装置以极少数的核燃料就能发出很大的功率。可以保证船舶极高的航速及提高续航能力。

(2)核动力装置在限定舱室空间内所供给的能量,比一般其他形式的动力装置要大得多。

(3)核动力装置的最大特点是不消耗空气而获得热能,不需要进、排气装置。

核动力装置的缺点如下：

(1)核动力装置单位功率质量较大，核反应堆容器需加装数层屏蔽系统，这些屏蔽系统具有很大的单位质量，使得装置质量显著增加。

(2)操纵管理系统比较复杂，在防护层内的机械设备必须远距离操纵，而且在核动力船舶上还必须配备独立的其他形式的能源，来供给反应堆启动时的辅助设备所需的能量，这就增加了动力装置的复杂性。另外，核动力船舶上还必须设置专门的机器和设备，用以装卸核燃料和排除反应堆中载有放射性的排泄物。

(3)核动力装置造价昂贵，反应堆活性区的材料都是价格昂贵的稀有高级合金。

第三节　对动力装置的要求

由于船舶动力装置是现代船舶航行的最主要动力设备之一，而柴油机动力装置又是目前应用最广泛的动力装置。它的技术性能与状态的好坏直接影响船员及旅客的安全，并关系到船舶的正常航行。对动力装置的设计、建造和安装有如下要求：

一、有良好技术状态的机电设备

动力装置是船舶的"心脏"，它的安全、可靠是极为重要的。推进装置要求能长期、安全地运行。如发电机组等重要设备，必须要有两台能同时投入使用，还需配备一台备用。船用机电设备，必须要经过严格的质量检验，符合船规。设备的安全必须符合有关规定。

二、提高船舶动力装置的经济性

船舶的经济性就是载运量多，而消耗少。

(1)降低燃料消耗，降低燃料消耗对提高经济效益有重大的意义。

(2)能使用低质廉价燃料，在保证柴油机正常工作的情况下，应尽量使用重油来替代柴油。

(3)最大限度利用废热，为了提高动力装置的效率，降低燃料消耗设法从排出的废气及冷却水中回收部分热能。

三、具有一定的续航力

"续航力"是指船舶在航行时不需要到基地或港口补充物质而航行的最大距离和航行时间。在设计动力装置时必须满足船舶续航能力的要求。

四、合理的选择主、辅机型并具有良好的操纵性

主、辅机的机型选择要合理配置，要有一定的先进性。动力装置要启动迅速，主机在较短的时间里能达到全速工况，并能保持稳定航行。要求动力装置有足够的倒车功率。

第十章 船舶柴油机

第一节 概 述

船舶柴油机动力装置,是以柴油机为船舶主发动机的动力装置。柴油机是这种动力装置里的核心部分。

柴油机是以柴油作燃烧原料的一种内燃机,它的基本工作原理是使燃料以压缩发火在发动机汽缸中燃烧,将燃料的化学能转变成热能,从而产生高温高压的燃气,在汽缸中膨胀推动活塞作往复运动,将热能转变为机械能,活塞的往复运动通过连杆曲柄机构转变曲轴的回转运动,带动工作机械。综上所述,柴油机每作一次功必须经过进气、压缩、燃烧膨胀、排气过程才能实行。进行了这个过程或一个工作循环,然后不断重复进行过程使柴油机持续工作。

柴油机的优点显著,得到了迅速的发展和应用,与其他热机相比有着无可比拟的优越性,在工程界应用十分广泛,尤其在船舶发动机中柴油机取得了绝对领先的地位。它的特点是能够赖以生存和发展的主要原因。

柴油机的主要优点如下:

(1)热效率较高,经济性好,有效热效率可达50%以上,可使用价廉的重油,燃油费用低。

(2)功率范围大,单机功率适用领域广。

(3)尺寸体积较小,重量轻,有利于机舱布置。

(4)操作管理较为方便,启动方便,加速性能好,可直接反转。

(5)安全性能好。

由于柴油机具有上述优点,特别是具有能源消耗率低,经济性能优越的优点,所以得到广泛应用。但柴油机的结构较为复杂,产生噪声较大,对制造和安装的精度要求高。

对船用主机来讲,经济性、可靠性和使用寿命是第一位,二冲程低速柴油机因其效率高、功率大、工作可靠、寿命长、可使用劣质燃料油,适用于船舶主机。大功率四冲程中速柴油机因其重量与尺寸适用于集装箱、滚装船主机,船用柴油发电机组因其要求功率大、转速较高、结构简单,因而均采用中、高速四冲程筒型活塞式柴油机。船用柴油机技术水平的提高和生产力的发展可以概括为:以节能为中心,充分兼顾到排放与可靠性的要求,全面提高柴油机性能。

第二节 柴油机的名称和类型

一、柴油机的专用名词

柴油机有很多专用名词、术语,每个名词术语都包含一定的技术概念。柴油机的主要名称和术语如图 10-2-1 所示。

（1）汽缸直径 D。汽缸的名义内径，单位为 mm 或 cm。

（2）曲柄半径 R。曲轴的曲柄销中心与主轴颈中心间的距离。

（3）上死点。活塞在汽缸中运动到最上端的位置，既活塞离曲轴中心线最远的位置。

（4）下死点。活塞在汽缸中运动到最下端的位置，既活塞离曲轴中心线最近的位置。

（5）冲程 S。又称行程，即活塞在上、下死点之间的运行距离，它等于曲柄回转半径的 2 倍，即 $S = 2R$。一个行程相当于曲柄回转 $180°$，单位为 mm 或 cm。

（6）工作容积。活塞从上死点运动到下死点之间的汽缸容积，用符号 V_b 表示。

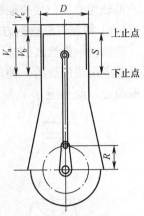

图 10-2-1　柴油机的主要名称和术语

（7）汽缸总容积。活塞位于下死点时，活塞顶上的全部汽缸容积，它是工作容积与压缩容积之和，用 V_a 表示。

（8）压缩比 V_a/V_c。汽缸总容积与压缩容积之比值。

（9）压缩容积 V_c。活塞位于上死点时与汽缸盖底面之间的容积（亦称燃烧室容积）。

（10）柴油机的转向。船用柴油机的转动方向，是视输出端的转向而言。规定方法由输出端（最尾的汽缸）往自由端（第一缸）看，凡输出端按顺时针方向转动的称为右转，俗称顺车。逆时针方向转动的称为左转，俗称倒车。对于可直接反转的船用柴油机而言，其旋转方向以船舶前进时的柴油机转向为顺车方向。

二、柴油机的类型

根据用途不同，对柴油机的要求也不同。目前国内外各类型柴油机很多，而且应用极为广泛。现根据柴油机最基本特征，对其作如下分类：

（一）根据冲程数分类

根据柴油机的工作循环，柴油机每四个行程（曲轴回转两圈）完成一个工作循环的称四冲程柴油机。每两个行程（曲轴回转一圈）完成一个工作循环的称二冲程柴油机。

（二）据进气压力分类

可分为增压型和非增压型柴油机。

（三）根据曲柄连杆机构形式分类

可分为筒形活塞式柴油机和十字头式柴油机，如图 10-2-2 所示。

（四）根据曲轴转速分类

可分为高速柴油机（$n > 1000\text{r/min}$）；中速柴油机（$250\text{r/min} < n < 1000\text{r/min}$）；低速柴油机（$110\text{r/min} < n < 250\text{r/min}$）。

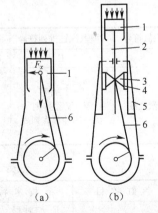

图 10-2-2　筒形与十字头式柴油机的构造简图

1—活塞；2—活塞杆；3—十字头；4—滑块；5—导板；6—连杆。

153

（五）根据扫气方式分类

可分为直流扫气柴油机和弯流扫气柴油机（回流扫气，横流扫气）。

（六）根据汽缸排列方式分类

柴油机根据汽缸的排列式样，可分为单列式柴油机和多列式柴油机。单列式柴油机是目前应用最广泛的一种，适用于大、中型柴油机。多列式柴油机适用于中、小型柴油机及舰船上。此外还有 V 型、W 型等柴油机。汽缸排列的式样如图 10-2-3 所示。

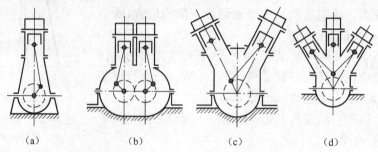

图 10-2-3　柴油机按汽缸列数分类简图
(a)单列式；(b)双列式；(c)V 型式；(d)三列式。

三、船舶柴油机的型号

每台柴油机都有自己特定的代号，称为柴油机的型号。

各国生产的柴油机型号，其编制方法不尽相同，大致包括两部分内容，其中数字部分主要来表示柴油机的技术规格，如汽缸数、汽缸直径、活塞行程；字母部分则主要用来表示柴油机技术特性。

（一）国产柴油机型号表示方法

国产柴油机型号由数字和汉语拼音字母组成，它能反映出该柴油机的主要结构，性能及用途。

某中、小型柴油机的表示方法见表 10-2-1，某大型柴油机的表示方法见表 10-2-2。

表 10-2-1　8E350ZDC 柴油机

汽缸符号	冲程、汽缸排列符号	缸径符号	机器特性符号	变 型 符 号
8	E	350	ZDC	
汽缸数	E—二冲程 V—V 型排列 无—四冲程直列式	汽缸直径/mm	D—可倒转 C—船用右机 Ca—船用左机 F—风冷 Z—增压	1—第一种变型设计 2—第二种变型设计 无—标准机型

表 10-2-2　6 ESDZ 43/82A 柴油机

汽 缸 数 目	技 术 特 征	汽缸直径/cm	活塞行程/cm	改进型号
6	E—二冲程 S—十字头 D—可逆转 Z—增压 C—船用（大型低速机）	43	82	A

有些柴油机生产商对机器特征符号有自定的表示方法，届时以说明书为准。

(二) 几种常见的国外柴油机

国外柴油机的型号表示，各国柴油机生产商有自己的规定、说明。

(1)丹麦 B&W 船用低速柴油机。

丹麦柏玛斯特—韦恩公司生产的低速船用柴油机有 VTBF，VT2BF，K—EF 等系列产品。如表 10-2-3 所列。

表 10-2-3　662VT2BF—140 柴油机

缸数符号	缸径/cm	技术特征符号	改型符号	船用代号	行程/cm
6	62	VT	2B	F	140
汽缸数	缸径 62cm	VT—二冲程，单作用，十字头式 K—短冲程 L—长冲程	2B—改型标记 G.E—增压度大小	船用	行程 140cm

(2)瑞士苏尔寿船用低速柴油机。

瑞士苏尔寿公司生产的船用低速柴油机有 RD、RND、RMD—M、RLB、RTA 等系列产品，见表 10-2-4 6RTA84M 柴油机。

表 10-2-4　6RTA84M 柴油机

缸 数 符 号	技术特征符号	汽缸直径/cm	改 进 型 号
6	RTA	84	
汽缸数	R—焊接结构\二冲程，十字头 D—直接倒转，推力轴承 T—超长冲程，直流扫气 A、B—机型发展序号 N—新型 L—长冲程	缸径 84cm	M

第三节　柴油机的工作原理

柴油机的基本工作原理是采用压缩发火使燃料在汽缸内燃烧，以高温高压的燃气作工质在汽缸中膨胀，推动活塞做往复运动，并通过活塞，连杆曲炳机构将活塞的往复运动转变为曲轴的旋转运动，从而带动输出端工作。

根据柴油机的上述工作特点，柴油机每作一次功，都必须经过进气、压缩、燃烧膨胀和排气四个过程。这四个过程称为一个工作循环。这进气、压缩、燃烧膨胀和排气四个过程周而复始的循环叫工作循环。

活塞上下运动四个冲程(既曲轴回转两圈)完成一个工作循环的柴油机叫四冲程柴油机。活塞上下运动二个冲程(既曲轴回转一圈)完成一个工作循环的柴油机叫二冲程柴油机。

一、四冲程柴油机工作原理

图 10-3-1 所示简图为四冲程柴油机的工作原理图分别表示柴油机每一工作循环四个过程的进行情况以及活塞、曲轴气阀等部件有关动作位置。

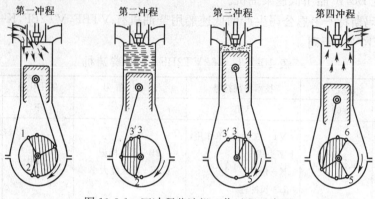

图 10-3-1　四冲程柴油机工作过程示意图

（1）第一冲程——进气过程。这一过程的目的是为了使汽缸内充满新鲜空气,进气过程开始时,活塞从上死点往下移动,进气阀打开而排气阀和喷油嘴关闭。由于汽缸容积不断增大,缸内压力下降,外界新鲜空气在压力差的作用下通过进气阀被吸入汽缸。

外界新鲜空气在进入汽缸过程中,需经过空气过滤器、进气管和进气阀等部件,而存在流阻损失等影响,所以进入汽缸中的气体压力始终低于大气压力,到下死点时,缸内气压约为 0.080MPa～0.095MPa,温度约为 30℃～70℃。

为使柴油机能发出较大功率,必须在每各进气过程中能更多地吸入新鲜空气。为此,整个进气过程是超过曲柄转角 180°的,即超过一个冲程时间,图中进气阀是在上死点前 1 点就开启,其进气提前角大小与柴油机类型有关。进气提前角其值约为 15°～18°。进气阀关闭时间是在下死点之后 2 点,其进气阀关闭延迟角的值大小也同柴油机类型有关,进气阀关闭延迟角的值一般约为 20°～40°。

全部进气过程所占的总角度 $\varphi_1～\varphi_2$ 约为 215°～268°的曲柄转角。

（2）第二冲程——压缩冲程。这一冲程的任务的目的,提高汽缸内空气的温度和压力,为柴油机燃烧及膨胀做功创造条件。活塞从下死点向上运动,进气阀关闭,汽缸内的容积逐渐变小,气体被压缩,汽缸内气体压力和温度随之升高,在活塞到达上死点时(3 点),压力增高到 3MPa～6MPa,温度升高至 600℃～700℃(柴油机的自燃温度为 270℃)。

在压缩过程的后期,由喷油器喷入汽缸的燃油与高温空气混合后,自行燃烧。四冲程柴油机压缩过程所占的总角度 $\varphi_2～\varphi_3$ 约为 140°～160°曲柄转角。

（3）第三冲程——工作冲程。这个冲程是柴油机的燃烧膨胀做功的过程。在活塞到达上死点前,燃油经喷油器以雾状喷入汽缸并与高温高压空气混合后爆炸燃烧,使汽缸内气体温度迅速上升到 1400℃～1800℃或更高,压力增高至 5MPa～8MPa,甚至 13MPa 以上。燃烧产生的最高压力称为最高爆炸压力,高温高压燃气膨胀推动活塞下行做功。由于汽缸容积逐渐增大,压力下降。在上死点后其一时刻(4 点)燃烧基本完成。

膨胀一直到排气阀开启时结束（5点）即做功结束。膨胀终了时的汽缸内气体压力约为 2.5MPa～4.5MPa，气体温度约为 600℃～700℃。与进气阀相同，排气阀总是在下死点前提早开启，曲轴转角 $\varphi3 \rightarrow 4$；$\varphi4 \rightarrow \varphi5$ 分别表示燃烧和膨胀过程。

（4）第四冲程。这个冲程是将做功后的废气及时迅速排出汽缸之外，为下一循环新鲜空气进入提供条件。为使汽缸中做过功的废气能全部迅速机外，与进气阀一样，排气阀也是提前开启，延迟关闭。排气阀提前开启约在下死点前 20°～45°的曲柄转角。废气靠汽缸内压力差进行自由排气。从排气阀开启到下死点的曲柄转角叫排气提前角。

活塞越过下死点往上的过程中，汽缸容积变小，废气在压力差作用和活塞推动下经排气阀排出汽缸外。

为了使废气排出彻底干净，排气阀在上死点后 10°～15°（6点）才关闭，这样可使用气流惯性将废气排干净。排气冲程的全过程所占角度（$\varphi5$～$\varphi6$）约为 210°～240°。排气冲程终了时汽缸内的约为 0.10MPa～0.15MPa，温度降为 300℃～400℃。

柴油机在经过排气、压缩、做功、排气四个过程，才完成一个工作循环。以后活塞继续运动时，另一个新的循环又按同样的顺序重复进行。

四冲程柴油机每完成一个工作循环，曲轴要回转两圈（720°曲柄转角）。每个工作循环只有第三行程（膨胀做功）是做功的，其他三个行程都是为膨胀做功行程服务的，都需要消耗一定的能量。

柴油机常做成多缸，这样，进气、压缩、排气行程的能量可由其他正在做功的汽缸供给。如果是单缸柴油机，那就由较大的飞轮能量来承担。

二、四冲程柴油机的定时

柴油机在运转中，进气、压缩、喷油、燃烧和排气，都是在一定的时刻开始和结束的。用曲柄转角表示的进排气阀、喷油器、启动阀开启和完全关闭的时刻总称为柴油机的定时。

柴油机的定时用曲柄偏离上、下死点的角度来表示。把各种过程的定时集中反映在图上。不同类型的柴油机都有各自的定时，在柴油机制造出厂时，其说明书上均附有定时图。

图 10-3-2 所示为 135 系列的四冲程柴油机的定时图，其定时情况如下：

进气阀开启，曲柄位置在上死点前 20°进气阀关闭，曲柄位置在下死点后 48°。

排气阀开启，曲柄位置在下点前 48°。

排气阀关闭，曲柄位置在上死点后，喷油器开启，（供油提前角）做功时，曲柄位置在上死点前 28°。

另外，用压缩空气启动的柴油机，还有启动空气阀的启闭定时的要求。

柴油机的飞轮轮缘上，一般均刻有 360°角度等分线，以检查该柴油机各种过程的定时，该角度规定第一缸的上死点为 0°，若是多缸柴油机，则可按其发火次序找到各缸的定时位置。均在 360°角度等分线

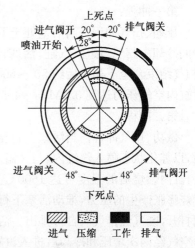

图 10-3-2　四冲程柴油机的定时图

157

的飞轮轮缘上标注。

三、二冲程柴油机的扫气换气形式和工作原理

以活塞的两个行程（曲轴回转一周）完成一个工作循环的柴油机叫做二冲程柴油机。其工作循环也是由进气、压缩、燃烧膨胀和排气四个过程所组成。

在二冲程柴油机中没有单独的进气与排气过程。在结构上，二冲程柴油机采用汽缸套下部设扫气口——排气口，或汽缸套下部扫气口——汽缸盖上排气阀的换气机构。有时可设置一个专门扫气泵，来提高进气压力，使空气能从扫气口进入汽缸并将废气清扫出汽缸。

二冲程柴油机有直流扫气、弯流扫气（横流扫气、回流扫气）等形式，但它们的工作原理是基本相同的。

（一）二冲程柴油机扫气、换气的特点

1. 直流扫气换气形式的特点

直流扫气换气形式的特点是：扫气的气流沿着汽缸的中心线自下而上作直线运动，从汽缸的下部气口进入，通过汽缸盖上的排气阀排出。

2. 弯流扫气换气形式的特点

弯流扫气换气形式的基本特点是：汽缸盖上没有进、排气阀装置，进、排气分别由汽缸下部两侧的气口进行的，扫气空气在汽缸内的流动路线是由下向上，当气流到达汽缸顶部后，又转向由上而下流动，弯流扫气又可分为横流扫气和回流扫气。

（二）二冲程柴油机的工作原理

二冲程柴油机的工作过程，是将四冲程柴油机进气、排气过程分别合并在压缩、燃烧膨胀这两个冲程中完成。二冲程柴油机的扫气形式分为直流扫气、弯流扫气等不同类型。

1. 直流扫气式柴油机的工作原理

直流扫气的柴油机结构的主要特点是：汽缸盖上装有排气阀，排气阀的启闭动作由凸轮轴的偏心轮来驱动。汽缸套的下部设有一圈扫气口，扫气口外设扫气箱，在需要的时候提供新鲜空气。直流扫气的气流是沿着汽缸中心线自下而上作直线运动。

第一冲程：

压缩、扫气冲程。当活塞处于下死点位置时，外界新鲜空气经增压器或增压泵，经过中间冷却由扫气口进入汽缸，活塞自下向上运动，在下死点后约 $30°\sim40°$ 先遮住扫气口（扫气结束），至下死点后约 $50°\sim60°$，排气阀关闭，活塞再上行并压缩缸内空气，压缩终了时缸内空气压力达到 3.5MPa～4.5MPa 以上，缸内温度升至 700℃～800℃ 以上。

第二冲程：

做功、排气冲程。当活塞上行至上死点前 $10°\sim30°$ 时，燃油由高压油泵经过喷油嘴后，以雾化状态喷入汽缸内，与高温高压的气体混合即自行燃烧。缸内温度、压力急速上升，缸内燃烧后的温度可达 1600℃～1800℃ 以上，爆炸压力可达 5MPa～6MPa 或更高。燃烧膨胀产生的压力，推动活塞下行运动，做功。活塞下行至下死点前 $70°\sim90°$ 时，排气阀打开，废气经排气阀自行排出。活塞继续下行至下死点前 $30°\sim40°$ 时，扫气口打开，新鲜空气经两次增压和冷却后进入汽缸，清扫汽缸内的废气，同时新鲜空气充满汽缸内。

这样，柴油机曲轴运转一圈，完成了两个冲程即一个工作循环。工作循环周而复始地

进行,使柴油机运转起来。

2. 弯流扫气式柴油机的工作原理

弯流扫气式分为横流扫气和回流扫气。弯流扫气式柴油机结构上的主要特点是:扫、排气口均设在汽缸下部相对两侧;汽缸盖上无排气阀;扫气口的启闭是靠活塞来控制的。弯流扫气的气体在汽缸内的流动路线是由下而上的,当气流到达汽缸顶部又返回向下流动。直流扫气式柴油机和弯流扫气式柴油机在结构上虽扫气不同,但工作原理是相同的。

(三)四冲程柴油机与二冲程柴油机的比较

(1)二冲程柴油机的二个行程即曲轴转一圈完成一个工作循环,由此可提高柴油机功率。两台汽缸直径与转速相同的四冲程柴油机与二冲程柴油机相比,扣除气口行程损失和扫气泵耗功,则二冲程柴油机的功率约为四冲程柴油机的 1.6 倍~1.8 倍。

(2)由于二冲程柴油机曲轴每转一圈完成一个工作循环,因而二冲程柴油机的运转要比四冲程柴油机均衡,可使用较小的飞轮。

(3)二冲程柴油机省去了进气阀及传动装置,结构简单,便于保养、管理。

(4)二冲程柴油机的换气质量比四冲程柴油机差。

(5)二冲程柴油机的工作循环比四冲程柴油机多一倍,所以二冲程柴油机的热效率比四冲程柴油机高。

二冲程柴油机的换气质量差,随着转速的增加,会变得更加严重,而四冲程柴油机进排气换气完善,燃烧充分,热能利用较好,相对二冲程柴油机的耗油率也低。所以大型低速柴油机采用二冲程;小型高速柴油机采用四冲程;中型中速机中四冲程或二冲程均有采用,但以四冲程柴油机为主。

总之,在提高功率方面,二冲程柴油机比四冲程柴油机优越。

第四节　柴油机的主要零部件

船舶柴油机的基本结构是由固定部件、活动部件等主要部件及辅助机构两大部分所组成。

船舶柴油机的主要机件是指构成柴油机主体结构的零部件。主要机件的技术状态,对柴油机寿命和工作性能起决定性的影响。而且还和安全航行密切相关。

柴油机的主要机件由汽缸盖、汽缸套、活塞组件、曲柄连杆机构、轴承及机体、机座、贯穿螺栓等部件组成。

船舶柴油机的主要机件按工作时运动状态不同分为固定部件和活动部件两大类。

一、固定部件

柴油机的固定部件主要由机座、机架、汽缸和汽缸盖、主轴承和它们的连接紧固件。它们组成柴油机的固定整体,形成了柴油机的汽缸工作容积及曲柄箱空间,并支承其他机件及各种附属装置。固定部件的质量约占整台柴油机质量的 70% 左右。为能在承受气体的作用力、运动部件的惯性力及连接紧固力等机械负荷不变形,它们应有足够的刚度和强度。但又必须质量轻、尺寸紧凑、便于管理维修。

二、活动部件

柴油机的活动部件是柴油机中极为重要的运动构件。

活动部件主要由活塞组件、连杆组件和曲轴组件组成,十字头式柴油机中还包括十字头组。这些部件是将热能转变为机械能,使活塞的往复运动通过连杆转变为曲轴的回转运动的主要部件。它们受气体的脉动冲击,运动惯性力以及运动部件间的摩擦磨损。所以它们必须要有足够的抗疲劳强度和耐磨性。

在大型低速柴油机中,还有活塞杆十字头、和滑块等部件。

三、主要固定部件的结构及功用

(一) 汽缸盖

汽缸盖位于汽缸的上部,并用紧固螺栓与汽缸体紧密地组合在一起。通过汽缸盖与汽缸之间的垫片,来封闭汽缸套顶部,保持燃烧空间的气密和防止冷却水的泄露,汽缸盖与活塞、缸套共同组成密闭的工作空间。

1. 汽缸盖的功用

(1)封闭汽缸工作空间,形成一个密封的燃烧室。

(2)可在自身安装喷油器、进排气阀、启动阀、安全阀和示功阀及摇臂等零部件。

(3)将汽缸套压紧于机体正确位置上,使活塞运动正常。

(4)在缸盖上还布置进、排气道,冷却水道等,在小型高速柴油机的缸盖中还布置涡流室或预冷室等。

2. 汽缸盖的结构

汽缸盖是一个负荷重而结构很复杂的重要机件。要求其有足够的刚度和强度,有良好的耐热性;同时它本身需得到良好而均匀的冷却,汽缸盖制造的材料大都选用有足够强度、耐高温、膨胀系数小而铸造性能良好的铸铁。

汽缸盖的结构形式随柴油机的形状而不同,小型柴油机往往采用整体式,即把相邻的汽缸盖合铸在一起(图 10-4-1),或二三个汽缸盖合铸成一体,具有结构紧凑、可增强机体刚性的特点。

大中型柴油机则大多采用单体式汽缸盖,以便于拆装和检修,通用性程度高,密封性能好。图 10-4-2 所示为 RTA 柴油机的单体式汽缸盖。该汽缸盖属于直流扫气柴油机的汽缸盖。汽缸盖上无进气阀,只在阀的中央装置一个排气阀,排气阀的两侧对称地装有两个喷油器。横流、回流扫气式柴油机的汽缸盖上无进气阀和排气阀,喷油器安装在汽缸盖中央部位,其余的各种附件安装在它的周围这种汽缸盖的拆装、维修工作比较方便。

(二) 汽缸套

汽缸套是一个圆筒形零件置于机体的汽缸体中,上由汽缸盖压紧锁定。活塞在其内部作直线往复运动,其外有冷却水冷却。

1. 汽缸套的功用

(1)与缸盖、活塞共同构成汽缸的燃烧工作空间。

(2)筒形活塞柴油机的汽缸套承受活塞的侧推力,引导活塞作往复运动。

(3)将燃烧后的剩余热量传递给缸套外的冷却水,保证柴油机的连续正常运转。

(4)二冲程柴油机的汽缸套布置有气口由活塞启闭,实现换气。

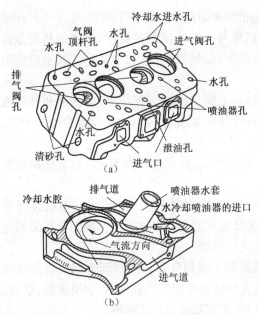

图 10-4-1　135 柴油机的汽缸盖

(a)汽缸盖外形图；(b)汽缸盖剖面图。

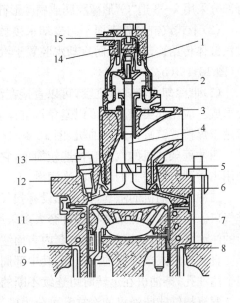

图 10-4-2　RTA 系列缸头部分

1—螺栓结合；2—气簧；3—阀壳；4—排气阀；5—旋转排气阀的叶轮；6—高效冷却的阀座；7—水冷活塞头；8—短活塞裙；9—缸体；10—水套管；11—钻孔冷却式汽缸套；12—钻孔冷却式汽缸盖；13—有燃油循环但无水冷却的喷油器；14—被动活塞；15—被压顶杆接管。

汽缸套工作条件较为恶劣，它直接与燃烧气体相接触而产生侵蚀，同时其表面还受到活塞和活塞环摩擦而产生的机械磨损，还承受随活塞运动所产生的侧推力，汽缸套的外壁与冷却水的接触会产生腐蚀。因此，汽缸套应有足够的强度、刚度和耐热性能外，还应具有良好的耐磨性能。工作中应有良好的润滑和冷却。

2. 汽缸套的结构

柴油机的汽缸套按冷却形式分为湿式、干式和带冷却水套等三种形式，如图 10-4-3。

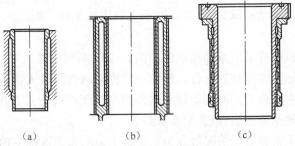

(a)　　　　　　　(b)　　　　　　　(c)

图 10-4-3　汽缸套的形式

(a)湿式汽缸套；(b)干式汽缸套；(c)带冷却水套式汽缸套。

(1)湿式汽缸套外表面直接与冷却水接触。冷却效果好，制造方便。但其壁厚较大必须要有可靠的冷却水密封装置。湿式汽缸套上部与汽缸体之间的水密是靠汽缸凸缘与汽缸体支承凸缘的精确加工或在上述两接合面之间加紫铜床垫来保证。湿式汽缸套下部的配

161

合部分采用 2～3 道"O"形橡胶圈或扁圆形截面的耐油耐热橡胶圈进行密封(图 10-4-3(a))。

(2)干式汽缸套外表面不与冷却水接触,缸壁与汽缸体压配接触,汽缸内的热量是通过汽缸体传给冷却水的,而冷却水腔置于汽缸体中,缸壁较薄,适用于某些高速小型柴油机(图 10-4-3(b))。

(3)带冷却水套式汽缸套,可以直接在汽缸套上铸出冷却水腔,亦可在汽缸套外部镶套形成。应用此类汽缸套可以避免汽缸体受到冷却水腐蚀、使冷却水腔得到合理的布置。常用于焊接式汽缸体的柴油机(图 10-4-3(c))。

四冲程柴油机的汽缸套构造较简单,它一般有干式、湿式两种类型。汽缸套的润滑是利用飞溅到汽缸壁上的润滑油来润滑。

二冲程柴油机的缸套,其中部设有扫气口,气口部分的缸壁一般都加厚,有的还开有排气口。一般二冲程柴油机的缸套大多采用水套式汽缸套。汽缸套内壁的润滑是采用专门的注油泵,通过止回阀向汽缸套内表面注油进行润滑。

直流扫气式柴油机的汽缸套,其中部周围开有一圈扫气口。汽缸套上部位置还设有多个注油孔,柴油机在运转时可连续不断的地向汽缸套内壁注汽缸油,以润滑缸套、活塞。

弯流扫气式柴油机的汽缸套可分为横流扫气式和回流扫气式两种。

弯流扫气式柴油机的汽缸套除了设有扫气口以外,还在扫气口上方设有排气口。苏尔寿公司的 6ESDG761/60 柴油机,就采用这种类型的汽缸套。

(三) 主轴承

1. 主轴承的功用

柴油机中相对运动机件之间都设有轴承,使相对转动的机件表面改善摩擦状况、减轻磨损延长使用寿命。主轴承一般装置在柴油机机座上。用来支承曲轴。当柴油机工作时,燃气的压力和运动部件的惯性力和运动部件的自重,通过曲轴作用在主轴承,使主轴承受到很大的负荷和冲击。主轴承与曲轴主轴颈之间应有适当的油隙(具体油隙的值一般以随机说明书为准),以形成油膜,达到溢流润滑,并带走主轴承的热量。

柴油机的主轴承应有优良的耐磨性能,还应具有足够的刚度和强度,在检修中应精细安装。在柴油机运转,管理中应保证有良好的润滑。

2. 主轴承的结构

主轴承一般采用滑动轴承为主,滑动轴承主要由轴承座、轴承盖、轴瓦及轴承螺栓等组成。

少数高速柴油机也有采用滚动轴承的。例如,135 系列柴油机采用滚动主轴承结构,其主轴承内圈与曲轴主轴颈过盈配合。装配时应将轴承内圈放入滑油中加热到 100℃～120℃,然后热套到主轴颈上。而滚动轴承的外圈与机架座孔为过渡配合,两端有锁簧限制轴向移动。滚动轴承摩擦小,但装配要求高。

主轴承按主轴承盖布置的情况可分为正置式主轴承和倒置式主轴承两种。图 10-4-4所示为正置式主轴承结构图。正置式主轴承盖从上方装配连接。曲轴传递负荷主要由下瓦和下轴座承受此类主轴承刚性好,应用广泛。

图 10-4-5 所示为倒置式主轴承、该主轴承座是机架横隔板中央圆孔。主轴承盖从下方用倒挂螺栓装配,主轴承盖通过螺栓倒挂在机架上,承受曲轴传递的负荷。倒置式主轴承这种结构形式结构紧凑,适用于中高速柴油机。使曲轴拆装方便。但由于曲轴的负荷

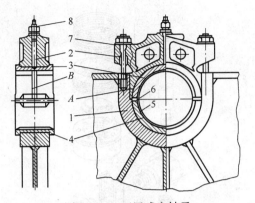
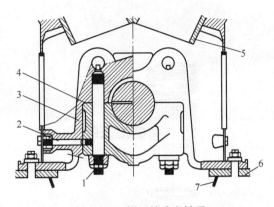

图 10-4-4　正置式主轴承

1—主轴承座；2—主轴承盖；3—上轴瓦；4—下轴瓦；
5—减磨合金；6—垫片；7—螺栓；8—滑油管。

图 10-4-5　倒置挂式主轴承

1—螺栓；2—横向螺栓；3—机架；4—轴承盖；5—汽缸
套；6—基座；7—油底壳。

全由主轴承盖和主轴承螺栓承受，使主轴承负荷重且刚性差。

柴油机主轴承按功用可分为普通主轴承和止推主轴承两种。

止推主轴承通常在最后一挡。起到使曲轴轴向定位的作用。能防止因振动和倾斜摇摆发生曲轴的轴向窜动。这种保证曲轴轴向定位的主轴承称为止推主轴承。滑动止推轴承的结构主要有以下两种：

（1）翻边止推轴承。轴瓦的两端翻边浇铸减磨合金，与主轴颈前后端面相配合，防止轴颈径向窜动。

（2）止推片式止推轴承。它是在轴承座的前后端嵌装端面浇有减磨合金的止推片与主轴颈前后凸肩端面相配合。

四、主要活动部件的结构及功用

柴油机的活动部件，主要由活塞组件、连杆组件、曲轴组件等部件组成。它们是将活塞的往复运动转变为曲轴的回转运动，并通过传动机构输出动力的主要机构。

（一）活塞组件的结构及功用

活塞组件通常是由活塞本体、活塞销以及活塞环等零件组成柴油机的活塞组件可分为筒形活塞式和十字头式活塞式两种结构。

（1）筒形活塞式在中小型柴油机采用较多，图 10-4-6 所示为筒形活塞组件，它主要由活塞、活塞销、活塞环及附件等组成。

（2）十字头式活塞主要用于大型低速柴油机，图 10-4-7 所示为十字头式活塞组件。十字头式活塞是以十字头结构代替活塞销结构，它由活塞、活塞环、活塞杆、十字头、滑块及附件组成。

活塞组件的主要作用是与汽缸盖、汽缸套等组成一个燃烧空间，承受燃烧、膨胀过程中的气体冲击压力，把燃烧、膨胀产生的力传递给连杆曲轴组件。在筒形活塞柴油机中，活塞还承受连杆倾斜时所产生的侧推力，起往复导向作用。在二冲程柴油机中，活塞还起到启闭扫、排气口的作用。

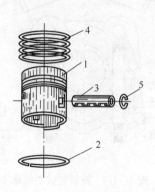

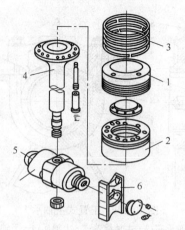

图 10-4-6　筒型活塞组件
1—活塞;2—刮油环;3—活塞销;4—气
环;5—卡簧。

图 10-4-7　十字头式活塞组件
1—活塞头;2—活塞裙;3—活塞环;4—活塞
杆;5—十字头;6—滑块。

(1)筒形活塞一般均由活塞头部、活塞裙部两部分组成。活塞头部由于与高温高压气体相遇,并将多余的热通过活塞环、缸套壁传递给冷却水。由于活塞头部受热最剧,所以在制造时活塞头部略小于活塞裙部。为了保证活塞与汽缸的气密性及散热,活塞头部设有多道环槽,并在其内安装活塞环。

活塞的下部称为活塞裙部,是活塞的导向部分,主要承受并传递侧推力。

筒形活塞柴油机的裙部开有活塞销孔,裙部下端开有刮油环槽,装有刮油环。柴油机在运行时,刮油环将汽缸壁多余的润滑刮下,经活塞上的刮油环槽内油孔流回油底壳或曲拐箱。

(2)十字头式柴油机的活塞,是用连接螺栓将活塞头部与活塞杆直接组合在一起。

活塞本体结构形式可分为整体式和组合式:

①整体式结构。

这种结构活塞是整体铸造的,常见于中、小型柴油机上(图 10-4-8)。其顶部的形状多种多样,但基本上是属于平顶和凹顶两种类型它的形状因机型而异。

②十字头式的组合活塞。

十字头式的组合活塞常用于二冲程柴油机上。十字头活塞有长裙部和短裙部两种结构的活塞。这种活塞在工作时,把顶部所承受的力通过活塞杆,传递给十字头,由十字头承受侧向推力。十字头式的组合活塞见图 10-4-9。

十字头式短裙部组合活塞适用于直流扫气柴油机,由于直流扫气柴油机在汽缸下部只有扫气口,排气阀安装在汽缸盖上,所以活塞裙部可以造得短些,只用来控制扫气口即可。十字头式长裙部组合活塞适用于弯流扫气柴油机,由于汽缸里的扫、排气口均由活塞来控制进、排气时间,所以活塞裙部要造得长些才能满足柴油机的需要。在活塞的裙部镶嵌有紫铜减磨环,其作用是减少活塞与汽缸套之间的磨损。

(二)活塞环

活塞环是柴油机中重要零件之一,它的工作性能直接影响柴油机的技术状态。

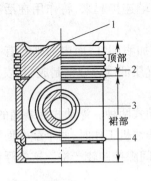

图 10-4-8 活塞的构造
1—活塞顶；2—活塞环槽；3—活塞销座；
4—刮油环槽。

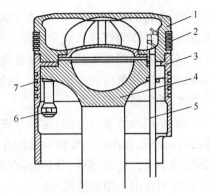

图 10-4-9 十字头活塞
1—活塞头；2—活塞环；3—活塞裙；4—活塞杆；5—冷
却机构；6—柔性螺栓；7—承磨环。

活塞环按功用分为密封环、刮油环和承磨环。在筒形活塞上装有密封环和刮油环，密封环装在活塞头部上面，刮油环装在下面及活塞裙部下方。十字头式活塞头部装有密封环，在裙部镶嵌承磨环。

1. 活塞环的功用

（1）密封燃烧室空间使活塞有效地做功。

（2）将活塞吸收的热量通过汽缸壁传递给冷却水。

（3）保证活塞的良好润滑，并防止过多的滑油窜出汽缸或流入曲拐箱。

密封环又称气环，它的作用是密封。刮油环又称油环，它的作用是将汽缸壁上的多余滑油刮掉。

活塞环的搭口形式一般有三种：直搭口，加工方便，搭口处强度较高；斜搭口，这种形状的搭口有利于减少燃气的漏泄程度；阶梯形搭口，它的密封性较好，但加工复杂易折断。

活塞环装入活塞环槽后，端面与环槽存在轴向间隙（平面间隙）。随活塞装入汽缸套后，仍存在径向间隙（搭口间隙）。同时，在径向方向，环的内圆与环槽底圆也存在间隙，所有上述间隙称为活塞环热涨间隙。活塞环的搭口间隙和天地间的间隙必须符合规范要求，一般以随机说明书上的要求为准。

2. 安装活塞环时的注意事项

（1）安装前的活塞环，必须检测满足热涨间隙要求，并检查每个环的倒角状况是否符合要求。

（2）必须使用活塞环扩张器进行活塞环的安装。

（3）活塞环的安装顺序为由下往上按序安装（从刮油环→活塞头部第一道活塞环）。安装时特别要注意刮油环安装的位置和方向要正确，热涨间隙大的活塞环应装于上部第一、二道。

（4）组合后的活塞与活塞环装入汽缸时，先要把每根环之间的搭口方向错开，并使用专用的活塞环装合用导套工具，使之顺利装入汽缸内。

（三）活塞销

活塞销是筒形活塞中的机件之一。常见于中小型柴油机上。柴油机的活塞销一般为空心的圆柱体。

（1）活塞销的功用：筒形活塞通过活塞销与连杆小端连接起来，将作用在活塞上的力传递给连杆，并作为连杆的摆动轴。

（2）对活塞销的要求是，其表面有较高的硬度以增加耐磨性；而内部则要有一定的韧性，以承受冲击和负荷的双重作用。活塞销通常采用优质低碳合金钢制成，其表面须渗碳淬硬处理，然后精磨而成。

（3）活塞销与活塞、连杆的连接方法有固定式、浮动式两种。浮动式活塞销的特点是，它与活塞销座孔和连杆小端轴承的配合均有间隙，在柴油机工作时，两个配合面可自由转动，其磨损小而且均匀，使用寿命长，拆装方便，但配合间隙控制较严格。这类浮动式活塞销，广泛应用在中小型柴油机上。

活塞销固定在销座孔或连杆小端上的，称固定式活塞销。因有一处固定，转动配合处的尺寸可以大些，使轴颈负荷的比压减小。固定式活塞销多用于大型二冲程柴油机。

（四）活塞杆与填料函

1. 活塞杆

活塞杆是十字头式柴油机运动部件之一，十字头式柴油机的活塞通过活塞杆、十字头与连杆小端相连。活塞杆与活塞及十字头均为固定连接。

活塞杆工作时承受着拉伸应力和压缩力，将活塞的作用力传递给连杆。活塞杆的杆身剖面呈圆形，其上端喇叭形体用螺栓与活塞相连接，下端置于十字头平面上并以齿型大螺母固紧。有些柴油机的活塞杆加工有孔道，成为活塞冷却液的进出口通道。

2. 填料函

填料函是十字头式柴油机的构件之一，它安装在汽缸底部的中央横隔板上。活塞杆穿过汽缸底部的中央横隔板，作往复运动。为此需在横隔板上开孔并装设密封用的活塞杆填料函。

填料函的功用是，阻止汽缸中向下窜涌的燃烧气体及杂质进入曲柄箱，污染曲轴、连杆等机件和润滑油。

活塞杆填料函的结构（图10-4-10）。填料函分为上、下两组组装在横隔板中央的填料函座中。填料函由上面一组密封环和下面一组刮油环组成。上面一组密封环主要是为了阻止扫气空气进入曲柄箱，同时也可刮去油污。下层一组的刮油环主要用来阻止滑油进入汽缸。

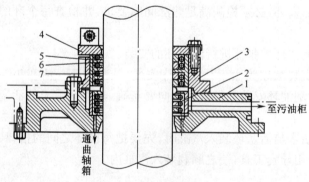

图 10-4-10　活塞杆填料函

1—填料函；2、7—刮油环；3—填料箱；4—压盖；5—弹簧；6—密封环。

填料函的密封环和刮油环由三块圆弧形的金属片组成,并用压环和弹簧箍紧在一起。

(五)十字头组件

1. 十字头组件的功用

十字头组件是柴油机中连接活塞、活塞杆和连杆的重要部件。它是十字头式柴油机的特有部件。十字头组件由十字头和滑块两部分组成。十字头销与其轴承之间不易形成良好的油膜,加上其工作时受活塞的冲击致使轴承负荷不均匀,因此它是低速柴油机中极为重要而工作条件最差的机件。

低速柴油机中的十字头与筒形活塞式柴油机中的活塞销一样,将固定于活塞上的活塞杆下端通过十字头销与连杆小端轴承连接在一起,将作用在活塞上的动力传给连杆、曲轴。并将在做功过程中产生的侧推力通过十字头销传递给固定于机架两侧的导板。

2. 十字头本体的结构及连接(图10-4-11)

十字头本体要求有足够的强度,还要增加其刚度。十字头和活塞杆的连接方式,是把活塞杆穿过十字头的孔用螺帽固定。图10-4-11(a)、(b)所示两种属于同一种类型,但图10-4-11(a)是用锥面定位和压紧,图10-4-11(b)则是用上螺帽支撑杆身传来的压力。图10-4-11(c)则是借活塞杆下部的凸缘用螺栓和十字头相接。这种连接方式可将整个十字头的下半部作为十字头的承压面积,从而使轴承的比压降低,工作条件得到改善。

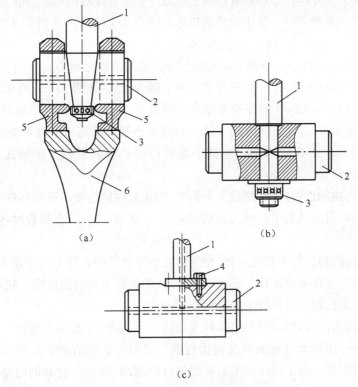

图 10-4-11　十字头本体结构与连接
1—活塞杆;2—十字头;3—活塞杆底螺母;4—带孔活塞杆固定螺栓;5—连杆小端轴承;6—连杆。

3. 十字头滑块

目前船用低速柴油机采用两种单、双滑块式十字头,双滑块式十字头结构比较常见。

167

活塞杆下端螺杆从垂直方向插入十字头孔,穿过端用螺母紧固。活塞杆端面凸销与十字头上端面用销子圆周定位。连杆的小端平台面安装着两个小端轴承(十字头轴承)。十字头销左右两大圆柱与小端轴承相配,两边十字头滑块分别套于十字头销两端。双十字头滑块的结构形式有三种:双滑块结构、单滑块结构、圆筒形结构。

第五节　柴油机的曲柄连杆机构

柴油机的曲柄连杆机构由连杆组件和曲轴组件等主要机件组成。

一、连杆组件

(一) 连杆组件的功用

连杆的作用是将活塞上的爆炸压力传给曲轴,并把活塞的直线往复运动转换成曲轴的回转运动。

(二) 连杆组件的构造

柴油机的连杆组件由连杆、连杆大小端轴承和连杆螺栓组成,为适应受力和运动的复杂工作条件,要求连杆组件必须具有很高的抗疲劳强度和足够的刚度,同时尽可能减轻质量,连杆的轴承应耐磨可靠。常用的柴油机连杆可分为无十字头连杆和十字头连杆两种形式。

1. 无十字头式连杆——柴油机的连杆位于活塞与曲轴之间

无十字头式连杆由连杆小端、杆身及大端三部分组成,如图 10-5-1 所示。

无十字头式柴油机连杆的杆身多用合金钢锻造,断面常为工字形或圆形,有的杆身还钻有油道。连杆小端与杆身锻成一体。为增加小端及活塞销座处承受燃烧压力的支承面积,将连杆小端制成阶梯形。连杆小端的衬套是薄壁铜铅合金轴瓦,用冷缩法套入连杆。

连杆大端与曲轴连接,通常制成上下两半,用连杆螺栓连接。有些连杆大端的分开面与杆身轴线倾斜,目的是为了在增大曲柄销直径后,活塞、连杆等在拆装时,仍能从汽缸上方吊出。

连杆大端内的轴瓦与主轴瓦一样,分为薄壁和厚壁两种。图 10-5-2 所示为 V 型柴油机的关节式连杆,又称主副连杆。其中,一排汽缸的连杆 1 称为副连杆。它不与曲柄销相连,而是通过一圆柱销 2 与连杆上的耳销孔相连接。

主副连杆都用优质合金钢制成,其杆身呈工字形截面,中心钻有油孔。在主、副连杆小端的轴承孔中,用冷套方法装有高锡铝衬套。在副连杆销的轴承孔中,装有铅青铜衬套,衬套用螺钉定位。为了保证活塞销与副连杆的润滑,在两种衬套的内壁均开有油槽,槽内钻有油孔。

主连杆大端轴承孔,由主连杆身和轴承盖组成。其对接面采用平面牙齿结合形式,并用连杆螺钉紧固。螺钉分别用锁紧盖和铁丝防松保险。在大端轴承孔内,装有连杆轴瓦4,轴瓦由两块相同的半片组成,并通过定位舌在轴承孔中定位。

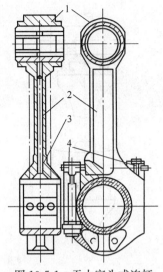

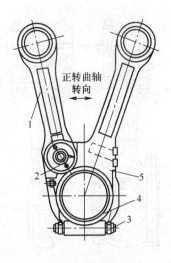

图 10-5-1　无十字头式连杆

1—连杆小端；2—杆身；3—连杆大端；
4—连杆螺栓。

图 10-5-2　关节式连杆

1—副连杆；2—副连杆销；3—连杆螺栓；
4—轴瓦；5—主连杆。

2. 十字头式连杆——柴油机的连杆位于十字头与曲轴之间

大型低速柴油机的连杆大都采用十字头式连杆。由于柴油机的重量和尺寸大，所以加工制造比较困难，在满足强度、刚度的前提下，为了考虑加工制造和拆装检修方便，它的杆身一般设计成外形简单的圆柱形，通常由小头、杆身和大头三部分组成，小头多采用叉式。

图 10-5-3 所示为 6ESDZ43/82 低速柴油机的连杆，连杆 1 用优质碳钢自由锻造而成。杆身为圆形、中空。在大端，用两只螺栓 2 将杆身 1 和上下轴承 3、4 固紧，用四只螺栓 5 连接两对小端轴承 6、7。在杆身和大端轴承间有一组垫片 8，以便调整压缩比。大小端轴承均为铸钢浇白合金而成。在小端轴承的内侧，有白合金的翻边，以防侧面与十字头接触而咬毛。在连杆小端分别有两个斜孔，与连杆中孔相通，便于从十字头销来的滑油为曲柄销润滑。

这种叉形连杆的小端轴承容易损坏，其原因是，十字头销在活塞杆传来的力作用下，将发生向下的弯曲变形，而连杆叉处将发生向外的变形，从而小端轴承受力不均匀，越往内侧受力越大，致使下轴承的内侧容易超负荷而发生损坏。因此设计时应使连杆叉向外偏心于轴承中心（图 10-5-4(a)），这样，轴承和十字销受力后有一致的变形，使轴承上的受力在沿轴线方向上比较均匀地分布（图 10-5-4(b)）。

3. 连杆螺栓

连杆螺栓是连杆大端盖与连杆杆身的连接件，在它上面作用着周期变化的、冲击性很大的负荷。它是非常重要的零件，故要求其具有很高的耐疲劳强度。

(三)柴油机连杆大端的结构形式

1. 斜切口连杆大端

如图 10-5-5 所示，连杆大端分为两半，呈 35°～45°斜剖面。斜切口连杆大端与连杆端盖之间设有能承受剪切力的定位元件。

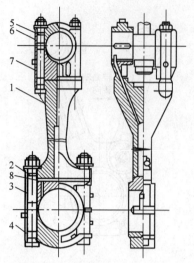

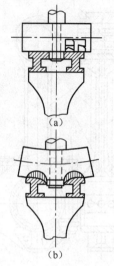

图 10-5-3　6ESDZ43/82 连杆

1—连杆；2—螺栓；3—上轴承；4—下轴承；5—螺栓；

6—小端上轴承；7—小端下轴承；8—垫片。

图 10-5-4　连杆轴承受力后变形

(a)未受力前；(b)受力后变形。

它的定位方式有：

(1)止口定位。简单,但可靠性差。

(2)销套式定位。钢质销套与连杆盖过盈配合,连杆大端为间隙配合,结构简单,承受能力有限。

(3)锯齿定位。应用较广泛、定位可靠、尺寸紧凑、但加工精度高。

2. 平切口连杆大端

如图 10-5-6 所示,连杆大端分为两半块剖分面与连杆中心线垂直,上半部与连杆杆身为一体。这种结构质量轻,加工方便。

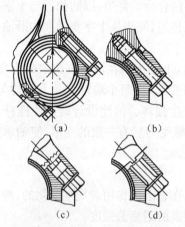

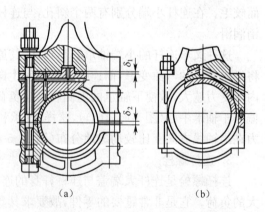

图 10-5-5　斜切口式连杆大端

(a)止口定位；(b)销套定位；(c)锯齿定位；(d)舌榫定位。

图 10-5-6　平切口式连杆大端

3. 剖分式连杆大端轴承的形成方式

轴承形成方式有两种：

(1)减磨合金铸压于钢质瓦背上形成装配式轴承(有轴瓦式轴承)。

(2)减磨合金直接浇铸于连杆大端与连杆盖的圆孔中再加工形成。连杆大端轴承有厚壁瓦和薄壁瓦之分,用厚壁瓦时连杆大端剖分面上有调整轴承间隙的垫片。

大型低速柴油机多采用十字头式连杆,它的连杆小端(十字头轴承)也制成剖分式,可用来安装连接字头销。十字头式柴油机连杆中大多采用薄壁轴瓦紧压于轴承孔中形成轴承。薄壁轴瓦的减磨合金贴合好、抗疲劳、性能好、修理方便。

(四) 连杆螺栓的装配要求

一般柴油机都规定了连杆螺栓的安装顺序和要求,既要防止连杆螺栓安装的太松,引起连杆轴承结合面分离,使连杆螺栓脱落或断裂。也要防止连杆螺栓安装的太紧,使螺栓本身承受太大的预紧力,造成连杆螺栓工作时产生断裂的重大事故。

连杆在安装时的要点如下:

(1)连杆轴承装配时,应检查轴承孔间隙,轴承两侧间隙调整垫片的厚度和数量应该相等,以免轴瓦歪斜。

(2)在随手扳紧连杆螺栓后,螺钉头部接触面应全面贴合,用塞尺检查无间隙。

(3)扳紧连杆螺栓后,螺栓的伸长量应符合要求,有的柴油机规定扳紧力矩或螺母的转角。因为螺栓的伸长量可以显示出螺栓所承受的拉应力。

(4)一副连杆轴承的螺栓应均匀扳紧,避免个别螺栓受力不均匀。

(5)在完整性安装的最后,用开口销或保险锁片等方法锁紧螺帽,以防止运转过程中螺母松动。

(6)最后检查连杆轴承间隙是否在要求的范围内。

二、曲轴组件

柴油机的曲轴组件主要由曲轴、飞轮和推力轴承等组成。曲轴制造精度要求高,它是柴油机中造价最高的部件。

(一) 曲轴的功用

曲轴将活塞的往复运动转变为回转运动,把各个汽缸所做的功汇聚,从输出端输出功率,带动螺旋桨或发电机工作。

曲轴均由自由端、功率输出端和若干个单曲柄组成。单位曲柄中,主要由主轴承、曲柄销、曲臂所构成。

(1)曲轴前端,又称自由端,主要安装柴油机正时齿轮及传动机构。

(2)曲轴后端,又称功率输出端,驱动各种机械连接之用和安装飞轮等机构。

(3)主轴颈,是曲轴的支承部分。

(4)曲柄销,是连杆大端轴承连接部分,主要用来传递动力矩。

(5)曲柄臂,是主轴颈和曲柄臂的连杆的连接部分,它承受较大的弯曲力矩和扭转力矩。

曲轴通过传动齿轮,凸轮轴带动各种附件,如配气机构以及柴油机本身工作所需要的自带设备,如冷却水泵、润滑油泵等。

因此,曲轴是柴油机中十分重要的部件。曲轴技术状态的好坏,不仅直接决定柴油机自身的好坏,还会影响动力的正常输出及安全航行。

(二）曲轴的结构

曲轴按结构形式可分为以下几种

（1）整体式曲轴。整根曲轴由整体铸造而成，一般多用于中小型柴油机。

（2）套合式曲轴。分为半套合式和全套合式。

①半套合式的曲柄销和曲柄臂制成一体，主轴颈单独制成，再用红套法将其结合成整根曲轴。

②全套合式曲轴的曲柄销、曲柄臂、主轴颈单独制成，再用红套法将其结合成整根曲轴。套合式曲轴一般常用于中小型柴油机。

（3）焊接式曲轴。曲轴各单位曲柄销在主轴颈中央通过窄缝埋弧焊焊接。这种焊接工艺是目前曲轴制造业的一个新成就。它不仅消除了大型曲轴铸造的困难，还使曲轴的质量较套合式曲轴有大幅度提高，而且使柴油机的整体结构更为合理。

（4）组合式曲轴。分为分段式和圆盘式两种。

①分段式曲轴是将缸数较多、长度较长的大型柴油机曲轴分为两段制造，用法兰连接成整根曲轴。

②圆盘式曲轴是将主轴颈和曲柄销合并成一个大圆盘并与曲柄销制成一个单位曲柄，用长螺栓连接成整根曲轴。常用于采用滚珠轴承的高速柴油机。

根据柴油机的汽缸数及汽缸排列方式的不同，若干个曲柄组按照柴油机一定的发火顺序和要求，排列构成一根完整的曲轴。

曲柄销与主轴颈采用空心结构以减轻曲轴的质量，改善应力集中情况。另外多数筒形活塞柴油机用于润滑曲轴各轴承和冷却活塞的润滑油，通过曲轴内孔空心油道送往连杆大端轴承和活塞组。

柴油机的曲轴常以压力滑油来润滑。来自滑油泵的滑油，经机体油道输送到各主轴承，压力滑油通过主轴颈，再通过曲轴上的油孔、油道将滑油输送到连杆轴承，进行润滑。曲轴的主轴颈和曲柄销是利用与其轴承的合适间隙建立油膜来保证曲轴的正常运转。在曲轴的两端常装有油封、填料、挡油圈、挡油槽等来阻止滑油的泄漏。

在曲臂的曲柄销相反方向配有平衡块，利用其回转惯性力来抵消连杆大端及曲柄的回转惯性力。平衡块一般呈扇形或倒楔形，平衡块一般用螺栓紧固或与曲柄臂一体铸造。

在中小型柴油机中，曲轴的自由端通常装有驱动冷却水泵，润滑油泵柴油输送泵等辅助设备的传动齿轮。曲轴的飞轮端常装有定时齿轮以及连接飞轮的法兰。

（三）曲柄的排列

曲轴的序号与汽缸序号一样，国产柴油机以曲轴自由端最近的汽缸为第一缸（曲柄）。有的国家（如德国）生产的柴油机以输出端（飞轮端）作为首缸，与上述次序正好相反。

各单位曲柄在曲轴上的相互位置称曲柄排列，曲柄排列的次序取决于柴油机的冲程数、汽缸数和发火顺序。

柴油机就是借助于各种不同的曲柄排列，使它的各汽缸按一定的次序进行有规律的发火。一定的曲柄排列，就有相应的发火顺序。

二冲程柴油机的曲轴每转一圈，各缸均发火一次。因此只要根据柴油机的转向按各缸到达上死点位置的次序就能确定该柴油机的发火顺序。图 10-5-7(a)所示为常见的柴油机的发火顺序为 1→6→2→4→3→5。

四冲程柴油机的曲轴每转两圈,各缸发火一次,这样,它的发火顺序不但与曲柄排列有关,还与柴油机的凸轮轴的"正时"有关。为了确保柴油机工作有良好的平衡性能,不可让相邻的两缸连续发火,一般发火顺序为1→5→3→6→2→4。图10-5-7(b)所示为常见柴油机的发火顺序。

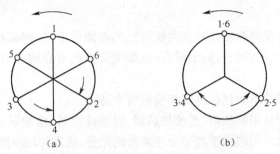

图10-5-7 常见的六缸柴油机曲柄端面图

(四)飞轮

飞轮是一个具有较大转动惯量的圆盘形部件,安装在柴油机的输出端。安装飞轮的目的就是增大曲轴组件的转动惯量,提高转速的均匀性及输出扭矩的均匀性。飞轮的功用是,储存和放大功能,使曲轴能平衡均匀的地运转。飞轮外缘表面刻有指示各缸上、下死点位置和转角的刻度,是调整定时的依据。外缘还刻有齿圈(凹坑)用作盘车。在单缸或缸数少的四冲程柴油机中,飞轮的体积相应大些,以便满足柴油机工作时功的消耗需要。而二冲程柴油机对飞轮蓄能要求程度较小,因而它的飞轮可以选得小一些。

有的柴油机的飞轮还兼作联轴节(柴油发电机组以及挖泥船的泥泵主机等)输出动力,带动机械运转。

(五)推力轴承

推力轴及推力轴承是船舶轴系中重要的部件之一。其主要作用是:承受螺旋浆的轴向推力,并将推力传给船体使船舶前进或倒退;另外还要保证整个轴系有一个准确的轴向位置。

1. 推力轴

推力轴可分为单环式和多环式两种。多环式由于制造安装复杂,已逐渐淘汰。目前常用的结构形式为单环式。

推力环一般与推力轴锻造加工成一体,两端是整锻法兰,一端与主机输出法兰相连接,另一端则与中间轴的法兰相连接。

2. 推力轴承

推力轴承又分为滑动式和滚动式两种,滑动式推力轴承具有承载大、工作可靠等优点,在船舶柴油机的轴系中应用较为广泛。滑动式推力轴承由扇形推力块、支承轴承、轴承座等组成。位于推力环前端的推力块为正车推力块;位于推力环后端的推力块为倒车推力块。推力块与推力环接触的一面浇有轴承合金。

第六节　柴油机的工作系统

柴油机由各种零部件组成,每个零件都有各自的功能,实际上许多零部件、管路和机外设备如油柜、泵等组成了具有特定作用、相对独立的工作系统。这些系统正常工作才能保证柴油机的正常工作。柴油机的工作系统主要有:燃油系统、滑油系统、冷却系统、操作系统。

一、燃油系统

燃油系统的任务是将燃油按照柴油机汽缸内燃烧的要求,保证按质、按量、按时地进入汽缸,以保证柴油机的燃烧有效地进行,从而使柴油机可靠地连续运转,正确发挥柴油机的作用。

船舶柴油机的燃油系统包括供应和喷射两个部分。

供应部分一般由日用燃油柜、燃油加热器、燃油滤清器、输油泵、燃油管路等组成(大中型船舶还设燃油舱),用来向喷射部分连续供给充分、优质和洁净的燃油。

喷射部分一般由高压油泵、喷油器和高压燃油管路等组成。用来在最适当的时间内,将一定数量雾化良好的燃油喷入汽缸,使其充分的燃烧来推动汽缸工作。

燃油系统的基本要求如下:

(一)正确的喷油定时

柴油机一般在活塞未到上死点之前就开始向缸内喷油。此时曲柄相应的位置与上死点位置之间的转角,称为喷油提前角。正确的喷油定时由最佳的喷油提前角决定,即由喷油泵凸轮的安装位置来决定。

(二)适当的油量调节

柴油机每一循环中喷入汽缸的燃油量,决定柴油机功率的大小。喷油泵应能根据柴油机负荷的变化来调节喷油量。对于多缸柴油机,各缸喷油定时应均等,以便各缸负荷均衡,柴油机平稳运转。

(三)良好的雾化

喷入汽缸的燃油应油粒匀细,有足够的穿透力,且雾化形状与其燃烧室相适应,使油雾能与空气很好的接触,有利于燃油充分燃烧。

二、润滑系统

柴油机滑油润滑主要用来减轻机件表面之间的摩擦,对机件还起冷却散热、冲洗清洁和防止腐蚀的目的。润滑的好坏在很大程度上直接影响柴油机使用的可靠性和使用寿命。润滑系统的作用是把一定压力和一定温度范围内的洁净滑油输送到柴油机各零部件摩擦表面,在摩擦表面行成一层油膜。

具有一定压力的润滑油在一些大型柴油机中还用来冷却活塞和操纵某些机件。柴油机的润滑方法包括人工润滑、飞溅润滑、压力循环润滑。

良好的润滑即油膜形成应具备:

(1)润滑具有一定黏度。若黏度过小,则在轴承间的油压不易建立。

(2)应有一定的转速。若转速较高,则在轴承间的油膜油压亦高。

(3)两个摩擦表面粗糙度应符合一定的要求。

(4)适当的油隙。柴油机中各平面、曲面磨擦表面配合处的间隙要符合要求。

船用柴油机的润滑系统,主要由滑油泵、滑油过滤器、滑油冷却器、滑油储存柜、滑油日用油柜和连接管路等组成。大型船舶上还装有滑油分油机、滑油加热器、润滑汽缸用的注油器等设备。

（一）滑油泵

滑油泵常设有两台，其中一台备用。循环滑油泵用来提高润滑油的压力，并保证循环的油量。船上常用的滑油泵有齿轮泵、螺杆泵。泵的排出端装有安全阀和调节压力、流量的旁通阀。

（二）滑油滤清器

在滑油泵的进口端和出口端分别装有双联式粗、细过滤器，柴油机常用的是滑油滤清器。装在泵进口端的一般为粗滤器，泵出口端的为细滤器。其前后分别装有压力表，泵运行时，可以通过细滤器前后的压力值判断细滤器的工作状态。按照滤清方式，滑油滤清器可分为过滤式和离心式滤清器。离心式滤清器滤清效果好，使用广泛。图10-6-1所示为离心式滤清器工作图。

（三）滑油冷却器

滑油冷却器的功用是，将滑油在循环工作中吸收的热量传递给冷却水，让滑油的油温保持在适当的范围内。船用柴油机的滑油冷却器中使用最广泛的是壳管式结构。图10-6-2所示为6135柴油机的滑油冷却器。柴油机工作时，滑油通过内管壁将热量传递给冷却水。让滑油的温度保持在最适当的范围之内。

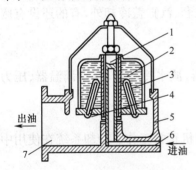

图 10-6-1　离心式滤清器工作图
1—转子轴；2—转子组；3—滤网；4—喷嘴；5—滤清器座；6—进油口；7—出油口。

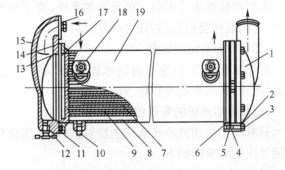

图 10-6-2　135 柴油机滑油冷却器
1—前盖；2—弹簧垫片；3—螺钉；4—芯子法兰；5、11、16—垫片；6—外壳法兰；7—冷却管；8—隔板；9—散热片；10—方头螺塞；12—放水阀；13—封油管；14—封油垫圈；15—后盖；17—芯子底板；18—接头；19—外壳。

三、冷却系统

柴油机工作时的燃气温度高达1800℃左右，柴油机中一些与燃气直接接触的机件，如：汽缸盖、缸套、活塞、气阀等严重受热，造成滑油黏度降低，不利于摩擦表面油膜的形成，配合机件容易拉毛甚至咬死，材料的力学性能下降，产生较大的热应力与变形，导致上述部件疲劳，产生裂纹或塑性变形等。为了保证柴油机的可靠工作，必须要有一套相应的冷却系统对柴油机受热部件、滑油、及增压后的空气进行冷却。

柴油机的冷却系统主要用来保证柴油机在最适宜的温度状态下，达到既能免除零部件损坏和减小磨损，又能充分发挥它的有效功率。

（一）船舶柴油机的冷却介质

船舶柴油机的冷却主要使用水。一般是用海水强制冷却淡水和其他载热流体（如滑油、增压空气等）。按照冷却水在柴油机冷却系统中循环使用的方式可分为开式循环冷却系统和闭式循环冷却系统。

1. 开式循环冷却系统

开式循环冷却系统一般是用水泵将海水吸入，送至柴油机冷却部位，经冷却又直接排出船外。这种系统结构与管路简单，大都为江湖、沿海航行的小船舶所采用。

2. 闭式循环冷却系统

闭式循环冷却系统由两个部分组成：

（1）淡水冷却循环部分：在这个系统中，淡水在柴油机的冷却空间与管路和淡水冷却器等之间形成一个封闭的循环回路。

（2）海水冷却循环部分：这个系统是用海水来冷却受热的淡水，以维持淡水的冷却效能。即柴油机把多余的热量传递给淡水，淡水把吸收的热量传给海水，再由海水带出船外。海水对柴油机起间接冷却作用。它的冷却过程是淡水由水泵送入柴油机内，经冷却汽缸套和汽缸盖后排出，经过淡水温度调节器到淡水冷却器被海水冷却降温后，再进入滑油冷却器，然后又被水泵吸入柴油机，这样不断循环冷却，使柴油机维持在适宜温度范围内。

大中型船舶多采用闭式循环冷却系统，除了对汽缸套、汽缸盖冷却外，有的还设有废气增压器、活塞及喷油器等的冷却回路。

（二）冷却系统的设备

冷却系统的设备，主要由淡水循环泵、海水泵、滤器、淡水冷却器、自动调温器、压力表、温度计、膨胀水箱及管路、阀门等组成。

（三）冷却系统的管理维护

只有确保柴油机冷却系统的良好运行，才能使柴油机正常工作。冷却系统在使用中必须要注意的事项如下：

（1）工作中要经常检查冷却水的温度和压力，并确保其正常运行。

（2）经常检查并保持膨胀水箱的水位。

（3）工作中经常检查冷却系统的密封情况，并对水泵等定期检查，加注润滑油，检查调温阀的工作可靠性。

（4）定期清洗冷却系统的水垢，以保持冷却效果。

四、操纵系统

柴油机的启动、换向和调速是船舶操纵的重要环节，是船舶安全航行的基本保证。船舶在正常航行、进出港口或靠离码头时都需要一套完整有效的操纵系统来操纵、控制船舶。

为了满足船舶在各种工况下的航行需要，将船舶主机的启动、换向和调速等装置联结成一个统一整体，并将集中控制的所有机构、设备和管路称为船舶柴油机的操纵系统。

小型柴油机推进装置的操纵、控制距离近，机构比较简便。大、中型柴油为操纵方便和工作可靠，都将各控制部分通过各种方式有机地联系，以便集中控制和远程控制。近年来,由于电子及自动化技术发展,各种遥控技术广泛应用于柴油机的操纵机构。由于采用了主机计算机遥控技术,大大减轻了轮机人员的劳动强度,改善了工作条件,避免了人为的差错,提高了船舶航行的安全性,可靠性和操纵性。

(一) 对操纵系统的基本要求

在船舶柴油机中,操纵部分是最复杂的,为了保证操纵系统能可靠地工作,对船舶柴油机的操纵系统有如下的要求:

(1)必须能迅速而准确地执行启动、换向、变速和超速保护等动作,并应满足船舶规范上的要求。

(2)具有必要的连锁装置(包括启动连锁装置,换向连锁装置,滑油、淡水低压保护连锁装置),以避免操作差错而造成事故。

(3)必须设有必要的监视仪表和安全保护、报警装置,对直接影响安全的有关压力、温度等有报警和安全保护装置。

(4)操纵机构中的零部件必须灵活、可靠、不易损坏。

(5)操作、调整方便,维护简单,便于实现遥控和自动化控制。

(二) 操纵系统的遥控

按柴油机遥控操纵所使用的功能和其工质,其遥控系统可分为以下几种:

1. 电动式柴油机遥控机构

该遥控机构是以电为能源,通过电动遥控装置,在集中控制室里对柴油机进行操作。

2. 气动式柴油机遥控机构

该机构采用压缩空气为能源,并通过气动遥控装置对柴油机进行遥控。

3. 液力式柴油机遥控机构

该机构的主要优点是结构牢固、工作可靠、传递力大。但液力传动有惯性影响;油液的黏度受到温度影响等,会使传动的灵活性和准确性受到妨碍,因此不适应远距离的信号传递和应用。

4. 混合式柴油机遥控机构

利用上述几种机构的优点,产生了混合式柴油机遥控系统,即电、气混合式系统和电、液混合式系统——从驾驶台到机舱用电传动方式,而机舱部分则采用液力气体压力式传动方式。目前,混合式柴油机遥控机构在船舶上应用较为广泛。

5. 微型计算机控制机构

该系统除了可以根据车钟指令经各种逻辑回路完成柴油机的启动、换向、调速和停车等程序操作外,还具有重复启动、低速启动、负荷程序、应急停车、自动避让临界转速、故障自动减速或停车、紧急倒车等辅助功能。

(三) 船用柴油机的操纵系统的操纵形式

(1)集控室操纵台操纵。

操纵台上设回令车钟、操纵手柄及工况显示等。

(2)驾驶室控制台操纵。

主要有遥控车钟,集控室—驾驶室控制转阀,电、气转换阀、工况显示,重要故障报警等。

(3)机旁应急操纵台操纵。

主要有遥控与应急转换阀,启动阀、停车阀、正倒车控制阀、调速手轮等。主要用于在各种遥控系统等设备发生故障时在机旁应急操纵主机。

第七节 增 压 器

一、涡轮增压器的结构

它是有燃气进气蜗壳、燃气出气蜗壳、保护格栅、空气出气蜗壳、空气滤清器和消音器、增压空气扩压器、膨胀管接、带有涡轮和压气轮的转子及轴承所组成。涡轮端和压气机端是完全气密和隔离的两个空间。

二、增压器的功能

利用柴油机自身排出的废气来驱动废气涡轮,并直接带动同轴的压气机工作,达到向柴油机汽缸内输送增压空气的目的。

三、工作原理

柴油机各缸排出的废气,经排气管流向燃气蜗壳,推动涡轮叶片使增压器转子高速运转,空气经空气滤清器和消声器吸入,在压气机的作用下,经扩压器通向主机空气冷却器,空气经过冷却后供各缸所需汽缸。

四、注意事项:(运转时)

(1)增压器润滑油的牌号和液面计的油位;
(2)增压器淡水冷却水温度和压力;
(3)增压器是否有振动和异声。

为了保持柴油机在低速和低负荷下平稳工作,考虑到在低速低负荷情况下柴油机排出的废气无法向增压器提供足够的能量,则通过联锁装置作用来自动启动主机辅助风机,向柴油机提供一定压力的新鲜空气,以满足柴油机正常低速运转的需要。

第八节 柴油机的其他主要部件(精密部件)

要使船舶柴油机能连续正常运行,必须有其他主要部件的正常运行给予保证。例如:燃油高压泵、燃油喷油器、气动阀、安全阀、凸轮轴及换向机构等。

一、燃油高压泵(喷油泵)

(一) 作用
每只工作汽缸都有一个单独的燃油高压泵,通过它将一定数量的高压燃油在正确时刻经高压油管送入燃油喷油器。

(二) 结构组成
燃油高压泵是由泵体、滚轮、螺旋槽柱塞、导筒、弹簧、进油阀、出油阀、安全阀和溢流阀等主要零件组合而成,制作装配精度比较高。

(三) 工作原理(图 10-8-1)

燃油高压泵的滚轮用弹簧紧压在凸轮上进行滚动,油泵螺旋槽状柱塞在油量齿条有效控制操纵下转动来控制喷油量。当滚轮离开燃油凸轮顶圆走向基圆时,进油阀打开,柱塞就开始吸油,当凸轮推动柱塞向上运行,使燃油增压,打开出油止回阀,高压燃油经高压油管开始向燃油喷油器有效喷油。喷油始点由进油阀控制,喷油终点则由溢油阀控制,只要任何一只阀开启,喷油泵就不喷油。为了防止喷油系统压力过高,燃油高压泵设置了安全阀。

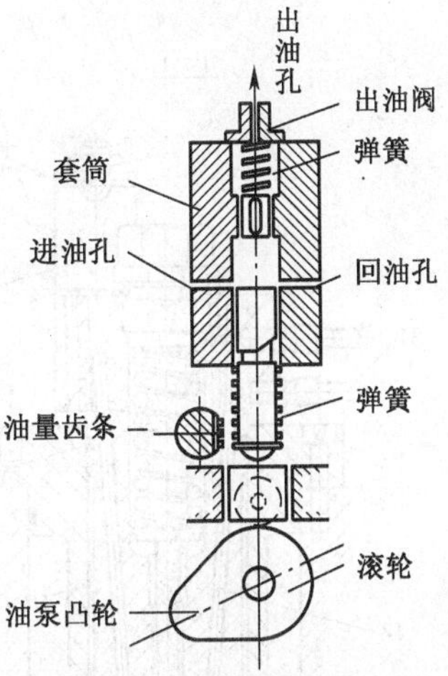

图 10-8-1　燃油高压泵组成及工作原理

二、燃油喷油器

(一)作用

喷油器安装在汽缸盖上,它的作用是把燃油高压泵供给的雾化得极细的燃油喷入燃烧室,使雾化燃油发生燃烧。

(二) 结构组成(图 10-8-2)

喷油器是由本体、带针阀座喷嘴、顶杆、弹簧、放气阀、冷却水管接等主要零件组合而成。针阀和喷嘴是一对精密配合的偶件,所以不能任意互换,喷嘴的喷射角度、孔数、孔径和针阀的升程加工精度和要求都比较高。由于喷油器的喷嘴工作环境条件较为恶劣,不仅受到高温燃烧气体的侵蚀,而且喷嘴上的油孔还受到高压燃油的冲击,因此,喷嘴对材质和加工热处理要求相当高。

三、启动阀和气动空气分配器

每只汽缸都装有一只启动阀,启动阀装于汽缸盖上,启动阀是由装在启动空气分配器的同一壳体内的启动滑阀进行气动控制的,启动空气分配器中的每个滑阀与相应的启动阀用两根控制空气管——开启管和关闭管连接。

(一) 启动阀和气动空气分配器的结构(图 10-8-3)

1. 启动阀结构组成

启动阀是由阀壳、阀杆、活塞、弹簧、阀盖、导套、阀座等主要零部件组合而成。

2. 气动空气分配器结构组成

空气分配器是由传动轴、启动凸轮、壳体、带滚轮滑阀、滑阀套、弹簧、端压盖、开启管和关闭管等主要零部件组合而成。

(二)工作原理

柴油机启动前,主启动压缩空气待于各缸启动阀腔中,按空气分配器调整的启动定时,压缩空气通过开启管和关闭管有效控制每缸启动阀的开闭,使主启动压缩空气有序进入每只汽缸,推动活塞和曲轴进行往复旋转运动,直至汽缸发火燃烧。启动凸轮定时角度是按曲柄臂所处角度相对应调整。

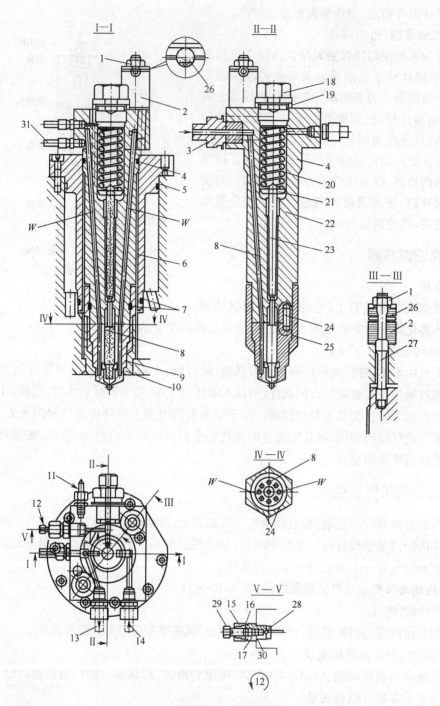

图 10-8-2 燃油喷油器

1—螺母；2—弹性垫圈；3—供油管接管；4、5—"O"形圈；6—插入套；7—"O"形圈；8—针阀；9—针阀座；10—喷油器座；11—放气管；12—放气阀；13—喷嘴冷却水回水管；14—喷嘴冷却水进水管；15—锁紧螺母；16—"O"形圈；17—放气阀体；18—弹簧压紧块；19—调整环；20—弹簧；21—弹簧座；22—喷油器本体；23—顶杆；24—定位销；25—锁紧螺母；26—弹簧垫圈；27—螺柱；28—钢球；29—阀芯；30—"O"形圈；31—泄油管。

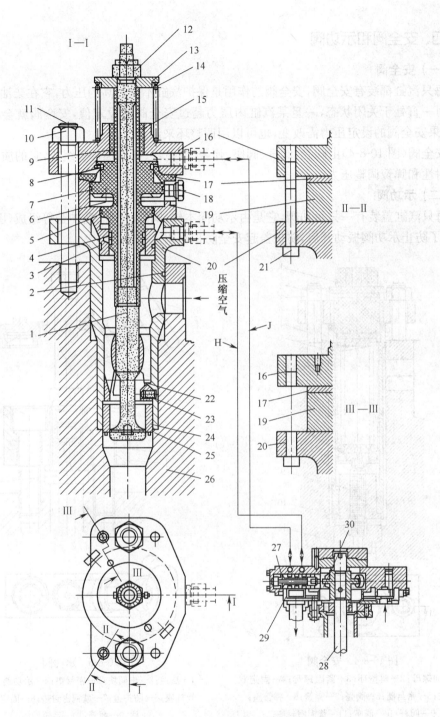

图 10-8-3　启动阀和空气分配器

1—阀杆；2—"O"形圈；3—"O"形圈；4—活塞环；5—活塞环；6—活塞；7—活塞环；8—活塞环；9—杆用密封圈；10—螺母；11—弹性螺柱；12—带开口销的槽形螺母；13—弹簧座；14—压缩弹簧；15—衬套；16—阀盖；17—隔圈；18—螺塞；19—导套；20—阀壳；21—有弹簧垫圈的螺钉；22—阀杆导套；23—定位销；24—阀座；25—铜密封垫圈；26—汽缸盖；27—启动空气分配器滑阀 H 和 J 控制空气管；28—传动轴；29—气动空气分配器；30—气动凸轮。

四、安全阀和示功阀

(一) 安全阀

每只汽缸都装有安全阀,安全阀的作用是保护汽缸不受过高的压力,它在柴油机正常运行时一直处于关闭状态,一旦某汽缸内压力超过安全阀的设定值,安全阀就会自动开启,如果安全阀的设定压力需改变,也可以用调整环来调整。

安全阀(图 10-8-4)由阀壳、阀杆、阀座、弹簧、调整环、导向螺母等组成,它的质量取决于密封性和弹簧调整压力。

(二) 示功阀

每只汽缸盖装有一只示功阀,它是由示功阀本体、阀杆、手轮、防护盖等组成(图 10-8-5),为了防止示功阀振动开启,防护盖起安全防护作用。

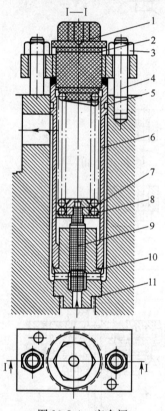

图 10-8-4　安全阀

1—导向螺母;2—调整环;3—紧固螺母;4—固定双头螺柱;5—密封圈;6—阀壳;7—弹簧;8—弹簧座;9—阀杆;10—阀座;11—紫铜密封垫。

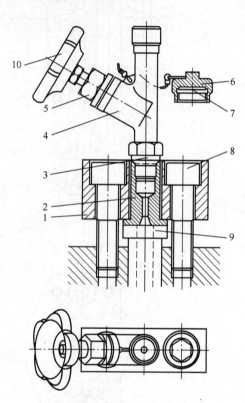

图 10-8-5　示功阀

1—法兰;2—中间块;3—密封垫;4—示功阀;5—导杆座;6—防护盖;7—紫铜密封垫;8—固定螺柱;9—衬管;10—手轮。

示功阀设置有三种功用:

(1)当柴油机需盘车时,必须先打开所有示功阀,才能保证转车。

(2)柴油机首次启动时,先把所有示功阀打开,用压缩空气冲车,通过示功阀清除汽缸内留存杂质。

(3)当柴油机正常运转时,把测量仪器安装于示功阀上,分别测量各缸的压缩压力、爆

182

炸压力并绘制示功图。

五、凸轮轴和换向机构

(一)凸轮轴

1. 简介

装有凸轮的传动轴称为凸轮轴。凸轮分为燃油凸轮和进排气凸轮,所有凸轮与汽缸对应设立。不同形式柴油机设置的凸轮轴结构也不一样,例如:四冲程柴油机凸轮轴设置燃油凸轮、进气凸轮和排气凸轮;而二冲程直流扫气柴油机仅设置燃油凸轮和排气凸轮;但二冲程弯流扫气柴油机只设置燃油凸轮。

凸轮安装于凸轮轴上的精确角度被称作定时角度。凸轮轴位于柴油机传动端一侧,传动是随曲轴的旋转通过齿轮或链条传递给凸轮轴,凸轮轴的转动通过凸轮作用于燃油高压油泵滚轮和进排气导向滚轮,因此,按凸轮用途区分,定时也分别称为喷油定时和进排气定时。

2. 凸轮轴结构

凸轮轴有三种不同结构形式,它是按柴油机的形式和不同用途来划分。

(1)正倒车双凸轮的凸轮轴(图 10-8-6)。

这种形式凸轮轴每缸均按正车与倒车定时,设置正车凸轮和倒车凸轮,如图 10-8-6 所示。每缸的燃油凸轮、进气和排气凸轮均有正倒车双凸轮,通过操纵凸轮轴的轴向移动,完成正倒车的定时转换,这种形式的凸轮轴常用于小型船舶四冲程柴油主机。

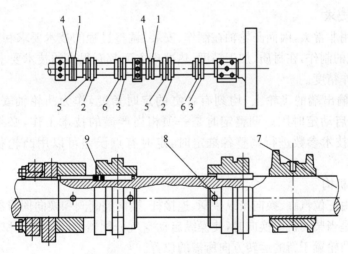

图 10-8-6 正倒车双凸轮的凸轮轴

1—正车燃油凸轮;2—正车进气凸轮;3—正车排气凸轮;4—倒车燃油凸轮;5—倒车进气凸轮;6—倒车排气凸轮;7—凸轮轴;8—定位销;9—键。

(2)单凸轮的凸轮轴。

此种形式的凸轮轴用于无正倒车要求的柴油机,它设置的燃油、进气和排气凸轮都是单一固定,所以,柴油机的定时调正也是单一的,例如:柴油发电机。

（3）转换定时角度单凸轮的凸轮轴（图10-8-7）。

此种形式的凸轮轴是通过换向伺服机构的有效控制使凸轮轴转动，改变凸轮角度来完成正倒车定时转换。这种形式的凸轮轴被广泛应用于大、中型船舶主机中。

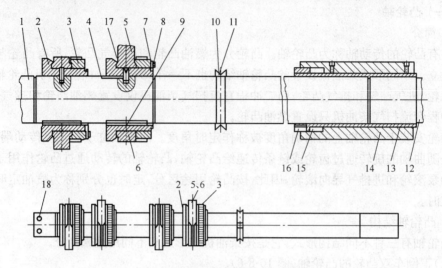

图10-8-7　转换定时角度单凸轮的凸轮轴

1—凸轮轴；2—凸轮套筒；3—凸轮套筒螺母；4—定位销；5—上半凸轮；6—下半凸轮；7—扇
形锁紧块；8—锁紧螺钉；9—键；10—甩油环；11—密封圈；12—换向伺服器轴；13、14—联轴
节内外套筒；15—密封圈；16—螺母；17—径向齿；18—扳手棒孔。

3. 凸轮轴要求

凸轮轴作用非常大，因而凸轮轴在制作、安装、调整过程的技术要求和精度要求相当高，特别是凸轮的制作，在材质、加工精度、热处理方面都有很高的技术要求，确保凸轮的机械性能和工作精度。

在柴油机输出端的飞轮上，均刻有各缸的定时角度，作为凸轮轴安装、调整各缸喷油、进排气、启动定时用。调整定时是一项相当严谨的技术工作，必须严格按照柴油机说明书上技术参数进行调整各缸定时，定时有点误差可以用凸轮径向齿的搬动进行修正。

（二）换向机构

换向机构由三位汽缸、换向操纵手柄、连接杆、换向控制阀和换向伺服器等组成。

它的作用是当柴油机要换向时，使操纵启动空气分配器滑阀的凸轮和燃油高压油泵凸轮或进排气凸轮置于新的运转方向所需的位置。

换向的工作原理是操纵换向手柄、三位汽缸和连接杆带动换向控制阀，使换向控制阀与换向伺服器连接的控制油管中进出油方向发生改变，造成换向伺服器的转翼推动，这就带动换向伺服器轴转动，达到换向目的。

六、调速器

除了以上所述主要部件外，每台柴油机均装有调速器，它与柴油机油量控制杆发生直接作用。由于它的结构制造非常精良，由专利厂负责制造供货，所以不详细介绍。

1. 调速器的传动

曲轴的旋转通过齿轮或传动轴传递给调速器,调速器内飞锤在离心力作用下输出信号。小型柴油机采用机械调速,其结构简单,可靠性和稳定性差。中型、大型柴油机普遍采用电子液压调速,其灵敏度高、控制灵活、可靠性强,但结构较复杂精密。

2. 调速器的功用

(1)当启动手柄操作过快、油门负荷指示突然增大、调速器能限制油量控制杆突加,逐步递增油门负荷。

(2)在柴油机正常运转时,保持转速的稳定。

(3)当柴油机发生超速时,断油停车。

(4)当柴油机发出主要故障信号时,自动切断供油(无断油伺服机构柴油机)。

复 习 题

1. 柴油机的工作原理和工作特点是什么？四冲程柴油机和二冲程柴油机有何区别？

2. 二冲程柴油机有哪几种扫气形式？它们各有什么特点？

3. 柴油机主要运转部件和主要固定部件是指哪些？

4. 活塞安装时应注意哪些事项？筒形活塞有何特点？

5. 柴油机有哪些定时种类？准确的定时决定于什么？

6. 船用柴油机的精密部件是指哪些？它们分别起何作用？

7. 增压器的工作原理和功能作用是什么？运转时要注意什么？

8. 船用调速器分哪几类？它们具有哪些特点？调速器的功能有哪些？

9. 船用柴油主机的主要工作系统有哪些？它们的系统作用是什么？

10. 船用柴油主机有哪几种操纵形式？主要特点有什么区别？

第四篇

船舶辅机

第十一章 船 用 泵

在自然状态下液体总是从高处往低处流动。从压力高的地方流到压力低的地方去。若是要将液体从低处往高处输送,就得向液体提供能量。向液体提供机械能并输送液体的机械称为泵。

第一节 泵 的 分 类

泵在现代船舶上有着十分广泛的应用。动力装置所需的燃油、滑油、冷却水;锅炉所需要的燃油及补给水;生活所需的饮水、生活用水及压载所需的压载水;消防所需的消防水等都是由泵来输送的。

一、按用途分类

(1)船舶动力装置用泵包括燃油泵、润滑油泵、海水泵、淡水泵、舵机及其液压甲板机械的液压泵、锅炉给水泵、制冷装置的冷却水泵等。

(2)船舶通用泵包括舱底水泵、压载水泵、消防泵、日用淡水泵、海水泵、热水循环泵,还有兼作压载、消防用舱底水的总用泵。

(3)特殊船舶专用泵。某些特殊用途的船舶还设有为其特殊营运要求而设置的专用泵。例如油船的货油泵、挖泥船的泥浆泵、打捞船的打捞泵、喷水推进船的喷水推进泵。

二、按工作原理分类

按工作原理分,常用的船用泵主要有三大类:容积式泵、叶轮式泵、喷射式泵。图11-1-1 所示为典型的船用泵。

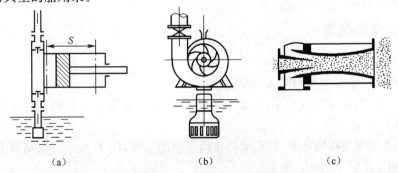

(a)   (b)   (c)

图 11-1-1 典型的船用泵
(a)容积式泵;(b)叶轮式泵;(c)喷射式泵。

（一）容积式泵

容积式泵包括往复泵、齿轮泵、螺杆泵、叶片泵等。其工作原理的共同点是：依靠工作部件的运动造成泵的容积发生周期性的变化，向液体提供压力能并吸入和排出液体。

（二）叶轮式泵

叶轮式泵包括离心泵、轴流泵、旋涡泵等。其工作原理的共同点是：依靠叶轮带动液体高速旋转来向液体提供速度能和压力能并吸入和排出液体。

（三）喷射式泵

喷射式泵工作原理是：依靠工作液体产生的高速射流引射需要排送的流体，通过动量交换向其提供能量并将其排出。

第二节　泵的性能参数

泵装置由泵、管路、阀件以及滤器等管路辅件所组成。泵是泵装置的核心，为了便于选用和比较，并判断泵的性能和完善程度，必须了解泵的性能和参数。

一、流量（排量）

流量是指泵在单位时间内所排送的液体量，排量是指泵在一定条件下排出的液体量。泵铭牌上标注的流量是泵的额定流量，而泵的实际流量与泵的工作条件有关，不一定等于额定流量。

$$体积流量　Q=体积/时间　单位：m^3/s（或 1/min；m^3/h）$$
$$质量流量　G=质量/时间　单位：kg/s（或 kg/min；t/h）$$

二、压头（扬程）

泵的压头也称泵的扬程，是指泵传给单位质量液体的能量。也可理解为泵能输送液体的高度，通常用代号 H 表示，单位为 m。

三、转速

泵的转速是指泵的每分钟的回转数，用 n 表示，单位为 r/min。铭牌上标注的转速是指泵轴的额定转速。

四、功率和效率

（一）功率

泵的功率有输出功率和输入功率之分。

（1）输出功率又称有效功率，是指泵在单位时间内实际传给排出液体的能量，用 P_e 表示，单位为 W 或 kW。

（2）输入功率也称轴功率，即原动机传给泵轴的功率，用 P 表示。泵铭牌上标注的功率指的是额定工况下的轴功率。

（二）效率

泵的效率（总效率）是指泵的输出功率和输入功率之比，效率是表示泵性能的好坏和动力利用率的参数,效率越高,说明泵的工作越经济。泵铭牌标注的效率是指泵在额定工况下的总效率。

五、允许吸上真空度

允许吸上真空度是指泵在额定工况下保证不发生汽蚀时,泵进口处能达到的最大吸入真空度,用 H_s 表示。单位为 MPa。它是衡量泵吸入性能好坏的重要标志,也是管理中控制最高吸入真空度的重要依据。

第三节 往复泵

一、往复泵的工作原理和特性

(一)往复泵的基本结构和工作原理

往复泵属于容积式泵,是靠活塞的往复运动,使泵的工作空间的容积产生变化而产生吸、排作用的泵,亦可分别称为活塞泵或柱塞泵。活塞式往复泵的特点是活塞直径大且较短,呈盘状结构,活塞上装有活塞环,密封性较差。

往复泵的工作需要有以下两个基本条件。

(1)形成密封的工作空间。

(2)使泵的进口和出口互相隔离开,只有这样才可造成工作容积的变化,从而实现吸、排液体的运作。

图 11-3-1 所示为单作用往复泵的简图。

单作用往复泵主要由水缸、活塞和阀箱等组成。阀箱内装有吸入阀和排出阀(单向止回阀)。吸入阀和排出阀的自动开启和关闭是依靠阀门两边的压差进行的。活塞与吸入阀、排出阀之间的空间称为工作室。当活塞在水缸内作往复运动时,工作室的容积发生变化,由吸入阀和排出阀的自动开启和关闭来实现吸、排液体。当活塞由下死点向上移动时,活塞下部空间容积增大,缸内压力降低,吸入阀在压力差的作用下打开,排出阀因背压增大而关闭。吸入管内的空气压力降低,液体在大气压力作用下从吸入管吸入泵内。这个过程称为吸入

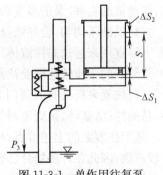

图 11-3-1 单作用往复泵

过程。吸入过程在活塞到达上死点时为止。活塞由上死点向下死点运行时,工作室的空间容积变小,吸入阀在弹簧和重力、背压的作用下关闭,当密封在泵缸中的液体压力增大到大于排出系统的压力时,排出阀在压差的作用下打开,吸入的液体排出,此过程称为排出过程。排出过程在活塞到达下死点时为止。活塞不断地往复运动,液体在大气的作用下进入吸入管和泵内,并不断的排出。从而实现液体的连续输送。

(二)往复泵的分类

(1)往复泵的类型很多,根据水缸的作用次数可分为以下两种:

①单作用泵,即活塞往复运动时只以活塞的一个端面进行工作。其吸入与排出过程

是交替进行的,所以它的流量是不均匀的。根据水缸的数目不同,又有单缸、双缸、三缸单作用泵之分。

②双作用泵,即活塞上下两个面与水缸构成两个工作腔,每个工作腔都有各自的阀箱与吸入管和排出管相通。活塞在一个往复行程里吸、排液体各两次,活塞的上下部根据容积的变化吸、排液体,这种活塞的两面都能吸排液体的往复泵称为双作用往复泵。同样,跟据缸数的不同,又分为单缸双作用泵和双缸双作用泵。

(2)往复泵根据传动方式不同又可分为以下三种:

①手动式往复泵,靠人力操纵杠杆使泵工作。

②曲柄传动式往复泵,原动机通过曲柄连杆机构使活塞在水缸内产生往复运动而吸、排液体。在柴油机动力装置的船舶上,常用电动机来驱动,因而又称电动式往复泵(图11-3-2)。

③直动式往复泵,泵的活塞与蒸汽机的活塞在同一根轴的两端,利用蒸汽直接驱动泵的活塞移动。这种泵的结构紧凑,在蒸气动力装置的船舶上应用比较普遍。

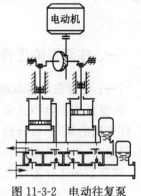

图 11-3-2　电动往复泵

(三) 往复泵的工作特性

往复泵的工作特性如下:

(1)有较强的自吸能力。

(2)往复泵的理论流量与工作压力无关,只取决于转速、泵缸的尺寸和作用数。

(3)泵所能产生的最高压头与其尺寸、转速、作用次数无关,而是取决于泵的管路特性、原动机的功率、泵的强度和有关部件的密封性能。

(4)供液不均匀,会导致排出和吸入压力波动。

(5)宜用来运送黏性液体。

(6)泵的工作转速因受往复部件惯性力(包括被带动的液体)的影响,一般不能太高。

(7)往复泵所具有的阀门和相应的各磨擦偶件往往给泵的工作带来故障,其结构复杂、易损件(活塞环、泵阀填料等)较多。

基于往复泵的上述特点,故在流量相同时它与其他泵相比显得笨重、造价高、管理维护较麻烦,因此在许多场合已被离心泵所取代。但舱底泵和油船扫舱泵等在工作中易吸入气体,需要有较好的自吸能力,故常采用往复泵。

二、往复泵的主要的结构和要求

目前,船上常用的往复泵,主要由电动机、减速齿箱、曲柄连杆机构、泵缸部分、齿轮油泵等组成。

由于曲柄连杆机构等机械传动部分和小型柴油机的结构相似,这里不一一介绍。

往复泵的主要工作部件有泵缸、阀箱、活塞组件、水阀和填料箱等。

(一) 泵缸

泵缸通常用铸铁制成并与阀箱做成一体,泵缸是形成往复泵的工作空间,并使活塞能在缸内进行往复运动的部件。为防止海水腐蚀以及便于磨损后更换,泵缸内镶有缸套(青铜衬套)。工作时,由于活塞在缸内作直线往复运动而磨损泵缸引起泄漏,为保证设备保持良好的工作技术状态,对缸套应进行定期表面检查,测量磨损情况并作出记录。

(二) 吸入阀、排出阀

当泵吸入或排出时,必须形成吸入阀和排出阀交替隔断工作空间与吸、排管的通路,所以每台往复泵都要至少安装吸入阀、排出阀各一个。水阀由阀、阀座、弹簧等组成,阀在泵工作时,启闭频繁易于磨损和变形,是泵的易损件,它的技术状态好坏对泵的正常工作有很大影响。往复阀的泵阀(吸入、排出)一般都是靠作用在阀盘上、下的液体压差自动实现启闭的。常用的阀有盘阀、环阀、锥阀等。如图11-3-3所示。

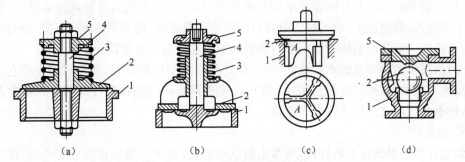

图 11-3-3 往复泵的泵阀

(a)盘阀;(b)环阀;(c)锥阀;(d)球阀。

1—阀座;2—阀;3—弹簧;4—导向杆;5—升程限制器。

对泵阀除了要有足够的强度和刚度、结构简单、工艺性能好和检修方便的要求以外,对其工作性能还有如下要求:

(1)关闭严密。关闭不严不仅会使容积效率降低,而且还使泵的自吸能力变差,甚至根本无法自吸。阀的密封性主要靠阀与阀座的加工精度及接触面的研磨质量来保证。当阀与阀座接触面因出现伤痕或磨损而严重泄漏时,就需重新研磨或更换。如阀或密封面刻痕太深,阀座需光车时,必须提高它们的加工精度,并用研磨砂进行研磨,安装后对阀与阀座的接触面必须进行密性试验,即将二者倒置后注入煤油,5min内应无渗漏。

(2)启闭迅速、准确。水阀的迅速启闭,不仅可使水阀保持较长的全开时间和减小流通阻力,同时也会减少阀门上升时和下降时的迟滞现象,从而保证较高的容积效率。

(3)流动阻力小。在排量较大的泵中,为避免阀的流道狭窄而流量太大,常采用环形阀和群阀。

(4)关闭时撞击要轻,工作平稳无声。为减轻阀关闭时的撞击,须限制阀落到阀座上时的速度,泵阀各弹簧的张力应该均匀,自由高度基本相同。弹簧工作过久失去弹性,自由高度减少5%以上的应予换新。

(三) 活塞组件

活塞组件是由活塞、活塞环和活塞杆构成的组合件,它的作用是依靠本身在泵缸内的往复运动,使工作空间的容积发生变化,在吸入过程中使泵缸形成真空吸进液体,在排出行程中挤压液体,提高排出液体的压力。

1. 活塞

一般用铸铁或青铜制成。它是一个开有若干道环槽的圆盘,靠螺母固定在活塞杆顶部的锥面或凸肩上。装配时螺母必须拧紧,最后用锁紧螺母或开口销锁定,防止在工作过程中松动。活塞直径比缸径小,为了防止液体从缸壁泄漏,在活塞的环槽里装有密封用的活塞环。

2. 活塞环

活塞环亦称胀圈,是往复泵中重要的密封件之一,是易损件。活塞环是个开有 45°～60°搭口的圆环,其在活塞的环槽中应能活动自如,但在泵缸内应靠本身的张力紧贴缸壁。制造活塞环的常用材料一般有铸铁、青铜和夹布胶木等,可根据输送的液体不同而选用。

安装活塞环时需注意以下几点:

(1)配制的活塞环开口间隙必须符合规定值,如小于规定值容易胀死造成拉缸,如活塞环工作过久,磨损过度,放入缸内时开口间隙大于规定值,则表明其弹性下降,密封性变差,应予换新。新装活塞环开口间隙与环槽的轴向和径向间隙要符合要求。

(2)如新装活塞环是胶木材质的,应注意其浸水后膨胀的特点,新装时应先将它在热水中浸泡一段时间,待其变软后取出,使开口撑开到 8mm 左右,等冷却后放入缸内及环槽内,检查各间隙合适后才可装入使用。

3. 活塞杆

活塞杆是一根圆柱形的杆件,通常由铜或钢制成,其中一端呈锥形或有凸肩,用螺母连接活塞。另一端(直接伸出泵体无十字头的往复泵),通过曲柄连杆机构与原动机相连,或先伸出泵缸与十字头连接,再通过曲柄连杆机构连接(有十字头的往复泵)。

4. 填料箱

填料箱是一种设于活塞杆穿过泵缸处的防漏装置,它由压盖、填料、内套、填料箱体组成。填料一般常用石棉、大麻棉纱经浸油、浸石墨后编织而成。填料截面呈矩形,在装入填料时,切口必须错开,而且填料安装松紧程度应该适当,应允许有少量液体滴漏以润滑和冷却活塞杆。

泵的出口设有安全阀,能在排出压力过高时自动开启,使吸、排室相通。调整安全阀弹簧张力即可改变其开启压力,开启压力应为泵额定排出压力的 1.1 倍～1.15 倍。

三、电动往复泵的操作与常见故障

(一)电动往复泵的操作

1. 启动的准备

(1)先观察、检查泵的周围有无妨碍泵运转的东西或物件,并及时清理。用人力转动泵 1 个～2 个行程,确认泵在转动时无卡住、滞阻现象。

(2)检查润滑油的油位,在需要加润滑油的各摩擦部位加上适量的润滑油。

(3)填料箱压盖的松紧要适当。

(4)打开管路的吸入阀和排出阀。

(5)检查电机转向与泵的转向是否一致。

2. 运转

泵在启动后要仔细观察、检查、倾听,以判断泵是否运转正常。

(1)观察压力表、温度表的读数是否在正常的范围内。

(2)仔细倾听泵的各运动部件是否有异常响声。

（3）检查填料是否有不正常的泄漏，泵运转时应有正常的滴漏。

（4）检查、触摸填料箱、减速齿箱的温度是否正常，轴承和各摩擦部件是否发热。

（5）观察润滑油液面是否处于正常状态。

3. 停车

（1）切断电源，使泵停止工作。

（2）依次关闭吸入阀和排出阀。

（3）如外界气温低于零度，应把泵内残存的液体放净。

（二）电动往复泵的常见故障

1. 泵启动后不能供液或排量不足

先检查水柜，在确信水柜有水的情况下，可能有以下几种原因：

（1）吸入阀和排出阀没开或没开足。

（2）吸入管漏气，吸入滤器或阀座堵塞；排出管堵塞。

（3）活塞环、缸套过度磨损，胶木活塞环干缩或卡死。

（4）阀箱中吸入、排出阀损坏，严重泄漏；安全阀弹簧太松或阀泄漏。

（5）填料箱严重泄漏，压盖未上紧，活塞杆磨损严重或变形。

2. 摩擦部件发热

（1）摩擦部件间隙太小或轴线不直。

（2）滑油不足。

（3）摩擦面不干净，摩擦面有毛刺。

3. 泵有异响

（1）泵内活塞松动或缸内有异物。

（2）填料太紧或活塞环断裂。

（3）阀的弹簧断裂或弹簧弹力不足以致升程过长。

（4）传动部分间隙过大。

（5）泵缸中敲击可能是液击。

第四节　回　转　泵

回转泵是一种容积式泵，它利用回转部件的转动，造成工作空间容积变化来吸排液体。回转泵的转速较高、结构紧凑、外廓尺寸小、易损件少、供液均匀、具有干吸能力。在船上它们大都被用来作为滑油泵、冷却油泵、燃油输送泵，以及液压传动中的供油泵。

按照回转部件的形状，回转泵可分为很多形式，其中齿轮泵、螺杆泵在船上使用较为普遍。

一、齿轮泵的工作原理和特性

（一）齿轮泵的工作原理

本内容在本书第一篇第五章第一节中已有叙述，故本处从略。

（二）齿轮泵的工作特性

齿轮泵的工作特性如下：

（1）具有容积式泵的共同特性（能自吸、可产生很高的压力，理论流量与工作压力无关）。

（2）齿轮泵工作压力的大小完全取决于管道系统中的工作负荷。

（3）齿轮泵工作时，泵的排量和压力之间没有特定的关系。

（4）齿轮泵依靠容积改变产生吸排作用，具有干吸能力。它的吸排方向取决于原动机的回转方向。

（5）流量连续，但存在脉动。流量脉动率与齿数和齿形有关，齿数多，脉动率小。

（6）摩擦面较多，密封间隙较小，故适宜输送不含固体颗粒而有润滑性的油料。

（7）齿轮泵工作时有不平衡的径向力。工作压力越高，不平衡的径向力越大，常采用泵的端盖上开压力平衡槽或缩小排油口的宽度来平衡，以减少不平衡径向力。

（8）结构简单、紧凑，价格低廉，维护、管理方便。

（三）齿轮泵的轴封

齿轮泵主动轴与泵壳端盖处装有轴封装置，以防液体外漏。齿轮泵的轴封可采用填料轴封，也采用机械密封。填料轴封与往复泵轴封相似。机械密封主要由动环、静环、橡胶密封圈、"O"形密封圈、压紧弹簧等组成。

与填料密封相比，机械密封性能好、工作寿命长、漏泄量少、转动阻力小。但机械密封价格贵、制造和安装工艺复杂、更换困难。

（四）齿轮泵的操作要点

1. 齿轮泵的运行操作要点

（1）启动前先确保泵内有油，以免泵启动过程中发生干摩擦造成工作面严重磨损。

（2）启动前先用手动盘车转动 1 圈～2 圈，以检查泵是否灵活，有无卡阻。

（3）注意泵的转向是否正确，以免泵反转改变吸排方向。

（4）泵运转时，要仔细倾听泵内有无异响。

（5）泵在工作时的压力不宜超过额定工作压力，以免损坏泵和电动机。

（6）泵运转时允许有微量渗漏，以利于润滑和冷却密封面。

（7）经常清洗滤器，开足吸入阀。

2. 齿轮泵停车的操作要点

（1）停车时切断电源。

（2）先关吸入阀，后关排出阀。

二、螺杆泵的工作原理和特性

（一）螺杆泵的工作原理

螺杆泵是容积式回转泵，它利用螺杆的回转来吸排液体，按泵内工作的螺杆数可分为三螺杆泵、双螺杆泵和单螺杆泵。用三根螺杆自啮合来进行工作的泵，称为三螺杆泵。

螺杆泵主要由泵缸和装在其内的主动螺杆和从动螺杆组成。如图 11-4-1 所示的三螺杆泵主要是由固定在泵体中的泵缸，以及安插在泵缸中的三根螺杆所组成。当主动螺杆被电机带动旋转时，与之啮合的两根从动螺杆也就跟着一起反向转动。主、从动螺杆螺牙的相互啮合，沿轴向形成许多分隔的螺旋槽容积，这样在螺纹的各个螺距（或导程）之间，就将构成一些互不相通的密封空间。这些空间随螺杆的旋转也就不断地从下向上沿轴向移动,处在这些空间的油液,就会在这些空间的夹带和螺纹的推动下被连续不断地移往排出空间。与此同时,在螺纹下端,因螺纹不断的退出啮合,就不断地形成一个低压开口空间,因而就可不断地吸入油液,使泵能连续地进行工作。一般螺杆泵的排、吸口都设在泵体中部,这样可保证泵缸内经常存满液体,以避免螺杆因干转而受损。螺杆泵的轴封一般都采用机械密封,在正常情况机械密封泄漏量应该很小,允许少量的泄漏对于机械密封润滑摩擦是重要的。

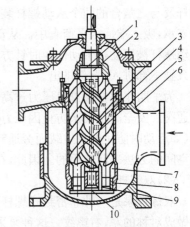

图 11-4-1 三螺杆泵

1—推力垫圈;2—平衡活塞;3、5—从动螺杆;4—主动螺杆;6—泵体;7—衬套;8—平衡轴套;9—推力垫块;10—盖板。

(二) 螺杆泵的工作特性

螺杆泵的排量非常均匀,而且有自吸能力,能产生高压,所以,在船上大都作为主机滑油泵以及液压传动的动力油泵。螺杆泵除了具有容积式泵的一般性能、特点外,还有以下特点:

(1)结构简单、输液平稳,液体在泵送过程中基本上不受搅动,没有惯性力的影响。

(2)密封式螺杆泵(单螺杆泵、三螺杆泵)有一定的自吸能力,密封性能较好,可以做成高压泵。非密封式螺杆泵(双螺杆泵)无自吸能力。

(3)流量与压力范围广。三螺杆泵的流量一般为 $0.6m^3/h \sim 600m^3/h$,工作压力一般为 $0.34MPa \sim 34MPa$。

(4)与某些回转泵相比,螺杆泵工作效率较高,可达 $70\% \sim 80\%$。此外,螺杆泵还有噪声低、磨损小等特点,应用较广。

(5)输送液体的种类和黏度范围广。螺杆泵可输送蜜糖、汽油及合成液体等各种黏度的液体。

(6)结构简单,零部件少,相对重量和体积小,维修工作少,管理方便。

(7)磨损小,使用寿命长。但螺杆的轴向尺寸较长,刚性较差,在安装和存放时要防止螺杆变形。

(8)螺杆的加工难度较大,精度要求较高。

(三) 螺杆泵的分类

1. 按工作时吸排空间是否被严格隔开分类

按工作时吸排空间是否被严格隔开,螺杆泵可分为非密封式和密封式两类。

(1)非密封式。适用于低压和输送高黏度的油液或油脂。

(2)密封式。适用于高压和输送低黏度的油液。

2. 按泵内工作的螺杆数分类

按泵内工作的可分为单螺杆泵、双螺杆泵和三螺杆泵等。其中双螺杆泵是非密封式泵。单螺杆泵和三螺杆泵属密封式泵。船上大多采用单螺杆泵和三螺杆泵。

(1)三螺杆泵。

三螺杆泵属密封型螺杆泵,是船上使用较多的一种螺杆泵。主要作为主机滑油泵、液压动力油泵使用。三螺杆泵螺杆的螺牙为摆线,双头螺纹,从图 11-4-1 中可以看出,主动

195

螺杆及与之啮合的两个从动螺杆装在泵体的衬套（泵缸）中，主动螺杆的排出端由滑动轴承支承，吸入端插入平衡套中。从动螺杆的排出端末设有轴承，吸入端插入平衡套中。当主动螺杆被原动机带动作逆时针方向回转时，与其啮合的两根从动螺杆就反向转动，油液从泵缸下部进入，上部排出。

为了防止螺杆泵排出压力过高而引起泵体损坏或电机过载，在泵体侧面设有安全—旁通阀。安全阀是用来防止因压力过高而对泵造成危害所设置的。而旁通阀则是根据需要（如启动时防止电机过载而旁通卸载）而设置的。两者虽然功用不同，但都是靠沟通吸排空间的方法来起作用的。因此，在螺杆泵上常将两者合而为一，构成安全—旁通阀。

（2）双螺杆泵。

双螺杆泵是一种非密封式螺杆泵（图11-4-2）。它的工作压力不高，每根螺杆的螺牙都做成对称的左、右螺纹。这种泵采用了双侧吸入液体，这不仅可减小吸入流速，而且还使轴向力自动平衡，因而无需设置止推轴承或轴向推力平衡装置。由于主、从动螺杆两端均有轴承支承，主、从动螺杆采用齿轮传动，因此螺杆的磨损小、使用寿命长。

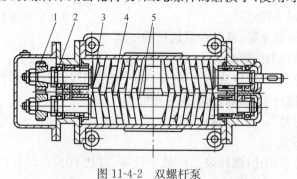

图 11-4-2　双螺杆泵

1—同步齿轮；2—滚动轴承；3—泵体；4—主动螺杆；5—从动螺杆。

（3）单螺杆泵。

单螺杆泵是一种内啮合的密封式螺杆泵，由一圆形截面的单头螺杆和一个椭圆形截面的双头螺纹的衬套组成，如图11-4-3所示。螺杆通常由钢制成，衬套常采用弹性材料（如橡胶）制成，便于加工且具有嵌让性。

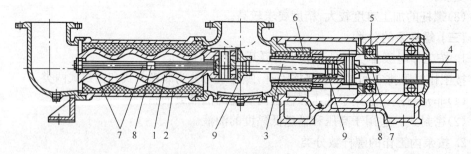

图 11-4-3　单螺杆泵

1—螺杆；2—衬套；3—万向轴；4—主动轴；5—轴承；6—填料箱；7—弹簧；8—小活塞；9—挠性保护套。

单螺杆泵在船上多用做污油泵或油水分离器的供给泵。在使用时应避免干转，否则会因螺杆与衬套间的摩擦生热使橡皮衬套接触面烧坏。单螺杆泵在启动前需加引液。

（四）螺杆泵的操作要点

1. 操作要点

（1）启动前。

①启动前，必需要确保泵内充满油液，并打开排出管路上的放气旋塞，排净吸入管路和泵壳内的空气。单螺杆泵的万向连轴器中注入油脂，以免在启动时泵发生干摩擦，使泵造成严重损害。

②启动前应完全打开吸、排截止阀，以防启动时泵吸入空气或电机过载。在低温、油黏度低和泵的排量大时，还要开足安全—旁通阀，待泵运转到额定转速时，再逐渐关闭安全—旁通阀。

③新排装或刚检修完的泵，在启动前应盘车1圈～2圈，以检查泵有无卡阻，并有利于润滑泵的摩擦面。

④检查电动机的转向与泵的转向是否一致，以免吸排方向改变时不能输液，损坏推力平衡装置。

（2）运转时。

①检查泵的吸排压力是否正常，经常检查清洗滤器。

②保持吸入的油温度正常，检查电动机、各挡轴承和轴封处温度有无过热。

③运转中严防吸入空气，检查吸入、排出液面的液位是否正常，以免泵吸空，产生过大的噪声和振动。

④检查轴封处有无过多的泄漏，其他结合面有无渗漏。

⑤倾听各运动部件是否有异常的振动和响声。

（3）停车。

①切断电源停泵。

②先关闭排出阀，待泵完全停止运转后再关闭吸入阀。以保证泵在停转前和停转后，泵内始终充满油液。

（五）齿轮泵和螺杆泵的常见故障

（1）不能排油或流量不足。

①电动机转向不正确，或转速太低，真空度不够。

②吸油管道堵塞或滤器堵塞。

③吸油管露出液面或吸油管漏气。

④吸、排阀没开或没开足。

⑤泵内间隙过大或安全阀泄漏。

（2）泵摩损太快，工作噪声大。

①吸入的油料含有杂质。

②长期空转，排出压力过高。

③吸入管太细或堵塞，滤器堵塞。

④泵装配不当，泵与电机的轴线对中不好。

（3）泵工作噪声太大。

①泵运转时吸入空气，油位太低。

②泵产生干摩擦。

③安全阀跳动。

（4）电动机过载。

①轴封填料太紧。

②输送的液体黏度太大。

③齿轮或螺杆与泵壳发生干摩擦。

第五节 离心泵

一、离心泵的工作原理和特性

（一）工作原理

离心泵的种类很多，使用范围很广，它的主要部件和结构几乎是相同的。离心泵主要工作部件是叶轮、泵轴和泵壳（图 11-5-1）。叶轮通常是由 5 个～7 个弧形叶片和前、后圆形盖板所构成。

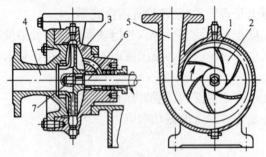

图 11-5-1　悬臂式单级离心泵
1—叶片；2—叶轮；3—泵壳；4—吸入接管；5—扩压管；6—泵轴；7—固定螺母。

叶轮用键和螺母固定在泵轴的一端。固定叶轮的螺母采用左旋细牙螺纹，紧固后，用保险锁片（铁皮或铜皮）锁定，这样叶轮就牢固地安装在泵轴上，以防泵反复启动时因惯性而松动。轴的另一端穿过填料箱伸出泵壳，由原动机驱动按箭头指向回转，除了叶轮泵轴是运动部件外，其余部分都是固定不动的，它们构成泵壳，内部充满液体，并支持运动部件运转。泵壳呈螺线形，亦称螺壳或蜗壳。

当离心泵工作时，预先充满在泵中的液体受叶片的推压，随叶轮一起回转，产生一定的离心力，从叶轮中心向四周甩出，在液体流经叶轮的过程中，液体的能量（压能、动能）得到提高。

离心泵工作时，在叶轮中心处形成低压，液体便在液面上的气体压力作用下，由吸入接管被吸进叶轮。从叶轮流出液体的压力和速度都比进入叶轮时增大了许多。蜗壳将液体汇聚，并平稳地导向扩压管（排出口）。扩压管流道截面逐渐增大，液面流速降低，大部分动能变成压力能，然后进入排出管。因此只要叶轮不停地回转，液体的吸排就会连续地进行。

综上所述，液体通过泵时所增加的能量，显然是原动机通过叶轮对液体做功的结果。离心泵的最基本工作原理是，通过叶轮带动液体高速旋转，向液体传递机械能，并通过泵壳扩压段将其中大部分的动能转换成压力能,以减少因高流速而造成的阻力损失。

（二）离心泵的性能特点

离心泵的工作原理结构决定了它有以下特点:

(1)吸排连续、排量均匀、适用范围广。

(2)转速高、可直接与原动机连接、尺寸小、质量轻、造价低。

(3)可抽送含杂质的污水、易损件少、管理维修简便。

(4)离心泵本身无自吸能力。为了扩大离心泵的使用范围,在结构上采取特殊措施(如在离心泵上附设抽气引水装置),就可以制出各种自吸式离心泵。

(5)泵的流量随工作压头而改变,便于调节流量。

(6)泵能够产生的额定压头主要决定于叶轮的外径和转速。

(7)离心泵的功率在流量为零时最小,故适宜封闭启动。

(8)无自吸能力。

二、离心泵的主要部件

离心泵的主要部件包括:泵体、泵盖、叶轮轴、轴承座及轴封装置机械密封部件。

（一）叶轮

叶轮是离心泵的主要活动部件。其功能是将原动机的机械能传递给被输送液体。它对离心泵的工作性能有决定性的影响。叶轮多用青铜、铸铁或钢铸造。叶轮除了有单吸式和双吸式之分外,还有闭式、半开式和开式之分。图 11-5-2 所示为离心泵叶轮的类型。

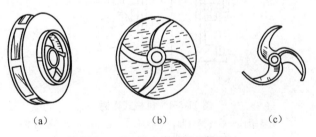

（a）　　　　　　　（b）　　　　　　　（c）

图 11-5-2　离心泵叶轮的类型

(a)闭式叶轮;(b)半开式叶轮;(c)开式叶轮。

（二）轴封装置

离心泵常用的轴封装置包括填料密封装置和机械密封装置。

1. 填料密封装置

填料密封装置主要由填料套、填料、压盖、水封环等部件组成。离心泵填料密封装置的结构如图 11-5-3 所示。常用的填料为石墨或黄油浸透的棉织物或石棉。压盖用来压紧填料,靠填料和轴面的紧密接触来进行密封。轴封的紧密性是通过压盖的松紧来调整的。使用中,填料不宜压的太紧,否则,不仅启动负荷大,而且消耗功率,严重时甚至使填料轴套发热烧坏。所以填料压紧的松紧度应调整适当,工作中允许有少量的滴漏,填料密封的合理泄漏是每分钟泄漏量为 50 滴～60 滴左右。

填料使用日久后,会因失去石墨或油脂而变硬,所以必须定期检查更换。

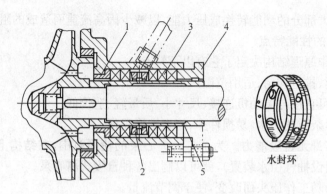

图 11-5-3　离心泵的填料式密封装置

1—填料衬座；2—水封环；3—填料；4—填料压盖；5—轴套。

2. 机械密封装置

机械密封装置的结构如图 11-5-4 所示，它由随轴转动的动环 4、动环密封圈 5、动环座 6、弹簧 7、以及固定在泵壳上的静环座 9、静环 3、密封圈 2 两部分构成，机械密封是借助于动环和静环精密配合而进行密封的。

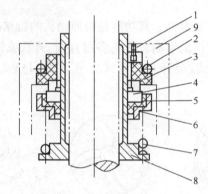

图 11-5-4　机械式密封

1—防转销；2—静环密封圈；3—静环；4—动环；5—动环密封圈；
6—动环座；7—弹簧；8—轴套；9—静环座。

3. 机械密封在维护运转时的注意事项

（1）正常运转时，机械密封的泄漏量每小时小于 10mL，若太多则须拆卸检查。

（2）动、静环摩擦副表面粗糙度小，而动环系非金属材料，故拆卸时应特别小心，不准敲击，严防划伤。

（3）动环两端面均应研平抛光，套入胶环内，用紧配合插入动环座内，推入时可加些肥皂水或油类润滑，如接触端面已起毛、磨伤时，可重新研磨抛光后再使用。

（4）机械密封维修及重新安装时，应用汽油或煤油清洗干净，防止脏物夹入摩擦面内。

（三）泵轴

泵轴是传递扭矩的主要零件，单级泵的轴仅在轴的一端做成锥形或凸肩，用以安装叶轮，多级泵的轴大多采用平键，叶轮滑配在轴上。叶轮间的距离采用轴套定位。目前，有的泵轴也采用阶梯形。

三、离心泵的操作要点及常见故障

(一) 离心泵操作要点

离心泵的操作要点如下：

(1)离心泵在初次启动前,应用手转动联轴节,检查泵内有无不正常现象,如有异常感觉,必须查明原因并排除。

(2)检查各润滑部位的润滑油或润滑脂,用润滑油的部位油位要适中,在正常运转时,轴承外表温度一般不超过 70℃～75℃。

(3)"点启动"检查电动机转向与泵正常工作的转向是否一致。

(4)启动泵时,要先关闭排出阀,减少电机启动负荷,打开进口阀及泵上的放气阀,一直到有水从放气阀中溢出,排除泵内空气后,把放气阀关闭。正常启动后,应及时打开排出阀。

(5)对泵高于吸口液面时,最好对泵内加"引水"后再启动泵,即使是自吸式离心泵,在初次启动时最好也加引水,否则应控制泵的干转时间,不宜过长。

(6)泵正常运行时,要经常检查泵的压力表是否跳动,及运转时是否有振动及异常响声。

(7)停泵时先关闭排出阀,再关闭电源停泵,最后关闭吸入阀。

(二) 离心常见故障及分析

1. 启动后不能供水

启动后不能供水有以下几种情况：

(1)泵的放水考克放不出水。若是有自吸装置的泵,如果这些装置不能产生足够的真空度,则引水失败,无法供水,原因如下：

①真空泵端面间隙过大。

②吸入管或轴封漏气。

③吸入管露出液面。

(2)泵压力表没读数,但吸入压力表指示较大的真空度,可能是吸入的液体在泵的吸口被汽化,使泵无法吸入液体,原因如下：

①吸入流阻大,如滤器堵塞等。

②吸入管不通,如吸入阀没打开,阀底锈死或吸入管堵塞等。

③吸入液体温度过高,以致"吸入真空度"太小。

(3)液体已进入泵内,压力表有读数,但封闭压力小于正常值,原因如下：

①泵的叶轮松脱,泵淤塞或严重损坏。

②泵转速低或反转。

(4)如封闭压力正常,但无法排水,原因如下：

①排出阀没开(如阀盘与阀杆脱落)。

②管路静压太大。

2. 排量不足

(1)泵的转速不足。

(2)阻漏环磨损或叶轮损坏,泵内部分淤塞。

(3)吸入液面太低，以致吸入空气。

(4)吸入阀没开足。

(5)产生了"汽蚀"。

3. 填料密封和机械密封装置泄漏过多

(1)填料老化或松散，密封装置磨损、失效。

(2)泵轴或轴套在填料或机械密封处过分磨损。

(3)轴弯曲或轴线不直。

4. 工作时泵内异常响声、异常振动

(1)地脚螺栓松动。

(2)轴承磨损，叶轮下沉触及泵壳。

(3)泵轴弯曲，离合器对中不良，轴线不直。

(4)叶轮损坏，平衡性差，部分淤塞，有杂物。

5. 轴承发热

(1)润滑油老化或油量不足。

(2)泵轴弯曲或轴线不直。

(3)轴承装配不当或间隙不对，轴承损坏。轴向推力间隙太大。

第十二章　空气压缩机

第一节　空气压缩机的工作原理及分类

用来压缩空气获得高压空气的机器称为空气压缩机(简称空压机);常用的空压机有离心式、活塞式和螺杆式。

现主要介绍的是船上普遍采用的活塞式空压机。空气的压缩靠缸内活塞作往复运动,改变汽缸工作容积来实现的,称为活塞式空压机。压缩空气通过管道输送到全船各处作动力源。由于压缩空气输送方便,使用安全,因此在船上应用广泛。它在船上可作为柴油机启动动力,各种风动工具、气笛的动力、以及为压力水柜充气、海底门吹泥等用途。

一、船用活塞式空压机的分类

船用活塞式空压机可按如下的方式分类:

(1)按汽缸中心位置分为立式、卧式、V式、W式。

(2)按汽缸数目和形式分为单缸、双缸、多缸。

(3)按压缩机级数分为单级、两级、多级。

(4)按作用次数分为单作用、双作用和差动式。

(5)根据压缩空气的原理可分为容积式和离心式两种。

(6)根据排气压力可分为低压(0.784MPa~0.98MPa)、中压(0.98MPa~7.84MPa)、高压(7.84MPa~9.8MPa)。

(7)按排气量可分为小排量(<10m³/min)、中排量(10m³/min~30m³/min)、大排量(30m³/min~300m³/min)。

二、活塞式空压机工作原理

活塞式空压机如图 12-1-1 所示,活塞式空压机利用活塞在汽缸内移动时改变汽缸内气体容积,使气体的容积缩小,压力升高。由电动机带动的曲轴 8、通过连杆 7、活塞销 6、使活塞在汽缸体内作往复运动,活塞向下,汽缸容积增大,压力下降,外界空气顶开吸气阀 2 进入汽缸内。当活塞向上时,汽缸内容积缩小,气体压缩,压力升高,当压力升高到大于排出管压力时,压缩空气顶开排气阀 3,通过排气管道输送到储气瓶内。

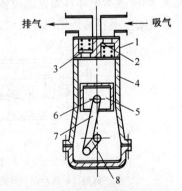

图 12-1-1　活塞式空压机

1—汽缸盖;2—吸气阀;3—排气阀;4—汽缸体;
5—活塞;6—活塞销;7—连杆;8—曲轴

第二节 空气压缩机的气阀结构和安全阀

一、空压机的气阀结构

空压机的主要零部件与柴油机相似,主要差别在于气阀的结构,空压机的吸、排气阀与柴油机的配气机构完全不同,它是空压机最容易发生故障的部件,亦是保障空压机能否高效率可靠工作的重要部件之一。空压机正是靠气阀控制吸气、压缩、排气和膨胀过程才得以交替地连续进行,气阀工作的好坏,直接影响空压机的排气量、排气温度、功率消耗和运行的可靠性。

(一)阀的分类与结构

活塞式空压机一般均采用弹簧压载的自动阀,气阀的开启和关闭是依靠作用在阀片上的空气压差。常用的气阀按阀片的形状,可分为环片阀和球面蝶形阀(图 12-2-1)。球面蝶形阀的结构简单,便于制造,但阀承受冲击力较大,磨损较快,因此广泛适用于中低压空压机。球面蝶形阀具有流线形结构,有利于空气流通,但阀的流通面积较小,结构强度要求高。这种阀适用于小排量空压机,常是几个阀组合使用。气阀主要由阀座、阀片、弹簧和升程控制器等零件组成。

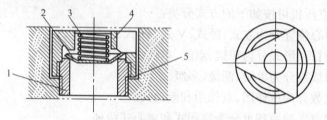

图 12-2-1 球面蝶形阀

1—阀座;2—阀片;3—弹簧;4—升程限制器;5—垫片。

图 12-2-2 所示为环片阀结构。这种阀制造简单、工作可靠,可改变环数来适应各种通气量的要求(图中表示单环),而且适应各种压力。但当采用多环时,各阀片不能步调一致,所以阀片在启闭时不容易作到迅速及时。把环状的阀片改成条状的,就成为条状气阀。

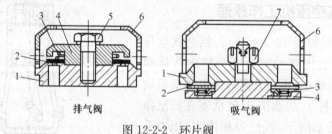

排气阀　　　吸气阀

图 12-2-2 环片阀

1—阀座;2—阀片;3—弹簧;4—升程限制器;5—螺钉;6—阀罩;7—螺母。

1. 阀座

阀座用于支撑阀片,其上开有能控制阀片开关的气流通道,阀座与阀片的配合面应平整光滑无伤痕,确保气阀的气密性。

2. 阀片

阀片是开关气流通道的重要零件，是易损件。在工作中它除了受气流推力、弹簧力和惯性力的作用而周期性与阀座和升程限制器相互冲击外，在阀关闭期间还承受阀座的空气压力，因而容易变形和磨损，阀片与阀座的配合面要求光滑平整无伤痕。

3. 弹簧

弹簧的主要作用是使气阀关闭及时。阀关闭后使阀片、阀座贴合更紧密，缓和阀片与升程限制器的冲击，一般排气阀的弹簧比吸气阀弹簧硬。

4. 升程限制器

升程限制器用以限制阀片的开启升程，并兼作阀片运动的导向装置和弹簧的支撑座。阀片的升程对气阀工作影响很大，在使用管理中不要随便改变气阀的升程。

(二) 吸、排气阀区分

一般来说，同一级的吸气阀与排气阀相比，流经吸气阀的空气流速要低于流经排气阀的空气流速。正确判断阀的种类，应注意如：吸气阀较大，而排气阀较小，但有时为了制造和更换的方便，同一级中的吸、排气阀做成大小和组装次序完全一样，且可以更换，只是安装方向相反。此时，可根据吸、排气阀是否起止回的作用来区分，即：只允许空气流入汽缸的是吸气阀，只允许空气排出汽缸的是排气阀，这类气阀修理或拆检后，也应按止回的作用正确安装，不能搞错。

(三) 气阀的检修

气阀是空压机的易损部件，拆检时应注意阀片和阀座的磨损情况。

(1)若阀片和密封面出现的沟痕不深，可先用粗金钢砂，后用细金钢砂在平板上按"8"字形轨迹进行研磨，直至沟痕消失，表面光洁为止。若阀片表面沟痕较深，在阀片的强度满足要求的情况下，可翻转使用，但需研磨后符合要求才能使用，如发现阀片翘曲变形则应立即更换。

(2)阀片、阀座经研磨后，应检查气阀的气密性，用洁净煤油注入气阀的气流通路应在5min内无渗漏。从气流通道顶动阀片，应能自由起落。

(3)应保证气阀室与阀座的接触面清洁与平整，它们之间有垫片不要遗漏，以保证气阀的气密性，无垫片者不要加装垫片，以免增大余隙容积。

二、安全阀

为防止空压机的排出压力超过容许值而发生机损事故，在空压机的各级均设置安全阀，安全阀的结构如图12-2-3所示。阀盘被弹簧压紧在阀座上。当空压机的排气压力超过阀的开启压力时，阀盘被顶开。压缩空气经阀体的排气口排入大气，使空压机不会超压工作，当排气压力降低后，在弹簧的作用下，阀盘落下关闭。

安全阀的开启压力可通过调节螺丝进行调整，调节螺丝下旋，弹簧张力增大，阀开启压力升高，反之开启降低；调节环上调，阀开启、关闭压差增大，反之压差减小。一般高

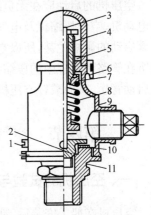

图 12-2-3　安全阀

1—止动螺钉；2—阀盘；3—顶杆；4—调整螺钉；5—锁紧螺母；6—铅封；7—弹簧座；8—弹簧；9—阀体；10—调整环；11—阀座。

压级的安全阀开气压力比工作压力高 10%，低压级的安全阀开气压力比工作压力高 15%。空压机安全阀开启压力在出厂时已调整好，已铅封，不可随便启封调整。安全阀经修理后，必须进行泵压试验，确保安全。

第三节　空气压缩机的自动控制装置

一般来说，在转速不变的情况下，空压机的流量是一定的，但是船上压缩空气的消耗量时大时小，没有一定规律，因而产生了供气量与消耗量之间的不平衡，造成压缩空气系统压力上下波动不稳定。为了保证柴油机的间歇性启动，换向的需要和压缩空气系统的安全，即需保证储气瓶有足够压力的压缩空气，又要防止气瓶的压力过高，因而有必要对空压机的流量进行调节，以便维持储气瓶内压力在规定范围。在柴油机动力装置的船舶上，储气瓶压力一般规定为 2.5MPa～3MPa，则空压机自动控制装置保证当储气瓶压力到达 3MPa 时，空气压缩机停止供气，压力下降到 2.5MPa 时空气压缩机恢复供气。

一、空压机调节排气量的方法

（一）停车调节

停车调节指的是当储气瓶的压力达到上限值时，停止空压机运转，当储气瓶内的压力下降至下限值时，启动空压机，从而维持储气瓶的压力在规定的范围内。这种（调节）方法适用于功率不大的电动空压机，空压机的启动和停止都由压力继电器控制。

（二）空转调节

空转调节指的是空压机不停的运转，根据储气瓶的压力的变化，时而供气，时而停止供气。实现这种调节的方法有余隙容积调节、压升吸气阀调节和旁通调节。

二、空压机的自动释载装置

空压机的启动应在无负载（卸载）情况下进行，这样可减轻电动机的启动扭矩，以减少对电动机、空气压缩机及电气设备的冲击损伤。对于采用停车调节排量的空压机，电动机频繁启动的影响尤甚，所以空压机一般都设有手动或自动释载装置，以放出空压机停车时残留在管路和汽缸中的压缩空气，或者通过压开机构使吸气阀处于常开状态，以降低空压机启动背压，从而减轻空压机的启动负荷。

第四节　空气压缩机的试验、操作要点及常见故障

一、空压机的试验与操作要点

空压机在船上安装后，都必须进行空气压缩机的空载和负载试验，检查空压机的安装质量，检验空压机自身工作是否能正常进行。

（一）空压机运转试验前准备

(1)启动前先将曲轴盘转 1 周～2 周，检查运动部件是否灵活，有无卡阻现象。

(2)检查曲轴的油位是否在正常位置。如进气口装有点油杯时，应调整好点油速度。

(3)开启冷却水管上的截止阀供水,打开机身下的放水阀,检查冷却水的供应情况。

(4)检查空压机排出端的排出阀(截止止回阀)是否打开。

(5)空压机应在卸载情况下运转,如空压机没有卸载装置的则应设法排气,使排气背压处在最低状态下进行运转。

(二)空压机空载运转

(1)启动空压机,注意转向是否正确,待到额定转速时,关闭手动卸载阀或油水分离器上的泄放阀,并立即观察压力表上有无读数产生。

(2)检查各运动部件能否正常工作,滑油压力应控制在正常范围内,仔细倾听空压机有无不正常的响声。

(3)检查空压机曲拐箱的滑油温度是否正常,以及运动部件的轴承外表温度是否正常。

(三)负载试验

在空载运转结束后,压缩机进行正常的压气工作,运转时应注意以下几点:

(1)观察各缸的压力表读数,高低压的分配是否均匀,工作压力是否超过规定值,检查润滑油的压力和液位是否正常。

(2)检查冷却水的出口温度,冷却水出口温差一般不应超过13℃,如发现因断水使汽缸温度过高时,必须立即停车检查。汽缸过热必须停车后让其慢慢自然冷却,切忌立即放入冷却水。

(3)检查空压机的各级排气温度。风冷式空压机的排气温度不超过160℃,水冷式空压机的排气温度不超过200℃,润滑油温度不超过70℃。若发现排气温度或润滑油温度超过规定值时,应立即查明原因排除。每隔0.5h左右打开油水分离器的泄放阀,以排除其中的油和水,并且还根据排出的油水量情况,确定是否有润滑油排出汽缸。

(4)经常检查空压机组的地脚螺栓的紧固情况。

(5)确认空压机各部件处于正常状态的情况下,做空压机排气量的测定试验和各种自动装置的功能试验(一般试验),如测定一只储气瓶能否在规定的时间里达到一定的压力。

(四)停车

停车后应进行如下操作:

(1)开启油水分离器上的泄放阀,排污。

(2)切断电源,关闭电动机。

(3)关闭冷却水截止阀和滴油杯的油量调节阀。

(4)检查空压机与电动机联轴节的螺栓。

二、空压机的常见故障及原因

(一)机械故障

(1)连杆螺栓拉断:连杆螺栓紧固时发生偏斜;连杆螺栓拧的太紧;连杆螺母松动,连杆轴承发热,超负荷运转。

(2)不正常的撞击声:连杆大端松弛,连杆小端松弛;轴承间隙过大或轴颈磨损失圆。

(3)汽缸与汽缸盖发热:冷却水供应不足,冷却水管堵塞,气阀的工作不正常,造成各缸的载荷重新分配。

（4）活塞卡死或咬住：润滑油变质或润滑不良；冷却水供应不均匀造成汽缸过热后突然收缩，卡住活塞。

（5）汽缸的撞击声：活塞环磨损；汽缸或汽缸套磨损；曲柄连杆机构与中心线不直；余隙容积过小。

（6）排气阀的撞击声：气阀定位螺钉未到位；气阀受到冲击上下跳动；阀片折断；弹簧松弛或失去弹性；阀座深入汽缸和活塞碰撞。

（7）轴承发热：轴颈与轴瓦配合不均匀，使单位面积上的压力过大。

（8）突然冲击：汽缸中积聚水分，产生水击；阀片折断或气阀锁紧螺母松脱。

（二）排气量降低

（1）空气滤清器的故障：空气滤清器因部分被污垢堵塞，阻力增大，降低了进气压力，影响了进入汽缸的进气量。

（2）气阀的故障：阀片变形或阀座与阀片磨损，阀座与阀片接触面有污物或阀线有凹痕使气阀关闭不严，气阀的弹簧刚性不当，使阀开启和关闭不当。

（3）汽缸和活塞的故障：

①汽缸或活塞、活塞环磨损，间隙过大，漏气严重。

②汽缸和汽缸盖贴合不严，造成漏气。

③汽缸冷却不良，新鲜空气进入汽缸时形成预热，空气比容增大影响排量。

④活塞环装配过小或润滑不良而咬死或折断，引起排气量在各级的重新分配。

⑤活塞环的搭口转到一条线上，造成漏气。

⑥因传动皮带过松或者皮带上有油引起皮带打滑，使空压机没达到额定转速。

⑦余隙容积过大。

（4）中间冷却故障：

①冷却水量小，影响冷却效果，使次级进气温度升高。

②热交换面有油污或积水垢，致使次级进气温度升高。

（三）排气压力和温度不正常及其他故障

（1）高压级排出压力高于额定值：安全阀失灵。

（2）低压级排出压力偏高：高压缸的进气阀或排气阀漏气。

（3）低压级排出压力偏低：低压缸的进气阀或排气阀漏气。

（4）高压排气温度过高：高压缸的排气阀漏气。

（5）低压缸的排气温度过高：低压缸的排气阀漏气。

（6）滑油消耗量过大：储气瓶中有过量的润滑油。

第十三章　油水分离机

第一节　油水分离机的工作原理

一、离心式分油机的功用

燃油和润滑油通常含有不同程度的水分和机械杂质,特别是用过一定时期的润滑油其含水量和含杂质量更大,这些水分和杂质被润滑系统带入轴承和齿轮中会引起锈蚀和磨损。为了保证提供给柴油机的燃油、滑油的质量,在使用前必须对燃油和滑油中含有水分、机械杂质进行净化处理。离心式分油机的功用就是分离润滑油中的水分和杂质,以保证各种机械装置的良好润滑,另外,离心式分油机还用于分离柴油中的水分和杂质,以获得纯净的柴油,保证充分燃烧。

二、净化处理的方式

净化处理的方式有三种:

(一) 过滤器过滤

只能净化油中的粗粒杂质,故作为辅助净化方式。

(二) 重力沉淀

虽然能将水和杂质分离出来,但沉淀慢,历时长,在船舶摇摆时无法保证净化质量。

(三) 油分离机(分油机)分离

油的净化程度高,净化速度快,受船舶摇摆的影响小。

分油机和重力沉淀槽,尽管有旋转和静止的区别,但在工作上很相似,且后者更容易理解,因此先介绍重力沉淀槽,然后说明分油机工作原理。

三、离心式分油机工作原理

分油机与沉淀槽工作原理相似。图 13-1-1 所示为污油在沉淀槽中分离工作原理图。先向槽内注水,使水面上升到分液板的下缘以下,造成水封,即不让油流到溢水口侧,然后将需要净化的污油连续缓慢地流动,污油中的杂质和水分由于密度不同而进行分离,密度最大的杂质沉于槽内最下层,而水介于油和杂质之间,净油密度最小,浮于沉淀槽最上层,只能从溢油口处流出。分离出的水在沉淀槽中不会超过油水分界面,只能通过分液板从溢水口处流出。沉淀槽是静止的,油、水、杂质的分离完全是依靠重力作用下进行的,这种分离方法时间长,而且分离效果不理想。如果把沉淀槽的结构制成圆筒状(图 13-1-2),并绕中心轴高速旋转,就能使被分离的污油获得离心力,污油中的杂质和水获得的离心力要比其重力大得多,这样就克服了仅依靠重力沉淀分离的缺点。由于油、水、杂质的密度不同,旋转时所获得的离心力也各不同,机械杂质的密度最大,油的密度最小,水的密度介于二者之间。把需要净化的油引入绕中心轴作高速旋转的分离筒内,污油中的油、水、以及机械杂质就会获得不同的离心力,比重大的杂质离心力大,被甩到最外层,比重次之的水占据中层,比重最小的油则聚集在最内层,于是在筒内形成以转轴为中心的圆柱形油水分界面,只要连续地引入污油,污油就被连续地分离为油和水,由各自通道流出,而杂质则聚积在筒壁上。

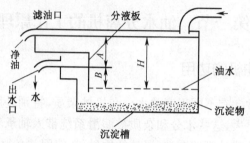

图 13-1-1　污油在沉淀槽中分离工作原理图

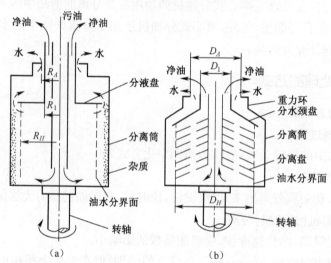

图 13-1-2　污油在离心分离机中分离工作原理图

(a)离心分离机原理结构示意图;(b)离心分离机实际结构示意图。

油水分离机的工作原理是:待分离净化的污油进入分离筒,利用待净化油中的油、水、杂质不同的密度,在离心力场中获得不同的离心力而进行分离,从分离筒净化的油用分离机上的净油输送泵输送到净油柜。

分油机有分水机和分杂机之分,分水机以分离油中水分为主,分杂机以分杂质为主。对于使用轻柴油的内河船舶,分油机一般作分水机使用。分水机和分杂机的结构基本相同,仅个别零件不同。

第二节　油水分离机的结构

目前在船舶上采用较为广泛的转盘式油水分离机主要由机架、机械传动装置、分离筒、输油系统及排渣控制系统等组成,此外还有加热器、转速指示器、制动器、止动器等附属装置。

一、传动系统

水平轴由电动机通过摩擦联轴器带动。大螺旋齿轮用锁钉固定在水平轴上并与小螺旋齿轮相啮合,大小齿轮传动比1∶5,小齿轮固定在主轴上,当电动机(大齿轮)旋转时,可使主轴及主轴上的分离筒以7000转/分左右的速度高速旋转。质量较大的分离筒是装在立轴顶端旋转的,重心很高,故在立轴上部轴承处装有缓冲橡皮圈,以减少分离筒的径向振动,主轴的下部装有能承受轴向力的向心推力滚珠轴承,轴承被装在轴承座内。水平轴的另一端装有传动齿轮,带动双联齿轮油泵,分油机工作时,吸油齿轮泵把污油输送到加热器,待污油加热到理想的净化温度后,从集油器内的通道进入分离筒分离,分离后的净油通过净油泵输送到净油柜。

二、摩擦联轴器

固定在电动机轴上的圆盘及其上面的两个摩擦飞块在电动机启动后,由于离心力的作用,摩擦飞块径向飞出,紧压在摩擦筒内壁,依靠摩擦力带动分油机水平轴旋转。分离筒的惯性较大,逐渐加大传递力矩,使分油机转速平稳上升,减小电动机的启动负荷,使电动机不会过载。被带动的分离筒有较大的静止惯性,故在启动时有打滑和发热现象是完全正常的,待到分离筒达到额定转速时,会自然消失,联轴器温度逐步冷却到环境温度。摩擦面要注意不要粘上油脂,以免运转打滑,使摩擦块损坏,则分离筒达不到额定转速。摩擦块过度磨损要及时更换。

三、止动器

止动器专供拆装时固定分离筒用,以免旋出分离筒上的大小螺母。清洗分离筒内部时,应旋进止动器,使其对准分离筒本体外表的凹槽。拆装完毕后应及时退出,并将锁紧螺母锁紧,在启动前应检查止动器是否退出,分油机运转时严禁旋动止动器。

四、制动器

使用制动器的目的是当分油机要停止工作时,使具有很大转动惯量的分离筒迅速停车或使分离筒能迅速越过共振转速区,使用时要在分离筒转速降到一定程度后同时放下两个制动器,避免主轴受到单侧力而弯曲。

五、集油器

集油器的外壳分上、下两部分,其间由橡胶密封环进行密封,下半部分为机身,上半部分为机盖和隔离盖,内部分隔成互不相通的三层,上层是污油满溢室,中层是净油室,下层是污水室。

六、分离筒

分离筒是分油机的主要部件,分离工作主要由它来完成。分离筒本体为铸钢,其中装有一个形似倒置漏斗的盘架,盘架底边缘处有一个销子孔。装配盘架时,应将该孔对准本体销孔。盘架上装有多层碟形分离盘,装配时,按分离盘编号顺序装入,使分离盘内缘的缺口对准盘架外的筋条,以保证分离盘四周的分配孔轴向对正,形成垂直配油通道,让油液流经此通道至各分离盘之间进行分离。

分离筒主体与主轴为锥孔配合并用螺母(反螺纹)锁紧。

第三节　油水分离机的安装调试和操作要点

一、安装须知

(1)油水分离机安装在船上时,其水平轴平行于船舶纵轴,可减少船舶摇摆时对分油机的影响。

(2)为防止分油机产生的震动传递给周围机械装置或船舶自身震动传给分油机,应在分油机底座与基础之间装减震器。装有减震器的分油机底座用螺拴旋紧后,应加装锁紧螺母。

二、调试、操作、维护、保养要点

要使油水分离机达到正常运行和理想的净化效果,必须掌握油水分离机的正确操作方法。

(一) 提高分离效果的措施

(1)最佳加热温度的确定。

油料在分离前需要加热,以便降低油的黏度,扩大杂质、水、和油的密度差,获得更好的分离效果,但分离温度不应大于80℃,否则水容易汽化而混入净油中,甚至渗入滑油箱中。

(2)正确选择重力环(按内径的大小标有号码)。

根据分离油的密度大小,选择合适的重力环内径,才能达到理想的分水效果,每台分油机都附有一套(7个)内径不同的重力环,根据油温和油的密度选用,油的密度越大,则选择比重环的内径则越小。

(3)最佳分油量的确定。

分油机的分油量于分离效果有一定的内在联系,选择的分离量越小,分离效果就越好,即能分离出颗粒更小的杂质,但是分油机的分油量必须满足主机的油耗量,所以不能片面追求分离效果而选用小的分油量。

(4)热水情况。

当燃油中的含水量不大于4‰时,为了去除燃油中的水溶性成分(一般是钠的化合物,如氯化钠、环烷酸钠等),在分离燃油的同时打开引水阀,把热水注入分离筒清洗燃油。注水量不可太多,约为分油量的1%,热水温度应比分离油温度高5℃～6℃。

分离滑油时也可加热水清洗,水量约为分离量的2%,以便去掉滑油中的酸,延长滑油使用期限。

（二）维护与保养

分油机在船上经常需要长时间的高速运转,需要定期进行维护保养,使分油机在使用中能保持良好的工作状态。

(1)应及时为传动系统和轴承添加润滑油,保持齿轮箱一定的油位高度,但油位不能超过正常标识。

(2)根据使用的实际情况定期拆洗分离筒,在组装时,要注意分离筒零件上记号的定位,以免影响动平衡和分离效果。

(3)定期检查传动齿轮、轴承,缓冲弹簧或缓冲橡皮圈和摩擦联轴器,发现过分磨损、老化、损坏应及时更换。

（三）操作要点

1. 启动前检查

(1)先检查各转动部位、止动器是否退出锁紧,分离筒转动是否灵活,有无卡阻,各转动部位是否在正常位置。

(2)应先将一定量的滑油倒入分油机自带的齿轮输油泵,并且不能使分油机长时间空转。

(3)分油机的输油系统、供水系统、蒸汽加热系统是否正常。

2. 启动、运行

(1)在检查分油机各部分均属正常后启动电动机,在到达额定转速后注意各部分有否异常震动,若有震动则应停车检查。分油机不宜长时间空转。

(2)在全速运转正常的情况下,进行油水分离工作。分油机进行分水工作时,必须在分离筒内注入一定量的水以建立水封区,以免发生"跑油现象",分油时应控制恰当的分离量。

3. 停车

首先关闭蒸汽阀,随后关闭进油阀及进水阀,若分离重油则应在切断进油前接通轻油数分钟冲洗管路,切断进油后向分离筒注入热水对分离筒进行冲洗。切断电源后稍停数秒,待转速降低后才能用制动器刹车,使分油机迅速停车。

第十四章　辅助锅炉

第一节　辅助锅炉的功用和形式

一、锅炉功用

锅炉是通过燃烧把燃料的化学能转化为热能,将水加热使之成为蒸汽的热交换设备。锅炉一般由锅筒(汽包)、水冷壁管、主炉管、蒸汽过热器、汽水管道等组成。在柴油机动力装置船舶上,锅炉产生的蒸汽主要用于加热燃油、滑油驱动辅助设备和满足日常生活中的取暖、热水、烘衣等需要。在货油轮上,蒸汽还作为货油泵、锚缆机等的动力源,货油的加热、灭火及洗舱等都需要蒸汽,这种锅炉称为辅助锅炉。目前,大多数船用锅炉为船用辅助锅炉。

船用主锅炉产生的蒸汽驱动蒸汽轮机,以推动船舶前进。

不同的船舶对蒸汽的需要量不同,需配备不同型号锅炉,为了表明锅炉的规格、性能和技术经济指标,有下列技术参数。

二、锅炉的技术参数

(一) 设计压力与工作压力

设计压力是指锅炉最大的工作压力,设计压力应不小于任一安全阀的最高设定压力。工作压力是锅炉在额定工况下产生的蒸汽压力。设计压力为工作压力的 1.1 倍。蒸汽压力单位为 MPa。

(二) 蒸发量

锅炉在额定工况下每小时产生的蒸汽量用 D 表示,单位为 t/h 或 kg/h。

(三) 锅炉受热面积

锅炉受热面积是指锅炉盛水或蒸汽的受压元件受到火焰或烟气加热的表面积。辅助锅炉的受热面积仅为蒸汽受热面积。锅炉受热面积是计算锅炉蒸发量的重要参数,受热面积的单位为 m^2。

(四) 蒸发率

蒸发率又称锅炉受热面的平均蒸发强度,是单位时间内每平方米受热面积所产生的蒸发量,单位为 t/m² · h 或 kg/m² · h。

(五) 效率

效率是锅炉内有效利用的热量与送入锅炉内燃料燃烧所发生的热量之比。

三、锅炉的分类

船用锅炉的类型很多,但根据结构、工作特征及利用热源的方式可按如下方法分类。

（一）按受热方式不同分类

船用锅炉按受热方式不同可分为火管锅炉和水管锅炉。

1. 火管锅炉

火管锅炉的原理是炉膛内燃烧产生的高温烟气从炉管内通过，加热炉管外的水。图14-1-1所示为火管锅炉的结构简图。

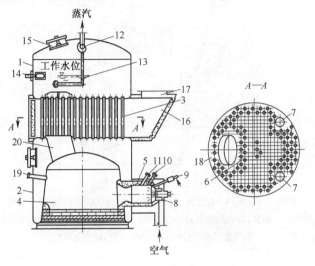

图 14-1-1　火管锅炉的结构

1—锅炉上部筒体；2—锅炉下部筒体；3—水管群；4—燃烧室；5—燃烧器；6—前挡烟板；
7—下降水管；8—喷油嘴；9—点火器；10—手动点火孔座；11—火焰感受器；12—汽水分离器；
13—排污集渣盘；14—水位自动调节器；15—人孔及盖；16—烟箱；17—烟管；18—后挡烟板；
19—后火焰观察器；20—烟管。

火管锅炉的特点：

(1)蒸发率低、热效率低。

(2)相对体积和质量较大、适用工作压力较低、蒸发量较小。

(3)点火、升汽的时间长，汽压和水位变动慢、容易调节，对水质要求低。

2. 水管锅炉

水管锅炉的原理是炉膛内燃烧产生的高温烟气从炉管外流过，用以加热管内温度较低的炉水，以产生蒸汽，图14-1-2所示为水管锅炉结构简图。

水管锅炉的特点：

(1)炉火循环有规律、受热面积构成合理、传热性好、效率高。

(2)体积小、质量轻、点火升汽快、但对水的质量要求较高。

（二）按利用热源的形式分类

船用锅炉按利用热源的形式可分为燃油锅炉、废气锅炉和组合锅炉。

1. 燃油锅炉

直接用燃油燃烧来产生蒸汽的锅炉称为燃油锅炉。

2. 废气锅炉

利用柴油机高温排气（300℃～400℃）的余热来产生蒸汽的锅炉称为废气锅炉。

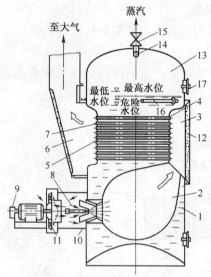

图 14-1-2　水管锅炉的结构

1—炉体；2—炉胆；3—燃烧室；4、5—管板；6—前烟箱；7—烟管；8—喷
油嘴；9—油泵；10—燃烧器；11—鼓风机；12—检查门；13—蒸气空间；
14—集气管；15—气阀；16—内给水管；17—人孔门。

3. 组合锅炉

将废气锅炉与燃油锅炉结合在同一炉体结构内，称为组合锅炉。目前我国船舶应用的组合锅炉大致有两种。图 14-1-3 所示为两种组合式锅炉。

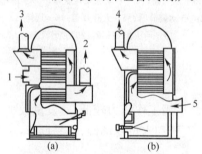

图 14-1-3　组合式锅炉

(a)联合式；(b)交替式。

1—废气进口；2—废气出口；3—烟气出口；4—废气或烟气出口；5—废气进口。

（1）联合式：它既可在航行或停泊时分别用废气或燃油作热源，又可在航行中仅靠废气作为热源，若蒸发量不足时可同时以燃油和废气作为热源。

（2）交替式：它不能同时以燃油和废气作热源使用。

第二节　辅助锅炉的安全阀

一、安全阀功用

安全阀是控制锅炉在安全压力下工作的安全保护设备，为了防止压力过高对锅炉造成损伤以及造成重大安全事故,所有的船用锅炉上都必须装设安全阀。当锅炉气压超过工作压力某一值时,自动开启,蒸汽由此排出,直到气压下降到工作压力以下某一值时,自动关闭,从而保证锅炉安全运行。

每台锅炉要求至少装两只灵敏可靠的安全阀或是两个安全阀组装在一个阀体内的双联式安全阀,安全阀工作时必须满足如下要求:

(1)安全阀的开启压力可比实际允许工作压力大5%,但不应超过锅炉设计压力。

(2)安全阀开启后应能通畅排出蒸汽,以保证在蒸汽阀关闭和炉内充分燃烧的情况下(火管锅炉15min内,水管锅炉7min内),气压升高值应不超过锅炉额定工作压力的10%。

(3)安全阀开闭要动作迅速而准确,并保持严密不漏。

二、调整安全阀开闭的操作要点

安全阀开启后,锅炉内压力下降,当炉内压力下降到锅炉工作压力范围内时,安全阀应迅速关闭。安全阀的开启时与关闭时的压力差称为安全阀的开闭压力降。安全阀开启压力降应选择适当,压力降过大,大量蒸汽排入大气造成浪费,过小则会引起安全阀起跳频繁。图14-2-1所示为一种直接作用式安全阀,它是由两只安全阀组装在一个阀体内构成的。弹簧1压紧阀盘2转动调节螺丝3即可调节弹簧压板4的位置,从而改变弹簧的张力,以调整安全阀的开启压力。安全阀的阀盘2带有唇边,它的作用是使阀在开启后,能迅速达到较大的升程,而且工作稳定。在阀体上装有带密封圈的套筒,保证阀盘的定向移动。安全阀开启后,气压对阀盘的作用力会随气压的作用面积增大而明显增加,并足以平衡阀开启后弹簧被进一步压缩而增加的预紧力,从而提高阀盘开启后的稳定性,使阀一旦开启就迅速开足。当气压继续下降至作用在阀盘和唇边上的作用力小于弹簧张力时,安全阀才会自动关闭。

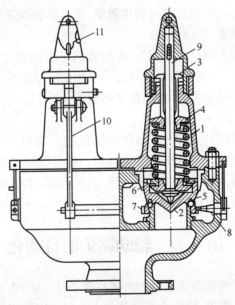

图 14-2-1　直接作用式安全阀

1—弹簧;2—阀盘;3—调接螺丝;4—弹簧压板;5—唇边;6—套筒;7—调节圈;8—调节圈固定螺钉;9—阀杆;10—手动强开杠杆;11—铅封。

217

当阀开启后，由于蒸汽作用面积大于开启前面积，因此当锅炉气压恢复额定工作气压时，阀盘也不能立即关闭，只有当气压继续下降，直到作用在阀盘和唇边上的蒸汽作用力小于弹簧向下压力时，安全阀才会自动关闭，即安全阀的关闭压力要低于开启压力，这一压力差称为降压量。

阀座上装有可旋动的调节圈7，用以将安全阀开启的稳定性和气压降低量调至最佳。调节圈往上调，阀开启后唇边外沿蒸汽通流面积缩小，作用在唇边上的附加作用力增大，使阀的升程和关闭时的压力降低量加大；如果调节圈往下调，唇边外沿蒸汽流通面积增大，则阀开启的升程和关闭时的压力量减小。因此，通过转动调节圈来改变它的上下位置，即可获得开启稳定、压降量恰当的工况。

压力降低量一般是开启压力的4%，在保证阀开启稳定的情况下，压降量调小些较为经济。转动压紧弹簧的调节螺丝可以改变弹簧的弹力，也就是调整安全阀的开启压力，经调整好的安全阀由验船师验收后铅封，不得随便变动。

安全阀顶部设置有手动强开装置，以便在必要时强开安全阀。

三、安全阀的常见故障及检修要点

（一）漏气

阀盘与阀座的接合面如果因腐蚀、磨损而有所改变，或有水垢、杂物引起接触不良，在修理时可根据阀盘、阀座情况进行研磨，或光车后研磨。光车的加工精度及装配质量要求较高，阀座、阀盘的接触面应仔细研磨。

（二）开启压力不准确

（1）弹簧不符合要求。

①修整弹簧。修整时把弹簧放在平板上用角尺检查弹簧是否垂直，如误差过大可在平板上涂上蓝油，用微型风磨机修整弹簧接触面，直至弹簧垂直度符合要求为止。

②如果损坏、锈蚀严重，则应换新。

（2）阀杆上车校调检查阀杆的直线度，并检查阀杆与阀盘背面的锥形接触面，如锥形接触面不好则要光车、修整，使接触面良好。调节圈的转动要灵活。

（3）阀盘在套筒内移动要灵活，但间隙又不能太大，通过阀杆作用在阀盘上的弹簧力必须垂直阀盘。

为了保证安全阀工作的可靠性，在修理组装结束后，要对安全阀进行水压试验以检查阀盘与阀座的接合面的密闭性，水压试验的压力一般是锅炉工作压力的 1.25 倍，安全阀在锅炉上安装好后要进行实效试跳。安全阀经现场调试，由验船师验收后加铅封。未经船检部门许可，船员不得擅自调节。

第三节　辅助锅炉的自动化

目前大、中型船舶上的辅助燃油锅炉大都实现了自动化，锅炉实行自动控制不仅省人力，而且符合科学管理要求，能完全按照管理人员的意图获得满意效果。

锅炉自动控制具体来说，即是锅炉自动点火和稳定燃烧，水位自动调节，锅炉蒸汽压力高时自动熄火，发生故障时自动报警。实现锅炉自动化的控制元件是电子元件及有关电气控制线路。

一、锅炉蒸汽压力的自动调节

锅炉使用时确定了蒸汽压力高、低限。由于外界用汽量随时都在不断地变化,锅炉内产汽量的变化要求改变锅炉喷油嘴喷油量和锅炉供风量,保证蒸汽压力能保持在一个适宜的范围,使船上设备及生活需要能够得到保证。锅炉蒸汽压力自动调节的原理是利用蒸汽压力的变化通过压力调节器改变锅炉的喷油量和供风量,从而达到蒸汽压力的基本稳定。气压的自动控制有如下两种方法:

(一) 双位调节

即当气压因用汽量减小而上升至调定的上限值时,压力继电器切断主喷油嘴的供油和风机电源并关闭燃油电磁阀,锅炉停止燃烧。当锅炉因供汽不足而使压力下降到最低值时,压力继电器把锅炉输油泵和风机电源接通并打开燃油电磁阀和点火器,锅炉进行正常燃烧,于是汽压就控制在调定的范围内。锅炉蒸汽压力如超过安全阀开启压力而安全阀仍未打开,则必须用人工强制开启,如安全阀已自动开启但汽压长久降不下来,需立即停炉。

(二) 比例调节

即随着汽压的变化,自动按比例增减喷油量和风量,改变燃烧强度,以维持气压基本稳定。

二、锅炉的水位自动调节

锅炉的水位由磁性浮式或电极式水位调节器控制。当炉水降至最小水位时,调节器接通给水泵电源,泵启动给水;当水位上升至最高水位时,调节器断开给水泵电源,泵停止给水。于是水位就自动控制于最低和最高水位之间。

三、辅助锅炉安全保护,锅炉自动操作安全保护装置

为了防止锅炉自动操作时故障而造成事故,所以自动化操作锅炉上常设有如下安全保护和警报装置:

(1)水位最低保护和报警装置;
(2)安全点火及熄火保护装置;
(3)风机和油泵联锁保护装置;
(4)电源失压保护装置;
(5)燃油温度过低或过高保护装置;
(6)水位超过保护和报警装置;
(7)蒸汽超高压保护和报警装置。

第四节　辅助锅炉的安装调试及故障排除

一、辅助锅炉的安装与阀件检修

辅助锅炉在船上安装一般可分为锅炉本体安装,锅炉附件安装(阀件、水位表、燃烧器

等),锅炉的供气系统(通风于排烟)、给水系统、燃油系统、蒸汽系统等组成件与附件的安装以及电气系统的安装。

辅助锅炉安装应注意以下几点:

(1)安装锅炉本体的基座时要检查基座表面有无高低不平,若有要用修理锉修理,去掉机加工后留下的毛刺,确保锅炉与基座接触良好。连接螺栓要上紧,基座平面应成水平状态,使锅炉安装后正直,无歪斜现象。

(2)锅炉本体安装的阀件(不论是新安装还是检修后)都必须是进口侧在锅炉内,出口侧向锅炉外,这样当要修理阀件外侧的管子及附件只需把这些阀件关闭,锅炉内的水、蒸汽即与外界隔绝。

(3)每台锅炉都有两套给水装置,给水装置靠锅炉处装有截止阀和截止止回阀,截止阀必须装在锅炉与截止止回阀之间,截止阀的进口与锅炉侧连接,截止阀出口与截止止回阀出口连接,以便在修理给水管路和截止止回阀时将锅炉水及蒸汽切断。

(4)凡是与锅炉本体连接的阀件、管子连接件(法兰)及其他附件,连接表面必须平面光洁,如有不平或损坏的拉痕必须修整后才可安装,阀件、管子的连接处的垫片应选用耐热石棉纸板,垫片和连接螺栓的螺纹表面应涂带石墨粉剂的润滑油,以便于拆装。

(5)锅炉体的连接螺栓不可一次拧得过紧,待锅炉升温受热后再依次进行拧紧。

二、辅助锅炉调试及常见故障

锅炉安装结束后,在投入正常运行前,必须对锅炉各主要附件及系统的功能进行调整和试验。

锅炉的一般调整和试验要点如下:

(一)锅炉安装完整试验

锅炉在所有附件、连接件安装完毕后,要对锅炉进行完整性压力试验(采用水压方式),试验前先关闭所有的锅炉阀件,安全阀阀杆用专用的夹具锁紧,试验压力为工作压力的1.25倍,保持压力10min~15min,压力表压力应不降低,锅炉与各连接件附件的连接处应无渗漏。

(二)锅炉给水系统试验

(1)水泵的运转,应确保水泵转向正确,运转压力正常。

(2)最好先后使用两套给水系统进行试验,以确认它们的工作均正常,水泵吸水、出水进入锅炉都能畅通无阻。

(3)给水泵安全阀开启压力调整。

(4)锅炉自动给水时高、低水位调整,锅炉低水位及超过水位报警调整。

(三)锅炉燃烧系统试验

(1)燃油泵及风机转向正确,运转正常。

(2)燃油系统管路畅通,各连接处及附件不得有泄漏现象。燃泵溢流阀调整到规定压力。

(3)锅炉燃烧器进行手动及自动转换点火燃烧试验。

（四）安全阀试验

在锅炉一切正常后必须要进行安全阀实效试跳，在试跳时必须先关闭蒸汽出口阀，安全阀试跳应满足下述要求：

(1)试跳压力应在规定范围内。

(2)关闭压力即安全阀的压力降应在允许的范围内。

(3)锅炉在无供汽，炉内进行最大强度燃烧情况下（火管锅炉 15min 内，水管锅炉 7min 内），锅炉蒸汽压力升高值应小于工作压力的 110%。锅炉装有的两只安全阀可以先分别调整在规定范围内，然后要试验两只安全阀是否能同时开启，它们的开启压力，压力降等差值越小越好。

（五）蒸汽压力自动调节试验

当蒸汽压力升到上限值，自动停止燃烧；当蒸汽压力下降到设定下限时，锅炉自动重新启动并投入燃烧。

（六）锅炉轻油、重油燃烧转换试验

调整重油的加热温度，到达下限温度自动加热，到达上限温度则自动停止加热。

三、锅炉的一般故障及排除

锅炉的一般故障除失水，满水外最常见的故障发生在点火燃烧部分。

（一)运行时突然熄灭(蒸汽压力未达到上限)

原因如下：

(1)供油中断。原因：油柜油用完，油路被切断或燃油电磁阀损坏而造成断油及喷油嘴被堵塞，燃油滤器产生阻塞，供油泵损坏。

(2)点不着火。除了上述原因外可能是风量不足或太大，电点火器故障及点火油泵压力过低，喷油嘴雾化工况不佳。

(3)喷油嘴喷口结碳。原因：油温太低，雾化不良，油压不稳，风量不足，电磁阀关闭不严。

(4)炉内燃气爆炸。一般在点火后或热炉熄火后发生，这是因为操作管理不当所致。炉内燃气爆炸主要原因如下：

①点火前预扫风和熄火后扫风不充分或点火失败后重复点火前没再进行充分预扫风。

②停炉后燃油系统阀件泄漏或漏入的油积存底部，下次重新点火时预扫风不足，操作时要注意以下几点：

a. 预扫风要充分。

b. 紧急停用先关供油速闭阀后扫风。

c. 加强对燃油系统及燃烧自动控制装置的检查，发现漏油或其他问题及时排除。

③锅炉喘振。因为燃烧不稳定导致炉内压力波动。原因：供油压力波动，喷油嘴雾化不良，大油滴滞燃，风量不足。

（二）汽水系统故障

汽水系统最严重故障是锅炉失水，锅炉水位过高。

(1)锅炉失水。锅炉水位处于最低工作位置称为失水。因为失水会使上部受热面失去炉水冷却而烧坏,严重时会使锅炉烧塌。发现失水时要冷静处理,千万不要马上向炉内补水,以防赤热的受热面突遇冷水而爆裂,甚至导至锅炉爆炸。这时,应立即停炉,待冷却后进一步检查原因。

(2)受热面管子爆裂。从锅炉排烟中出现白云状烟雾,如管子破口较大时应立即停炉,待冷却后进一步查出漏水处再修理。

(3)汽水共腾。锅炉汽水交界面产生的油污与泡沫聚集到一定程度,导致汽水面不分而形成水中有汽,汽中带水现象。产生原因:水质不良,炉水中有碱性物质和油污,特别是盐度过高。

第十五章 制淡装置

第一节 概 述

一、制淡装置的功用

船舶制淡装置是把海水进行淡化的装置。船舶航行时,要消耗大量的淡水。例如:柴油机冷却水管道中的淡水泄漏,辅助锅炉蒸汽与凝水的泄漏等损耗,同时还有船员及旅客的生活用水等。对于沿海和内河航行的船舶,可以利用船上的淡水舱(柜)在航行沿途中不断进行补给;而对于远洋船舶,由于远距离航行,一般在中途进行淡水的补给较困难,因此要用大容量的淡水舱(柜)带足淡水来满足全船的消耗,这就要减少货物的装载量(对军舰来说就是减少武备量),显然这是不经济的。因此对于远洋船舶就需要设置专门的制淡装置,来弥补船上淡水量的不足。

二、淡水的质量要求

船上消耗的淡水,由于用途不同,对于淡水的质量要求亦有差异。一般按其使用要求,船上的淡水可分为如下几种:

(1)锅炉用水:锅炉用水要求水的盐度和硬度(水中含钙离子和镁离子量)值要小。因为水中盐分增加,会加快锅炉的腐蚀;水中硬度的增加,会加快锅炉水垢的产生。锅炉的工作压力及温度越高,则对锅炉用水的盐度和硬度控制也越严格。

(2)洗濯用水:船上洗濯用水,用来洗衣服、洗脸、洗澡、洗刷食具等。这种淡水要求无菌、无嗅、无污物,允许有一定的盐度和硬度。

(3)柴油机冷却用水:这种淡水无严格要求,只要盐度和硬度值不要太高即可。

(4)饮用水:这种水除了要求清洁、无毒和无污物外,允许有一定的盐度和硬度,可含有一定量对人体有益的矿物质。

对于柴油机动力装置的船舶,锅炉为低压辅助锅炉,因而对锅炉用水要求不高,常把锅炉用水、洗濯用水、冷却用水混装在一个水舱内。如果供水源是较好的自来水,则上述四种用水可共用两个水舱。

第二节 制淡装置的形式和制淡原理

一、船舶制淡装置的型式和制淡基本原理

目前船舶上常见的制淡装置,根据其制淡装置的结构和工作原理不同,可分成如下几种:

(1)沸腾式制淡装置。

(2)闪发式制淡装置。

(3)电渗析制淡装置。

利用电渗析制淡,虽然水质较好,可作饮用水,但这种制淡装置的效率低,制淡成本高,因而船上应用较少。目前普遍采用的是沸腾式和闪发式制淡装置。

不论沸腾式制淡还是闪发式制淡,其基本原理是利用海水的蒸发来分离海水中的盐分和杂质。蒸发出来的蒸汽经冷凝、收集后即成淡水,而未蒸发的海水(盐度和杂质较多)被排出。

水的沸腾温度,随着水的压力降低而降低,例如水在标准大气压力下的沸腾温度为100℃,而在 0.07kg/cm² 压力下(即在真空状态)沸腾温度为 38.7℃。海水在低温下沸腾,可以使加热海水用的热源的温度较低,这样能更有效地利用船上余热来加热海水。例如,当制淡装置在 0.07kg/cm²～0.10kg/cm² 压力下工作(真空度为 680 毫米汞柱～700毫米汞柱),海水只要加热到 35℃～45℃ 左右即可沸腾,这样海水可利用柴油机的冷却水(其温度为 55℃～65℃)进行加热。同时海水在低温下沸腾,可使海水在蒸发器内结垢减少,有利于提高制淡装置效率。因此沸腾式或闪发式制淡装置,都是在真空状态下进行制淡的。

二、真空沸腾式制淡装置

(一)真空沸腾式制淡装置的原理

图 15-2-1 所示为真空沸腾式制淡装置。其制淡原理是:蒸发器 1 中间的海水,由柴油机的冷却水(热水)通过加热管 9 进行加热。海水被加热后沸腾蒸发,蒸汽经过蒸发器上方的汽水分离器 2,把蒸汽夹带的小水滴(含有一定盐分)分离出来,以净化蒸汽,然后把蒸汽引至冷凝器 5 冷凝成凝水。凝水通过凝水泵 7 抽出,送至淡水舱(柜)。冷凝器 5的冷却水,由海水泵 6 供给。蒸汽在冷凝器内冷凝时,体积变小,使压力降低形成真空状态。为了使冷凝器维持真空状态,由空气抽除器 4 不断地把冷凝器中的空气抽出。由于

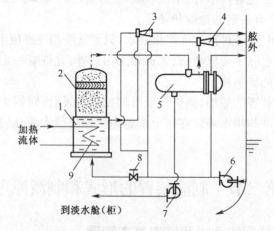

图 15-2-1 真空沸腾式制淡装置的制淡原理

1—蒸发器;2—汽水分离器;3—盐水泵;4—空气抽除器;5—冷凝器;

6—海水泵;7—凝水泵;8—给水调节阀;9—加热盘管。

冷凝器和蒸发器用管道连接,因此冷凝器和蒸发器都在真空状态下工作。蒸发器中的海水由海水泵 6 通过给水调节阀 8 不断补给。蒸发后余下的海水,由盐水泵 3 不断从蒸发器内抽出排至舷外,这样不但维持蒸发器的海水量,同时可相对维持蒸发器内海水的盐度。盐水泵 3 和空气抽除器 4,都是在高真空度情况下工作的,因而都选用吸入真空度比较高的喷射泵,而喷射泵的动力是由海水泵 6 提供的。

(二) 真空沸腾式制淡装置系统

真空沸腾式制淡装置,在我国沿海及远洋船舶上应用最为广泛。图 15-2-2 所示为真空沸腾式制淡装置的系统原理图。

这种制淡装置中主要的组件是制淡器。制淡器的结构是把蒸发器、汽水分离器、冷凝器及加热管组装成一体,这样可使制淡装置更为简化,装置的操作和保养更简便,并能缩小装置的安装尺寸和简化装置的安装要求。

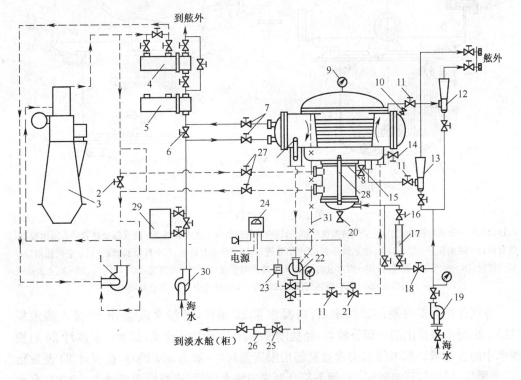

图 15-2-2 真空沸腾式制淡装置系统原理图

1—主机淡水冷却泵;2—加热水调节阀;3—主机;4—主机淡水冷却器;5—主机滑油冷却器;6—海水调节阀;7—冷却水进出阀;8—蒸发冷凝器组;9—真空压力表;10—放气旋塞;11—止回阀;12—真空泵;13—排污泵;14—真空破坏阀;15—放气旋塞;16—给水调节阀;17—浮子流量计;18—弹簧稳压阀;19—海水泵;20—泄水阀;21—回流电磁阀;22—凝水泵;23—盐度传感器;24—盐度计;25—淡水排出阀;26—淡水流量计;27—加热淡水进、出口阀;28—水位计;29—主机空气冷却器;30—主机海水泵;31—平衡管。

海水泵 19 从船外吸入的海水,经弹簧稳压阀 18 和浮子流量计 17 进入制淡器下部进水口 12(图 15-2-3),沿直立式的蒸发器加热管 5 自下而上流动,在这里受到从主机淡水冷水泵压送来的主机冷却水(水温一般可达 60℃～65℃)的加热。由于制淡器是在真空情况下工作,因而海水只要被加热到 35℃ 左右便开始沸腾而蒸发。为了提高加热效果,加热用的淡水,在管外绕过隔水板7作自上而下的回旋流动。

从制淡器蒸发器内蒸发出来的蒸汽,通过汽水分离挡板20和波纹板式的汽水分离器13,才能进入冷凝器管群14,这样可把沸腾蒸发时被蒸汽夹带出的小水滴进行充分的分离,保证蒸汽的干燥。而流进冷凝器内的冷却水,是由主机海水泵30(图15-2-2)提供,从冷凝器内流出的冷却水,继续作为柴油主机的滑油冷却器5和淡水冷却器4的冷却水,最后才排出舷外。

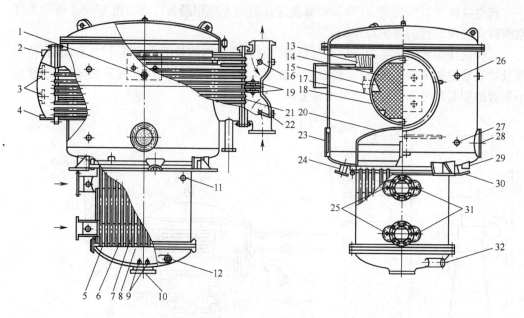

图 15-2-3　制淡器结构

1、16、22、31—温度计插座;2、11—空气旋塞接头;3、9、19—防腐锌板;4—放水旋塞;5—蒸发器加热管;6—隔水板定位套管;7—隔水板;8—管板;10　泄水阀接头;12—给水进口;13—汽水分离器;14—冷凝器管群;15—空气抽出口;17—挡板;18—空气冷却器管群;20—汽水分离挡板;21—冷凝器管板;23、28—观察窗;24—排污口;25—压力表接头;26—真空表接头;27—真空破坏阀接头;29、32—水位计接头;30—不合格凝结水回流口。

蒸汽在冷凝器内凝结成淡水后,由凝水泵22抽出,经淡水流量计26排入淡水柜(舱)。由凝水泵排出的一部分淡水,经盐度传感器23而循环流动,以便由盐度计24监视淡水中的含盐量。如果淡水中含盐量超出限定值时(一般为50PPM),盐度计24便发出声、光警报,同时打开电磁阀21,使不符合要求的淡水,经回流管回制淡器内。这时,凝水泵出口和制淡器连通而出现真空,使淡水送往淡水柜(舱)。同时由于截止止回阀25的作用,防止了淡水柜内的淡水或空气倒流入制淡器内。同理,截止止回阀11的作用是,防止制淡装置未进入正常工作时,由于电磁阀21的泄漏而使制淡器内的海水进入凝水泵的出口,污染淡水,使淡水质量降低。凝水泵22通常采用电动机带动的离心泵,而水泵的吸入口在真空情况下工作。为了防止因水泵轴封不严而漏入空气,使凝水泵无法工作,在水泵的吸口与造水器之间装有平衡管31,使水泵吸口处的空气能引到制淡器内。

在冷凝器中未被冷凝的小量蒸汽及空气,绕过挡板17(图15-2-3)进入空气冷却管群18,而后经空气抽出口15,被真空泵12(图15-2-2)抽出,以维持造水器内的真空度。未蒸发的海水,经制淡器的排污口,由排污泵13排至舷外。排污泵13和真空12都为喷射泵,

226

由海水泵19提供压力海水作为动力。为了防止因喷射泵工作失常,造成海水倒流入制淡器内,在喷射泵的抽吸口尺处,都装有截止止回阀11。

通过制淡器中部左右侧观察23、28(图15-2-3),能非常清楚地见到制淡器中海水沸腾蒸发的情况。在制淡器的外壳上,装有海水和凝水水位计28(图15-2-2)。但由于制淡器中的海水在剧烈沸腾蒸发了,因此其密度比水位计中不沸腾的水要小,所以从观察窗中见到的水位与水位计中反映的水位不一致(制淡器内水位高于水位计内水位)。通常制淡器内的水位,随着海水沸腾的剧烈程度而变化,同时它的水位高低与制淡质量有关,所以制淡器内的水位必须进行控制,而水位计指示的海水高度仅供操作时参考。

制淡器(图15-2-3)的壳体由钢板卷焊而成。冷凝器及蒸发器内的管子及管板等,都采用耐腐蚀的锡黄铜或铝黄铜制成。流进海水的部位,还装有防腐锌板3、9、19。

三、真空闪发式制淡装置

(一) 真空闪发式制淡装置的原理

真空闪发式制淡装置有单级和多级之分。图15-2-4所示为单级真空闪发式制淡装置原理图。海水经加热器1加热,然后到蒸发器4(又称闪发室)内的喷雾器2喷出。由于真空泵5的抽除作用,蒸发器内压力较低(真空状态),从而喷出的海水,一部分迅速转化成蒸汽,其余未蒸发的海水落到蒸发器底部。因蒸发吸热,故蒸发气内的海水温度要低于加热器1内的海水温度。蒸发器底部的海水由盐水循环泵10抽出,其中大部分重新返回加热器加热,一部分排至舷外。蒸发器内产生的蒸汽,经汽水分离器3分离后,汇集到上部蒸汽空间并进入冷凝器6冷凝淡水,凝水由凝水泵8送至淡水柜(舱)。

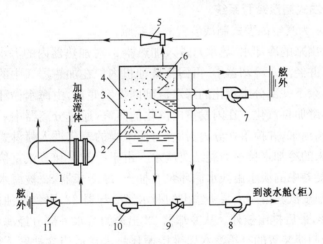

图15-2-4　单级真空闪发式制淡装置原理图

1—加热器;2—喷雾器;3—汽水分离器;4—蒸发器;5—真空泵;

6—冷凝器;7—海水泵;8—凝水泵;9—给水调节阀;

10—盐水循环泵;11—排污调节阀。

冷凝器内的冷却水由海水泵7供给。从冷凝器内返回的一部分海水,经调节阀9送至加热器作为补给水,大部分排出舷外。

这种单级真空闪发式制淡装置的经济性与真空沸腾式制淡装置差不多。为了充分利用制淡装置中被排出的盐水的热量,以及蒸汽冷凝时的汽化热,可采用多级蒸发装置,则制淡的经济性可大大提高。

图 15-2-5 所示为二级真空闪发式制淡装置原理图,二级是指蒸发过程有二次,而且第二级蒸发器内压力比第一级更低。所以将第一级蒸发器内没有汽化的海水,通到第二级蒸发器内继续蒸发成蒸汽,最后盐度较大的海水才由盐水泵排至舷外。同时海水泵 5 供给的海水,通过各级中的冷凝器,吸收了蒸汽冷凝时放出的热量,而后全部作为制淡装置的补给水。多级制淡装置虽经济性得到提高,但装置构造较为复杂,所以一般船上很少采用。

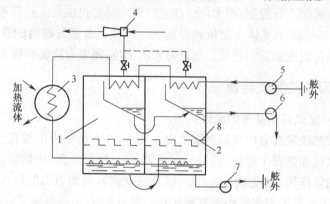

图 15-2-5　二级真空闪发式制淡装置原理图

1—一级蒸发器;2—二级蒸发器;3—加热器;4—真空泵;5—海水泵;
6—凝水泵;7—盐水泵;8—汽水分离器。

(二) 真空闪发式制淡装置系统

图 15-2-6 所示为真空闪发式制淡装置的系统原理图。

从柴油机 16 来的冷却水(热水),进入加热器 3,对加热器内的海水进行加热,然后由淡水泵 2 抽出,并经淡水冷却器 18 再回到柴油机内。在加热器 3 中的海水,被加热后在闪发室内汽化,余下一部分未汽化的海水流到闪发室底部,由海水循环泵 4 抽出,再打入加热器内加热,继而再汽化。在闪发室内汽化的蒸汽,通过分离器中一连串挡板,使蒸汽中的小水滴分离出来,并掉落在分离器底部,而干燥的蒸汽进入喷淋式冷凝器内,使它与从上面喷淋下来的冷却水接触而凝结成淡水。由于冷却水和蒸汽直接混合,从而提高了冷凝效果。冷凝器中的淡水由淡水循环泵 6 抽出,经冷却器 22 被海水冷却,再进入喷淋式冷凝器内冷却蒸汽。由海水泵 1 输出的海水经冷却器 22,再到柴油机的滑油冷却器 17、淡水冷却器 18,最后排出舷外。从冷却器 22 出来的海水一部分经海水流量计 5 进入海水循环泵,作为制淡装置的补给海水以维持循环海水在适当含盐度下循环。闪发室底部的海水,保持一定的水位,多余海水经溢流管 19 流到分离器底部,由真空泵 12 抽出。真空泵抽海水的同时,也抽吸冷凝器中的空气,真空泵抽出的海水和空气,由真空泵的排水泵 13 提高压力后排出舷外。与排水泵同轴的海水工作泵 11 输出的海水,作为真空泵 12 的动力。

冷凝器底部的淡水维持在一定的水位,多余的淡水经溢流管 20 流出,并由淡水泵 7 抽出,经淡水流量计 8、盐度传感器 14 排至淡水舱(柜)。如果制淡装置中的淡水盐度超过限度,则盐度计 9 发出警报,同时打开电磁阀 10,作废水排除。

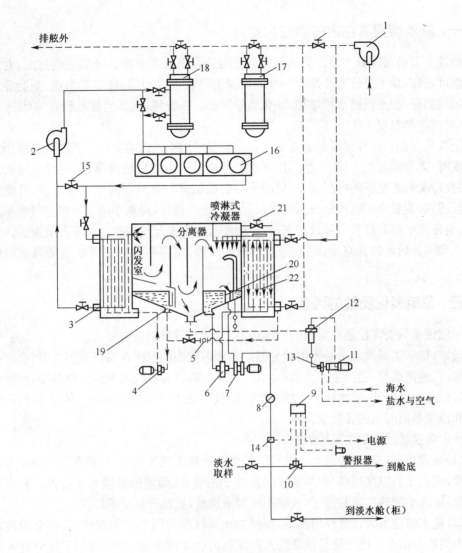

图 15-2-6 真空闪发式制淡装置系统原理图

1—海水泵；2—淡水泵；3—加热器；4—海水循环泵；5—海水流量计；6—凝水循环泵；7—淡水泵；8—淡水流量计；9—盐度计；10—电磁阀；11—海水工作泵；12—真空泵；13—真空泵的排水泵；14—盐度传感器；15—调节阀；16—柴油主机；17—滑油冷却器；18—淡水冷却器；19—海水溢流管；20—溢流管；21—加水阀；22—冷却器。

制淡装置的加热水量及冷却水量的大小，可由调节阀 15 控制。这种制淡装置在最初启动时，冷凝器中需预先加入足够循环的冷却淡水，才能使蒸汽冷凝，进入正常工作。因此在制淡装置上设有与淡水压力柜相连的加水阀 21，启动前可将淡水加入。

第三节　影响制淡装置性能的因素

蒸馏式海水淡化装置，无论采用沸腾式还是闪发式，都存在如何建立和维持合适的真空度；如何保证不使淡水含盐量过高；如何防止和减少换热面的结垢等问题。

一、制淡装置真空度的建立和维持

制淡装置的蒸发器和冷凝器必须建立和维持合适的真空度。若真空度过低,对应的蒸发温度就高,像主机缸套冷却水一类的低温废热就难以利用;真空度太高,则会导致沸腾或闪发剧烈,使水汽携水量增加,淡化质量降低。一般说来,真空度控制在 90%～94% 之间(对应饱和温度 45℃～35℃)比较合适。

制淡装置最初的真空度是由真空泵抽除装置中的空气而建立的。当装置达到所需的真空度时,蒸发器开始工作,产生二次蒸汽。冷凝器产生二次蒸汽凝结,凝水由凝水泵抽出,只要冷凝器有足够的冷凝能力,使冷凝器的凝结量与蒸发器的产汽量平衡,且凝水泵的流量适宜,装置内的蒸汽分压力就得以保持稳定。此外,海水中溶有一些空气等不凝性气体,会在海水蒸发过程中释放出来,外界的空气也会经制淡装置密封不严处漏进。所以要建立和维持稳定的真空度,除上述基本条件以外,还需靠真空泵不断地抽除不凝性气体。

二、影响淡化质量的因素

一般说来只要含盐量在要求的标准以下,淡水的质量就符合要求。

通常,饱和水蒸汽几乎是不溶盐分的。然而装置中的海水在沸腾或闪发时,会产生大量汽泡,汽泡的破裂,会产生许多细小水珠,这些水珠就会被汽流带到冷凝器中,使凝水含有一定的盐分。因此,装置所产生淡水的含盐量取决于进入冷凝器的二次蒸汽携带的水珠量和蒸发器内海水的含盐量。

淡水含盐量过高的主要原因有:

(1)装置负荷(蒸发量)过大。这可能是由于加热工质流量过大,蒸发器中海水平均温度过高,或由于真空度过高,使蒸发或闪发过于剧烈,从而增加了淡水含盐量。若出现上述现象,应减小加热工质的流量,或减小冷却水流量,或稍开真空破坏阀。

(2)盐水浓度太大。这种情况下,即使二次蒸汽携带同样多的水珠量,仍会使进入冷凝器中的盐分增多。此外还易使沸腾式蒸发器内盐水沸腾起泡沫,增加了盐分进入冷凝器的机会,因此在管理中,应采用调节给水量和排污量的方法控制盐水浓度。

(3)蒸发器水面到冷凝器进口的蒸汽空间的高度过低。通常水滴充斥于汽空间的高度大约在 400mm～500mm,如果不能保证汽空间 800mm～1000mm 的高度,则蒸汽带入冷凝器的水珠量就会明显增加。为此,应减小给水量,使蒸发器内含汽泡的盐水水位约在半高处,以免蒸汽空间的高度过低。

(4)冷凝器的冷却海水管漏泄使海水直接进入凝水中。

三、换热面上结垢的防止

制淡海水中的碳酸钙、氢氧化镁和硫酸钙等,在水中的溶解度很低,而且溶解度随温度的升高而降低,因此会沉积在受热面金属壁上而形成水垢。当换热面上受热不均,使海水局部生成汽泡而浓缩时,更容易产生水垢。由硫酸钙生成的水垢能使其他化学成分生成的松散泥渣黏结起来,形成坚硬水垢,这种水垢比其他水垢的导热能力低得多。氢氧化镁生成的水垢也较坚硬,也应尽量避免。

1. 盐水浓度对结垢的影响

盐水浓度越低,可生成水垢的化学成分的含量越少,水垢的生成量也就越少。当盐水浓度低于海水浓度的 1.5 倍时,一般不会生成坚硬的硫酸钙水垢。当产淡水量一定时,盐水浓度取决于给水流量或排污量,故加大排污量或给水量可以减少水垢的形成。一般调节给水倍率(给水量与产水量之比)为 3～4,保持盐水浓度为海水浓度的 1.3 倍～1.5 倍,对控制结垢比较有利。

2. 蒸发温度对结垢的影响

当蒸发温度低于 70℃～75℃时,水垢的成分主要为碳酸钙。当温度高于 75℃时,水垢中镁的成分显著增多,温度超过 80℃后,水垢的主要成分就是氢氧化镁。所以蒸馏装置不加防垢剂时,沸腾温度一般不允许超过 75℃。

第四节 制淡装置试验与操作

一、制淡装置操作

制淡装置的结构或类型不同,它们的试验方法、要求及操作要点亦有区别,但基本内容相似。操作制淡装置时,船舶应远离海岸。当进入沿岸 20 海里内水域时,应停止蒸馏装置运行,因为沿岸海水含杂质较多,受污染比较严重,使所产淡水含有细菌、油类等,不符合卫生标准,还会使装置本身受到污损。

以下介绍真空沸腾式制淡装置的操作方法(图 15-2-2)。

(一) 启动

1. 启动准备

关闭蒸馏器真空破坏阀 14、底部泄水阀 20、凝水泵出口截止止回阀 25、给水调节阀 18 和流量计旁通阀。开启冷凝器冷却海水进出口阀 7 和放气阀 10,当冷却水空间的空气排完,流出连续水流时关闭放气阀;开启蒸发器加热水进出口阀 7 和放气阀 15,当加热水空间的空气排完流出连续水流时,关闭放气阀;开启海水泵 19 的吸入阀、喷射泵 12、13 的舷外排出阀,关闭浮子流量计 17 和给水调节阀 18 的旁通阀,打开浮子流量计 17 进出阀。

2. 抽空和供水

启动海水泵 19 向喷射泵供水,对蒸馏器抽真空。开启并调节给水调节阀 18 向蒸发器给水,使浮子流量计 17 指示的流量约为产量的 3 倍～4 倍。待真空度达到 93% 左右时,稍微关小缸套水进主机淡水冷却器的加热水调节阀 2,使热水流过蒸发器对盐水进行加热。此时应注意调节主机淡水冷却器的冷却海水旁通阀,使一部分冷却海水旁通,防止缸套水温度降得过低,对主机工作不利。蒸发器中的水受缸套水加热后开始汽化,真空度可能降低,应调小海水调节阀 6,以增加冷凝器冷却水的流量,维持合适的真空度。同时,应注意改变阀 2 的开度调节进入蒸发器的加热水流量,以保持适当的蒸发器负荷,避免沸腾过于剧烈引起淡水含盐量过高。

随着蒸汽在冷凝器中凝结,冷凝水水位上升,当水位上升到冷凝水水位计的一半高度时,启动凝水泵 22 并开启凝水泵出口阀 25,把冷凝水送至淡水舱。

（二）运行中的管理

1. 真空度控制

制淡装置在运行中,蒸馏器内的真空度应保持 90％～94％,即控制蒸发温度为 35℃～45℃。装置的真空度是通过冷却水流量来控制的,一般控制冷却海水流量使冷却海水温升为 5℃～6℃。真空度太低,海水沸点过高,会使结垢加剧,产水量减小;真空度太高,沸腾过于剧烈,会使产水含盐量增加。

2. 给水量的控制

在稳定工况下,给水量等于产水量与排污量之和,蒸发器盐水水位一定。当给水量改变时,蒸发器水位发生变化,影响淡水产量和淡水质量。通常情况应控制给水量,使蒸发器外玻璃管水位指示在一半高度(沸腾时,蒸发器液位可达上管板)为宜,给水倍率通常在 3 倍～4 倍。

3. 产水量的控制

从图 15-1-2 所示的制淡装置原理图中可知,制淡量的大小,决定于制淡装置单位时间内产汽量的大小。装置制淡量过大,必将要加强海水沸腾剧烈程度,使水质下降;制淡量过小,则装置的经济性不高。制淡量的大小一般应维持在制淡装置的额定范围内。

制淡装置中产汽量的大小,决定于加热水温度、加热水量的大小以及装置的真空度高低。加热水温度为柴油机的冷却水温度,常稳定在 60℃左右。装置的真空度常维持在 90％～94％左右。因而制淡量大小是用调节加热水量的大小来实现的,加热水量的大小,操作者不能直观地感觉到,但它反映在加热水进出口的温差上。加热水进出口温差大,表示加热水量小,则制淡量小;加热水进出口温差小,就表示加热水量大,则制淡量大。

控制进入制淡机的加热淡水的流量时,开大调节阀 2,减小加热水流量,产水量即下降;反之,关小调节阀 2,增加加热水流量,产水量增加。通常控制其加热水流量使进出口温降为 6℃～9℃。

夏季时冷凝器的冷凝能力因海水温度升高而降低,应相应减小加热水的流量,以减小蒸发器蒸发量,避免真空度过低(或蒸发温度过高),蒸发器结垢加剧。

冬季因海水温度低,冷凝器的冷凝能力升高时,为了防止因真空度过高沸腾剧烈使淡水盐度增高,可适当加大加热水流量,增大蒸发量。

4. 凝水水位的控制

若凝水泵的排量与单位时间冷凝器的冷凝量相符,则凝水水位可保持稳定。凝水水位太高,冷凝器中被凝水浸没的管束过多,会减小冷凝能力;反之,凝水泵会因冷凝器真空度过高和泵的注水高度太小而产生气蚀现象,破坏泵的正常工作。因此装置运行中,可改变凝水泵排出阀的开度,调节泵的排量,使凝水水位保持在水位计的 1/3～1/2 高度。

（三）停用

停用操作步骤如下:开大加热水调节阀 2,然后关闭蒸发器的加热水进、出口阀 27,停止加热。同时,增大通过淡水冷却器的海水流量,以免缸套水冷却不足,进主机温度过高;停凝水泵,关凝水排出阀 25;停海水泵 19,关闭浮子流量计 17 前面的给水截止阀,停止给水;关闭冷凝器海水进出口阀 7,切断冷凝器的冷却水;打开真空破坏阀 14。如果停止时间较长,应开启泄水阀 20,放空蒸馏器中盐水。

停用期间应注意保证各有关截止阀关闭严密,防止海水和热水漏入,引起结垢、锈蚀。

二、制淡装置的试运行和管理。

制淡装置安装结束后,应进行试运行。

利用柴油机冷却水作加热源的制淡装置,一般都在柴油机进行全负荷试验期间同时进行试验,因为这时柴油机能在较长时间内稳定工作,因而柴油机的冷却水温度(即制淡装置的加热用水)稳定,这对制淡装置的操作是有利的。

通常制淡装置试运行的时间不少于 1h。无论制淡装置的试运行还是日常管理都要经常关注和检查以下几个问题:

(1)检验制淡装置中循环泵、凝水泵,海水泵,喷射泵等主要部件工作的可靠性。

(2)观察淡水含盐量自动控制装置工作的可靠性。制淡装置都设有淡水含盐量自动控制装置,通过装置的制淡过程,可以观察到盐度传感器、盐度计,控制电磁阀、警报装置等的工作是否可靠。

(3)制淡装置的密性检查。为保证制淡装置的正常运行,在制淡装置的试运行前,应对制淡装置进行密性检查。只有密性良好的装置,才能建立真空度,制淡装置方可进入正常运行。影响制淡装置密性的部位主要是:泵轴处、填料函处,制淡装置与外界连接的阀件等。

①漏气的检查和处理

为检查制淡装置的密性,可将制淡装置通外界的各阀关闭,启用蒸气喷射泵,将制淡器抽空至 93％真空度,然后停止抽气,如在 1h 内真空度下降超过 10％,则必须进行检漏。通常容易漏气的地方是凝水泵的轴封和各有关阀门的阀杆填料箱。

在运行中可采用烛火法和线香法检漏。当以烛火或线香沿各接合面慢慢移动时,如发现烛火或线香向内吸动,则表明该处漏气。

对于静止不动的密封处,可采用涂布黄油或油漆的办法;对于漏缝或漏孔,可先塞上适当的填充物,然后再在表面涂以油漆、沥青和环氧树脂。

②漏水的检查和处理

检验冷凝器是否漏水,可停用制淡装置,关闭凝水泵出口阀,继续供给冷凝器冷却水。如果凝水水位逐渐升高,则表明冷凝器漏泄,冷却海水漏到了凝水侧,可短时间关闭淡水柜阀,并启动凝水泵,检测盐度予以证实。为进一步确定漏泄部位,可关闭冷却水进、出口阀,将冷却海水泄空后拆下冷凝器端盖,用上述线香法或烛火法查漏,也可向蒸发器内压水(最好是热水)查漏。

一般漏泄大多是由于管与管板的扩接不良造成的,可重新扩管使其密封良好。

第十六章 船舶舵系

第一节 概　述

一、舵的功用及组成

任何船舶都必须具有良好的操纵性能,以便在航行中及靠、离码头时,随时维持或改变航向。操纵性能的丧失,轻则使船舶失去活动能力,重则引起船舶破损,乃至倾覆。

维持和改变船舶航向的设备,用得最普遍的是舵设备。舵设备一般由舵、舵的传动机构、舵机以及操纵机构组成。其中,直接使船改变方向的是舵。舵一般布置在螺旋桨的后面。当它转动某一角度时,能直接改变船舶的航向。操舵装置布置如图 16-1-1 所示。

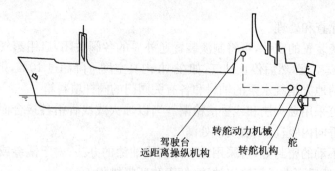

图 16-1-1　操舵装置布置示意图

实践证明,舵所产生的转动力矩,与船舶航速、舵叶剖面形状以及舵角大小有关。船速大,舵角大,则转动力矩就大,而且在某一舵角时转船力矩就出现一个最大值,这个最大值随舵的几何形状不同而不同,一般平板舵最大值为 35°,流线型舵为 32°左右。

组成舵设备的各主要部分及其功用如下:

舵(或导流管):用于直接保证船舶的操纵性能。

舵的主要传动机构:用于把舵机产生的力传递给舵杆,使舵杆转动,从而使舵转动。

舵机:是由整套传动机构和电动机组成的机械,它把作用力加到舵杆上,使舵转动。

舵机操纵机构:把船舶驾驶台用舵机联系起来的装置,使舵机服从驾驶台的指令运转。

其他辅助装置:包括备用和应急传动机构、舵传动器、舵和舵柄的限制器等,是保证舵设备安全运转的装置。

二、船舶舵系的类型及特点

舵的种类较多,名称也各异,它的结构形式与船型和航区有关。下面介绍几种舵的分类方法。

(一) 按舵的剖面形状分类

(1) 平板舵：舵叶的截面形状为平板形状，因为阻力较大，所以除了小船以外，现在新造船舶已不采用这种舵，如图 16-1-2(a) 所示。

(2) 流线型舵：舵叶的剖面形状是流线型的。亦有带有固定舵柱或导头的流线型舵，如反应舵，如图 16-1-2(b)、(d) 所示。图 16-1-2(c) 所示流线型舵具有阻力小、水压力大、强度高等优点，虽然构造比较复杂，但却被广泛采用。

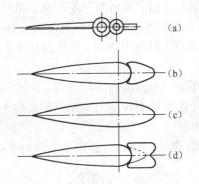

图 16-1-2　舵的剖面形状

(二) 按舵的支承情况分类

(1) 多支承舵：与船体尾柱连接，有 2 个以上的舵钮（舵前支承销），舵下部也有支承，舵杆轴线与支承点重合，如图 16-1-3(a) 所示。

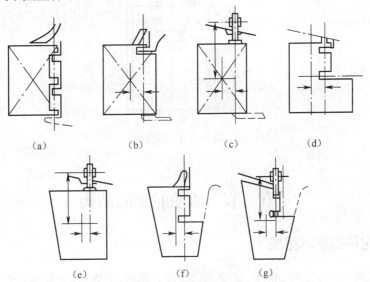

图 16-1-3　舵的类型

(a) 多交点不平衡舵；(b) 穿心舵轴双支点平衡舵；
(c) 普通双支点平衡舵；(d) 半悬挂半平衡舵；(e) 悬挂平衡舵；
(f) 半悬挂双舵钮平衡舵；(g) 半悬挂单舵钮平衡舵。

(2) 双支承舵：除了上支承处，仅有一个设在船体尾柱上的支承，如图 16-1-3(b)、(c) 所示。以上两种适用于有尾柱的船舶。

(3)半悬挂舵:下支承的位置在舵的半高处,舵的底部无支承,适用于无尾柱的船舶,如图 16-1-3(d)、(g)和(f)所示。

(4)悬挂舵:舵悬挂在舵杆上,舵底无支承,如图 16-1-3(e)所示。

(三)按照舵杆轴线位置分类

(1)不平衡舵:舵杆的轴线在舵叶的前缘,它需要较大的转舵力矩和舵机功率,如图 16-1-3(a)所示。

(2)平衡舵:舵杆轴线距舵叶前后缘各有一定距离。舵叶有一部分面积分布在舵杆轴线的前面,这小部分舵叶面积叫做平衡部分。它与舵叶全面积之比,叫做平衡比度,一般为 0.2～0.3。这种舵所需的转舵力矩比较小,舵机的功率也可相应减小一些,如图 16-1-3(b)、(c)、(f)、(g)所示。

(3)半平衡舵:它的舵杆轴线上部在舵叶的前缘,下部在舵叶里面,平衡部分比较小,平衡比度在 0.2 以下。这种舵所需的转舵力矩比不平衡舵小,比平衡舵大,一般安装在无尾柱船上,如图 16-1-3(d)所示。

(4)特种舵:如襟翼舵等(图 16-1-4),主要用于工程船等对舵效有特殊要求的船舶。

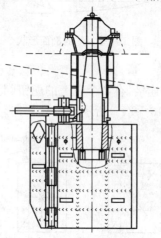

图 16-1-4　襟翼舵

第二节　船舶舵系的结构

一、舵系的基本组成

船舶舵系一般由舵叶、舵杆、舵轴、舵承(分上舵承、中舵承、下舵承)、舵销等主要部件组成。图 16-2-1 为典型的三支承舵系的布置图。它由上舵杆和舵叶两大部分组成,并被支承在上、中、下三个舵承上。

图 16-2-2 所示为穿心舵轴平衡舵系的布置。除了具有多支承舵的一般结构外,有一根穿心舵轴,通过舵叶内部两个支承。

图 16-2-3 所示为悬挂舵的结构,是典型的双支承舵系。舵杆和舵叶被支承在上下两个支承点上。

236

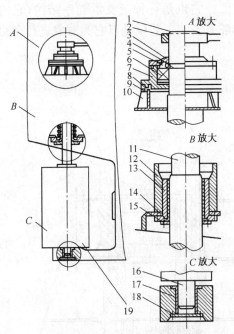

图 16-2-1　三支承舵系布置

1—上舵杆；2—舵柄；3—压盖；4—承压环；5—套
环；6—滚动轴承；7—上舵承体；8—垫板；9—垫
片；10—上舵承座；11—中舵杆；12—中舵承体；
13—中舵承衬套；14—密封圈；15—压盖；16—销
轴；17—下舵承衬套；18—下封板；19—舵叶。

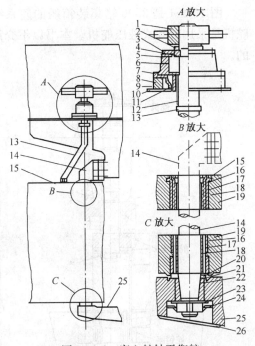

图 16-2-2　穿心舵轴平衡舵

1—舵柄；2—压紧环；3—套环；4—承压环；5—压盖；
6—滚动轴承；7—压板；8—上舵承体；9—垫片；10—
衬环；11—密封圈；12—衬套；13—上舵杆；14—下舵
杆；15—压板；16—外衬套；17—铁梨木；18—内衬套；
19—舵叶；20—上摩擦片；21—下摩擦片；22—舵轴衬
套；23—垫圈；24—止动板；25—舵斗；26—下封板。

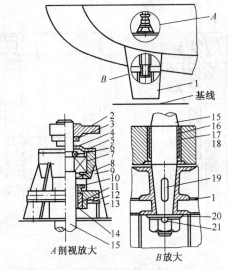

图 16-2-3　悬挂舵

1—舵叶；2—舵柄；3—挡圈；4—上压盖；5—套环；6—承压环；7—滚动轴承；
8—挡油圈；9—上舵承体；10—下压盖；11—填料；12—垫片；13—上舵承体
座；14—衬套；15—舵杆；16—下舵承钢套；17—衬套；18—下舵承本体；19—
键；20—垫圈；21—止退垫圈。

图 16-2-4 是 3500 箱集装箱船的舵系结构图。它也是一种三支承舵系结构，它的舵机是采用转叶式液压舵机。本书以下介绍的舵系安装工艺就是以它为对象进行介绍的。

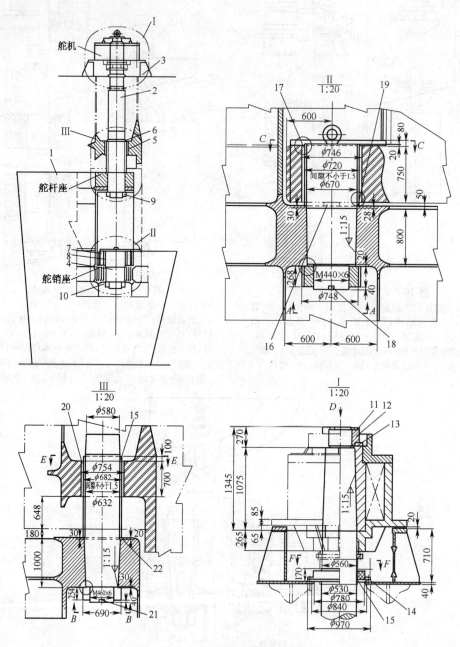

图 16-2-4　3500 箱集装箱船的三支承舵系

1—舵叶；2—舵杆；3—舵机底座；4—舵销；5—舵杆衬套；6—舵杆轴套；7—舵销衬套；8—舵销轴套；9—舵杆下螺母；10—舵销螺母；11—止动垫圈；12—舵杆上螺母；13—液压活塞环；14—密封装置；15—舵杆密封处轴套；16—止跳块；17—衬套挡圈 A；18—止动条；19—"O"形耐油橡胶密封圈；20—衬套挡圈 B；21—止动条；22—"O"形耐油橡胶密封圈。

238

二、流线型舵叶的结构

流线型舵叶为最通用的舵叶,它主要由舵板、垂直隔板、顶板、尾材、放水塞、穿绳孔等组成。图 16-2-5 所示为悬挂舵的流线型舵叶结构。图中舵杆套 8 是用经初步加工的铸钢件焊接上去的。舵叶装焊好以后,应进行水压试验,其试验的水柱高度为船舶满载吃水的 1.5 倍。目前有不少工厂把水柱高度换算成气压进行试验,因为气密试验较水密试验方便。

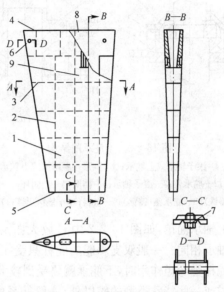

图 16-2-5　流线型悬挂舵叶的结构

1—舵板;2—垂直隔板;3—水平隔板;4—顶板;5—底板;
6—穿绳孔;7—放水塞;8—舵杆套;9—可拆小门。

三、舵承结构和作用

舵承是舵杆在船体上的支承点,一般分为上舵承与下舵承。下舵承可保证舵杆按一定中心旋转,上舵承除了上述作用外,还承受舵杆和舵叶的重量。舵承中的密封填料可以防止水渗漏到船舵内。舵承上所承受的作用力可以根据水压力的支点反力以及舵杆、舵叶的质量进行核算。

图 16-2-6 所示为两种常用的上舵承,其中图 16-2-6(a)为中小型船舶常用的滚柱轴承式上舵承。它由舵承座、舵承盖、滚柱轴承、挡圈、挡圈环、填料等组成。其中主要零件滚子轴承采用类 3000 型的双列向心球面滚柱轴承,主要承受径向负荷,但也能同时承受轴向负荷,轴向负荷可达未被利用的允许径向负荷的 25%。滚柱轴承具有自动调心的性能,能在外圈和内圈有相对倾斜(2°～3°)的条件下工作。故当舵杆在上下舵承不同心或在受弯矩作用下,使轴承的外圈和内圈有相对倾斜时,仍能照常运转。但这种上轴承制造工艺复杂,大规格的滚柱轴承成本也较高。图 16-2-1 和图 16-2-2 中所示的上轴承也基本属于这一类型。

图 16-2-6(b)所示为锥形接触摩擦式上舵承,又称推力滑动轴承,由舵承体、舵承座、

填料、填料压盖、座板等组成。舵承体和舵承座分别由铸铁件与铸钢制成（或由相同材料制成），舵承体上敷以铜衬料，舵承体下口设环油槽，上设油环，将油压入油槽，使之进入接触面，保持良好的润滑。

中间轴承布置在舵杆中部，起支承舵杆作用，它通常采用滑动轴承，轴承材料为铜、铁梨木或桦木层压板等，其机构见图 16-2-1B 放大图。

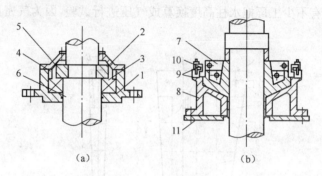

（a）　　　　　　　　（b）

图 16-2-6　上舵承的结构

（a）滚子轴承式上舵承；（b）锥形接触摩擦式上舵承。

1—舵承座；2—舵承盖；3—滚子轴承；4—挡圈；5—挡圈环；6—垫料；7—舵承体（铸铁）；8—舵承座（铸钢）；9—垫料；10—垫料压盖；11—座板。

下轴承结构一般较上轴承简单，如图 16-2-2 中 C 放大图及图 16-2-3 中 B 放大图所示。其轴承材料与中间轴承相同。一般双支承舵的舵杆只受扭矩作用时，则下舵承径向支点反力很小。而悬挂舵杆受弯矩作用时，下舵承就要受到较大的支点反力，应有足够的强度来保证。除了悬挂舵或一些特殊类型的舵以外，一般舵系的下轴承座均设在船体尾柱上。

第三节　船舶舵系的安装

由于舵系的结构和形式多种多样，舵系的安装工艺和方法也不尽相同，但大部分方法是基本相同的，仅在个别方面有所区别。为了能使读者能更多的了解各种舵系的施工方法和技术要求，又尽量减少篇幅。本书将一些常用的施工工艺和方法进行介绍，但对一个具体的舵系来说，并不需要下述工艺的全部过程。读者可以有针对性地阅读和参考。

船舶舵系的安装质量直接影响着船舶航行的性能，因此必须引起足够的重视。

一、施工前的准备（内、外场）

（一）场地清洁

清除船舶尾部安装舵叶处周围的杂物垃圾，凡妨碍液压小车运作的脚手架均应拆除，工作场所附近应有足够的照明，除了有固定的照明设备外，还应装有足够的可移动的照明设备。

（二）人员准备

（1）安装人员和检验人员应具备专业知识，并经过专业培训，考核合格后方可上岗。

（2）安装人员和检验人员应预先阅读与本系统有关的图纸，若有问题，应向有关部门提出,求得解决。

(3)安装人员和检验人员应熟悉本规范要求,严格遵守工艺纪律和安全操作规程。

二、舵叶与舵杆安装前的检查

1. 舵叶本体检验

(1)用划线法定出舵叶纵中剖面,舵叶四角相对纵中剖面的高度偏差小于 3mm/m;舵叶高度偏差为 0～5mm,宽度偏差为 0～4mm。

(2)空心舵叶密封试验。舵叶密封试验前各焊缝应清洁,不准涂刷油漆。可用接管水压法或气压法检查。如设计无特殊要求可使用 $0.3kg/cm^2$ 气压,在各被检查处表面涂以肥皂液,用以鉴定有无渗漏现象。

检验合格后进行舵叶内外表面油漆工作。

2. 舵杆机械加工的要求

(1)舵杆长度偏差为 ±3mm。

(2)舵杆各支承档的圆度与圆柱度,须小于 0.04mm。

(3)与舵叶相连接的舵杆法兰平面在预装校正后应按修正值修正。

(4)舵杆法兰平面上键槽可在预装校正后铣削。

(5)舵杆法兰平面上连接螺孔可在预装校正后粗加工。

3. 穿心舵杆孔中心线与舵叶纵中剖面共面性检查

(1)舵杆直径在 150mm 以下者,二者偏离按直径比例计算,须小于 10mm;舵杆直径在 150mm 以上者,二者偏离应按上条比例计算,最大不超过 20mm。

(2)穿心舵杆孔中心线在镗孔后应就地检查,以舵叶上下二道舵杆孔的外端面中心为基准进行检查。上下二道舵杆孔的内端口中心偏差应小于 1/2 安装间隙。但舵承、上下舵钮镗孔后中心线偏差(包括首尾及左右方向)必须不大于 0.03mm。

非穿心舵叶上舵钮孔中心线直线性可按以上要求检查,各偏差应减小 1/4。

三、车间内场的预安装

舵杆与舵叶、舵杆与舵机执行机构组装,一般都在车间内进行预先安装。

(一) 舵杆轴套的热套

由于舵杆的结构种类多样化,所以轴套的材料、数量、安装位置也各不相同,但安装工艺是基本相同的。

轴套的热套:舵杆上的轴套一般用加热的方法进行套合。轴套套合的加热温度一般控制在 200℃ 左右(用温度计从工艺孔伸进点插入检查),加热时间一般根据轴套的壁厚而定,壁厚 30mm,时间约为 30min)

轴套热套前应做好舵杆的外圆和轴套内孔的尺寸、套合过盈量的检查和清洁工作。

因为轴套在套合过程中会冷却收缩,所以套合时动作要轻、快,避免轴套在套合过程中的套合时间过长而咬住舵杆。

(二) 舵杆外圆与舵叶圆锥内孔的拂配

(1)舵叶垂直吊放于地坑内,舵叶下端放调整垫块(也可用锲形铁调整,但调整后一定要固定好)。在舵叶锥孔的端面上放一平尺,在平尺上放水平仪,通过调整垫块的调整来调整舵叶锥孔轴线的垂直度。调整工作结束后将舵叶用专用夹具压紧,四周用绳缆拉紧(在地坑有专用锚点)。为了拂磨方便应搭好相关的脚手架和操作平台,确保安全。

(2)检查和清洁舵叶圆锥内孔。

(3)以舵杆外圆为基准,拂磨舵叶圆锥内孔。拂磨时,以蓝油或红粉(蓝油或红粉厚度为 $5\mu m$)涂于舵杆外圆表面,将舵杆吊入舵叶圆锥内孔检查接触面的接触色癍是否符合要求,经多次反复,直到检验合格(舵叶圆锥内孔和舵杆外圆的接触面用蓝油或红粉检查时,其接触面积应均匀,且 ≥60%,用 0.03mm 塞尺检查插不进,个别部位插入深度不超10mm)。

由于舵叶的圆锥内孔虽然留有拂磨余量,但也要控制不要拂磨过度,造成轴向间隙不够。对锥度为 1:15 的舵叶内孔长度 150。拂磨内孔 0.1mm 舵杆就会伸进 5mm。由此,可以推算允许拂磨的次数。

(4)拂磨结束后,根据舵叶上的"0"位引到舵杆上(以备安装时用),再通过平板划线把舵杆下端的"0"位引到上端(与舵机执行结构的配合端),做出明显的"0"位标识。以备舵杆与舵机执行结构内孔的拂磨时用。

(三)舵杆与舵机执行结构内孔的拂磨

舵杆与舵机执行结构内孔的拂磨方法和检验方法、检验标准基本与舵杆与舵叶内孔的拂配相似,此处不再赘述。拂磨结束时,舵杆的"0"位标识也应引到舵机执行结构上,以备安装时用。

有些船舶的舵杆与舵也是采用有键连接的,其拂磨方法也与上述方法基本相同。两者安装上的区别,主要是键槽的拂配。

舵杆与舵叶拂磨结束后,在舵杆上划出键槽的尺寸。

因为舵叶的键槽侧边与轴线平行度有一定误差,但舵杆与舵叶的键槽配合基本无间隙,因此必须要求舵叶键槽与舵杆键槽平行,不然不能安装。

拂配舵杆的键槽时,舵杆的键槽宽度应比舵叶键槽宽度小(留有拂配余量)。先拂配舵叶的键槽,拂配结束后,以舵叶键槽的宽度引到舵杆上,测量、检查舵叶孔键槽与舵叶中心同心度的偏差量,如偏差量在舵杆预留的余量内,则可将舵杆吊入舵叶孔内,用块规测量舵杆键槽与舵叶键槽侧向和两槽底的总间隙及偏差,拂妥舵杆的键槽。

(四)上舵杆与舵叶的组装

上舵杆与舵叶在车间组装的目的是校准上舵杆轴心线与舵叶销轴轴心线的不同轴度(也适用无键连接的舵杆与舵叶)。

校准工作一般在平板上进行,如舵杆、舵叶较长,亦可用拉线法(不在平板上)进行。校准之前,须先将上舵杆与舵叶的连接法兰端面预先用小平板拂磨,要求每 $25\times25mm^2$ 内有 1 个~2 个油点。

将上舵杆与舵叶放置于平台上,用临时固定螺栓固紧。先将上舵杆轴心线校准与平台的平面平行,用划针求出轴心高度后,再用划针求舵叶销轴的轴心高,要求相差在0.5mm之内。然后将舵杆与舵叶一起绕舵杆轴心线转90°,再测量舵叶轴的轴心高,要求与未转动前相差亦不得大于0.5mm。如检查出舵叶销轴与舵杆轴心线之间曲折过大,可刮磨连接法兰端面进行修正。如两者的平行偏移超差,则可松动临时固紧螺丝予以校正。

连接法兰端面拂配后,要求结合面周长的85%以上插不进0.05mm的塞尺,局部允许塞尺插入深度应小于外缘至螺孔缘距离的一半。

对于有键的连接法兰,在组装前,舵叶上的键槽先加工出来,在宽度方向预留0.10mm左右的拂配余量。当组装至舵叶与舵杆轴心线同轴后,根据舵叶上键槽的实际位置,在舵杆连接法兰上划键槽的加工线。铰完紧配螺栓孔后再加工并拂配舵杆上的键槽。键与键槽两侧面的85%以上部位,用0.05mm塞尺插入深度应小于1/5键槽深,键与键槽顶面间隙为0.20mm～0.40mm。

四、舵系中心线的确定

在确定舵系中心线之前,船体尾部结构焊接工程和大矫正工作必须结束,尾部隔舱的水压试验应交验完毕,船体基线也已进行复查调整。轴系中心线已经确定。

舵系中心线的确定大多采用拉线法,因为舵系中心线是垂直方向的,不存在因钢丝自重而产生挠度问题,精度容易保证。另外,舵系比轴系短得多,而且支承的数量也少,所以简单方便的拉线法被普遍采用。

(1)粗定舵系中心线位置。按图纸的要求粗定舵系中心线位置。一般来说,舵的上基准点在舵机舱甲板的船中线上,下基准点在下舵承端面(如无下舵承则在船台)的船中线上。在船上可用尺现场量取即可。

(2)上舵承座按粗定舵系中心线点焊初定位。

(3)舵系预开孔。由于钢丝线要通过舵机舱的上、下甲板,没有中舵承时还要通过船体尾部的船壳板,故拉舵线之前还必须先在相应的位置预先开孔,孔的位置按设计位置大致确定,孔的直径约为设计孔径的1/3～1/2即可。

(4)用拉钢丝线法确定舵系中心线(图16-3-1)。在上舵承座的上方和下舵承下方分别安装钢丝线拉线架,调整舵系钢丝线使钢丝线已经确定的轴系中心线的钢丝线相交并保持垂直。

舵系中心线与轴系中心线的垂直度小于1mm/m;相交度小于4mm。

对于多舵系中心线,各舵系中心线前后定位偏差小于(5～10)mm;各舵系中心线对船纵中剖面偏差一般不允许有同侧位移。

舵系中心线确定以后,检查各孔是否有镗加工余量,如余量不够,可在允许的范围内进行调整,直到满足为止。(允许偏差小于2mm/m)

(5)在所有的舵系需要镗加工的位置上,分别以舵系中心钢丝线为圆心,用卡钳在舵系各孔的端面上,划出镗孔加工圆线和检查圆线,前、后、左、右用洋冲敲出洋冲眼,并做△记号,方法同确定轴系理论中心线一样。

(6)以舵系中心钢丝线为圆心,调整上舵承座前后、左右、高低的位置。调整时同时调整上舵承座上平面与舵系中心线的不垂直度以及上舵承座孔的加工余量（图 16-3-2）。

焊接固定上舵承座，（上舵承座的高度超差时应予修正）划出镗加工孔的圆线和检查圆线，前、后、左、右用洋冲敲出洋冲眼，并做△记号。

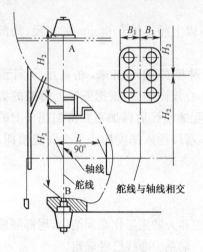

图 16-3-1　拉线法确定舵系中心线

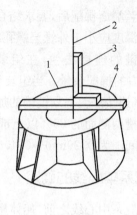

图 16-3-2　上舵承座定位示意图
1—上舵承座；2—舵中心线（钢丝线）；
3—角尺；4—水平尺。

五、舵柱轴承中心孔镗削

在大型船舶上，舵系各中心孔均采用垂直安装的镗排进行镗削，以达到各轴承孔同心度的要求，其镗孔方法与轴系尾轴孔镗孔方法相似。镗排以舵系上下基准圆线找正。粗镗时留余量 1mm～1.5mm，复校中心之后精镗到规定尺寸（各孔的椭圆度不大于 0.05mm，锥度不大于 0.10mm/m，粗糙度不低于 3.2μm）。

六、舵系的安装

由于舵的结构形式各异，所以舵系的安装方法也随其结构的不同而不同。下面，以普通三支点舵的安装为例，介绍舵系的安装工艺。

（一）轴销衬套和舵杆衬套的安装

由于舵系的结构多种，所以衬套材料也不同，安装方法有些区别，但安装过程基本大同小异。目前衬套较采用赛龙（SXL，THORDOW）。

(1)测量衬套实物与图纸尺寸是否符合，清洁衬套。

(2)轴销衬套、舵杆衬套清洁后分别放在圆圈吊装具上，然后放入隔热圆筒里，再放入干冰进行冷冻，冷冻温度一般在－60℃～－70℃，冷冻时间根据材料而定，一般是 60min～90min。有条件的也可采用放入于液氮中进行冷冻，既方便，效果也好。

(3)清洁轴销座与下舵承座内孔，安装轴销座下挡板（下挡板有的用螺丝，也有的焊接，也有的不用下挡板），准备上挡板及下舵承座。

(4)用样棒测量内孔（样棒测量比较方便），样棒放不进说明收缩已经到位（也可用时

244

间进行控制）。

（5）安装舵杆衬套（有的从下向上装），安装轴销衬套，等到基本膨胀到赛龙上端面作出记号（以便检查衬套是否转动，有些在上挡板上有测量开口）。

（6）安装上挡板（有的用螺丝，也有的用焊接，但在焊接时须注意保护赛龙）。

（二）上舵杆与舵叶的安装

上舵杆运到船台后，将中舵系的压盖及密封橡胶圈套到舵杆上。在上舵杆上端拧入起吊螺栓，从上、中舵承孔内放下一钢丝绳与起吊螺栓连接后，扶正上舵杆，即可将舵杆吊进中、上舵承。要求将上舵杆尽量往上吊，使其下面让出尽可能高的空间位置供吊装舵叶用。

如经测量得知舵叶仍不能到位，则在舵叶销轴进入下舵承孔时，须将上舵杆的法兰转位 90°（相对舵的 0°位置），使舵叶能再吊高，让舵叶销轴能插入下舵承的轴套内。

舵叶装到位后，转正上舵杆，放下传动键，落下上舵杆，使两法兰端面靠住，打入紧配螺栓与固定螺栓并将其固紧。然后将上舵杆连同舵叶一起吊起一定距离，在下舵承端面垫以一定厚度的垫片。解除上舵杆上的钢丝绳，将上舵承体、滚动轴承、垫板等整体套入上舵杆，将舵承体及轴承都安装到位，然后装两半承压环、套环等。再装上钢丝绳，将整个舵吊起，取出下舵承的垫片后，把舵放下，拆除钢丝绳，装上压盖。检查舵与下舵承铜套端面之间隙，应在设计规定的范围之内。

安装完毕，用手推动舵叶，检查其转动是否灵活。当舵杆直径小于 360mm 时，舵叶能在少于 5 个人的推动下转动（如用推力轴承的，则需用辅助机械），要求匀顺、灵活。当舵杆直径＞360mm 时，舵叶可用辅助操舵装置予以转动，要求匀顺、灵活。

然后，安装中舵承的密封橡胶圈并用压盖压紧。装上舵柄后，即可校正舵叶的零位（对于中小型船舶，可在舵叶的叶尖中线上挂一根重锤线，一重锤顶尖对准船台上的船体中心线即为舵叶之零位）。此时，应在上轴承处做出零位记号，以作舵机调整定位的依据。

对于大型船舶的舵叶零位，可按螺旋桨中心来校正，如图 16-3-3 所示。将螺旋桨叶中心线盘车可置于左右水平位置，板动舵叶并测量舵叶中心线与桨叶尖的距离，使 $L_1 = L_1'$，$L_2 = L_2'$，该位置即为舵叶之零位。也可用吊锤线把舵叶翼中心与船台基准中心线对准方法。

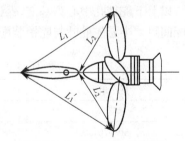

图 16-3-3　舵叶零位的测定

船下水前，应将舵叶连接法兰上、下的螺栓头和螺母处用水泥敷设，并应用钢丝绳及螺旋扣，卸扣连接，将舵柄从两边拉紧后固定，或在舵柄上的十字处装设临时固定支架，防止下水时舵叶转动。

七、3500 箱集装箱船舵系安装程序

3500 箱集装箱船舵系安装程序简介如下：

舵叶、舵杆部件制造完毕→舵叶、舵杆运送到船坞→用冷冻法安装上、下舵钮处衬套→上舵承预先吊入舵机舱内→舵杆从圆筒处吊入→在船坞内装好舵叶用的液压小车（或其他相对工装）→把舵叶放在液压小车上（或其他相对工装）→利用轨道把液压小车

（或其他相对工装）移到所需位置→升高液压小车（或其他相对工装），使舵叶及舵销插入舵纽内→把舵杆放下，利用临时固定螺栓和定位销，使舵杆法兰上的螺孔与舵叶上相应的螺孔对准→用冷冻法安装舵杆与舵叶间连接螺栓→舵杆，与上舵承装配好→安装舵叶可拆部分→测量舵叶与舵纽间间隙，并加工止跳块→安装止跳块→舵叶与舵杆连接处用水泥封好→安装舵柄→提交舵系检验→进行舵叶效能试验（舵叶摆动角度应大于舵机的机械限位）→在舵柄上做出"0"位标志→涂装→检验。

八、舵系安装作业的主要技术标准

（一）舵叶与舵杆的安装

1. 有穿心舵杆孔的舵叶安装

以穿心舵杆孔为基准，保证舵杆的同轴度，舵杆与舵叶安装后中心线偏差应不大于 0.25mm；

舵杆与穿心舵杆孔的同轴度小于 1/2 装配间隙。穿心舵叶与舵杆装配间隙，见表 16-3-1。

表 16-3-1　穿心舵叶与舵杆装配间隙　　　　　　（单位：mm）

舵杆直径	不锈钢、铜舵承	铁梨木、树脂舵承
80~120	0.60~0.70	0.70~0.85
120~180	0.70~0.85	0.85~1.10
180~260	0.85~1.00	1.10~1.35
260~360	1.00~1.20	1.35~1.60
360~500	1.20~1.50	1.60~2.00
近似计算公式	$0.002d+0.40$	$0.003d+0.40$

2. 半悬舵或三支点舵叶安装

以上下舵销孔中心为基准，保证舵杆的同轴度，舵杆与舵销孔的同轴度小于 1/2 舵销装配间隙。半悬舵舵叶与舵销装配间隙，见表 16-3-2。

表 16-3-2　半悬舵舵叶与舵销装配间隙　　　　　　（单位：mm）

舵销	不锈钢、铜舵承	铁梨木、树脂舵承
<50	0.30~0.45	0.35~0.50
50~70	0.45~0.60	0.50~0.70
70~100	0.60~0.75	0.70~0.90
100~130	0.75~0.90	0.90~1.10
130~180	0.90~1.05	1.10~1.30
180~260	1.05~1.20	1.30~1.50
近似计算公式	$0.005d+0.20$	$0.005d+0.40$

注：非金属材料衬套与舵纽和舵销的配合过盈量由衬套供应商提供，但与舵销轴套的间隙在任何情况下都不得小于 1.5mm

半悬舵舵杆与舵纽装配间隙，见表 16-3-3。

表 16-3-3　半悬舵舵杆与舵钮装配间隙　　　　　　　　（单位：mm）

下舵承轴颈	不锈钢、铜舵承	铁梨木、树脂舵承
＜80	0.30	0.60
80～120	0.30～0.40	0.60～0.70
120～180	0.40～0.50	0.70～0.85
180～260	0.50～0.60	0.85～1.05
260～360	0.60～0.70	1.05～1.25
360～500	0.75～0.90	1.25～1.50
近似计算公式	$0.001d+0.30$	$0.003d+0.30$

注：非金属材料衬套与舵钮和舵杆的配合过盈量由衬套供应商提供，但与舵杆轴套的间隙在任何情况下都不得小于 1.5mm

3. 舵杆与舵叶预装（修正）后，其接合面的要求

(1)预装后需加工修正接合面，可根据工厂或车间设备条件只修正其中任何一个接合面。

(2)法兰接触面用蓝油或红粉检查时，其接触面积应均匀且不小于 60%。

(3)舵叶与舵杆连接的法兰接合面应密接，用 0.03mm 塞片检查应达到：接合面 90% 的周长插不进，个别部位插入深度不超过接合面边缘到螺孔边沿距离的一半。

(4)平键与法兰上键槽配合要求：

键的两端侧面在 2 倍键宽的范围内用 0.05mm 塞尺检查，插入后深度小于 1/4 键槽深度，其余各处用 0.10mm 塞尺检查应插不进。

键与槽之顶隙为 2% 键高，最大不超过 1mm。

(5)连接螺孔与螺栓要求：

每对连接法兰的铰孔螺栓不少于 4 只。

法兰与螺母、螺栓接触面应紧密，敲紧螺母后，用 0.05mm 塞尺检查，90% 周长应插不进。

铰孔螺栓孔圆度不大于 0.01，圆柱度不大于 0.02，螺栓圆度不大于 0.01，圆柱度不大于 0.02；

螺栓对螺栓孔的过盈量为 0.005～0.015。

全悬舵舵叶与舵杆的接装要求如下：

锥体装配不论用液压螺母或通过螺母扳手方式固紧，压进力与压进量均应符合设计图中所示的船级社要求的最小计算值（根据验船师要求，以其中一值为考核值，另一值为参考值）。

（二）穿心舵杆的安装

(1)穿心舵杆与尾柱连接的法兰接合面，键、键槽和连接螺栓的要求与上舵杆法兰的要求相同。

穿心舵杆锥体连接要求如下：

在穿心舵杆锥体上涂以蓝油或红粉，要求薄而均匀，检查与它相配的锥孔接触情况。

锥孔接触面积按设计图中所示的船级社要求，但在任何情况下应大于 70%；每（25×25）mm² 面积上色斑为 2 个～4 个；锥体端口 90% 的周长用 0.05mm 塞尺检查应插不进。

(2)舵叶下平面（舵钮下平面）与支承顶面间隙。

船在下水前应对舵钮和各支承平面间隙作最后检查,若施工图中支承平面间隙无规定则按表 16-3-4 选用。

表 16-3-4　上、下平面安装间隙

上舵杆直径	上平面安装间隙 C_1	下平面安装间隙 C_2
<80	16	12
80~120	18	15
120~180	20	18
180~260	22	22
260~360	24	26
360~500	26	30

(三) 舵杆与舵柄的装配

凡与舵杆套合的舵柄孔是整体式的,其配合标准见表 16-3-5。

表 16-3-5　舵杆与舵柄的配合标准

舵 杆 直 径	<120	121~360	>360
配合过盈值	0.04~0.08	0.06~0.11	0.11~0.16

第十七章 液压舵机

第一节 概 述

一、操舵装置的功用和组成

控制船舶航行方向的方法随船舶的装备情况而异。一般船舶使用最普遍的是操舵装置。

操舵装置是由许多设备组成的综合体,简称舵机。它是主掌船舶转舵的重要机械设备。它的功用是根据驾驶人员发出的指令,通过远操机构控制舵机传动装置,推动舵叶(左、右)偏转角度——舵角,使船舶沿着选定的航线航行。

推动舵角的动力有手动、气动、蒸汽、电动和液动等等。由于船舶迅速向高速巨型发展,要求的推舵力矩也不断提高,而液压舵机具有推力大、结构紧凑、控制灵活、工作可靠的优点,因此液压舵机在现代船舶上得到了广泛的应用。

液压操舵装置(或舵机)由下列各部分组成:

(1)由发送器和受动器组成的远距离操纵机构。一般发送器设于船上驾驶室的操纵台上,受动器设于船尾舵机房内,用以把舵令转换为对舵的控制,以提供转舵动力,或停止转舵动力的供给,或改变转舵动力的供给方向,达到转舵、停止转舵和改变转舵方向的目的。远操机构有液压式、电力式和电液式三种。

(2)电动机油泵机组。它是提供转舵动力的机械设备,把电能转换为油液的压力能,输出压力油。油泵称为液压泵或舵机油泵。

(3)转舵油缸(或推舵油缸)。它是转舵机构,设于舵机房内,用以把油液压力能转换为转舵力矩。转舵油缸有往复式和转叶式两类。

(4)舵。装于船尾的舵柱(或舵杆)上,浸没在水中,承受水压作用力,是产生转舵力矩的设备。

(5)追随机构。是当舵转至舵令要求的舵角时,切断转舵动力的供给,自动使舵停止转舵的机构,装于舵机房。常用的追随机构有杠杆式(又分不带副杠杆和带副杠杆)和电力式(又分电桥式和自整角机式)。

(6)应急装置。在操舵装置失灵时,应急备用的操舵设备。如应急远操机构,直流电动机油泵机组等。

(7)辅助装置。舵角指示器、最大舵角限位装置等。

操舵装置的组成可以概括如下:

$$操舵装置\begin{cases}传动装置\begin{cases}转舵机构——舵机\\动力机组——液压传动、电力传动等\end{cases}\\控制装置\begin{cases}控制装置\\随动机构\end{cases}\end{cases}$$

二、对舵机的基本要求

操舵装置掌握着船舶的航向,当操舵失灵时,船舶就失去控制,导致碰撞触礁等海损事故,威胁航行安全。目前各国船级社根据船舶对操舵装置的特殊要求,均制定了严密的监督条款,它必须满足以下要求:

(1)每艘船舶须备有两套操舵装置,一套为主操舵,一套为辅操舵。当其中之一损坏时,另一装置即投入工作。主操舵装置转换至辅操舵装置应迅速简便。

(2)主操舵装置在船舶处于最深吃水、最大航速航行时,确保舵从任一舷的35°转至另一舷的30°,所需的时间为:

海船:不超过28s;内河船舶、急流航段船舶:不超过12s(船长小于30m者为不超过15s);其他航区船舶不超过20s。

船舶以最大速度倒航时(一般取最大前进航速的一半)应不致损坏。

(3)当主操舵装置中某一部分的管系或动力机组发生损坏(故障)时,能将该部分隔离,保障主操舵装置能继续正常地工作。

(4)舵机的动力电源只准单独使用,替代的动力电源必须满足舵机满负荷要求。

(5)舵机应安装舵角指示器和舵角限制器。实际舵角与指示舵角应与驾驶台发出的舵令完全符合,不允许跑舵、冲舵,误差要小于±1°。舵角限制应比最大工作转角超1.5°。当舵转至限制位置时,能自动停止转舵,规定安装限位开关,以免损坏设备。

(6)此外,舵机尚应设有手操装置、失压报警、液位报警和安全阀、液压联锁等。

上述要求的目的是为了满足海上人命安全公约和海事协商规定,确保舵机在任何航行条件下操作灵活可靠。

三、液压舵机的分类及特点

按转舵机结构分类,液压舵机可分为往复式和回转式两大类。

按转舵的原动力分类,可分为人力液压舵机和电动液压舵机。前者只用于内河转舵力矩小于10kN·m的小型船舶上。电动液压舵机,按油液流向变换方法的不同,又分为变向泵式(又称泵控型)和定向泵式(又称阀控型)两大类。油液流向的改变,前者靠泵本身,后者则是靠三位四通换向阀。

泵控型液压舵机采用变向变量泵作主泵,一般采用闭式液压系统—液压回路为闭式循环。阀控型液压舵机采用定向定量泵作主泵,可采用闭式、半闭式或开式液压系统,但多采用开式液压系统—液压回路为开式循环。对于泵控型舵机,操纵系统控制的是主油泵的变向变量机构;对于阀控型舵机,操纵系统控制的是三位四通换向阀。

泵控型舵机油路换向平稳、经济性较好,适用于较大功率,但设备和系统较复杂,造价较高。阀控型舵机设备简单、造价低,但油路换向时液压冲击大,多用于中小功率舵机,现也在考虑用于大功率舵机。

液压舵机运行中,油泵的实际排出压力,除一小部分来克服管路的阻力外,主要取决于转舵扭矩。油泵的额定排出压力,应能满足船舶最深航海吃水和以最大营运航速前进时,将舵转至最大舵角的需要。转舵速度主要取决于油泵的流量。由于漏泄量随工作油压的升降变化不大,故转舵速度基本不受舵杆负荷(即转舵扭矩)的影响。

第二节 液压舵机的结构与工作原理

一、液压舵机的结构

转舵机构是舵机传动装置主要组成部分,它包括液压油缸和传递推力的运动构件。油缸是液压执行元件,把液压能转换为机械能。运动构件用以改变力的作用方向,传递推舵力矩以克服转舵力矩,使舵叶偏转舵角。

常见的转舵机构有以下几种:

(一) 往复式转舵机构

往复式转舵机构又称为推舵或转舵油缸。往复式转舵机构可分为十字头式、拨叉式、滚轮式和摆缸式四种。介于篇幅的限制,这里只介绍前两种。

1. 十字头式转舵机构

它因具有十字头形式的接头而得名,其结构如图17-2-1所示。柱塞2与油缸1和5位于同一中心线上,油缸固定于主甲板上,左右柱塞靠中央联结部分11连成一体,油缸与柱塞为滑动配合,两者之间装有密封圈6,以阻止油液的泄漏。舵柄4的一端插于十字头12的中孔内,为滑动配合;另一端用键与舵柱14连接。

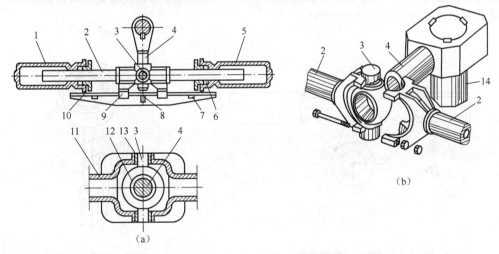

图17-2-1 十字头式转舵机构

1—油缸;2—柱塞(撞杆);3—耳轴;4—舵柄;5—油缸;6—密封环;
7—柱塞行程限位器;8—机械式舵角指示器;9—滑块;10—导板;
11—中央联结部分;12—十字头;13—轴承;14—舵柱(舵杆)。

当左油缸1接通动力油源和右油缸5接通油箱时,在油压差的作用下,柱塞右移,由于舵柱受其轴承的约束只能转动,故十字头12就带动舵柄4以耳轴3为中心顺时针摆动,并对舵柱14产生一扭矩,使固定于舵柱水下部分的舵叶向左偏转。同理,当右油缸进油和左油缸回油时,舵叶就回中或向右偏转。

柱塞左右移的同时,还通过中央联结部分11,使滑块9在导板10上滑动,以承受转舵时产生的侧推力,使机械舵角指示器的指针或标尺移动,以示出舵叶的实际转角。行程限位器 7 用以限制柱塞左右移的最大行程,即限制舵的左右最大转角。行程限位器有机械式、液压式和电气式三种。

2. 拨叉式转舵机构

图 17-2-2 所示为拨叉式转舵机构的原理图。与十字头式比较,其结构上的最大特点是,以拨叉式的滑动接头代替十字头式滑动接头,结构较简单,制造和安装方便;功率相同时,占地面积较小;一般侧推力直接由油缸承受。但在同样的情况下,柱塞移动时的阻力和侧推力较大,故输出相同的转舵力矩时,舵机功率较大。拨叉式转舵机构的强度和刚度不如十字头式,不宜用于大扭矩的场合。在内河船舶中小功率的液压舵机上应用较广。

由于往复式转舵机构的结构合理、密封性好、工作可靠、维护管理方便,且具有良好的负荷匹配性,故在船上得到广泛应用。它的缺点是占舱位面积较大。

(二) 转叶式转舵机构

转叶式转舵机构的承压和传动部分组合在一起,利用油压产生的扭矩直接驱动舵柱转动。图 17-2-3 所示为其原理图。圆柱形的缸体 2 用支座弹性固定在船体甲板上。经精加工的缸体内固定有三个定叶 5,转毂 3 上装有三个转叶 4,把油缸分成六个小腔室。转毂与舵柱用键连接。转叶与缸体和端盖之间、定叶与转毂和端盖之间,均装有密封件,以保证工作小腔室的密封。当动力油路的油源如图 17-2-3 中箭头所示接通时,转叶 4 两侧的小腔室分别通进回油路,在油压差的作用下,转叶就驱动舵柱和舵顺时针偏转。当进回油方向改变时,则舵反时针偏转。

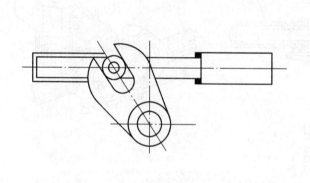

图 17-2-2 拨叉式转舵机构原理图

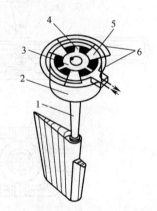

图 17-2-3 转叶式转舵机构原理图
1—舵柱(舵杆);2—油缸;3—转毂;
4—转叶;5—定叶;6—油管。

从转叶式转舵机构的结构可看出,其输出的转舵力矩与工作油压成正比,而与舵的转角无关,故其负荷匹配特性不如往复式转舵机构。

转叶式转舵机构结构简单、安装方便、外形尺寸小、转舵时无侧推力,转毂浸泡在油中,润滑条件好,摩擦耗功和零部件的磨损小,传动效率高、使用寿命长、工作可靠、管理方便。它的缺点是内部泄漏路径多,密封较困难。

随着液压技术的不断发展,密封技术的提高,密封材料的优选和加工装配精度的提高,转叶式转舵机构已广泛应用于大型船舶上。

（三）摆杆式结构

中、小型船舶舵机的另一种形式是摆杆式推舵结构。它采用双作用活塞油缸连接摆杆传递推力，如图17-2-4所示。

油缸1为一圆筒形刚体，两端用缸盖封闭，中部活塞2与活塞杆套装在一起，其详细结构见图17-2-4。伸出缸体两端的活塞杆头部用叉形接头3和球窝轴承4与摆杆5相连接，使活塞受推力后产生的轴向运动，以球窝轴承为铰点，通过摆杆5、舵柄6，使舵柱7作旋转运动，达到转变舵角的目的。

球窝轴承在这里除了起力的换向铰点作用外，还能自动消除操舵时因舵叶受波浪影响，引起舵柱上、下窜动而传给活塞杆产生水平轴线的偏差，并承受操舵换向的液压冲击。

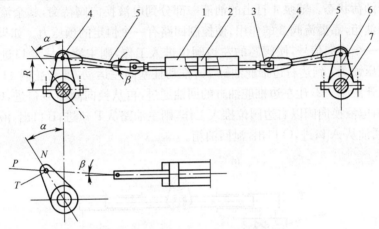

图 17-2-4　摆杆式结构示意图

1—油缸；2—活塞；3—叉形接头；4—球窝轴承；5—摆杆；6—舵柄；7—舵柱。

二、液压舵机的工作原理

各类舵机的液压系统按其工作过程的不同，基本回路可归纳为两种形式，即开式液压系统和闭式液压系统。用图17-2-5所示方框图简明表达如下：

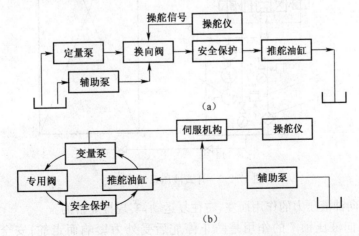

图 17-2-5　开式液压系统和闭式液压系统方框图

方框图所示两种形式各有特点。图 17-2-5(a)所示为开式液压系统,其回路简单、容易实现、费用低,适用于定量泵流量不大的液压回路。但操舵时,启、闭换向阀有较大的液压冲击及振动和噪声。图 17-2-5(b)所示为闭式液压系统,分主油路和伺服油路,其较为复杂、费用高,适用于变量泵大流量液压回路。主油路的进、出油口均不与油箱相通,操舵是利用伺服机构控制变量泵的流量和流向来实现的,动作比较平稳、噪声小、工作可靠。现分别选典型实例,介绍其工作原理。

(一)开式液压系统

开式液压系统原理如图 17-2-6 所示。当油泵电动机启动后,主泵与辅泵同时工作。主泵 5 打出的油液至电液换向阀 6,当换向阀在中位时,即经滤器 1 直接返回油箱,这时主回路处于卸荷状态。辅泵 4 打出的油液一部分到电液换向阀待命,其余流经低压溢流阀 2 亦返回油箱,靠溢流阀 2 的作用,使控制回路有一个恒定的预压力。如果操舵仪给电液换向阀 6 一个换向信号,使阀芯的左边阀位进入工作,则主液流从 P 口进入,A 口出,通过双向液压锁 7-1 到达右边推舵油缸 10,推动柱塞向左运动,推动舵柄 11 旋转。同时液控油路顶开液压 7-2,让左边推舵油缸的回油通过,再从换向阀的 B 口进,O 口出,回到油箱。反之,电液换向阀以右边阀位推入工作,则主油路从 P 口进,B 口出,液压油至左边推舵油缸,回油从 A 口进,O 口出,泄回油箱。

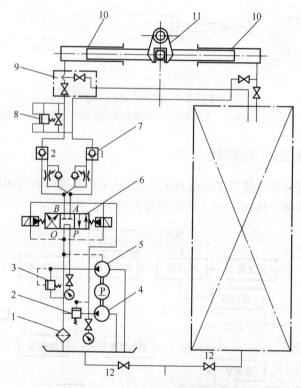

图 17-2-6 开式液压系统原理图

柱塞受换向油液压力的作用而左、右往复运动,实现推舵目的。

系统里双向液压锁 7 的作用是防止停舵后受外力影响而走舵;安全阀 8 的作用是当系统过载超压时与回油路沟通;双联截止阀 9 的作用是保证两台泵组的独立性,

254

任一泵组损坏,可关闭检修而不影响另一组正常工作。截止阀 12 只在油箱充液或左、右两组油箱位不一致时被打开,平常应关闭。图 17-2-6 中左、右两组完全相同,故右组省略。

(二) 闭式液压系统

闭式液压系统如图 17-2-7 所示。当油泵电动机组启动后,主泵 2 的变量偏心处于零位,泵空转,没有油液打出,舵机不工作。如果操舵仪给伺服机构一个操舵信号(控制方向在控制装置中介绍),伺服油缸便拉动主泵变量杆,改变泵的变量偏心,主泵就向系统输出一定量的油液。假设主泵右侧压油,液压油立即推动液控专用阀 3 的阀芯向左位移,使阀芯的右位通路进入工作位置,主油路则顶开单向阀供油给舵机 7 的右边推舵油缸,推动柱塞向左运动,舵叶向右偏转一舵角。舵机左边推舵油缸的回油,畅通无阻地回至主油泵的吸油口,构成了一个闭式回路。反之,如要变向推舵,操舵仪给伺服油缸一个信号,使主泵变量杆反向移动一个偏心,主泵便换向为左侧压油,液控专用阀的左位进入工作位置,油液顶开单向阀进入舵机的左边推舵油缸,推动柱塞向右运动,舵则向左偏转,回油仍返回主泵的吸油口。

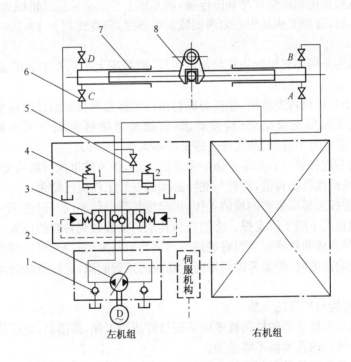

图 17-2-7　闭式液压系统原理图

系统里设置单向阀 1 是作为闭式回路补油供给阀,当系统泄漏引起主泵吸油不足时,就可以从油箱吸入补偿油液。专用阀 3 零位时双向均由单向阀锁住,防止走舵,而左、右阀位都在进油路设置单向阀,防止过载超压液流冲击油泵。溢流阀 4-1、4-2 作为正、反向安全阀使用;截止阀 5 作为系统充油时旁通,平常关闭;截止阀 6-A、B、C、D 的作用是当某一组油泵发生故障隔离检修时,不影响其他一组正常工作。图 17-2-7 中左、右两组完全相同,故右组省略。

第三节 液压舵机的安装和调试

现代船舶应用的转舵机构及其液压系统和控制装置的形式虽多,但基本原理相似,而且其安装和调试也存在共性。

一、液压的舵机安装

以下介绍转叶式液压舵机的安装工艺和程序:

(1)熟悉图纸与施工工艺、技术要求,了解各部件的相对位置及配合尺寸;做好施工前的工具、工装、施工场地清洁等各项准备工作。并在图上明显标明现场备用。

(2)舵机的基座平面要求安装水平,并保证焊接强度和控制其焊接变形。

舵机的执行机构在基座平面上的安装有以下三种形式:

①执行机构直接安装在基座平面上(无垫片),则基座上平面必须机械加工成平面。

②执行机构采用钢质垫片与基座连接,则基座上平面必须经过机械加工,且基座的上平面机械加工时,应加工成从中心向两侧倾斜的斜度,斜度比例为1:100(钢质垫片的厚度不小于20mm)。

③执行机构采用环氧树脂垫片与基座连接,则基座上平面在安装前必须进行清洁工作,保持干燥、清洁、无油污。

(3)舵机的执行机构安装前,舵杆与执行机构的圆锥形接触面已经在车间内场拂磨配妥,并向船东、验船师交验结束(检验要求:蓝油检查接触面积70%～80%,蓝油厚度510μm,0.05塞尺塞不进,局部允许塞进长度不大于10mm)。

执行机构和舵杆的中心和零位做好明显的标记,作为舵机执行机构安装的零位基准。

(4)安装舵机执行机构前,舵杆与舵叶必须的安装工作应已结束。

(5)做好舵杆上部圆锥面的清洁工作,用起重葫芦吊住舵/舵杆(图17-3-1),有必要可用液压千斤顶在舵下端予以支撑。将舵杆和其余销轴放置到各自的位置并保持正确的间隙,用液压千斤顶或葫芦横向支撑将舵调整到适当的高度,使得舵可以转到规定的最大舵角。当调整舵的高度时,必须考虑到轴向止动块的正确间隙,应注意轴向间隙压入量和垫块的厚度。

(6)执行机构与舵杆的安装

①执行机构回转体的舵杆的圆锥面必须做好清洁工作,清洁后,舵杆的圆锥外表面与执行机构回转体的内孔表面不要涂油。

②将整个执行机构的零位标记与舵杆的零位标记对准,最大偏差不大于2mm。将整个执行机构放下,使其与基座的距离至少比压入量大20mm。

③舵机以自身的重量放置在舵杆上,用塞尺检查"X"处无间隙(图17-3-2)。

④用泵A将液压活塞环泵压调到50bar,以此点作零点,测量压入长度。

⑤将一个托架安装在舵杆顶部,用千分尺或千分表测量回转体和舵杆顶部的距离,并用托架上的调整螺栓按前、后、左、右的顺序调整执行机构的位置,将执行机构调整到中心位置。检查执行机构上端轴承处间隙,密封填料上端及轴承周围四个方向的间隙是否符合要求。调节螺栓松开后,再次检查间隙,这样才可确信舵机已不受侧向力的作用。

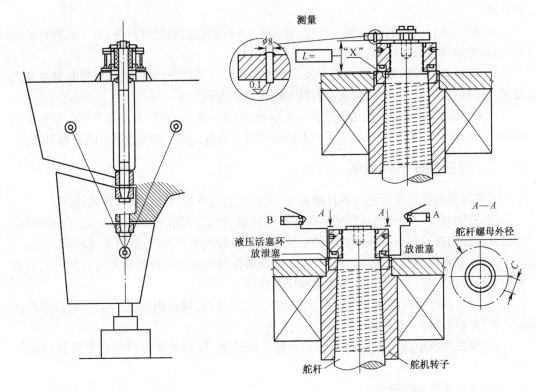

图 17-3-1　舵杆安装示意图　　　　图 17-3-2　舵机舵杆安装示意图

　　⑥用泵 B 向转体内泵油,直至空气溢出,缓慢地提升压力(用泵 A),直至液压活塞环泵压达到 200bar。再用泵 B 提升回转体内压力,连续交叉使用泵 A 和泵 B,舵杆缓慢地进入回转体。应保持泵 A 的压力始终高于泵 B,连续不断地泵压直至舵杆达到规定的压入量。当达到规定的压入量后,上支撑与转体颈之间的间隙约为 0.15mm~0.25mm(在直径处)。

　　⑦当达到规定的压入时,泵 B 内的压力应慢慢释放,并移去泵。

　　⑧约 2h 后,释放液压活塞环的油液和移去泵 A 油管和放泄塞。

　　⑨压入量可延长至 0.15mm,用手旋紧舵杆螺母,作个标记,并从此处旋紧至规定距离 C 值。紧固舵杆螺母。

　　⑩舵杆螺母旋紧后,执行机构必须在舵杆上处于自由状态,舵杆和基座之间的间隙至少为 20mm。

　　⑪当执行机构和舵杆在中心位置被固定,所有间隙被认可后,做好安装测量记录。

　　如果执行机构是采用钢质垫片与基座连接的,则先配妥四块钢质垫片(垫块的接触面 70%,蓝油检查 3 点~5 点,0.05mm 塞尺塞不进,局部允许塞入长度小于 10mm),钻、铰制螺栓孔。如果执行机构是采用环氧树脂垫片的,则进行环氧树脂垫片的浇注工作。

　　⑫装妥四块垫块/铰制螺栓(环氧树脂垫片浇注工作结束)后,应再一次测量、检查执行机构支承上端的间隙,确认没有变化后,再配妥其余的垫块和铰制螺栓。

　　⑬铰制螺栓的配合公差为 H7/m6,并且可以个别调节。分别旋紧螺栓,螺栓的预紧力按照标准力矩,螺栓旋紧后,用塞尺检查垫块的间隙应小于 0.05mm。垫块的接触面接

257

触良好。

(7)拆去执行机构的侧向固定装置,移去舵/舵杆的固定和提升设备,再一次检查所有的间隙,交船东、船级社认可。

(8)安装管系和附属装置。所有液压管子必须经内场严格清洗试压,布管时避免弯道过多,高向位置应装放气阀,管法兰对接平面应均匀密封。

(9)操舵试验。在最大舵角下进行全舵角操舵试验,检查舵的转向是否灵活。在全舵角的两侧及船舯检查舵的左右满舵、零位舵角转向指示是否正确。并测量所有的支承间隙。

二、液压的舵机的调试

为确保船舶航行安全和操纵性能良好,舵机安装完毕后一般都要作性能调试。

(1)按照制造厂推荐的液压油品种向系统注油,然后分别(也可以同时进行)对油箱、舵机执行机构排除留存在各元件内的空气。舵机执行机构投油时,舵杆不能转动。

(2)检查各摩擦部件清洁和润滑情况,并向各加油点注入润滑油脂或液压油。检查管系的安装是否完好,有无泄露,发现泄露应予消除。

(3)检查循环系统各截止阀通路、手动油泵等各部件,确认内部无卡阻现象后再启动电动机,并核对是否与泵转向一致。

(4)检视系统中各阀件是否都处于正确工作位置,特别是遥控件的电信号是否起作用。

(5)液压系统元件调节。

安全阀:检视油泵出口压力表(或油缸压力表),调节安全阀起跳压力为额定工作压力的125%。

溢流阀:检视油泵出口压力表,调节溢流阀压力为系统额定工作压力。

继电器:调节系统工作压力,在规定值时压力继电器起报警作用。调节回油过滤器压力差,在规定值时压力继电器起报警作用。同时调节自动舵跟踪反馈信号的准确性和自动舵最大舵角限位动作的正确性与可靠性(液压系统种类多,所以元件调节也不相同,如对于有的变量泵,调节追随杠杆,使在任何舵角停舵时,变量泵的变量偏心都能回到零位等)。

(6)液压舵机的操作调试。图 17-3-3 所示的舵机液压系统有两套泵组,泵组各自独立,每套泵组各有独立的操舵控制系统,泵组可以单独或共同操作舵机,转换过程可在驾驶室进行泵内的启动和停止,图中的 A-B-C-D-E-F 阀应处开启位置。

①将开关切换至现场操舵,操舵在舵机舱内可启动/停泵。通过现场(N、F、U)电控开关箱或手动阀"L"和"R"或"M"和"R",分别进行每套泵组的独立操舵,然后共同操作舵机。

②根据泵组工作状态关闭 A-B 或 C-D,舵机必须通过一台泵利用储油系统补油,补油后关阀"K",阀 E-F 常开。

③当操舵时发生液压报警,舵没有反应时,可按下列程序操作。当单泵组独立操舵时,切换开关(改变操作模式)启动备用泵组,将有故障的泵关闭,根据舵角指示来操控舵从储油箱补油。当两套泵组操舵时,切换开关〔至"N、F、U"(非随动)模式〕关闭泵 1,根据舵角指示来操控舵,如果无法操舵,再次启动泵 1,停泵 2 根据舵角指示来操舵。

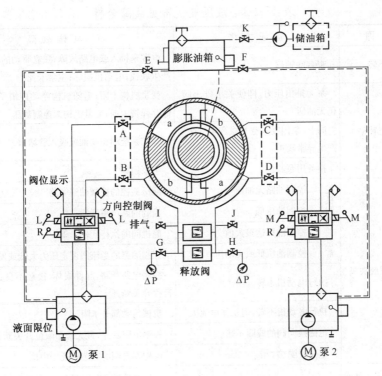

图 17-3-3 转叶式液压舵机原理

④检查测试舵限位开关、自动舵返馈装置、舵角发送指示、舵角指示等。

⑤操舵切换至驾驶室,进行泵的启动和停止试验。

(7)启动液压泵组,先以应急手控机构操纵舵机作左、右满舵运动若干次,然后改换自动舵遥控操纵,校正舵角与舵角指示器的偏差,在运动中继续排除残留在油液中的气体。

(8)操舵至机械限位角(37°),检视油泵出口压力表。

(9)校对任一舷35°舵角至另一舷30°舵角的转舵时间,单元泵运转工作应小于28s,双泵运转工作应小于14s,若不符合要求,应调整油泵的流量。

(10)测定电动机的启动电流、工作电流、电压、转速和绝缘电阻。

(11)检查低液位报警。

(12)连续0.5h以上的操舵试验。

第四节 液压舵机的故障和排除

液压舵机经过性能调试后,无论是在船舶航行中,还是在锚泊时,都必须特别注意正常的巡查工作,如对油箱的油位、系统的油温(正常油温约比室温高30℃)、油缸的压力、异常噪声和振动、螺栓松动和泄漏以及电机工作电流等的检查。如发现反常情况,应停泵检查原因,并采取消除措施。常见故障及其发生原因如表17-4-1所列,以供参考。

表 17-4-1　液压舵机常见故障分析

现象	原 因	验 证 方 法		具 体 故 障
不能转舵	主泵不转	观察联轴器		电源未接入或电路故障;独立驱动的辅泵未先启动产生联锁;电动机损坏;主泵卡死
	主泵空转	泵无排出压力,即使关小排出阀,仍无油压		变量机构卡阻;追随机构浮动杆销子脱落或折断;储存弹簧太弱;变量机构无控制油压
		同上,泵因吸入空气或产生气蚀而产生异常噪声		开式系统油柜缺油或吸入管堵塞
		换备用泵验证		主泵损坏
	遥控系统失灵	舵机间操舵正常	控制油路无油压	液压遥控的控制油路旁路
			控制油压低	控制油路严重泄漏
			控制油压达最大值	舵机间的执行元件卡阻
			控制油压低或无油压	控制油路的溢流阀调定压力太低或发生故障
		执行电动机不转		控制电路断路、元件损坏、接触不良、保险丝烧断、行程开关断开
		执行电动机不转,但工作电流大		机械传动部分卡阻
		电磁换向阀的线圈不热		控制电路断路;最大舵角限位开关断开
		电磁线圈热		电磁换向阀的阀芯卡死于中位
	主油路旁通或严重泄漏	主泵排出压力很低		备用泵反转;安全阀搁起或调定压力太低;旁通阀未关;主换向阀不能换向;系统严重泄漏
	主油路不通或转舵受阻	安全阀开启,主泵排压达最大值		泵阀或缸阀未开;主油路的锁闭阀因不能引入控制油压而卡死或打不开;舵或转舵机构的运动受阻
只能单向转舵	变量泵只能单向排油	换用备用泵后工作正常		变量机构中差动活塞的油道堵塞或供油路的单向阀弹簧断裂;变量机构的运动单向受阻
	遥控系统只能单向运动	机房操舵正常,无舵侧操舵时控制油路无油压		一侧限位旁通阀开启,使单侧无控制油压
		电磁换向阀一侧线圈热一侧不热;无舵侧操舵时执行电动机不转		电磁换向阀一端的线圈断路或一侧行程开关断开等产生控制线路故障
	主油路单向不通	主泵排压达最大值,换应急操舵,情况亦然		主油路一侧的液控单向阀的控制油路堵塞或可调节流阀关闭造成这侧的单向阀回油时无法开启
	主油路单向旁通	主泵排压低		主油路一侧安全阀的调整压力过低或发生失压故障
转舵太慢	变量泵遥控系统执行元件速度太慢	观察浮动杆的操纵点 A 从一舷最大舵角到另一舷最大舵角位置所需时间(应在 22s～24s 内)		伺服电机遥控电路有故障,导致激池电流失常或反馈信号太强
	主油路旁通或泄漏	机房操舵情况亦然		主油路外漏;旁通阀未关严;安全阀关闭不严;主油路换向阀内漏严重
		备用泵反转		备用泵出口单向阀锁闭不严
	主泵流量太小	机房操舵情况亦然		电动机转速下降;变量泵变量机构行程不足或排量调得过小;主泵内漏严重或局部损坏

现象	原　因	验证方法	具　体　故　障
滞舵（操舵时后舵的动作滞后）	主油路有较多气体	转舵油缸的柱塞出现爬行现象，开启供油侧的放气阀(或塞)可放出气体	充液或检修后排空气不彻底；系统漏油或补油不足；开式系统油柜油位太低或回油管布置不合理；吸入管脏堵
	遥控机构动作迟滞	机房操舵，检查泵的变量机构的动作是否及时	控制油路有较多气体；发送器的液控阀开度过大(一般为0.7mm～0.9mm)或关闭不严；机构传动部分间隙太大；发送器补给油箱油位太低或停止阀未开；发送器和受动器的柱塞填料，以及管路接头泄漏
		机房操舵情况正常	限位旁通阀关闭不严；控制油路上的可调液动换向阀和节流针阀开度过大；三位四通旋阀内漏严重
	变量泵内漏严重或油路旁通	小舵角滞舵明显，转舵速度变慢	旁通阀，安全阀关闭不严；主泵内漏严重
		同上，且备用泵会反转	备用泵出口单向阀锁闭不严重
冲舵（舵的实际转角超过指令舵角）	主换向阀不能及时回中	舵转到指令舵角时主换向阀未回中，舵还可能冲到最大舵角	主换向阀阀芯卡阻或弹簧断裂、漏装、弹力不足；电气反馈元件的机械连接松脱；电器元件变质或触头脏污、断路等
	泵变量机构不能及时回中	观察变量机构，舵可能达最大限位舵角	变量机构卡阻；控制油压不足；差动活塞油道堵塞
	控制杆系间隙过大	测量间隙	控制杆系各连接销磨损严重，导致间隙过大，使机构反馈动作不准确
跑舵（未操舵时舵偏离所停舵角）	主油路锁闭不严或两侧存在泄漏	在负扭矩工况下会产生冲舵	换向阀、液控单向阀、舵机专用阀等主油路锁闭阀泄漏严重；安全阀或旁通阀关闭不严；主油路锁闭阀后的油路和转舵油缸内积存有较多气体；油缸的柱塞填料泄漏
	遥控系统工作不稳定	液控阀进行检漏试验	发送器两液控阀关闭不严等
	两台变量泵的中位调得不一致	双泵工作时停舵不稳，而单泵工作时能停稳	泵变量机构连杆中位调节不一致，或调好后松动
异常噪声	工作中有气蚀	转舵时特别明显	闭式系统：系统中的空气未排尽或补油不足；开式系统：油箱油位太低，吸油滤器堵塞或吸入管漏气，油温太低或黏度太大
	油泵机组故障	泵空转也会有异常噪声，换备用泵可能会改善	泵或电动机的轴承损坏；泵与电动机对中不良；泵内其他运动部件损坏
	管路或其他部件固定不牢	被固件有显著振动	地脚螺栓松动；管路支撑刚性差
	转舵油缸柱塞填料过紧	仅在转舵时产生噪声	填料安放或压紧度不合适
	内泄式液控单向阀用作油路锁闭阀产生的噪声	在负扭矩工况时产生	回油侧主油路液控单向阀反复急速启闭产生敲击，适当关小节流针阀增加其阻尼可缓解
	舵设备产生的噪声	仅在转舵时产生	上舵承滚动轴承碎裂；舵设备运动间隙因磨损而过大
工作电流过大	油泵机组空载负荷过大	停泵盘车检查，必要时脱开联轴器，分别转动泵和电动机进行检查，并与备用泵对比	泵与电动机对中不良或轴承损坏；泵轴填料得过紧；泵或电动机内部机械有故障
	转舵机构或舵设备的运动阻力过大	工作油压比正常值高	转舵油缸的填料压得过紧；转舵油缸和导向机构安装不正；舵杆轴承损坏或进入杂物；舵杆因搁浅等导致弯曲；空心舵漏水
	电路方面的问题	检查电路	电压过低；电路有短路现象；交流电频率过高，以致电动机的转速升高

第十八章 液压锚机

第一节 概 述

锚机装置是船舶定位用的专用机械。船舶航行中如遇风、雾或机器发生故障失去自航能力等情况,船舶需要暂时可靠停泊,在这些情况下,船舶靠抛锚与江河或海底牢固地系住,以保持船位防止漂移和减少摇摆。船舶抵达港口后,停靠码头或泊于锚地,船舶靠锚机装置(又称锚设备)承受水力、风力和纵横倾时的惯性力的影响,以使船舶安全可靠地相对固定。此外锚机装置还用以帮助船舶安全迅速地靠离码头,所以锚机装置是船上不可缺少的重要锚泊设备之一。

一、锚机装置的组成

锚机装置由锚机、锚、锚链、锚链筒、掣链器、锚链管、弃链器和锚链舱组成,如图18-1-1所示。

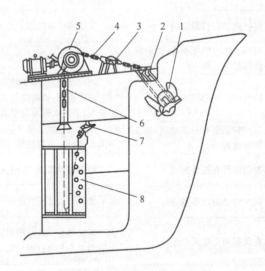

图 18-1-1 锚机装置的组成
1—锚;2—锚链筒;3—掣链器;4—锚链;5—锚机;
6—锚链管;7—弃链器;8—锚链舱。

1. 锚机

锚机是锚机装置的主体装置由独立动能源驱动,按要求进行不同的作业起锚、抛锚、解锚、系锚等。

锚机按组合形式可分为普通型和独立型,如图18-1-2所示。

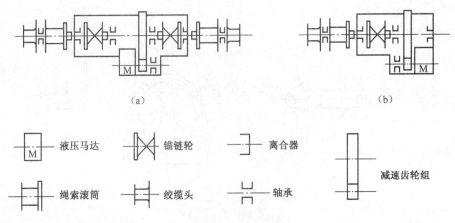

(a)　　　　　　　　　　　　　　　　　　　(b)

| M — 液压马达 | ⋈ — 锚链轮 | ⊣ — 离合器 | ▯ 减速齿轮组 |

| ⊢⊣ — 绳索滚筒 | ⊢⊣ — 绞缆头 | ⊢⊣ — 轴承 |

图 18-1-2　液压锚机型式

(a) 普通型；(b) 独立型。

锚机按驱动轴的布置方式,可分为驱动轴垂直布置的立式锚机和驱动轴水平布置的卧式锚机。

锚机按动力源可分为人力锚机、汽动锚机、电动锚机、液压锚机和内燃机驱动锚机等。目前使用最多的是电动锚机和液压锚机。特别是液压锚机能实现无级调速,且具有有过载能力、运转平稳、操作方便等优点,在大、中型船舶中应用较为广泛。

2. 锚

锚是锚机装置中用以与江或海底固定的部分,常置于船首的两舷。按结构形式锚基本可分为有杆锚(海军锚)和无杆锚(霍尔锚)两种。有杆锚因锚的抛、起和收藏较不方便,且锚抓牢地面后有一锚爪突出地面,有与锚链缠绞的危险,故已逐渐被无杆的霍尔锚所代替。霍尔锚如图18-1-3所示,它的锚爪可以转动,两锚爪可同时抓入地面,起、抛锚操作简便,不用时可直接收于锚链筒侧。

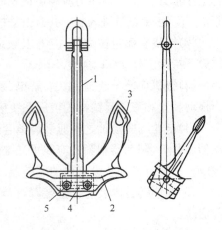

图 18-1-3　无杆锚(霍耳锚)

1—锚柄;2—锚头;3—锚爪;4—销轴;5—横销。

3. 锚链

锚链用以联结锚与船体。它由链环组合而成,长度一般以节为单位,25m～27m 称为一节。每节常涂以色漆做标记,以便监测锚链抛入水中的长度。锚链节与节间用可拆的卸扣连接,以便更换锚联和应急时解链弃锚。与锚直接联结的一节锚链中间有转环,以免船舶受风力和水流作用使锚链过分扭绞。

4. 掣链器

掣链器设于锚链与锚机之间的船首主甲板上,船舶停泊或航行时,用以防止锚链或锚下滑,并承受锚链和锚的重力负荷。常用的有闸刀式和螺旋式掣链器,如图18-1-4所示。

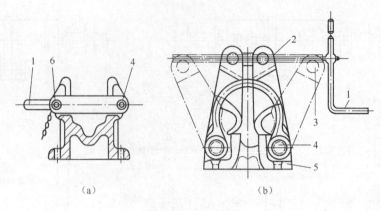

图 18-1-4　掣链器

(a) 闸刀式掣链器；(b) 螺旋式掣链器。

1—掣链器手柄；2—掣链器螺旋套；3—掣链钳；4—销轴；5—掣链器基座；6—横销。

二、对锚机装置的基本要求

对锚机装置的基本要求如下：

(1)锚机必须由独立原动机或电动机驱动并能倒转,设高、低速度挡控制。液压锚机的液压管路如果与船上甲板机械液压管路相连接时,应保证锚机正常工作不受影响。锚机应有足够的功率,其额定拉力应满足从 82.5m 深度单锚起至 27.5m 深度的船上试验起单锚的额定速度(三节锚链进入水中并自由悬挂回收两节锚链的平均速度)不小于 9m/min。

(2)锚机在额定拉力下,应能以额定速度持续工作 30min,在超过额定拉力 1.5 倍的拉力下持续工作 2min,速度不限。

(3)锚机应便于起锚、抛锚、解锚、系锚,并能按要求进行不同的作业,电动起锚机的电力拖动装置和液压起锚机的液压系统应符合有关规定。

(4)链轮与驱动轴之间应装有离合器,并设有可靠的锁紧装置。链轮应装有可靠的制动器(刹车),制动器刹紧后应能承受锚链断裂负荷 45％的静拉力(海船)或 20％的静拉力(江海)。锚链必须装设有效的掣链器。

(5)在锚链舱内装有弃链装置,在紧急情况下,为了船的安全可将锚链弃入水中后,脱身启航。

第二节　液压锚机的结构与工作原理

一、结构

为满足系泊多功能的要求,常把锚链轮与绳索滚筒及绞缆头等组合成卧式锚机。它具有结构紧凑、质量轻、占地面积小和操纵方便等优点,尤其是使用液压锚机,工作更加平稳,经济效果也好。

图 18-2-1 所示为卧式锚机和立式锚绞盘的结构和工作原理。卧式锚机的油马达 6 通过一减速齿轮 8 将力传递给主传动轴 7,左、右两只锚链轮 4 和两个绳索滚筒 2,都是空

264

套在主传动轴上,受摩擦式刹车带5和3制动。链轮离合器9和绳索滚筒离合器10与主传动轴用滑键配合(或方轴式配合),可以轴向滑移。当要用动力起抛锚时,扳动链轮离合器手柄,将爪式离合器合上,锚链轮便随主传动轴一起转动。同样,合上绳索滚筒离合器,绳索滚筒也就随轴转动。当需要作自由抛锚或从绳索滚筒自由松绳时,先刹紧刹车带,再松开离合器,然后根据工况慢慢放松刹车带,让锚靠重力自由下落。

控制阀11上设有高、低速度挡扳钮13及倒、顺车手动操纵杆12,总共有六种工况可供选择。绞缆头1是靠销键直接固定在传动轴两端,专供作绞缆使用。立式锚绞盘的油马达6中设有液压动力制动装置,它靠液压油马达直接起、抛锚和制动,操作更加简单方便。

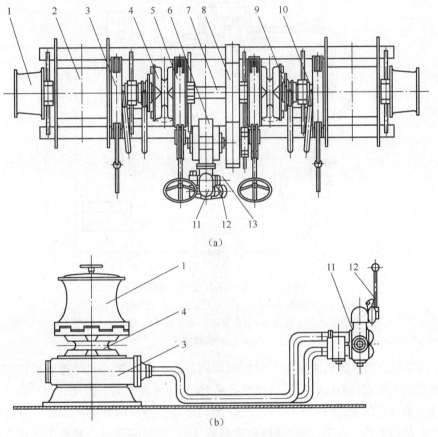

图 18-2-1　液压锚机结构

(a) 卧式液压锚机;(b) 立式锚绞盘机。

1—绞缆头;2—绳索滚筒;3—滚筒刹车装置;4—锚链轮;5—锚链轮刹车装置;6—油马达;7—主传动轴;
8—齿轮组;9—链轮离合器;10—滚筒离合器;11—控制阀;12—操纵杆;13—速度扳钮。

二、液压系统的工作原理

具有独立液压站的液压锚机的液压系统如图18-2-2所示。系统主泵1由电动机带动,油泵压出油液经单向阀3、控制阀5,进入双作用油马达6,将液压能转换为机械能,执行起、抛锚和绞缆工作。油马达回油经滤器8(如果滤器阻塞可以从单向阀旁通)到达冷却器7,散热冷却后又被油泵吸入。由图18-2-2中可以看出,系统是属于闭式回路。溢流阀 2 又作为安全阀使用,系统压力超过时,可打开溢流,单向阀 3 作为执行机构液压锁,阻止起锚倒滑和油液冲击油泵。油马达内部还装有放气阀和安全阀,用来放气和防止超载。如系统油液少,使膨胀箱处于低油位时,则可用手摇泵 12 从储油箱 11 中打油至膨胀箱,膨胀箱的油又供给系统以补偿泄漏损失。图 18-2-2 所示控制阀阀芯位置为锚机停止工作状态,油泵压出油液经单向阀至控制阀内通路返回滤器、冷却器到泵的进口,系统卸荷。

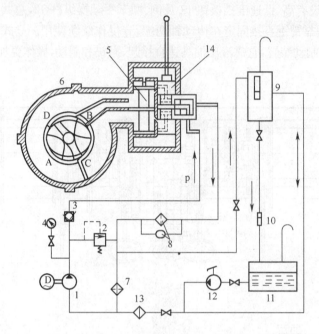

图 18-2-2 锚机液压系统工作原理

1—油泵;2—溢流阀;3—单向阀;4—压力表;5—控制阀;6—液压马达;

7—冷却器;8、13—滤器;9—膨胀箱;10—观察器;11—储油箱;12—手

摇泵;14—操纵阀。

图 18-2-3(a)所示为低速度正车时控制阀阀芯的工作位置。此时速度扳钮放在低速挡,在阀芯的上半部,油从阀芯内孔(虚线孔道)流过速度阀芯的上半部,再分两路(如箭头所示)进入油马达的上、下两个工作腔,同时推动油马达作逆时针方向旋转。排油则汇成一路,经控制阀芯的下半部,通过滤器和冷却器,回至油泵的吸口。锚机在低速大扭矩下运转。

图 18-2-3(b)所示为低速倒车时控制阀阀芯的工作位置。此时速度挡的阀芯仍在下方,而操纵手柄换到倒车挡,阀芯向上移动。油液进出油马达的方向正好与图 18-2-3(a)相反,也是两路进油、两路排油,油马达作顺时针方向旋转,锚机在低速大扭矩下运转。

图 18-2-3(c)所示为高速正车时控制阀阀芯的工作位置。此时速度扳钮在高速挡,阀芯上移,操纵手柄在正车挡,阀芯位于下方。油泵压出的油液,经单向阀进入操纵阀芯的上半部,从阀芯内孔(虚线孔道)流过速度阀芯的上部单路进入油马达的下部工作腔,推动油马达作逆时针方向旋转,排油一部分在油马达的上部工作腔作无效循环,因此相当于单

作用油马达。锚机在高速小扭矩下运转。

图 18-2-3(d)所示为高速倒车时控制阀阀芯的工作位置。此时速度挡阀芯仍在上方，操纵手柄换到倒车挡，阀芯向上移动。油液进出油马达的方向旋转，锚机在高速小扭矩下运转。如果在操纵正、倒车手柄时注意操纵速度，亦即控制操纵阀芯的移动位量，使进油口通流面积发生变化，就可以达到无级调速的目的。

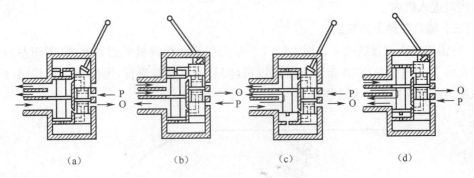

(a)　　　　　(b)　　　　　(c)　　　　　(d)

图 18-2-3　控制阀位置图

第三节　液压锚机的安装和调试

在锚机基座安装前，船体合拢时，就应检查甲板的水平度和舯线。锚机应在船舶下水前安装完毕(在船坞里造船则锚机在出坞前应安装完毕)。

传统定义的锚机为锚机和绞机通过离合装置结合的混合装置(也称为锚绞机)。这类锚绞机安装时只要通过拂配钢质垫片或浇注环氧树脂垫片，调整好水平间隙即可，平机时比较方便。

一、锚绞机安装

(一) 安装前的准备工作

(1)熟悉图纸和工艺文件、掌握技术要求和检验标准。

(2)检查锚机的产品型号、规格、产品编号和制造厂的质量证书和船验证。自制基座、油箱等配套产品需按产品检验要求进行制造。

(3)铸铁锲形垫块粗刨平面待用(采用锲形垫片)；或薄钢条及海绵条待用(采用环氧树脂垫片)。

(4)锚机止推块锻件毛坯应配对，提前按图纸尺寸要求进行机械加工。

(5)各类锚装置均应按图纸要求机械加工，装配妥。

(6)补给油箱、膨胀油箱等各类附件按图纸要求装妥。

(7)锚机安装前还需准备好木垫片、卡板、各种工具等。

(二) 锚机的内场组装顺序和工艺要求

(1)锚机进车间内场，需及时拆下锚机设备上的易损零部件，妥善保管。并初步检测各轴承等转动部件的间隙。

（2）将锚机悬吊在底座上方作参照，并根据图纸尺寸、位置定位焊妥锚机基座上的固定垫块（要求垫块事先根据车间工艺要求机械加工出 1/100～1/50 的斜平面），在固定垫块上画出螺栓孔位置，找准孔中心，在孔中心和圆周上敲洋冲。

（3）锚机底座与锚机机座套钻螺孔，清洁后，垫上木垫块与锚机组装后待用。

（4）上船安装前做好保养工作，对液压管路的接口用闷板或胶带布封口，防止垃圾、杂物从接口进入机内。

（三）锚机在船上的安装

（1）锚机底座位置的确定。图 18-3-1 所示为船头甲板锚机平面布置图（因图左、右对称仅表示 1/2）该船左、右各布置 1 台锚绞机，安装可以同时进行，因安装工艺相同，所以只叙述 1 台锚绞机的安装过程。

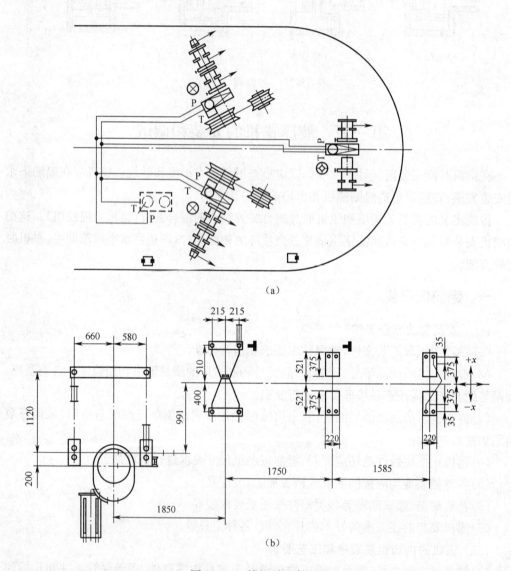

（a）

（b）

图 18-3-1　锚机平面布置图

①按图纸要求在甲板上以肋骨位置为基准(参照锚链筒的位置)划出正确的锚机底座位置,作好记录。

②先把锚机底座吊到甲板的正确位置,并用望光或拉线的方法确定锚机的安装高度和前后左右的位置。并调整好底座上平面的水平度。在现场根据甲板的实际抛势割去底座余量,修正底座凹势直至与甲板相吻合。然后,定位、焊接(整个底座的切割平面不平度控制在 2mm～3mm 以内)。锚机底座在定位、焊接时,焊缝区域的铁锈、氧化皮、油污等应予以清除,并保持清洁和干燥。

底座定位焊的位置应根据不同的底座作合理安排,定位焊缝长度应不小于 30mm,定位焊后应吊上锚机复验锚机位置和高低水平尺寸,确保无误后,吊离锚机脱离底座,并严格按焊接规范施焊。

(2)用小平板拂磨甲板面上固定垫块的上平面。用色粉检查固定垫块上平面的平度。

(3)锚机吊上底座,装妥调节螺钉。用调节螺钉粗调锚机的工作位置,打开轴承盖,用塞尺检查锚机轴承间隙,调节螺钉,使同一台锚机的左右两轴承的径向间隙均匀,并符合设备对间隙的要求。轴承间隙调整后,擦洗干净上油,装妥轴承盖(调整好的锚机,其锲形调整垫片的厚度应控制为 25mm～35mm)。

用三脚卡板测出锚机锲形垫片的实际厚度,根据三脚卡板的实测厚度,进行锲形调整垫片的机械加工,供钳工拂磨。

锲形垫片与固定垫片及锚机机座之间的接触,在拂磨后,用 0.5mm 塞尺检查,应不能插入,接触面蓝油点应分布均匀,接触面积应不小于 70％。色斑为 5 点/$(25×25)$mm^2。如图 18-3-2(a)所示。

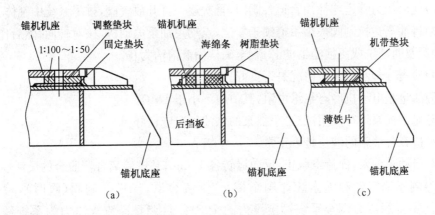

图 18-3-2　锚机底座安装垫片形式

如果是采用浇注环氧树脂作为连接垫片的锚机安装,则在进行锚机调整定位结束后,按要求装上挡板,直接进行环氧树脂浇注工作。如图 18-3-2(b)所示。

对于允许将机带垫块直接焊在底座上的锚机,为保证两者之间的良好接触,在进行上述步骤时,可先在机床上加工底座上平面,然后进行调整和安装。如果锚机轴承间隙不符合要求,允许在垫块与底座之间垫厚度不大于 2mm 的薄铁片作调整,但薄铁片大小必须大于 90％的机带垫块面积。如图 18-3-2(c)所示。

（4）对机加工好的垫块进行拂磨后,交验。交验合格后,划出垫块上的螺栓孔位置并编号敲洋冲眼,送机加工占孔。机加工后将垫块对号塞入,装好螺栓固定。

（5）锚机固定后,检查大齿轮与小齿轮的轴径位置和啮合情况。测量小齿轮的活动连接体与轴瓦的左右间隙。定位锚绞机制动架装置刹车排,其位置尺寸可根据图纸和实际现场情况来确定。

（6）按图纸的尺寸、位置安装止推块。安装止推块时必须将止推块与楔形垫块组合在一起贴紧公共底边。

（7）擎链器的安装。

擎链器在安装前应满足以下条件:锚机定位、安装结束;锚链等安装到位;液压管路畅通,投油结束;通电。

擎链器初装时应根据现场实况初步调整擎链器位置,在确认满足实际工况要求后,点焊定位。

待下水后经多次抛锚、起锚后,视实际情况再调整,使锚链位于锚链筒口的中心位置,锚爪与锚台贴合良好,锚链上、下运动时无激烈跳动、翻链等现象产生,才能最后给予焊接固定。

（9）弃链器安装。按图纸尺寸定位、安装弃链器装置,并做功能模拟试验。

二、锚机的调试

（1）先对锚绞机机外管系投油,及时清洗或更换滤器滤芯,直至确认油液清洁为止。

（2）开启压力管道与补油管道各阀门,再次逐一打开放气阀,排尽系统中气体。

（3）将油马达控制阀操纵手柄锁于零位,点动主油泵电动机,核对转向,然后作系统循环投油。及时清洗或更换滤器滤芯,直至确认油液清洁为止。

（4）检查冷却水的供应情况是否良好。

（5）测量量电动机冷态绝缘电阻,其值应不小于 1MΩ。

（6）对手摇泵进行效用试验,手摇泵的供油情况应良好。

（7）检查各油箱的液位是否正常。

（8）启动主油泵,保持空载正、反向运转各 15min,并试验离合器脱合的灵活性。

（9）刹紧锚链轮和绳索滚筒刹车带,合上离合器,操纵控制阀（瞬时）,检查系统压力,把安全阀压力调至系统额定压力的 125％,再调整溢流阀压力为系统额定压力的 100％。

（10）系统压力调整结束,再次给膨胀箱注油,当膨胀箱溢油时,储油箱的油位应等于其净容积的 1/2～2/3。

（11）全面检查各阀位、润滑点、仪表、密封件和螺栓的紧固情况,消除不良现象。

（12）可以进行起、抛锚及系缆试验,记录起锚速度和油压。

（13）整机空车试验:低速正反向各运转 20min,中速正反向各运转 15min,高速正反向各运转 10min。

(14)整机负荷试验：

①分别以额定起锚拉力和额定系缆拉力的 50％、100％、110％进行负荷试验。

②以 85％的刹车力对刹车进行静负荷试验，检查刹车的可靠性。

③检查离合器的离合情况、安全可靠性及操纵是否灵活轻便。

④检查抛弃锚效用试验。

⑤检查锚链和卸扣通过锚链筒、止链器和链轮的情况，锚链在链轮上应无跳链和扭曲现象；检查止链器位置是否正确以及锚收上时锚爪与锚唇的贴合情况。

⑥检查锚链冲水装置的工作情况(也可在试航时检查)。

第十九章　液压舱口盖

第一节　液压舱口盖的结构形式

　　船舶停港周期的长短除与装卸设备工作效率直接相关外,还与配置优良的舱口盖结构形式和提高舱口盖启、闭的自动化程度联系紧密,后两者已是当今船舶增加营运效益的重要课题。

　　目前世界上各种新型的液压舱口盖不断出现,液压舱口盖的设计合理、紧凑,操作方便,使用安全可靠,生产也走向专业化,其目的在于进一步完善装卸作业自动化,降低劳动强度和管理费用。

　　按舱口盖的启、闭方式主要可分为吊离式、侧开式、折叠式等几种,下面就液压折叠式舱口盖作详细介绍。

　　折叠式液压舱口盖装置的形式很多,根据液压油缸的布设位置可分为动力油缸外置式、动力油缸内置式、液压铰链式和液压马达式等。

一、动力油缸外置式舱口盖(图 19-1-1)

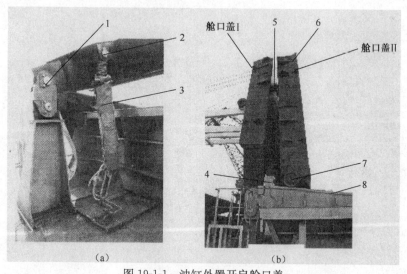

图 19-1-1　油缸外置开启舱口盖

1—端铰链座;2—油缸铰链;3—油缸;4—止跳装置;5—中间铰链轴销;6—舱口盖;7—滚轮;8—轨道。

　　图 19-1-2 所示舱口盖正在开启,这条船的每个货舱有两副共四块舱口盖板,油缸对置于舱口围顶端的四角舱口盖向船的首尾两个方向收起。图 19-1-1 所示油缸铰链座架、端铰链座架外置在舱口盖两端侧。油缸下端进油后推动活塞杆外伸,通过油缸铰点与支

点顶起舱口盖Ⅰ,使其围绕端铰链座支点升起,舱口盖Ⅰ经过中间链轴销带动舱口盖Ⅱ升起,舱口盖Ⅱ端侧滚轮在轨道上滚动(图19-1-2),当油缸工作推至终点,舱口盖Ⅰ、Ⅱ正好竖直,如图19-1-1(b)所示。再用设置的制动装置将舱口盖Ⅱ固定,防止舱口盖滚轮沿轨道下滑。关舱时,改变油缸进油方向,油缸上端进油后拉动活塞杆内缩,通过油缸铰点与支点收起舱口盖Ⅰ围绕端铰链座支点缩回,舱口盖Ⅰ经过中间链轴销带动舱口盖Ⅱ缩回,舱口盖Ⅱ端侧滚轮在轨道滚动直至盖平,舱口盖与舱口围之间用橡皮条密封,橡皮条的压缩量依靠支撑块厚度控制(图19-1-3)。舱口盖盖平后,用压紧器将舱口盖锁在舱口围上,并通过横向止动块和纵向止动块固定舱口盖。

图 19-1-2　舱口盖正在开启

图 19-1-3　舱口围的支撑块

二、动力油缸内置式舱口盖

图 19-1-4 所示为动力油缸内置式舱口盖。两只舱口盖通过三角导板 2 联结成一组,

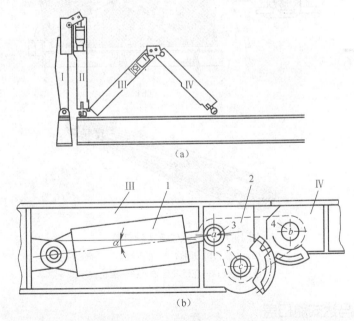

(a)

(b)

图 19-1-4　动力油缸内置式舱口盖

(a)开舱;(b)关舱。

1—油缸;2—三角导板;3、4、5—铰轴。

273

油缸被安装在舱口盖Ⅱ和Ⅲ的下方。图19-1-4(b)所示为关舱位置。执行油缸1的一端固定在舱口盖Ⅲ上,油缸活塞伸出端用轴销与三角导板2相连接。三角导板孔4和舱口盖Ⅳ上的齿弧中心、孔5和舱口盖Ⅲ上的齿弧中心也用轴销连接在一起。执行油缸的中心线具有向上的仰角α。当油液通到油缸内活塞的顶面时,活塞杆向外推动三角倒板2绕c点转动,由于舱口盖间的齿弧作用,产生使舱口盖翘起的力p,把舱口盖Ⅲ、Ⅳ提升到垂直位置,折叠在一起,最后用制动挂钩将其固定,以免滑动,如图19-1-4(a)所示。

关舱工作程序与上述相反。

三、液压铰链式舱口盖

图19-1-5所示为液压铰链式舱口盖。长形铰链油缸1置于两块舱口盖的铰合处,油缸两端伸出的铰轴与舱口盖Ⅰ用花键连接,缸体的两端与舱口盖Ⅱ亦用花键连接,使舱口盖Ⅰ和Ⅱ宛如铰链板,图19-1-5(a)所示为关舱位置。铰链油缸的内部右、左分置活塞,中间进油,把活塞向左、右两端推移。活塞的外径与缸体接触,且具有轴向导槽,可与缸体作定向相对滑行。活塞的内径做成多头螺旋齿,与同一齿摸的多头螺旋铰轴相匹配。当活塞作直线运动时,铰轴就对缸体产生转动,把它装在舱口盖Ⅰ和Ⅱ之间,像一根铰链心轴,使舱口盖翘起。滚轮3沿着舱口轨道滚动,直到舱口盖折叠竖立为止,如图19-1-5(b)所示。关舱时油缸的两端进油,活塞向油缸中部移动,铰链油缸就反向铰开,舱口盖盖平舱口。

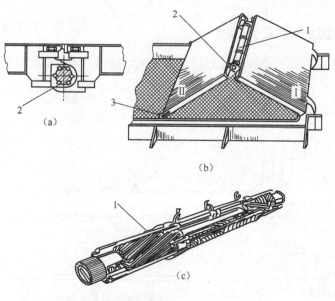

图19-1-5　液压铰链式舱口盖

(a)关舱;(b)开舱;(c)液压铰链。

1—液压铰链;2—花键固定轴承;3—滚轮。

四、液压马达式舱口盖

图19-1-6所示为液压马达式舱口盖(亦称链条牵引式舱口盖)。液压马达2置于舱口围板外端面的中央,马达输出轴带动两只主动链轮。舱口的两角设置链条导轮1和3,

274

最后一块舱口盖的两边装有固定链条的链板 5，沿舱口围板设有若干个专用顶升油缸 4，与舱口盖滑轮相对配置。

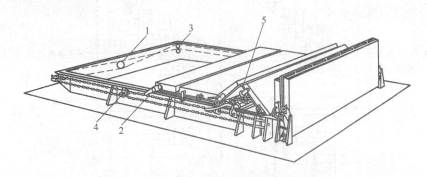

图 19-1-6　液压马达式舱口盖

1—导向滑轮；2—液压马达；3—导向滑轮；4—顶升油缸；5—链板。

开舱时，各只顶升油缸同时将各舱口盖顶起，使顶升油缸上部的一段轨道与舱口轨道接平，舱口盖滑轮便可在舱口轨道上自由滑动。然后再启动油马达，由主动链轮牵动链条，舱口盖便沿轨道滚动，并折叠翘起，靠拢在舱口一边。

关舱时，油马达反转，主动链轮牵动链条回行，把舱盖盖好，顶升油缸卸荷，舱盖板便紧贴在舱口围壁上。

第二节　液压舱口盖的工作原理

每艘船有多只船舱，每一舱由数块盖板组成，由设定的液压装置启、闭。每一舱由各自独立的控制阀组控制。每组控制阀组有两套操作系统，所以每副舱盖板都可以独立启、闭。一般一艘船共用一套液压泵站，并备有一套应急泵站。

图 19-2-1 所示为一种常见的油缸外置式液压系统。每一舱由四块盖板组成、分前后两组启、闭。作为动力源的两台独立单向定量泵并联输油给各舱控制回路。正常开启或关闭舱口盖时，要逐个舱口、成对盖板进行操作。特殊情况下，任一泵可用二分之一的速度来启、闭舱口盖。

油泵 1 打出的液压油，经过单向阀直通至三位五通手动换向阀 3，从阀芯中位通道送至其他各舱，控制油路回油经滤器 7 返回油箱，系统为开式液压回路。

开舱时，换向阀 3 的阀芯位通路，进入工作位置，主油液经单向节流阀 2 进到控制油缸 4 的活塞顶部，推动活塞开启舱口盖。活塞另一端的回油换向阀，穿过内通道、出阀口后，再经过单向阀 6、滤器 7 回入油箱。开启完毕，换向阀恢复中位，油液便通往其他各舱使用。换向阀 3 的中位装有单向液压锁，能阻止舱口盖下滑。反之，当关闭舱口盖时，手操换向阀 3 使阀芯下阀位进入工作位置，主油液经阀芯内通道直接到达控制油缸 4 的活塞背面，推回活塞，关闭舱口盖。活塞顶端的回油要经过油缸头的单向节流阀和油路上的单向节流阀 2，回到换向阀出口，再流经单向阀 6、滤器 7回入油箱。

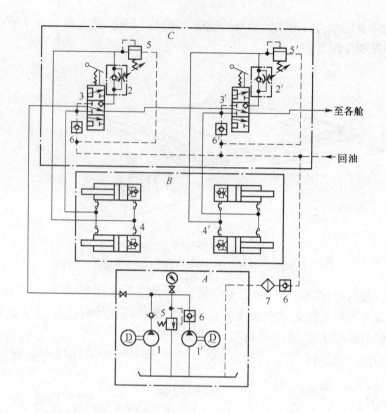

图 19-2-1　油缸式液压系统原理

1—油泵；2—单向节流阀；3—手动换向阀；4—液压油缸；

5—可调溢流阀；6—单向阀；7—滤器。

　　控制油缸头部的单向节流阀和油路上的单向可调节流阀都是起调节、控制舱口盖关闭速度的作用。溢流阀 5 用来为系统超载卸压。回油路上滤器 7 前的单向阀 6 用来提高背压、防止冲击。该液压装置设计合理、操作简便安全。

　　图 19-2-2 所示为应急泵站液压原理图。

　　电机旋转带动泵转动，油液经过单向阀到溢流阀卸荷，这时压力油经过溢流阀卸荷有功率损失，容易产生热量，油液温度升高。打开球阀、油泵，油液经过单向阀通过球阀回油池。这时，油是卸荷压力很小，功率损失很小，不容易产生热量，油温不会升高，这样油箱可以做得很小。P、R 快速接头接通，油液经过单向阀通过 P 快速接头进入系统，通过 R 快速接头回油箱。

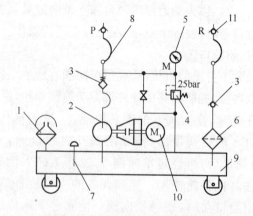

图 19-2-2　应急泵站液压原理图

1—空气过滤器；2—定量泵；3—单向阀；4—溢流阀；

5—压力表；6—粗过滤器；7—油位测量棒；8—软管；

9—油箱；10—球阀；11—快速接头。

第三节 液压舱口盖的安装和调试

一、舱口盖安装前的准备工作

(一) 舱口围的准备

(1)清除舱口围上的障碍物,保证舱口围的整洁。

(2)测量舱口围的尺寸,检查舱口围面板的水平度,在舱口围两侧和两端面板上划出舱口围的中心线及垂直线,冲印标记,以备后用。

(3)舱口围的左右两侧从舱口围中心线向两侧划出一根辅助线(一般在舱盖板设计尺寸上,延长100mm为基准),以便在舱盖定位及定附件时作参照用。

(4)根据舱盖板设计尺寸,在舱口围上焊上硬挡板为吊装舱盖板用(一般为横向二块,纵向一块)。

(二) 吊舱盖板前准备

(1)检查舱盖板的外表面是否有损坏。

(2)检查舱盖上附件是否装齐、滚轮是否装妥。

(3)清除中间铰轴孔、端铰链及舱盖油缸上支座轴孔的油漆,铰好轴销定位板螺纹孔。

(4)预先对轴销与轴孔做安装检验、端部球形轴瓦预安装。

(5)检查水密橡皮定型接头的安装情况。

(三) 生产技术准备

(1)根据设计要求准备舱口围上不锈钢扁钢,支撑块不锈钢扁钢,舱口盖及支撑块用临时垫块料。

(2)落实好大舱内的照明、液压升降车等,将舱盖中间铰链轴销先置于大舱内。

二、舱盖吊船排装

(一) 舱盖板定位

(1)舱盖板按识标4、3、2、1顺序吊至舱口围。

(2)用液压手揿泵将每块舱盖逐一顶起,放入弹子活动垫块(注意中间铰链处在支撑块加强板上,根据工作要求焊接顶撑马攀)。将每块盖板顶到中心位置,使盖板中心线与舱口围面板相应中心线对准,将分离接缝处的盖板对合线调整到原来验收的间距尺寸,两侧用挡板靠牢(要求每块舱盖板的中心线必须对准)。

(3)拼装舱盖板中间铰链并定出端铰链眼板的位置,注入润滑脂,安装中间轴销,安装挡板。

(4)根据舱盖之间目前的开口及舱盖中缝两端的咬口标记及前后端尺寸计算纵向长度后,顶拢前后端,用挡板靠牢。

(5)用液压手揿泵将舱盖逐一顶起,抽去弹子垫块放入25mm临时垫块将舱盖落地。

(6)划出若干段舱盖板边线,测量舱盖压紧量数据,根据测量的情况,准备各种厚度的不锈钢扁钢,供装配调整定位时用。

(7) 划出支撑块边线(左、右边线)供装配按放不锈钢支撑块垫板用。

(8) 划出下开式压紧器位置,做好标识,同时检查一下该压紧器位置下部是否碰到肋板,如有应及时修正。

(二) 舱盖端铰链定位

(1) 将预置于端铰链眼板下的端铰链座,对准甲板的加强硬档,并将底座调整到与端铰链眼板上的垂直平行线平行。

(2) 将端铰链的球形轴瓦装上装时注入润滑脂。

(3) 将端铰链根据图纸要求,放对摇摆度,左右两边间隙相等,焊好马攀并固定。

(4) 根据端铰链的高度,计算出端铰链底座的余量画出余量线,割去余量(按计算出的余量多割 5mm)。

(5) 将端铰链根据图纸吊入到位,安装连接的端铰链轴并加润滑脂,确定端铰链定位,焊接加强板,焊好防止电焊变形的马攀后,进行焊接作业。

(三) 油缸座眼板定位

(1) 清除舱口盖上油缸上端轴销孔的油漆,装上油缸座定位用样棒。

(2) 根据图纸将油缸下铰链板拼装成油缸座(左右对称,压板孔朝船中)。

(3) 测量出油缸座距甲板的高度。

(4) 按测得的数据,将油缸座眼板的余量割除(多割 5mm)。

(5) 将割去余量的油缸座置于样棒下端的甲板上,须尽量对准甲板下加强硬档正确定位(用马攀绑住以防油缸销错位),交焊接作业。

(四) 其他附件定位

(1) 根据舱盖排装时划出的舱盖边线,按图纸所示压紧扁钢(通常为不锈钢材质,不得油漆)的尺寸,计算出橡皮中心位置,划出压紧板边线,划出支撑块不锈钢位置线定妥后冲印标记。根据舱口盖排装时测出的舱口盖压紧数据,正确铺设舱盖压紧板,然后焊接固定并检测施工质量。

(2) 划出舱盖四个角及中间(左右)的漏水孔位置,开孔后将漏水管定妥。

(3) 盖板支撑块根据橡皮压紧量在舱盖边与橡皮不锈钢压条之间放置垫块,放平舱盖检查支撑块与支撑块不锈钢垫板的间隙,并调整到图纸要求。支承块接触面积应不小于 50%,不接触部分的间隙必须小于 2mm(接触的定义为:被测区域不能被 0.2mm 的塞尺通过)。

(五) 附件定位

(1) 按舱口盖中心位置划出两侧滚轮轨道线,按图纸的要求划出轨道的长度位置做好冲印标记。

(2) 安装轨道、斜头及斜坡板(轨道接口及坡口按图所示,斜头定位时不要有间隙(要求间隙越小越好)。

(3) 测量横向止动块、纵向止动块尺寸,按要求加工后定妥(纵向止动块按要求焊好,横向止动块分二阶段定位,先临时定位然后定位)。

(4) 安装滚轮止跳装置。

(5) 划出舱盖压紧器锁孔位置,同时检查一下该压紧器是否碰到肋板,如碰到应及时修正。冲印标记后开孔,压紧器孔割妥后磨光,双面倒角。压紧装置定位妥。

(6)安装油缸:清洁舱口盖油缸上下支座,安装时,轴销、支座孔加润滑脂润滑,舱盖油缸装妥,油缸做好保护工作,装妥油缸进出口接头,安装好油缸软管。

三、舱口盖调试及附件的安装

(一) 调试准备工作

(1)检查所有受力部件焊接是否结束。

(2)检查所有焊接处的临时撑头是否清除,固定用马攀清除磨平。

(3)准备若干块大于滚轮半径的止挡板(焊牢于轨道上,舱盖开启时用止挡板靠住,在焊止挡板处的轨道下部两侧前后 500mm 处须焊接加强)。

(二) 调试工作

(1)舱盖液压泵组油箱清洁、交验(对船东)加油,液压系统管系完整。

(2)检查舱盖液压泵转向是否正确,泵组是否正常工作。

(3)舱盖油缸进油,检查操作方向是否正确。

(4)将舱盖慢慢开启,割除临时止挡板,磨平。

(5)启闭舱盖多次使油缸充分进油,舱盖放平,将油缸及管系中的空气排出,检查有无异响(在直轨道上)。

(6)轨道调试。

①滚轮基本在轨道中间,滚轮与轨道的接触≥60mm,检查轨道接口缝是否与滚轮行走时相擦,轨道平面接口是否平整。

②轨道与轨道接头要平直,轨道与斜板接头要有一定的圆角,滚轮在轨道上行走自如,无异常声响,检查滚轮在轨道上行走是否有脱空现象(滚轮应转动),舱盖启闭时无跳动现象。

(7)安装舱盖收藏装置。

①舱盖轨道斜坡末端按舱盖收藏时的滚轮位置临时焊上停止板(注意:舱盖一定要开至图纸所要求出舱口围的尺寸位置)。

②将舱盖开至收藏位置,按图安装定位后,舱盖收藏装置交焊工焊接。

(8)放平舱盖,根据图纸安装止跳装置。

(9)检查横向、纵向止动器,止跳装置的间隙情况。

(10)安装舱盖压紧装置并调整好。

(11)检查安装舱盖支撑块。用塞尺或涂蓝油的方式检验其接触面积,并通过白粉试验修补、调整橡皮条或压紧扁钢。

(12)测量舱盖中缝两端不锈钢三角的尺寸,加工后定位,焊妥磨平。

(13)修正舱盖橡皮接口及橡皮定型接头。

(14)配合调试舱盖泵组及操纵阀组。

(15)配合调整启闭速度。

(16)根据交验要求做密性冲水自检。

四、舱盖液压系统的投油工艺(系统中液压油清洁度需达到:CLASS 17/14, ISO4406)

(一) 清洗前系统准备工作

检查系统管路的完整性,用临时跨接管将附件脱开,并用闷头将附件接口堵好,防止污物进入。这些附件在上船安装前应清洗过,包括:液压泵组、油缸、伺服机构、控制阀组等,拆掉管路中的软管用跨接管代替。

(二) 清洗设备

清洗设备通常由投油泵组、油箱、滤器、加热器和连接件组成。

投油泵组的压力为 30bar～50bar,排量应能使清洗管内的流速达到 5m/s～12m/s,并达到紊流状态。油箱的容积至少相当于泵每分钟排量的 3 倍,其容量最好大于系统清洗所需的油量。滤器采用滤芯可拆洗或可更换的类型。

(三) 清洗油

所采用的清洗油牌号应与系统所用的液压油一致,也可以采用油料制造商推荐的可相容的低黏度的油料。

(四) 清洗工艺流程

(1)在准备工作结束后,向清洗油箱中注入清洗油,将清洗油加热到 50℃左右。

(2)启动投油泵组,使清洗油循环流动。在此过程中,应先进行系统放气,排除混在系统中的空气。

(3)用软质锤沿着油管长度方向敲打,将黏附在管子上的杂质震落下来。每隔半小时左右清洗一次滤器。

(4)变换清洗设备的进、出油管路,使得清洗油反向流动,重复循环进行清洗。一般情况下,每个回路最少需要投油 12h,且必须保证系统运转 0.5h 后,滤器中没有污物。

(5)对于未能连接进投油回路中的短管,允许单独拆下用干净的绸布灌油、擦洗。

(五) 密性试验(密性试验压力为 1.25 倍工作压力)

当系统达到清洗要求后,可进行管系的压力试验。压力试验范围:除油缸、阀组和系统泵组外的所有承受高压的管系。

(1)用临时跨接管脱开油缸和软管,并用闷头将管子末端塞好。然后将独立的压力试验泵组连接到系统上(严禁使用本系统液压泵组)。

(2)开启试压泵组,在低压状态向管系注油。注意排尽管路中的空气。

(3)将试压泵组上的溢流阀逐步调整到试验压力,即关闭试压泵组。

(4)保压 5min,使得相应的管路承受试验压力,检查系统管路中有无渗漏现象。如果出现渗漏,应消除并重新做管路压力试验。

(六) 恢复系统

(1)排空系统中的油液,脱开清洗设备。如果发现某个部位不能满足清洗要求,可单独拆下清洗或更换。

(2)按照液压系统图重新接好管路,油缸用跨接管与系统隔开。清洁油箱,并用带有精度为 $10\mu m$ 滤器的专用注油设备向油箱中注入新的液压油。利用系统泵组对管系进行循环窜油。

（3）利用换向阀对每路支管逐个进行正反向循环窜油。

（4）完成清洗程序后，检查滤器。如果需要的话重新进行清洁。

（5）按照液压系统图重新接好管路，然后运转设备，液压油打循环。

五、船上交验

（1）试验条件。

①舱盖板、泵组、管系制造安装符合批准的设计图纸的要求，舱口围板（包括结构加强）必须检查通过。

②泵站能正常工作。

③舱盖板应保证能正常启闭。

（2）系统压力试验。

试验压力为工作压力的 1.5 倍。

（3）液压泵站试验。

①低液位报警并停泵（模拟）。

②高温报警并停泵（模拟）。

③低温加热（模拟）。

④回油滤器堵塞（模拟）。

⑤电机过载报警。

（4）舱盖板开启、关闭试验各两次，并计时。

（5）使用液压应急泵进行应急开/启试验（任选一舱试验）。

（6）使用应急眼板进行应急开/启试验（仅首制船，任选一舱试验，向接船船员交验）。

①试验前准备：码头吊车、钢索拉紧器、安全钢索、钢索、卸扣等，并打开应急球阀。

②开启试验。

a. 释放所有快速压紧器。

b. 舱盖应急眼板通过起吊索具与码头吊连接，然后缓慢提升并折叠舱盖，提升至舱盖折叠成 50°～60°角时，停止提升，维持原状。

c. 在舱盖两侧用安全钢索系住后放松吊车钢索（但不能脱钩）。

d. 舱盖两侧眼板分别以钢索、卸扣和钢索拉紧器相连。

e. 同步在两侧收紧钢索，使舱盖滚轮慢慢的向舱盖端部滚动直至舱口完全开启。

f. 钩住止动钩，放松吊车钢索并将吊钩移向舱口端。

g. 将起吊钢索与吊车脱开，但吊索头应置于可及处并保持其与应急眼板的连接。

③关闭试验。

a. 将连接在舱盖应急眼板上的吊索与吊车吊钩连接好，绞紧钢索拉紧器，脱开止动钩。

b. 舱盖两侧同步放松钢索拉紧器直至舱盖成约 60°角,拉紧安全钢索。

c. 解除钢索拉紧器与舱盖的连接,并取下钢索拉紧器的钢索。

d. 提升吊车收紧起吊钢索,取下舱盖两侧的安全钢索。然后慢慢放松吊车钢索,让舱盖在重力作用下平稳关闭。脱开吊钩,取下起吊索具,最后关闭所有快速压紧器。

(7)舱盖板密性试验。

上甲板舱盖板关闭后做冲水试验。试验前,货舱应处于关闭状态,所有压紧装置均锁紧,用口径不小于 $\phi16mm$、水柱高不小于 10m 的喷嘴,从外垂直对准试验接缝冲水,喷嘴与接缝距离不大于 1m。

复 习 题

1. 船用泵按其工作原理分哪几类?它们的用途是什么?工作原理怎样?

2. 船用泵的主要性能参数有哪些?它们的字母表示方法和计量单位分别是什么?

3. 空气压缩机的操作要点要注意哪些?

4. 要提高离心分离机的分离效果有哪些措施办法?

5. 船用燃油锅炉的调试包括哪内容?锅炉的安全保护有哪些项目?

6. 影响制淡装置淡化质量的因素有哪些?

7. 如何控制舵系的安装质量?船台验收舵系总安装质量项目包括哪此内容?

8. 液压舵机运转中常见故障现象有哪些?用什么方法验证故障发生?

9. 锚泊是有哪些主要机构、设备组成?造成跳锚现象的主要原因有哪些?

10. 船用舱盖板的交验项目有哪些内容?

第五篇

船舶主要设备的安装及工艺

第二十章　船舶轴系的安装及工艺

第一节　概　述

船舶推进系统是由主机、推进器和传动设备所组成。

船舶推进系统的安装是船舶钳工最重要、最复杂的工作之一。其特点是：技术含量高、工艺程序多，船舶推进系统的安装质量将会直接影响船舶的航行性能。

船舶推进系统的安装工作主要有以下几个方面：

(1)精镗轴系各个连接法兰上的紧配螺栓孔，配妥紧配螺栓(内场预施工)。

(2)尾轴与螺旋桨锥孔的拂配(内场预施工)。

(3)确定推进装置的理论中心线。

(4)尾轴管镗孔。

(5)尾轴管、尾轴、尾轴管密封装置的安装。

(6)螺旋桨的安装。

(7)轴系的校中。

(8)轴系和轴承座的安装和固定。

(9)主机吊入机舱。

(10)主机的定位与固定。

船舶推进装置的类型很多。由于各船厂制造设备和能力的不同，其安装工艺、方法也不同。但基本上都是根据建造的船型、制造的数量、船体的建造工艺及船厂生产设备的条件，按照建造规范、相关标准、试验大纲等要求，结合本厂的生产条件和能力来制订具体的安装工艺、方法及交验程序。

推进装置的安装工艺方法虽然不尽相同，但都必须考虑几个基本问题，这就是：推进装置的形式、工厂的生产条件、船舶建造方针、船体变形对安装质量的影响和如何缩短周期。

不同安装工艺的区别主要是安装工艺顺序的不同，而具体到基本原理、施工方法、技术要求和检验标准，乃至一个单独的作业程序等方面，则基本上都是相通的，甚至是相同的。

这里介绍的推进装置安装工艺的工艺流程如下：

轴系中心线的确定→船台上安装尾轴组件(尾轴管、尾轴、螺旋桨、密封装置)→下水后进行轴系校中、轴系安装(中间轴及轴承测力)→ 主机安装(主机定位、主机安装、有关管路和辅助装置)。

第二节　轴系中心线的确定

既通过主机曲轴的中心，又同时通过尾轴管中心的直线称为轴系理论中心线。它是主机、轴系安装的基准。为了保证主机曲轴中心线与尾管以及轴系同轴度的要求，在进行轴系安装前必须确定轴系中心线。

轴系中心线的测定方法可分为拉线法和光学法。用拉线法和光学法进行轴系中心线的测定,其原理和施工条件是一样的。

以下介绍的是用光学法进行轴系中心线的测定(配合舵系中心线的测定部分是用拉线法)。

一、望光拉线应具备条件

(1)保证船体总强度的主要组装焊接工作全部结束。

(2)机舱结构完整;机舱区域船体火工校正工作结束。

(3)船体墩木的调整工作必须结束,以后不得随意移动墩木,以保证船体基线符合规定的技术要求。

(4)机舱与船体结构连接的油水舱、船尾所有的压载水舱、空舱密性试验结束。

(5)机舱内大型设备的底座焊接完毕。

(6)望光拉线过程中,船上应停止有较大振动和有严重噪声干扰的作业,并无压载变动。

(7)考虑到阳光的照射会引起船体的变形的,望光拉线作业,一般在夜间或无日光直接照射的环境条件下进行。

(8)船体基线、机舱内的舯线与相关肋位线均应标出。

(9)船台区域脚手架、安全栏杆搭好,机舱内、舵机间和作业区域的照明已配置,场地周围打扫干净。

二、望光拉线前的准备

(1)测量工具:

①准直仪、望光镜及调节底座。

②活动光靶及光靶 C。

③2 只中心调节器。

④φ0.7mm 钢丝线、夹具、25kg 重块、线锤。

⑤圆规、卡钳、洋冲、丁字尺、20m 卷尺、直木样棒。

(2)根据图纸要求明确轴系中心线高度位置;以船中线及船底基准线为轴系中心的左右位置;确定光靶 C 和望光镜位置(允许偏差为:左右±3mm,上下±7mm);明确主机垫片的设计厚度及允许调节的范围;了解尾轴管孔的加工余量。

三、轴系望光拉线(图 20-2-1)

(1)在自由端处用望光镜向尾管孔尾部光靶 C 望光。调节望光镜焦距,使望光镜中的十字线与光靶 C 的十字线重合。

(2)向尾管孔 A 向中心调节器望光。调整 A 向中心调节器,使中心调节器上的中心孔与望光镜中的十字线中心重合。

(3)向尾管孔 B 向中心调节器望光。调整 B 向中心调节器,使中心调节器上的中心孔与望光镜中的十字线成交点。通过以上三个程序的测量和调整,确保上述三点在一条直线上,并确保它的垂线与船中线在同一位置上。

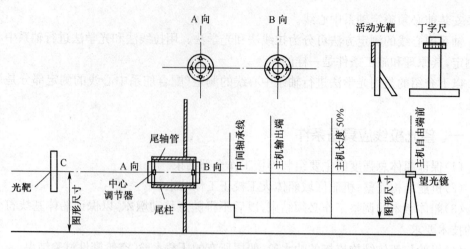

图 20-2-1 拉线望光图

（4）测量尾管孔的加工余量，作出记录。如果偏心太大，则轴系在偏差允许的范围内作适当调整。

（5）在主机输出端和主机总长度的 1/2 处设置活动光靶，以中心调节器 A 的十字线中心为基准，对主机的高低尺寸和左右位置进行望光测量，并记录数据。望光镜处也要测量，以便确定主机的实际高度和左右位置与设计要求的误差值。确认主机垫片的厚度是否在要求的范围之内，如果主机的垫片厚度不够，则要在允许的范围内相应调整整根轴系的中心高度。把中间轴承基座放置于应设位置，望光测量每道中间轴承估算垫片的厚度。

（6）通过 A 向调节器中心孔、B 向调节器中心孔向光靶 C 中心孔拉钢丝线。用于检测舵系与轴系的相交、垂直度，确保其在允许范围内。如果测定值超出允许范围，则由舵中心线或轴中心线相互调整。

舵系中心线与轴系中心线相交、垂直度的技术要求为：

①不相交的距离

$$\delta = 0.001\sqrt[3]{L}\,(\mathrm{m})$$

式中　L——船的两柱间长（m）。

②不垂直度

$$\Delta \leqslant 1\mathrm{mm/m}$$

（7）轴系拉线法。

拉线法就是在机舱前隔舱壁的首基准点 A 和人字架后面之尾基准点 B 之间，用直径为 0.5mm～1mm 的钢丝拉成一根直线，如图 20-2-2 所示，这根钢丝就代表轴系的中心线。拉线的首尾两个基准点在造船时按设计图纸标定。在修船时，首基准点可根据拆卸主机时的测量记录来标定，而尾基准点由尾柱孔或人字架孔的中心确定。

利用拉线法确定轴系中心线比较简单易行，应用较广。其缺点是用于 10m 以上的长轴系时，由于钢丝过长因自重的所产生的下垂过大，当以它为基准在首轴毂、各隔舱壁等处划镗孔线时，存在误差，而必须按下垂度大小予以修正。如图 20-2-2 所示，尾隔舱壁处钢丝的下垂量为 y，而 y 值大小可按下式计算：

$$y = \frac{qx(l-x)}{2T}\,(\mathrm{mm})$$

286

式中 q——钢丝单位长度的质量(g/m);

　　　T——吊锤的质量(kg);

　　　l——首尾两基准点之间钢丝总长(m);

　　　x——所求下垂度处到尾基准点的距离(m)。

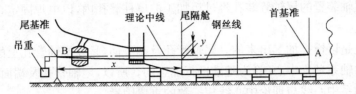

图 20-2-2　用拉线法定轴系中心线

拉线时,钢丝直径与所能承受的拉力见表 20-2-1。

表 20-2-1　钢丝所能承受的拉力

钢丝直径/mm	每米长度自重/g	极限负荷/kg	推荐拉力/kg
0.5	0.59	33.4	20～30
0.6	2.22	48	30～40
0.7	3.02	73.6	40～50
0.8	3.95	80.0	50～60
1.0	6.17	122.0	70～80

四、后续工作

(1)轴系中心经验收确认后,分别以 A 向、B 向的中心为圆心,用圆规在尾管孔两端的平面上划圆。在圆线上用洋冲敲上、下、左、右四点记号,并做"△"标记,用作尾轴管孔镗排安装时的校调基准,在镗孔时,亦作镗孔的测量基准。

(2)按图 20-2-1 所示方法,用活动光靶测出主机输出端与中间轴承位置的实际高度,中心用吊线锤弹线的方法测出实际偏离值,作出记录。确定主机垫片厚度与中间轴承座的实际高度尺寸。

(3)用丁字尺通过望光镜(中心不变)在主机地坑面输出端和自由端左右各取两点,作为主机底脚螺栓孔的划线基准。

第三节　尾轴装置的安装

轴系理论中心线确定后,就可以进行尾轴装置的安装。

目前大型船舶的尾轴管装置有三种形式:第一种是尾轴管在尾柱毂孔内采用环氧树脂浇注安装定位,尾轴管装置成套直接安装。第二种是传统式尾轴管装置,即尾轴管装在经过粗加工的尾柱毂孔内,以电焊固定,然后对尾轴管内孔进行镗孔,再进行尾轴管轴承、尾轴、尾管附件等装置的安装。第三种是整体压入式尾管,即尾管、轴承的安装待尾柱毂孔与尾管前支板镗孔后整体压入,腔内灌冷却水后,焊接固定。

这三种装置的施工工艺和方法,除了尾轴管的安装方式不同外,从塞尾轴开始到以后的施工工艺和方法则完全相同。目前,前两种形式采用较多。

一、传统式尾轴管的安装(塞尾轴前)

(一)尾轴管孔的镗孔

传统式尾轴装置的尾轴管装在经过粗加工的尾柱毂孔内,以电焊固定,然后对尾轴管内孔进行镗孔。

尾轴管孔是以镗排加工出来的。尾轴管孔及端平面,是以尾轴管孔上的校调基准(即望光时确定的轴系理论中心线)为基准进行加工的。所以,尾轴管孔及端面镗加工的质量是保证实际轴系中心线与理论中心线相一致的重要因素。

由于镗孔工作通常在船台进行,一般固定式镗床无法使用。所以较多是采用便于拆装和搬运的小型专用镗加工工装进行加工,也可采用专用的镗排(俗称:马林排)进行加工。其传动方式有以下几种:蜗轮蜗杆传动,丝杆进刀机构;减速齿轮箱传动,拖板式进刀机构;行星齿轮传动等。

为了保证尾轴管孔的加工精度和粗糙度,必须提高镗排系统的刚性。而镗排的刚性则取决于支架、轴承架、镗杆等系统的刚性,对此,应采取必要的措施来保证(包括设置中间支承架)。

尾轴管的镗孔:

(1)切削分粗加工、精加工两道工序,俗称光刀和毛刀。毛刀要求尽量快速地把尺寸加工到位。由于镗排的刚性较差,承受的负荷较小,所以每刀进刀量要小一些,吃刀深度约 2mm~3mm。此道工序粗糙度要求较低,表面粗糙度 Ra 值低于 $12.5\mu m$ 即可。

(2)精加工内孔前,单边应留有精加工余量,一般为单边 1mm。精镗前,应根据检查圆的中心再次复校,并调整镗排,其同轴度公差为 0.03mm~0.10mm,然后进行精镗。

(3)精镗内孔时,可采用双刀切削,分两次光刀,此道工序较为精密,对粗糙度要求较高。为保证粗糙度,镗孔时要经常加注切削油,并放慢镗孔速度。精加工后的表面粗糙度 Ra 值为 $3.2\mu m$。压入衬套的接触部分,精镗时必须一次镗出,不允许接刀。

(4)加工后,孔的中心与端面检查圆的同轴度公差必须按图纸要求予以保证,一般要求其偏移值小于 0.10mm。内孔的圆柱度和不圆度公差也应按图纸要求予以保证,一般要求同轴度公差应小于 0.08mm,以便以后轴承的配置。圆度公差按表 20-3-1 取值。

表 20-3-1　轴径圆度公差

轴径/mm	120	120~180	180~260	260~360	360~500	500~700
公差/mm	0.015	≤0.020	≤0.025	≤0.030	≤0.035	≤0.040

(5)精车尾轴管轴承外圆。在当前镗孔设备和加工条件还不够理想的情况下,如何在工艺措施上保证尾轴管的内孔与尾轴管轴承的紧密配合是个很重要的问题。由于镗削尾轴管内孔的工作一般在现场进行,而尾轴管轴承与之配合的外圆则在车间内的车床上加工。基于上述情况,在车间内预加工尾轴管轴承外圆配合面时留有余量,然后在尾轴管内孔镗削完毕测检后,根据尾轴管内孔的实际镗孔尺寸,并按图纸要求的配合性质,决定尾轴管轴承配合面的尺寸,来完成最后加工。这样的工序目前为各船厂广泛采用。

(二) 压配尾轴管轴承

(1)复校尾轴管轴承的外圆、安装间距等各个安装部位的尺寸。

(2)做好尾轴管轴承外圆表面的清洁工作。

(3)将尾轴管轴承塞入尾轴管内。此时应注意配合面的涂油和安装方向。

(4)用液压工装(如丝杠、压板、液压千斤顶)加压压入尾轴管轴承,并钻孔、攻丝配装止动螺钉。

(5)安装附件。如润滑油管、冷却水管及相关部件等。

(6)报检。

二、采用环氧树脂浇注的尾轴装置安装

采用环氧树脂浇注的尾轴装置因为操作、安装方便,对尾柱毂孔没有镗孔要求,所以在大型船舶中应用得也比较多,不过这种装置在施工时,对轴系望光的要求和对环氧树脂浇注的浇注厚度和技术要求比较高(环氧树脂的浇注厚度一般不低于 8mm~15mm),这点,在施工时必须十分注意。

采用环氧树脂浇注的尾轴管的安装步骤如下:

1. 尾管装置的开箱、拆解、检查、清洁

尾管是用木箱包装发运的,安装前应开箱检查尾管及附件、管接头是否完好和完整。对尾管的密封油管要进行密性试验。为了拆下轴封适配环应拆下管接头及附件,在拆下轴封适配环之前,可以抽出温度传感器、轴封适配环和尾管之间的"O"形密封圈,外侧的"O"形密封圈,连接环与尾管外侧的"O"形密封圈。尾管的表面和拆下的附件要进行清洁,除锈。

2. 尾管装置附件的安装

安装前应对所有的安装件做好清洁工作,确保所有的安装件上无杂物、浇注环氧树脂处无油污。

在尾管后法兰的环槽中装上专用的密封橡胶,安装时密封橡胶应完全嵌在环槽中,并要比尾管法兰平面高。尾管后法兰平面上下各有 4 只定位螺栓,都将其旋至比尾管法兰平面高。

3. 尾管的安装与环氧树脂浇注。

起吊尾管将其塞入尾柱毂孔中。当定位螺栓碰到尾柱时,即为尾管安装位置。此时密封橡胶与尾柱应紧密连接,防止浇注环氧树脂时发生泄漏。

安装尾管前端连接环。在连接环内安装"O"形橡胶密封圈,在连接环法兰平面的环槽中装上专用的密封橡胶,安装时密封橡胶也应完全嵌在环槽中,并要比连接环法兰平面高。将连接环法兰平面上的 4 只定位螺栓旋至比连接环法兰平面约高 18mm,防止浇注环氧树脂时发生泄漏。

接着进行尾管找中,分别将尾管后、前端共 8 块调节杆(图 20-3-1)焊到船体上。通过轴系望光,调节尾管前、后法兰上 4 个螺栓使尾管与轴系中心重合,之后检查尾管与尾柱之间空隙,保证环氧的最低浇注厚度。该浇注厚度经环氧树脂供应商同意后,并向船方交验。固定尾管使其在浇注过程中没有与轴中心线发生变动,最好把调节螺栓焊死,准备环氧树脂浇注。

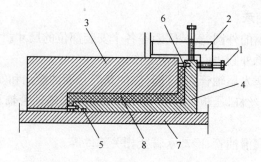

图 20-3-1　尾管前端部分安装示意图

1—调节螺栓；2—调节支座；3—尾柱毂；4—连接环；5—"O"形橡胶密封圈；

6—专用的密封橡胶；7—尾轴管；8—环氧树脂。

环氧树脂浇注时，如果环境温度低于 12℃，一般要采取保温，将环境温度控制在 20℃～25℃。36h 后，待环氧树脂固化将尾管固定。

在浇注环氧树脂的同时，应同时浇注两块环氧树脂样块。当环氧树脂固化后，将两块环氧树脂样块送检［检验标准：巴科硬度（Barcol）≥40］。环氧树脂样块的硬度符合要求后，由船东、验船师认可。

船东、验船师认可后，将拆掉的附件复位安装，完整。并做好保护措施。例如，在轴承轴瓦设置保护膜（防止垃圾及电焊渣等损坏轴瓦），等待塞轴。

三、尾轴安装

（1）尾轴法兰孔与中间轴法兰的紧配螺栓孔镗孔完毕，交船东认可。

（2）尾轴法兰孔与中间轴法兰的紧配螺栓的外圆精磨结束（尾轴法兰端如采用液压联轴节的，则在车间内将液压联轴节预先安装结束）。

（3）尾轴安装前，首先要将前密封装置先套在尾轴靠近法兰平面处，如果尾轴是固定式法兰，只能从船首往船尾塞，这样做便于塞轴。其次将尾管、轴承轴瓦清洁并将尾轴顶端的螺纹部分用橡皮包好，经船东同意后塞轴。

（4）采用螺栓、压板、手拉葫芦或液压千斤顶等办法塞轴。在塞轴过程中，尾管后面要有人注意随时监测尾轴的高低、左右位置，并及时与机舱里的人员联系，塞轴过程中尾轴不能与轴瓦发生碰撞，多加滑油进行润滑，直至尾轴前锥面进入后轴承。

当尾轴前锥面进入后轴承时，尾管后面的工作人员应加滑油润滑后轴承，同时机舱里人员应在尾轴左右法兰里放塞轴工装，防止法兰孔拉毛，将尾轴慢慢送入尾管直至安装到位。

在整个安装过程中，周围不允许有打磨和电焊、气割作业，以免杂物进入，损坏轴承。

（5）尾轴安装后，轴承和轴之间的间隙应符合图纸要求，在轴承档上方为 0.80mm 左右，下方为 0.05mm 塞尺塞不进，左右间隙应在上、下总间隙的 40%～60% 范围内，并做出记录。

（6）安装尾轴管前后密封装置的工艺顺序与注意事项：

①按安装图示有序把密封垫、尾轴前后密封装置、"O"形橡胶密封圈、防渔网环等安装件套入尾轴。

②把尾轴前后位置照设计尺寸拉到位固定妥。

③安装尾轴前后密封装置及密封垫。

a. 要求密封垫和密封装置上的油孔必须与尾轴管上孔对齐。

b. 尾轴管前后密封装置预装的"U"形伸缩止动装置不能拆除,否则会引起装置的不锈钢筒发生位移而与橡胶密封环脱开。

c. 尾轴管前后密封装置上的透气螺塞必须向上。

d. 与尾轴管本体固定后,紧固螺栓采用不锈钢丝止动。

④进行螺旋桨的安装(具体见本章第四节,螺旋桨的安装)。

⑤把"O"形橡胶密封圈、防蚀锌块与后密封装置不锈钢套筒一起与螺旋桨紧固安装,用不锈钢丝把紧固螺栓锁定。

⑥尾轴定位后,拆除尾轴管前后密封装置的"U"形伸缩止动限位,复核密封装置套筒至尾轴管平面距离是否符合设计要求。

⑦拆松设于前后密封装置上的所有上、下螺塞,用专用测量工具测定后密封装置轴承的下沉量数据,并把数据、测量日期标注在专用测量工具上,作为原始依据来判断今后轴承的磨损量值。

⑧从尾管重力油柜向尾管压油,通过前后密封装置的下螺塞孔来检测第一道密封环的密性情况,然后紧固下螺塞。

⑨从尾管后密封油柜向后密封压油,直到后密封装置第一道密封环的上螺塞孔空气排尽溢油,然后紧固上螺塞,通过后密封装置第二道密封环的下螺塞孔来检测后密封装置第二道密封环的密性情况,然后紧固下螺塞。

⑩用清洁油壶的油向后密封装置的第二道环后部的上螺塞孔灌油,直到灌满为止,检查后密封装置第三道密封环的密性情况,然后把上螺塞紧固。

⑪由前尾管密封油柜向前密封装置压油,待上螺塞孔油满后,上螺塞紧固,检查密封环的密性。

⑫密性试验要在一定时间内观察各润滑油柜的液位是否正常,结束后所有螺塞均需止动措施。

⑬按实测间距和设计图要求,现场施工安装尾轴防护罩。

⑭在防护罩上设置防渔网割刀的船,必须按要求尺寸进行不锈钢割刀的安装。

⑮考虑下水后尾轴产生位移会影响前后尾管密封装置的安装质量,必须制作从尾联轴节平面至尾管端面间距样棒,便于检测复核。

第四节　螺旋桨的安装

船舶推进螺旋桨是将桨壳与桨叶铸成一个整体的。螺旋桨的螺距角是固定不变的,适用于大中型船舶的推进装置。

螺旋桨制造厂按船厂提供的图纸和"螺旋桨锥孔量规",对锥孔的锥度、及大端尺寸进行加工。

安装螺旋桨时,为获得螺旋桨锥孔与螺旋桨轴锥部的良好配合。一般均在安装前对螺旋桨的锥孔进行拂配工作。对于柴油机动平衡有要求的轴系,螺旋桨的安装角度必须满足其指定角度,使柴油机运转时负荷均衡。

螺旋桨轴加工后与螺旋桨锥孔拂配前的尺寸配合的位置如图 20-4-1 所示。螺旋桨锥孔与螺旋桨轴拂磨、研配时,要求接触均匀,应保证结合面在全长上均匀贴合,用色油检查时,接触面积≥70%。允许极限 60%,但需事先征得验船师同意。每$(25×25)mm^2$ 接触斑点不少于 3 点,两锥面间的接触用 0.05mm 塞尺检查,应塞不进,局部允许塞入深度不大于 10mm。

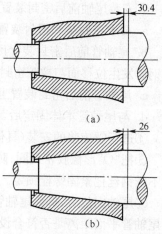

图 20-4-1 螺旋桨锥孔与螺旋桨
轴锥拂配前后的配合情况
(a) 拂配前;(b) 拂配后。

一、螺旋桨安装方法的分类

螺旋桨是船舶推进装置中的重要部分。其安装方式分为有键和无键安装。

随着液压技术的不断发展和提高,液压技术的推广和应用大大加快。液压螺母安装螺旋桨作为一种新工艺、新技术在船舶制造中得到了迅速的推广和应用。目前,新造大型船舶的螺旋桨基本上大都采用液压螺母无键连接安装技术。

二、采用液压螺母安装的螺旋桨安装工艺(以 3500 箱集装箱船为例)

(一) 准备工作

(1)安装前先用清洗剂清洗螺旋桨锥孔和螺旋桨轴锥部,使配合表面无油脂、杂物。

(2)将螺旋桨吊装到位,吊起并旋上液压螺母,拧紧到位(图 20-4-2)。安装时,必须认准螺旋桨的安装基准点的方位。

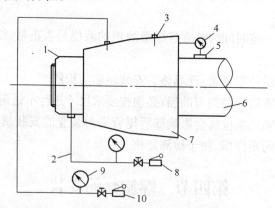

图 20-4-2 螺旋桨的安装
1—液压螺母;2—高压油管;3—旋塞孔;4—百分表;5—百分
表底座;6—螺旋桨轴;7—螺旋桨;8—轴向用高压油泵;9—压
力表;10—径向用高压油泵

(3)在螺旋桨轴中心线上部靠近螺旋桨前端处安放带磁性底座的百分表,使百分表触头与螺旋桨前端部相接触,并调整好零位值。

(4)使用两台高压油泵,一台供液压螺母轴向推入用(轴向),另一台向桨毂锥孔提供压力油(径向)。

(5)在后密封处按图纸套入"O"形密封圈、耐水垫片,等螺旋桨泵到位后安装。

(二) 确定轴向压入量

(1)使用点温计分别测出此时螺旋桨桨毂和螺旋桨轴处的温度。

(2)用插入法按表 20-4-1 确定轴向压入量 δ。35℃时的轴向压入量 $\delta_{35}=21.057$mm;25℃时的轴向压入量 $\delta_{25}=21.897$mm;15℃时的轴向压入量 $\delta_{15}=22.737$mm;0℃时的轴向压入量 $\delta_0=23.997$mm。

(3)进行螺旋桨液压安装时,桨、轴的温度必须一致。若两者的温度差大于 2℃时,必须对轴向压入量 δ 进行计算修正。

(三) 起始推入

(1)使用轴向油泵将螺旋桨轴向干式推入到压力 $P_0=4.694$MPa 时即停止,此即为螺旋桨液压安装时的起始零位。

(2)螺旋桨液压的起始负荷 $F=1.101\times10^6$N,液压螺母推进环有效面积 $S=(2.3468\times10^5)$mm^2。所以起始压力 $P_0=F/S=1.101\times10^6/2.3468\times10^5=4.694$MPa。

(四) 推入

(1)轴向、径向油泵同时向油路注入压力油,桨毂锥孔径向扩大的同时,轴向湿式推入螺旋桨。推入过程中轴向、径向压力应趋于一致,且轴向压力可略高于径向压力。

(2)湿式推入时,从零位起每推进 0.50mm,分别记录下此时轴向、径向油泵的排出压力。

(3)当螺旋桨湿式推入到预定的轴向推入量时,推入即结束。记录下此时的最终轴向、径向压力。

(4)泄放螺旋桨桨毂处的径向压力油,使径向油泵压力表读数为零。此时须保持轴向油路处的油压不变,30min 后观察若百分表读数不变,螺旋桨没有轴向滑动位移,方可泄放液压螺母处的轴向压力油。到此,湿式推入结束。

(5)拆卸轴向、径向油路装置,用扳手棒或专用工装旋紧紧固液压螺母。旋入液压螺母上的旋塞。

(6)作出螺旋桨、螺旋桨轴液压安装记录,见表 20-4-1。

(五) 推入压力

螺旋桨液压安装时,轴向推入量与轴向推入压力存在一定的关系。在安装时,许多外部因素会直接影响轴向推入压力,所以该数据有一定的波动区间。

螺旋桨液压安装时,各有关参数的技术数据见表 20-4-2(供参考)。

表 20-4-1　螺旋桨、螺旋桨轴液压安装记录表

船名:　　　　桨叶 $t=$　℃　　轴 $t=$　℃　　压入量 $A=$　mm　　起始压力 $P_0=$　bar

推入量/mm	轴向压力/bar	径向压力/bar	推入量/mm	轴向压力/bar	径向压力/bar
0			2.5		
0.5			3		
1			3.5		
1.5			4		
2			4.5		

表 20-4-2　螺旋桨液压安装时的技术数据表

温度/℃	0.0	15.0	25.0	35.0
轴向推入量/mm	23.997	22.737	21.897	21.057
起始点负荷/kN	1101.0	1101.0	1101.0	1101.0
轴向推力/kN	14309.4	13558.1	13057.2	12556.3

（六）液压螺旋桨的拆卸（安装时不用本工序）

（1）用扳手棒或专用工装拆卸螺母使之与螺旋桨桨毂端部留有两倍的轴向推入量与垫木高度之和的距离。

（2）拆卸时，使用一台高压油泵，旋开桨毂上的旋塞，接通相应的径向油路和压力表。

（3）油泵向油路注入压力油，使桨毂锥孔膨胀，当油压达到液压安装时的压力值时，螺旋桨即自动松卸下来。

（4）拆卸径向油路和压力表，旋上桨毂上的旋塞，拆卸结束。

（七）附件安装

（1）螺旋桨安装好以后，要进行附件安装，包括液压螺母的旋紧及止动板、导流帽的安装工作。

（2）液压螺母止动板是为了防止螺母的松动而采取的保险措施。安装时，先将止动板根据液压螺母上的螺孔进行划线钻孔。如果液压螺母上螺孔为 M20，则止动板的钻孔应为 $\phi22$mm～$\phi23$mm，这样安装时没有孔的错位现象。然后将其固定在液压螺母上，根据图纸所标的尺寸在螺旋桨轴上钻孔、攻丝，以便螺栓紧固止动板。安装完毕后用 1.5mm～2mm 的不锈钢丝做保险，防止螺栓松动。

（3）导流帽的安装。在安装前，为防锈应在液压螺母及螺旋桨轴上涂抹牛油脂。导流帽内部用牛油脂灌注（约占容积的 1/3），在其表面还放有防止水进入的垫片（橡皮、防水垫片均可），厚度在 5mm 左右，将其对准螺旋桨上螺孔的位置，用牛油脂粘住。导流帽吊起安装时，用不锈钢螺栓、弹簧垫片旋紧，直到螺旋桨与垫片、导流帽平面无间隙为止，可用塞尺检测。导流帽上的螺栓孔应用螺栓闷住，防水进入。

因为导流帽位置在吃水线以下，所以最后要在导流帽上螺栓的位置用专用的水泥封住。

（4）防绳保护罩的测定、安装。

（八）螺旋桨安装后的检查

（1）按设计要求值将尾轴轴向位置定位锁定。

（2）尾轴下沉量的数据测定和记录。

（3）分三步对尾轴管润滑油、尾管前密封润滑油、尾管后密封润滑油做密性检查。

（九）尾轴的临时固定

为防止水流、波浪的影响和船舶下水的需要，须对尾轴加装防止转动和产生轴向位移的临时固定装置。尾轴临时支撑用的支架必须焊接牢固，待轴系联轴节螺栓安装时方可拆除。

(十）设备维护和其他

(1)手揿高压泵必须加清洁的液压油。

(2)当高压释放压力时,必须缓慢开启,防止压力表受瞬间冲击而损坏。

(3)手揿高压泵要轻拿轻放,高压软管避免硬物碰撞而损坏。

(4)吊装螺旋桨及附件时,要注意安全,不要撞人、碰物。

(5)要执行有关安全和文明生产的规定,做到工完、料净、场地清。

三、可变螺距螺旋桨

可变螺距螺旋桨的桨叶与桨毂分开制造,桨叶用螺栓安装到桨毂上并能在桨毂上旋转。

可变螺距螺旋桨的优良性能,使它得到广泛应用,与普通定距螺旋桨相比,变距螺旋桨的主要优点有以下几点:

(1)可简化主机乃至整个动力装置的结构。

(2)提高了主机和尾轴管轴承的使用寿命。

(3)改善了船舶的操纵性,有利于实现自动化驾驶,为提高船舶的自动化程度和实现无人机舱提供极为有利的条件。

(4)提高船舶的机动性。采用变距螺旋桨,可在主机不停车的情况下实现任意航速的超低速航行,在必要时还可以使桨交替地以正车或倒车工作来保证舵效,对船舶的停船性能也有极大的提高。

(5)提高船舶的运营经济性。有关资料说明,在风平浪静时,安装变距螺旋桨的船比安装定距螺旋桨的船航速快 0.1kn 左右,在恶劣的海面情况下,要快 1kn～2kn。变距螺旋桨能使主机在最佳工作状态下运行,充分发挥主机的功率并降低单位功率的耗油量。

变距螺旋桨还可成为船舶的首侧推装置,以提高船舶的机动性和操纵性。可变螺距螺旋桨分为三叶桨和四叶桨,其结构复杂,涉及到的技术问题非常多,有待于进一步的研究解决。

由于可变螺距螺旋桨为船舶特种机械,而且大都用于小型船舶,对于其组成、工作原理、安装要求本书不作详细介绍。

第五节　轴系的校中安装

一、概述

轴系校中,就是按一定的要求和方法,将轴系平准到某种状态,处于这种状态下的轴系,其全部轴承上的负荷及各轴段的应力都处在允许的范围内,或具有最佳的数值,从而可保证轴系持续正常地运转。因此,确定中间轴及其轴承合理的位置,是轴系安装的重要工作。

船舶轴系校中质量的优劣,对保障轴系及主机的正常运转,以及对减少船体振动有着重要影响,特别是轴径大、轴承间距小而刚性较强的轴系,其校中质量的影响更为显著。生产实践证明,校中质量不好的轴系,在运转中会造成尾轴管轴承的润滑油油膜无法建立,而使轴承迅速磨损,甚至烧坏;尾轴管的密封元件迅速磨损而造成泄漏;造成主机臂距差增大;中间轴承座上轴承的磨损和发热;破坏减速齿轮(推进系统中如配有减速齿轮箱)的正常啮合和轴承的正常工作;以及引起船体振动等。

二、轴系的校中

船舶轴系一般分为长轴系和短轴系两种。气候、温度、吃水状态、压载水仓的布置等都会对轴系的校中带来一定的影响,特别是长轴系的轴系校中。

(一)轴系校中的方法

轴系校中的方法很多,按基本原理可分为三大类:

(1)按轴系的直线性进行校中(偏移、曲折校中法)。

(2)按轴承上允许负荷校中(负荷法)。

(3)用计算的方法来确定轴承上的合理(或最佳)负荷进行校中(计算法)。

计算法是以理论的计算来得出轴系校中的最佳数值,其实质是在遵守规定的轴承负荷应力、转角等限制条件下,通过校中计算以确定各轴承的合理位置,将轴系安装成规定的曲线状态,以达到使轴承上的负荷合理分配。

这种方法较之常用的其他各类校中方法的主要优点在于,实现了轴系结构设计与轴系校中紧密结合,并能较好改善轴系各轴承,尤其是尾轴管轴承的负荷状况,提高了轴系的运转质量。

(二)常用的轴系校中方法

在实际施工中,大多采用由计算得出的轴系校中允许的偏移、曲折值来进行轴系校中,然后以测定轴承所受的负荷来验证和调整。

按连接法兰的偏移、曲折值校中轴系时,要求轴系基本安装成直线,而且对允许的偏移、曲折值都作出了严格的规定。

1. 偏移、曲折值的测量和计算

如果两根被连接轴的中心线不在同一个位置的话,当两根轴连接时,它们的一对连接法兰之间就会出现不同轴的偏差,可以用这对法兰偏移、曲折值来表示它们之间的不同轴状态。

按法兰偏移、曲折值校中,就是对法兰的不同轴偏差作出规定的数值,以此调整轴中心的位置,达到校中的目的。

曲折系指两连接法兰的轴心线相交成一定角度,见图 20-5-1(a)。偏移系指两连接法兰的轴心线不重合,但彼此平行,见图 20-5-1(c)。

偏移、曲折可用直尺和塞尺进行测量,偏移也可用千分表进行测量。

用直尺和塞尺校中轴系时,两个连接法兰不可用螺栓紧固,且两法兰端面之间应留出0.5mm~1.0mm 的间隙。

测量曲折时,用塞尺依次在两个连接法兰接触端面间隙之间的上、下、左、右四个部位测量端面间隙值 $Y_上$、$Y_下$、$Y_左$、$Y_右$。此时,两个法兰在垂直平面的曲折值为:

$$\phi_{垂直}=(Y_上-Y_下)/D(\text{mm/m})$$

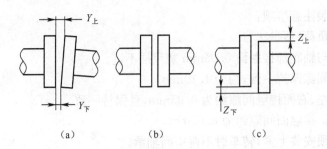

图 20-5-1 两轴对接时的曲折、偏移

式中 D——法兰外径(m)。

两个法兰在水平平面的曲折值为:

$$\phi_{水平} = (Y_左 - Y_右)/D(mm/m)$$

当需要用抬高(或放低)轴承来调整曲折值时,则抬高值 h 可按下式算出:

$$h = L(Y_上 + Y_下)/2(mm)$$

式中 L——从法兰结合端面至轴承中心的距离(mm)。

测量偏移时,用直尺依次在一连接法兰的上、下、左、右四个部位的外圆上紧贴,同时用塞尺测量直尺与另一法兰外圆表面之间的间隙值(用千分表进行测量时,方法类同) $Z_上$、$Z_上$、$Z_左$、$Z_左$,则法兰在垂直平面的偏移为:

$$S_{垂直} = (Z_上 + Z_上)/2(mm)$$

法兰在水平平面的偏移为:

$$S_{水平} = (Z_左 + Z_左)/2(mm)$$

当用直尺塞尺测量不方便时,如法兰直径及厚度均较小时,宜用千分表进行测量。

2. 按偏移、曲折值进行校中的几个要点。

(1)校中前,尾轴应已安装好,其法兰的前、后位置应与在船台上的安装记录相一致。当校中计算文件规定在校中时在此法兰上施加附加力时,应在所要求的位置施加规定数值的附加力。

(2)轴系校中最好在平潮时,螺旋桨处在半吃水状态下进行。轴系校中过程中,中间轴必须处于自由状态。中间轴承座应放在正常的工作位置上,中间轴承座应处于自由状态。

(3)校中时以尾轴前法兰为基准,自尾向首逐段地调节中间轴、主机的位置,使每对法兰上的偏移、曲折值符合校中计算文件的规定。允许误差为:偏移不超过 0.1mm,曲折不超过 0.1mm/m。

(4)装配法兰连接螺栓,将尾轴、中间轴、主机连接起来,测量并配制中间轴承及主机机座的垫片,用紧配螺栓将其固定。

(5)用顶举法或应变测量法测试中间轴承和尾管前轴承所受的负荷,确认负荷误差是否符合校中文件规定的范围(允许误差为计算负荷的 20%),来校验校中质量。

如果用测力法测试中间轴承和尾管前轴承所受的负荷超出校中文件所规定的范围,则应调整中间轴承安装的高、低位置,直到符合要求为止。

中间轴承安装注意事项：

①测试轴承负荷（顶举法）。

②确保轴承与轴底部接触面 0.05mm 塞尺插不进。

③前后油封间隙保持一致，约为 1.10mm。

④轴瓦与轴左、右面接触间隙约为 0.35mm，且保持一致。

⑤上轴瓦与轴接触面间隙约为 0.85mm。

⑥甩油环必须安装上紧，转车时不碰中间轴承。

⑦甩油环与漏油槽上、下间隙约为 1.00mm～1.50mm，前后间隙约为 1.20mm。

(6)对曲轴臂距差再次进行检查，看其是否在规定的范围内。

第二十一章　柴油机安装及试验

船用低速重型柴油机的外形尺寸和质量很大,柴油机的吊装必须依靠大型起重设备。

第一节　柴油机的安装

低速重型柴油机的尺寸和质量都很大,安装工作有一定的难度。在柴油机的安装方面,考虑到各厂起重设备不同的情况,柴油机吊船安装一般分为整体吊装和分组吊装两种。

目前,大型船厂的起重设备和技术条件大都具备柴油机整体吊装的能力,所以一般都采用柴油机整体吊装的方法。只有一些起重设备能力较小的船厂(或因为运输条件的限制),受到起重设备能力的限制,只能采用柴油机分组吊装的方法。

柴油机的整体安装节约了劳动力,加快了进度,提高了生产效率。

柴油机的整体安装的工艺要点如下:

1. 整机的吊装准备(柴油机分组组装时,在吊装前的准备工作类同)

(1)外形尺寸核算:机舱口的长、宽必须大于柴油机的实际尺寸,其余量不得小于0.3m(每边0.15m),若舱口尺寸不够大时,必须扩大到需要的尺寸。

(2)吊运能力的核算:应根据柴油机实际净重合理选择吊运设备,拖运设备必须具有一定的过载能力。核算时还需要考虑浮吊吊臂角度以及跨距大小对起吊能力带来的影响。在柴油机质量及外形尺寸过大的情况下,允许拆除增压器、柴油机两侧的路台支架以及部分动力管路。

(3)高度核算:为了使主机吊装时受力均匀且平稳地就位于基座上,应将船体临时压载,使主机机座尽量处于水平位置。根据临时压载水线至机舱口的高度和主机实际高度尺寸,核算浮吊的起吊高度,应满足在不影响起吊的情况下,还留有1m的活动余量,以便于决定采用相应的挂钩形式和起吊工具。此时还应核算跨距,即根据机舱舱口中心到船舷的距离,选择浮吊最佳吊臂角度和跨距(用大型船坞造船,可不考虑压载和浮吊问题)。

(4)钢丝绳的负重核算:必须采用抗拉强度不低于1600MPa,直径不小于60mm的钢丝绳,总的安全系数不得小于5.5倍～7倍起吊重量,其长度是根据浮吊最大吊钩高、主机高度、吊装工具高度和机舱高度等因素来考虑,在有充分高度余量的情况下,钢丝绳越长越好,角度越小越安全。

(5)主机重心核算:精确计算主机重心位置,便于在主机拖运过程中控制其最大允许倾斜角,也便于正确选择钢丝套的受力部位,使吊钩垂直通过主机重心,从而使吊装时钢丝绳受力均匀,吊装平稳。

(6)起吊工具的准备:起吊设备以使主机在吊运时受力均匀,平稳为原则,一般多数采用箱式横梁结构,如图21-1-1所示。它是利用主机的贯穿螺栓作为负荷支承点,将横梁用特制螺栓与贯穿螺栓头部的剩余螺纹相连接,钢丝绳套挂在横梁的四个销轴上。四个销轴的位置必须根据主机重心位置来选择,使主机贯穿螺栓只受垂直拉力,吊运时的弯曲及扭曲力矩均由吊梁承受,以防止主机变形。

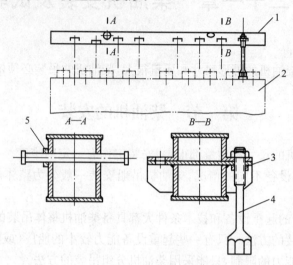

图21-1-1　箱式横梁吊

1—横梁吊架;2—主机;3—圆螺母;4—螺栓;5—调整垫片。

2. 整机吊装前机舱内的准备工作

(1)主机底脚螺栓孔的确定。机舱内在主机地坑面左、右各有两点基准(在拉线望光时已确定),用作主机底脚螺栓孔的划线。通过主机安装图上的尺寸用卷尺、圆规、洋冲来确定主机底脚螺栓孔的位置,并按尺寸进行预钻孔。钻孔后要求打磨上、下两平面,修除毛刺。

(2)主机端部、侧向支撑基座的确定。通过主机安装图上标出的柴油机自由端端部、侧向支撑基座的位置来定位。烧焊完毕后,要用小平板来研拂其表面(要求平整,用色油检查接触面均匀,接触面不小于70%)。

(3)中间轴承底座及校中用临时支架的定位。由于整机吊装前,中间轴要预先放入指定位置,中间轴承可以设法与中间轴承轴颈紧固后一并吊入,所以要将中间轴承底座及校中用的临时支架,根据望光拉线中所得的数据,先做对其高低尺寸,其前、后位置根据主机安装图定位烧焊。各加强支撑、临时油泵架烧焊完毕,记录尾轴法兰前平面到尾管平面的长度尺寸。

(4)在主机地坑的两侧用6×30mm的扁铁烧焊,用于主机环氧树脂的浇注。

(5)以上工作完成后,整个主机地坑需浇注环氧树脂的表面要进行打磨除漆、去锈斑。完成后,用防锈油或牛油脂涂抹防锈。

3. 整机吊装、调整、定位

(1)整机吊入机舱。装好柴油机的吊装工具后,用起重设备缓慢提升至离地面约100mm,稳定10min,检查吊装工具和钢索等均无异常现象后,再继续吊起。在吊运主机时,必须保持整机与船体倾斜度一致。

（2）整机吊入机舱后调整。利用机座上的螺栓孔,用四根导向杆作引导对准主机底脚螺栓孔,使主机平稳又准确地就位于主机地坑上的临时木垫上。

首先检查飞轮法兰与中间轴法兰之间的间隙、偏差。然后用油泵调整前、后、左、右,高、低位置;用专用的锲铁进行调节,使主机飞轮法兰与中间轴法兰之间的间隙为 2mm 左右,中间轴法兰与尾轴法兰的间隙也为 2mm 左右。先用自锁式油泵使螺旋桨轴有一定的向下附加力,使螺旋桨轴与前轴承轴瓦完全接触,记录油泵压力并锁住油泵。然后按照轴系校中工艺检查各法兰的偏移、曲折值,使主机飞轮法兰到尾轴法兰的整根轴系的偏移、曲折值都在规定的范围内。并向船东、船检进行交验。

（3）整机定位。当主机与整根轴系的偏移、曲折值都在范围内后,在临时油泵架的位置用油泵把主机固定(主机的高、低位置由于主机的自重不会发生变动)。并用普通螺栓将整根轴系连接起来。为不让其位置产生变动,配制临时定位销放进紧配螺孔内。尾轴法兰与中间轴法兰、中间轴法兰与主机飞轮法兰各配置两个定位销。

船舶轴系法兰的连接方法一般分两种:一种是紧配螺栓连接;另一种锥套式液压紧配螺栓连接。目前,在船舶建造中,锥套式液压紧配螺栓连接已基本替代了前一种连接方式。

锥套式液压紧配螺栓的安装方法如下:

①安放液压相配螺栓,相配螺栓与法兰孔表面要涂抹二硫化钼(图 21-1-2)。

②旋上液压拉伸器泵到预紧力(图 21-1-3)。

③用液压拉伸器泵到规定压力并旋紧螺母(图 21-1-4)。

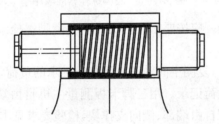

图 21-1-2　锥套式液压紧配螺栓的安装

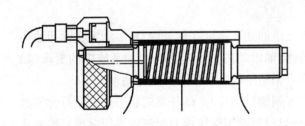

图 21-1-3　锥套式液压紧配螺栓的预紧　　　图 21-1-4　锥套式液压紧配螺栓安装完毕

整根轴系连接好以后,向船东及船检交验。

（4）整机的固定。

首先将主机后三道主轴承负荷、中间轴承负荷、尾管前轴承负荷与主机各缸曲柄臂差值调整到规定的范围内(容许范围为 +0.20mm ～ -0.20mm),应注意:主轴承测力时,切勿超过主轴承与曲轴的间隙值(详见船厂轴系校中工艺计算书)。

若上述各项相关数据在范围之内,并得到船东、船检认可之后,就可以准备浇注主机机座环氧树脂垫片(或配制锲型垫片)。检测主机每块环氧树脂垫片的高度(允许厚度误差为+5mm～-5mm)。

浇注环氧树脂垫片的准备工作如下:

①环氧树脂垫片的浇注处应做好清洁工作,无杂质、无水、无油污。

②工具准备:40×40×600木棒4根、木塞或橡皮塞、小刀2把、搅拌机4套、小镜子2面、油灰填料、四氯化碳清洁剂、导流漏斗4只、带闸刀开关电源线板、防粘喷剂、试样样框架2只、海条、清洁布、临时调节铁皮、钢质填充板、油脂、浇注用环氧树脂原料。

环氧树脂垫片的浇注方法和工艺在本书第八章第二节中已有介绍,不再赘述。

底脚螺栓一般是用液压拉伸器来紧固的。为避免机座因紧固不当而引起变形,紧固应由中间部位向两端依次进行,底脚螺栓紧固顺序如图21-1-5所示。

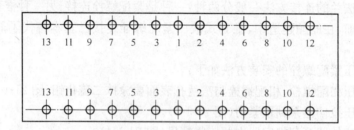

图21-1-5 底脚螺栓紧固顺序

安装主机的底脚螺栓。应按要求分两次对主机底脚螺栓泵紧,紧固方法和连接螺栓类同。向船东、船检交验。

主机底脚螺栓泵紧后,复测中间轴承与尾管前轴承的负荷,将其尽量调整到接近主机环氧树脂垫片浇注前的负荷记录。用三脚卡板测量主机自由端部、主机左右侧向支撑块的尺寸,经机加工后,拂配自由端部、侧向支撑块,检验要求见本书第八章第二节。安装主机自由端部支撑块连接螺栓并按要求分两次泵紧(第一次:600bar;第二次:900bar),泵紧后向船东、船检交验认可。

拆除主机固定用油泵,同时测出主机三道回油孔高度并加工调节环,测定实际回油孔位置,焊接安装完整,检查中间轴承和尾管前轴承处的负荷是否符合轴系校中的要求(如不满足要进行调整)。根据轴系校中的要求调整中间轴承垫片的实际高度。

浇注中间轴承底座环氧树脂垫片(或配制锲型垫片)。待环氧树脂垫片硬度符合要求后,安装4只中间轴承的底脚螺栓(其中两只拂螺栓用螺纹绞刀配制到规定标准),按要求泵紧,并向船东、船检交验。最后测出中间轴承、尾管前轴承、主机后三道主轴承的负荷和主机曲柄臂差值,并向船东、船检交验认可。然后,拆除中间轴两个临时支撑架及尾轴的临时油泵,安装4套液压式主机横撑,并泵紧。

由于整机安装定位结束后,到定位进行系泊试验还有一定的时间,所以必须定时对柴油机进行维护保养,为了防止柴油机的运动部件锈蚀,还要加润滑油用转车机转车。

第二节　分组吊船组装的准备工作

一、机座组件(含机座、曲轴、主轴承、附件)吊装前的准备工作

1. 机座组件到厂后准备工作

(1)机座两侧路台支架面板安装(两面从首向尾各装3块)。

(2)机座调整锲铁的位置按图纸划出,并在机座两面作出记号。

(3)机座下平面可清洁的部位清洁后涂防锈油。

(4)机座上的机带除湿机开启,飞轮法兰封板拆除以备镗孔。

(5)清洁机座上平面、主轴颈,涂油并用牛皮纸或橡皮封盖。机座内部曲轴、曲柄、曲柄销清洁保养,涂抹轴瓦专用防锈油并用牛皮纸包好。使用除湿机保持机座内部干燥。

(6)曲轴输出端法兰镗孔前平面清洁,转车机临时电源接通并能正常运转。

(7)曲轴输出端法兰与中间轴连接后镗拂螺丝孔。

(8)镗孔后清除铁屑。

(9)主轴承盖、主轴承油孔应放置油杯,而且经常检查,加注润滑油。

2. 机座吊船前准备工作

(1)预先松妥机座支架螺母。

(2)拆除转车机临时电源。

(3)拆除转车机(本机因为吊装时受舱口尺寸限制,故拆除,一般情况下柴油机分组吊装不拆除转车机)。

(4)拆除机座支架,机座支架移位固定后,清洁剩余部分并涂防锈油。

3. 吊机前在机舱内准备工作

(1)清洁机座的水舱面,机座垫片安装面涂防锈油。

(2)木垫块(上、下摆放铁皮)按要求摆放到位。

(3)锲铁、电动泵、高压软管、100T扁型双柱塞、100T柱塞、手压泵、200T柱塞、各类锲铁配调节铁板(5mm～10mm)和铁皮(1mm～2mm),外形与锲铁一样,长短为锲铁的1/2。摆放在两面空挡处。

(4)端部木垫和侧向木垫待主机吊装前摆放到位,侧向木垫块摆放在单面,前后各一块,机座落地前尽量靠拢侧向木垫。

(5)主机飞轮法兰与中间轴法兰进挡前安排人员摆放铜皮。

(6)吊机座前,机舱内所有影响机座吊装的管子、风管等全部拆除。

(7)配合工种人员预先安排准备到位,工作位置和安全警示落实到位。

二、机架组件吊装的准备工作

1. 机架组装到厂后准备工作

(1)清洁机架上平面,清洁后木板重新盖妥。

(2)拆除有碰撞的路台部件,包括:自由端路台、飞轮指针、测速传感器支架及有碰撞的管子。

(3)将油拉杆和填料函预先摆放至机架内并固定扎牢。

2. 机架组件吊船前准备工作

(1)预先松妥搁墩支架螺栓。

(2)检查吊装工装件螺栓(65mm 扳手两把)。

(3)拆除支架螺栓,在预定位置固定后清洁机座下平面(不需涂防锈油)。

(4)清洁机座上平面。

(5)机座机架引销(2 只 ϕ67.5×300mm)、清洁拂螺栓孔,作出记号。

(6)机座机架连接螺栓、螺母预先吊船,摆放到位。

(7)链条胀紧螺栓预先吊船。

(8)连杆大端拉伸器(M95×6mm×2 组)预先吊船,泵压工具准备到位。

三、汽缸体组件吊装的准备工作

1. 汽缸体组件到厂后准备工作

(1)清洁汽缸体下平面。

(2)清洁汽缸套、填料函。

(3)扫气箱内放置除湿机。

(4)预先拆除影响吊装路台支架的附件。包括:首尾下平台及上平台四周栏杆、汽缸体排气侧第 5、9 根路台支架上面的花铁板开孔(ϕ100mm～ϕ120mm)4 只,支架前、后各一个,便于吊运时采取平衡措施。

2. 汽缸体组件吊舱前准备工作

(1)旋松搁墩支架螺栓。

(2)汽缸体吊装工装件的螺母检查。

(3)拆除搁墩支架螺栓,汽缸体吊到预定位置固定后,清洁未清洁部位,安装滑油管,并用螺栓固定。

(4)清洁所有连接螺栓孔,并对其中用作引销孔的拂螺栓孔做出记号。

(5)汽缸体与机架连接法兰、卡套、闷板、闷头全部拆除。

(6)拆除盖板、三防布,清洁机架上平面。

(7)拆除除湿机电源。

(8)拆除机架上露台支撑杆螺栓。

(9)汽缸体吊装前,在汽缸体上固定好增压器滑油管。

四、机座吊装前的机舱内的准备工作

柴油机分组吊装和柴油机整机吊装在机座(主机)吊入机舱前,机舱内的准备工作是基本一致的。

第三节　柴油机的大件组装

一、机座到位后工作

(1)根据所划出的基座中心线和螺栓孔中心线,将主机机座位置初步落在预先布置的临时位置上。

（2）主机自由端油泵临时支架定位烧焊，输出端油泵临时支架按实际情况落料拼装定位烧焊。

（3）用液压千斤顶抬高主机，将木垫块抽出，把调整锲铁放到机座的指定位置，同时调整锲铁，按轴系校中工艺的要求调整机座高度，调整值比校中工艺要求值高 2mm 左右，因为 A 架、缸体安装好以后机座还会下沉。

（4）用液压千斤顶调整柴油机的前后、左右位置。检查飞轮法兰与中间轴法兰之间的间隙、偏差，将法兰之间间隙调整到 2mm 左右。记录螺旋桨轴平面与尾轴管平面的距离。

（5）转车机装复，电源接通正常运转。

（6）机座初平，同时检查主机底脚螺栓孔位置偏差。

（7）根据服务商技术要求平整机座，使机座的平面度、扭曲度、平行度达到技术要求（误差±0.1mm）。表 21-3-1 中列出的数值是按机座的总长均分成 7 份得出的直线度测量值。

表 21-3-1　机座平整误差　　　　　　　　　（单位：mm）

0	−0.29	−0.49	−0.59	−0.59	−0.49	−0.29	0

（8）将用两只框式水平仪测量机座上平面纵向和横向的平行度。

（9）将贯穿螺栓下螺母吊到各缸处，待装。

应注意以下几点：

①左右临时油泵架位置不要与锲铁副位置相重复，以免影响机底的调整。

②路台支架的装复工作不要影响柴油机的安装。

③操作者在主机内工作必须穿鞋套，保持清洁。

④工作结束后，盖妥主机的三防布，防止杂物进入。

二、机架组装到位后工作

（1）在船上安装时，先在机架与机座的接合面之间涂一层硝基清漆，以增强其密封性。然后，按标记将机架与机座的紧配螺栓孔对准，用引销引入，并将机座与机架的连接螺栓装妥并预紧，在贯穿螺栓泵紧后，机座与机架的连接螺栓预紧，要求预紧力矩为 100N·m 并多扳 50°。

（2）取出引销，装入紧配螺栓并预紧。拆卸吊装工装件螺栓。

（3）清洁十字头连杆大小导板并涂润滑油，每缸前端旋松一块小导板，便于连杆安装。十字头连杆吊装前应做好清洁工作，并罩好帆布。安装吊装吊环和起吊时的平衡工具。当十字头连杆安装进挡时，在前滑块、导板、曲柄销轴颈上涂润滑油（904♯滑油）。十字头连杆安装接拢。

（4）十字头连杆根据汽缸的发火顺序（1-7-2-5-4-3-6）来安装。为便于安装，将曲柄销转至上死点前或后 90°位置，吊进连杆大端轴承轴瓦，再将曲柄销转至上死点，然后与连杆下轴瓦连接，旋紧螺母。

（5）每组十字头连杆按工艺要求安装到位后，清洁十字头连杆并套好白帆布。装好进回油装置并封口。拆除主轴承进油管闷板，填料函、泄放管吊船安装，油杯移位摆放。安装机架与汽缸体的连接螺栓。

注意:进油装置螺栓旋紧力矩为 600N·m,螺母旋紧力矩为 100N·m 并多扳 50°,回油装置螺母旋紧力矩为 100N·m 并多扳 50°。十字头连杆装配前必须修整毛刺,做好清洁工作,安装后用塞尺检查,要求侧面不大于 0.05mm、正面为零。

三、缸体组件到位后工作

柴油机汽缸体安装时,汽缸体与机架接触面也要涂一层硝基清漆,机架与汽缸体以引销来对准紧配螺栓孔,装入连接螺栓并预紧。

(1)取出引销,装入紧配螺栓并预紧。旋松吊装工装的螺母,拆除吊装工装。

(2)贯穿螺母拉伸器(M160×6×2 组)吊船前做好清洁工作,拆除铁皮保护帽,安装吊装吊环和尼龙保护帽。安装贯穿螺栓下螺母(螺母与机座平面间隙留余量 0.4mm,如不平正,则保证最小点留间隙 0.4mm)。贯穿螺栓按工艺要求逐个安装到位。

贯穿螺栓是承受拉应力的,安装时必须保证每一个螺栓的受力均匀。贯穿螺栓的紧固顺序应从柴油机的当中开始,按规定顺序向两端推行。采用双拉伸器紧固时,可以同时紧固两个螺栓,这就要求两个拉伸器的油压和活塞截面积必须相等,这些连接部件的变形将会在曲轴臂距差上反映出来,因此贯穿螺栓的紧固质量可以用测量曲轴臂距差来检验。

贯穿螺母按要求应分两次泵紧,使螺栓变形缓增(第一次:400bar,第二次:900bar)。并分别记录原始数据和两次泵紧数据,紧固力应均匀。

(3)贯穿螺栓泵紧后,将贯穿螺栓保护帽安装好。并将机架与机座、机架与汽缸体的连接螺栓全部泵紧。

(4)链条的安装。预先拆除链轮箱上盖,打开机左侧刀门,并准备好链条导向木板或铁皮板。安装链条和张紧架时,先将飞轮指针装复,然后转车将飞轮读数调至零位,用样棒校测曲轴定时,凸轮轴转车调至零位,用样棒校测凸轮轴定时,并将凸轮轴传动齿轮两面固定。为了使链条连接方便,转车将飞轮读数调至 358°。将张紧架拉起,至张紧螺栓齐平,连接链条并要求张紧到 720°。

(5)活塞连杆装置的安装。由于柴油机主要在正车工况下运转,因此正车滑板的磨损大于倒车滑板的磨损。对固定式十字头式柴油机应考虑使正车滑板一侧间隙要大于倒车一侧间隙 0.10mm~0.15mm,活塞与汽缸的间隙大于 0.10mm。

安装活塞连杆装置的专用吊装工具,清洁活塞上平面,安装减震垫片和连接双头螺栓,清洁填料函接触面,活塞导向环预先按要求摆放妥。安装时,在活塞连杆、刮油环、填料函、"O"形圈上涂润滑油或牛油脂,活塞连杆和填料函方向位置要正确,其连接螺栓按照规定旋紧力旋紧。

(6)汽缸盖的安装,应严格按照主机说明书来操作。预先放入汽缸盖挡尘圈和汽缸盖垫片,清洁汽缸盖泵压螺母的平面。紧固汽缸盖螺栓时,采用成套的液压拉伸器可一次拧紧所有汽缸盖螺栓,不会造成汽缸盖漏气现象。

(7)主排气管安装。拆除主排气管支架弹簧销和螺栓;检查所有排气管接头处的石棉床;同时拆除排气管接头处的闷板。先后安装排气管变形接头、高压驱动油管、高压油管、启动空气管和冷却水管等附件。高压驱动油管旋紧力矩为:240N·m,高压油管旋紧力矩为:300N·m。

(8)安装所有的主机附件。

(9)装复各层路台栏杆。

(10)主机安装结束后盖好三防布。整理现场环境。

第四节　曲轴臂距差的测量与调整

一、曲轴臂距差的含意及其检测标准

曲柄销在上、下死点(或左、右水平位置)时,两个曲柄臂之间距离的差值称为臂距差,(俗称拐档差)。曲轴臂距差的大小反映了曲轴的轴线状态。曲轴臂距差值过大,表明曲轴变形严重,在运转中就会使曲柄臂与曲柄销连接的过渡圆角处产生交变的拉、压应力。这种交变应力的反复长时间作用,使此处的金属发生疲劳、产生疲劳裂纹,最后导致曲轴断裂。曲轴臂距差值越大,这种破坏速度越快,同时,各轴承的磨损也越快。所以为了保证曲轴的安全可靠运转,在安装柴油机时要测量曲轴的臂距差,并将它严格控制在规定的范围内。

理论上要求曲轴轴线呈直线状态,但实际上由于曲轴的形状复杂、刚性差,以及其他外界因素的影响,致使曲轴总是处于或大或小的弯曲状态。一定的变形对曲轴的影响不大,也是允许的。但为了防止曲轴产生过大的变形,要通过调整和控制臂距差来控制曲轴的状态。因此,不论新安装的还是运转中的柴油机,对其曲轴臂距差均有严格规定。

曲轴臂距差的标准随机型、结构及计算方法的不同而不同。我国交通部颁发的《船用柴油机修理技术标准》对曲臂差有具体规定;此外,《船用低速柴油机安装技术条件》中也规定,新造船用低速柴油机曲轴臂距差允许值如下:

柴油机台架安装后　　臂距差　$\Delta \leqslant 0.8 \times S/10000 (\text{mm})$

柴油机船上安装后　　臂距差　$\Delta \leqslant 1 \times S/10000 (\text{mm})$

式中　S——活塞行程。

二、影响曲轴臂距差的因素

在船舶主机、轴系安装时引起臂距差变化的原因有:

(1)机座变形或下沉。

(2)活塞运动部件的质量。

(3)飞轮部件的质量。

(4)轴系的连接误差。

(5)主轴承的不均匀磨损。

(6)船舶装载。

(7)爆发压力。

当臂距差发生变化时,应根据具体情况作全面综合分析,找出问题所在,其中(1)～(4)所述的原因是在船舶主机、轴系安装时,引起臂距差变化的主要原因。

三、臂距差的检测、记录与计算

（一）测量方法

臂距差是用专用千分表（拐档表）或在特制的支架上装一个普通百分表，放置在曲臂之间来测量的，如图 21-4-1 所示。

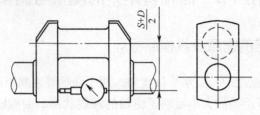

图 21-4-1　臂距差检测

由于曲柄臂上各点的臂距变化均不相同，测量臂距差应规定在一定的位置上进行，通常是将拐档表放置在距曲柄曲颈中心线 $(S+D)/2$ 的位置上，如图 21-4-1 所示，S 为活塞行程(mm)，D 为主轴颈直径(mm)。

一般在柴油机出厂的技术文件中，除了注明臂距差的规定数值外，还标明测量点的位置，或在柴油机的曲柄臂上划出测量点的位置记号。

对每一对曲柄臂测出上、下、左、右四个位置的臂距值 $L_上$、$L_下$、$L_左$、$L_右$，并作好记录以备计算。

（二）记录方法

测量所得到的臂距值 L 要随时记录下来，记录的方法有两种，如图 21-4-2 所示。其中图 21-4-2(a)所示是以曲柄销所在的位置为记录位置的，图 21-4-2(b)所示是以拐档表所在的测量位置为记录位置的，这两种方法比较直观，较多采用。当连杆妨碍了曲柄销在下死点位置的测量时，可分别在 165° 和 195° 位置测量，取平均值代替此位置的臂距值。若运动部件尚未连接，则可直接在 180° 位置上测量并读取数值。

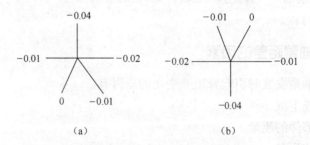

图 21-4-2　臂距值的记录方法

（三）臂距差的计算

首先要熟悉拐档表的"＋""－"值读法，有的表在臂距增大时读"＋"，而有的表此时却读"－"，所以必须注意，以免造成测量后的判断错误。

计算时应将 L 值的正、负号一起带入下式计算：

垂直平面的臂距差　　　　　　　　$\Delta_{垂直}=L_上-L_下$

水平平面的臂距差 $\Delta_{水平}=L_{左}-L_{右}$

测量结果按图 21-4-2(b)记录代入上式计算时

$\Delta_{垂直}=L_{上}-L_{下}=1/2\times(-0.01+0)-(-0.04)=0.035(mm)$

$\Delta_{水平}=L_{左}-L_{右}=-0.02-(-0.01)=-0.01(mm)$

计算结果 $\Delta_{垂直}$ 为(＋)值，表明曲柄销在下死点位置时曲柄臂张开而成"上开口"的拱腰形，若为(－)值则表明此时曲柄臂收缩而成"下开口"的塌腰形；$\Delta_{水平}$ 为(＋)值表明曲柄销在右平位置时曲柄臂张开而成"左开口"，反之为"右开口"。

注意，在上述计算过程中的 $L_{上}$、$L_{下}$、$L_{左}$、$L_{右}$ 等都是以拐档表所在位置的测量值代入的，而不是曲柄销处的位置，如 L 上是指拐档表在上死点 0°，而曲柄销在下死点 180°位置的测量值为 $L_{下}$。若按图 21-4-2(a)的记录来计算时要注意区别，但判断结果应相同。

四、臂距差的调整

臂距差测量后的计算结果，还可以记录成表格的形式，如表 21-4-1 所列，比较直观。

表 21-4-1　臂距差测量的计算结果　　　　　　　　（单位：mm）

缸号 曲柄位置	Ⅰ	Ⅱ	Ⅲ	Ⅳ	Ⅴ	Ⅵ	Ⅶ	Ⅷ
上下臂距	−0.01	0	+0.02	+0.03	+0.06	0	+0.02	+0.04
左右臂距	+0.01	−0.01	−0.01	−0.01	−0.04	−0.03	−0.01	−0.01

但必须说明的是：测量臂距差的结果，只能反映出曲轴轴线的挠曲状态和各轴承的高低趋向，而不能说明各主轴承的高低绝对值，也无法判断造成轴线挠曲的原因是由于主轴承磨损或安装误差，还是由于机座产生了变形。所以在测量出各臂距差的同时，必须用桥规测量各主轴承的下沉量。用塞尺将测量所得的桥规与主轴颈之间的间隙值与出厂时的数值对照，如不一致，说明该道主轴承下沉。

若测得的臂距差和桥规测量所得的主轴承下沉量一致，则说明轴线的挠曲是由于主轴承本身中心线不同轴所致。若两者有矛盾，则说明机座变形。因为当机座变形时，各轴颈的桥规值是不变的，所以在主机定位安装时首先要检查机座的平直度，以及与基座的结合是否紧密。

机座产生变形呈凹形状态时，应该将该主轴承及其邻近基座下之调整垫片的厚度抬高来进行调整，使臂距差达到规定的范围。在主机安装过程中调整时，只需调整该处的液压千斤顶及其相邻的锲形可调垫块的高低即可。

第五节　柴油机的试验

一、柴油机的动车试验前的准备

船用柴油机在尚未开始试车试验前，还应对各部位作最后的复查并作好准备工作。准备工作的内容应包括以下各个方面。

1. 柴油机的本身检查

(1)对柴油机燃油系统的各个机件应很仔细地进行清洁工作,这是一项极为重要的准备工作。该系统内即使带有较细小的杂质,也容易造成高压喷油泵及喷油器的紧密偶件咬死现象或者将喷油孔堵住,因此试验前必须将燃油系统中的粗滤器和细滤器以及油箱进行彻底的仔细清洗,装入前用压缩空气吹净。

(2)主机润滑系统也应进行投油,过滤管系中的杂物。投油时的润滑油要加热到40℃~50℃,直到投油清洁检查合格认可为止,否则,会造成运动部件的损坏。油的牌号也应按照柴油机使用说明书进行选用,不可随意选择。

(3)仔细检查柴油机内部有无工具或杂物,主机油底壳及扫气箱清洁确认,并在示功阀打开后将燃油阀关闭,然后盘车转动曲轴数转。

(4)调整柴油机的操纵机构,使之处于停车的位置;柴油机缸套冷却水压水密性检查,捉漏结束后,才能进行滑油循环仓的加油工作。

(5)开泵循环滑油系统及燃油系统,使之畅通无阻。

(6)检查润滑油系统、燃油系统及冷却水系统是否充满,拧紧所有管子接头,并松开最高位置的接头,放去各系统内的空气,增压器润滑油液位处于正常位置。

(7)检查柴油机的各种压力表和温度表是否正确,必要时应予修整,使她们处于完全正确的状态。

(8)检查柴油机启动用的压缩空气系统或电气系统的结构装置情况,检查安全保护装置是否齐全。

2. 柴油机外部系统检查

各系统泵运转是否正常,各滤器工作是否正常,滑油柜、柴油柜等是否保持正常液位,检查尾轴,各类阀开关是否处于正常位置,主空气瓶气源是否充足,中间轴承、附件是否完整,轴系接地装置是否完整,确认机内、外闷板拆除,检查前后密封油箱及尾管滑油系统,主机横撑按要求泵紧,三通花板(主机周围)固定妥,温度调节阀处于自动或手动位置,滑油分油机调试正常,动车运行时滑油分油机要开启。

3. 柴油机其他系统检查

报警系统是否完整(包括主机滑油系统、燃油系统、冷却水系统的安全系统),检查排气和空气系统,日用舱、燃油的油舱温度应加到70℃~80℃,油舱加热温控阀应正常工作。

海水泵、低温淡水泵处于正常工作状态,冷却淡水温度设在35℃,柴油机需要冷却用阀件全部开启。

缸套水泵一台处在正常工作状态,缸套冷却水温度设在60℃(缸套冷却水正常工作温度为80℃),预加热设备正常工作。

两台发电机处在正常工作状态,一台处于备用状态。

主、应急、控制空气瓶应全部充满,空压机应处于自动启停状态,主机的启动空气、安全空气、控制空气处于工作状态。

主机供油单元处于正常工作状态(7.5bar~8.5bar),燃油进出主机阀开启。

主滑油泵正常工作,滑油循环舱加温,主滑油温度设在45℃,主滑油分油机开启。

主机至扫气箱泄放柜的阀开启,汽缸油测量柜注满,汽缸油增压模块处于正常状态,锅炉燃油供给泵处于正常工作状态,锅炉内蒸汽达到正常供给值,为各设备服务的风机、风闸开启散热。

主机上的监测报警点按步骤分别进行调试完毕。

主机第一次系泊试车时必须注意以下几点:

(1)加固船舶系缆绳。

(2)驾驶室与机舱的通讯及传令钟一切正常。

(3)码头与驾驶室配备了望人员。

(4)舵叶固定于零位。

(5)首次柴油机启动必须在机旁操纵。

(6)打开各缸示功阀用压缩空气冲车 2 次~3 次。

二、柴油机试验中常见的故障和消除

对柴油机试验中发生的故障,要根据柴油机的工作原理和平时掌握的情况、经验进行分析,找出可能造成故障的原因,然后在很多可能的故障中逐条排除。将主要的疑点作进一步的分析,并进行必要的检查,才能迅速、准确的判断产生故障原因并排除。

柴油机运行故障有很多,主要有:启动困难或不能启动、发不出额定功率、运转中突然停车、飞车、转速不稳、运行时有异常噪声、排气烟色异常、温度不正常、最高爆发压力不正常、其他辅助设施故障等,都会影响到柴油机的正常运行。下面介绍一些常见的故障及解除方法。

序号	故障	产生可能原因	排除方法
1	柴油机启动困难	1. 启动空气瓶的阀未打开; 2. 启动空气瓶压力太低; 3. 主启动阀未开启或未打开; 4. 盘车机没脱开,联锁阀处于关闭状态; 5. 控制空气管路接错或堵塞; 6. 燃油操纵手柄不在遥控位置上; 7. 缸头启动阀柱塞个别咬死	1. 把启动空气瓶的阀开启; 2. 用空压机向空气瓶充气,达到直动压力; 3. 把启动阀放到正常开启位置; 4. 把盘车机联结器脱开; 5. 检查纠正,管路疏通; 6. 把燃油操纵手柄放到"遥控"位置上; 7. 修理缸头启动阀
2	柴油机汽缸启动时不发火	1. 喷油泵或燃油管充油不足; 2. 有关汽缸的喷油泵驱动部分被抬起,或者喷油泵柱塞轧住; 3. 喷油泵上的燃油截止阀未开; 4. 高压油管泄漏; 5. 喷油泵进油阀和溢油阀泄漏或卡住; 6. 喷油器上的放气塞开着或泄漏严重; 7. 喷油器的喷嘴泄漏和针阀卡住; 8. 喷油定时调整不正确; 9. 压缩压力太低,不能使燃油发火; 10. 燃油油门杆卡住; 11. 断油伺服器停在停车位置上; 12. 燃油不适合或含水太多; 13. 调速器出现故障	1. 燃油充油放气; 2. 检查恢复喷油泵下正常工作; 3. 打开所有喷油泵燃油截止阀; 4. 捉漏消除; 5. 阀检查修理; 6. 关闭放气塞或泄漏修理; 7. 喷油器修理检查; 8. 重新调整检查喷油定时; 9. 检查调整各缸压缩比; 10. 检查修复; 11. 检查断油伺服器产生原因后消除; 12. 油质检查; 13. 检查修正调速器

序号	故障	产生可能原因	排除方法
3	启动时发火过猛	1. 启动时喷油量太大； 2. 转速设定手柄位置定太高； 3. 喷油定时调整得不对	1. 重新调整,减少启动时供油量； 2. 手柄位置调低； 3. 重新检查调整
4	柴油机转速不稳或自动停车	1. 燃油受水污染； 2. 燃油供油压力太低； 3. 燃油日用柜断油,燃油滤器阻塞,或者燃油增压泵故障； 4. 调速器或其传动机构损坏或卡住； 5. 控制空气压力太低或控制空气管损坏泄漏,引起断油伺服器停油； 6. 安全保护切断装置动作	1. 检查油质换油； 2. 提高供油压力； 3. 加油,清洗滤器,修理燃油增压泵； 4. 检查调速器和传动机构 5. 恢复控制空气供气压力正常； 6. 检查系统润滑油压力,控制油压力,水压是否太低,润滑油泵与冷却水泵是否故障,清洗油滤器阻塞
5	柴油机产生剧烈震动	1. 柴油机的机座紧固件及贯穿螺栓松动； 2. 柴油机运动部件紧固螺栓松动(活塞杆底螺帽,连杆大小端螺栓等)； 3. 柴油机配置的平衡装置未调整好； 4. 柴油机的转速处于共振区域临界转速	1. 重新检查泵紧； 2. 打开曲轴箱门,检查紧固运动部件螺栓及螺帽； 3. 重新检查调整柴油机平衡装置； 4. 避开柴油机的临界转速
6	运行中功率发不足	1. 各缸喷油量不均； 2. 个别汽缸未发火或者燃烧不良； 3. 气阀漏气,不气密； 4. 增压器故障或进气滤网吸气阻塞； 5. 空冷器污染扫气空气受阻； 6. 冷却水系统冷却压力低,空冷器空气温度高,新鲜空气密度降低； 7. 个别汽缸与活塞环间隙过大； 8. 螺旋桨吃水未达到要求； 9. 燃油供油量受到限制	1. 重新检查调整； 2. 检查对应汽缸的喷油器,喷油泵情况,汽缸压缩压力检查； 3. 气阀研磨修理； 4. 增压器润滑油,冷却水检查,涡轮运转不正常进行检修,清洗滤网； 5. 清洗主机空冷器； 6. 检查冷却水泵工作,冷却水系统阀是否开启,冷却水系统压力调到正常值； 7. 活塞环换新； 8. 尾尖舱压水,或压载水重新配载； 9. 检查调速器及油门操纵杆刻度
7	柴油机不能换向	1. 控制空气或者控制油压太低,导致凸轮轴不能转动或转动角度不够； 2. 换向阀未调整到位； 3. 换向伺服器在终端位置被卡住	1. 检查调整控制空气或者控制油的压力和流量； 2. 换向阀重新进行检查调整； 3. 换向伺服器检查,并修复正常
8	柴油机冒黑烟	1. 柴油机超 负荷工况下运转； 2. 排气阀漏气； 3. 个别汽缸燃烧不完善(喷油器故障,喷油泵不正常,汽缸压缩压力低,活塞环与汽缸间隙过大,扫气空气密度太低,扫气空气压力太小,汽缸润滑油剂量太大,喷油定时不对等都能引起燃烧不完善)； 4. 燃油品种质量不符； 5. 个别汽缸刮油环安装不正确或活塞环断裂； 6. 喷油器针阀体产生裂缝,产生漏油滴油现象	1. 降调到额定负荷； 2. 研磨修理排气阀； 3. 根据检查后的不同原因,用上述方法消除解决； 4. 换燃油； 5. 吊出活塞,重新正确安装刮油环或换新活塞环,并检查扫气口情况； 6. 调换损坏喷油器针阀及针阀体

序号	故障	产生可能原因	排除方法
9	柴油机运转时有不正常的噪声	1. 主轴承、连杆大小端轴承间隙过大； 2. 传动齿轮间隙过大； 3. 喷油提前角过早或过迟引起敲缸声； 4. 活塞与汽缸间隙过大，活塞环与环槽间隙过大； 5. 活塞与汽缸套出现拉缸现象； 6. 汽缸与活塞连杆等运动部件安装中心没有校准； 7. 柴油机在外界和机内低气温冷态情况下加速运转； 8. 柴油机内各种管子、传感器，其他安装件的抱箍与螺栓螺帽松动； 9. 曲轴箱内工作后遗留下异物	1. 调整轴承间隙，或轴瓦换新； 2. 调整齿隙或换新齿轮； 3. 重新进行喷油定时检查调整； 4. 调整或更换活塞与活塞环； 5. 汽缸润滑油注油器供油情况检查，汽缸内有垃圾异物或活塞环断裂给予清除及换新，汽缸内汽缸润滑油注油孔堵塞给予疏通； 6. 重新对安装的每道工序进行汽缸中心线的校调和修正； 7. 柴油机缸套冷却水进行系统暖缸，提高机温，或在低负荷下运转，待机温逐渐提升后增加负荷； 8. 打开曲轴箱门，重新安装紧固； 9. 检查后去除异物
10	轴瓦出现烧熔情况	1. 进入轴承的润滑油中有杂物或垃圾； 2. 轴承内润滑油少或断油； 3. 润滑油的牌号不符或油质乳化掺水； 4. 轴承调整的间隙太小； 5. 轴承在安装校准时产生偏差，造成轴瓦受力不匀； 6. 轴瓦的浇注合金材质不符； 7. 轴颈上留有拉毛痕或轴颈表面粗糙粗糙度不行	1. 清洁润滑油，去除杂物或垃圾，系统润滑油中有问题，要清洗滤器，润滑油分油，甚至于调换新润滑油； 2. 检查轴承润滑油孔、油槽，系统润滑油压力和管子堵塞情况； 3. 重新调换新的润滑油； 4. 轴承间隙调整或更换轴瓦； 5. 拆检重新安装，纠正偏差； 6. 换合格材质的轴瓦； 7. 轴颈修磨拉光，减小表面粗糙度

第六节　船舶柴油机的交验

一、船舶柴油机交验阶段的划分和目的

船舶柴油机划分三个交验阶段，每个交验阶段的目的和技术要求都不同，但每个阶段必须经船检认可或船东参与。

1. 第一阶段——出厂试验（台架试验）

出厂试验全部是由柴油机产品制造厂完成测试提交，其目的是：

(1)柴油机试验性能数据要满足设计的性能要求。

(2)确保柴油机出厂产品的质量可靠。

2. 第二阶段——系泊试验（码头试验）

由于系泊的条件限制，系泊时船用柴油机的试验负荷无法达到额定转速和额定功率。

系泊试验为了检测船厂用柴油机是否适应船舶的航行条件,是否具备航行的安全性能,而必须进行的项目试验检查和提交。

3. 第三阶段——航行试验(出海试航)

航行试验是提交系泊试验无法完成的项目交验,通过柴油机系统综合的航行试验,获得船东和船检对柴油机性能的认可。

二、船舶柴油机的系泊试验

(1)主机盘车机试验:

①主机盘车机的效用试验。

②盘车机安全联锁功能试验。

(2)主机车钟系统试验:

①集控室—机旁;②机旁—集控室;③集控室—驾驶室;④驾驶室—集控室;⑤驾驶室—机旁;⑥机旁—驾驶室。

(3)主机启动试验(机旁、集控室):

①气动启动连续超过 12 次;②电动启动连续超过 20 次。

(4)主机码头运转试验(机旁、集控室、驾驶室):

①正车;②倒车。

(5)主机换向试验(机旁、集控室、驾驶室):

每次换向时间小于 15s。

(6)主机最低稳定转速试验。

(7)主机应争停车试验:

①驾驶室操纵;②驾驶室两翼操纵;③机舱集控室操纵;④机旁操纵。

(8)主机报警监测点试验(采用模拟试验):

①主机系统故障停车试验(系统高温、低压及主机超速等);

②主机系统故障降速试验(系统温度高、压力低及火警等);

③临界转速报警功能试验(集控室操纵)。

(9)主机操纵试验:

①机旁操纵控制;②集控室操纵控制;③驾驶室及两翼操纵控制。

三、船舶柴油机的航行试验

航行试验的项目通常在试航区域进行,有的试验项目在系泊试验时已进行过试验,但仅仅为了检验确保安全航行条件,所以在航行试验时,还得重新进行项目提交,例如:系泊交验项目中的(2)、(3)、(5)、(6)、(7)、(9),因此不重述。除此以外,船舶柴油机的航行试验还得完成以下提交试验:

(1)主机运转试验(调速稳定状态):

①正车:50%额定功率(1h)→75%额定功率(1h)→100%额定功率(8h)运转试验;

②正车：110％额定功率(或110％额定转速)运转试验(1h)；

③倒车运转试验(不小于75％正车额定功率)(1h/2h)。

(2)主机转换重油燃烧试验：

轻油→重燃油→轻油。

(3)主机应急操纵试验(正车→停车→倒车)：

①集控室应急操纵试验；②驾驶室及两翼应急操纵试验。

(4)总体性能试验：

①测速试验；②惯性试验；③噪声试验；④扭振试验；⑤回转试验；⑥航向稳定试验。

(5)柴油机停缸运转试验(任意停止一缸供油)。

第二十二章 船舶钳工安全操作规程

船舶钳工安全操作规程如下:

(1)安全生产,人人有责。职工必须加强法制观念,认真执行党和国家有关安全生产的方针、政策与法规。严格遵守船舶工业职工安全生产行为守则和其他安全技术操作规程、各项安全生产规章制度。遇有严重危及生命安全的情况,职工有权停止操作,并及时向安全部门报告。

(2)按规定正确使用好个人防护用品。凡进入船台、平台、船坞、码头等生产区域以及基建施工、内场立体交叉作业场所,均需戴好安全帽,扣好帽带。2m以上登高作业,若无防护栏杆等有效可靠的安全设施,必须系好安全带,带钩拴在固定牢靠的地方。水上作业穿好救生衣。机械转动部位严禁戴手套操作,女工应把发辫纳在帽内,有产生高速飞溅物的作业时应戴好防护眼镜(即三戴、一不戴)。

(3)凡从事起重、起重驾驶、焊割等特种作业,必须经过专业安全技术培训,经考试合格,取得省、部级特种作业操作证后,方能上岗单独操作。严禁无证操作。

(4)工作时应集中精力,坚守岗位,不准擅自把自己工作交给他人,不是自己操作的设备不准随意开动。工作时不准嬉闹、打瞌睡和做与工作无关的事,不准穿拖鞋、赤脚、赤膊。工作前不准饮酒。

(5)在高空及立体施工场所作业时,严禁向下投掷工具、材料等物;作业人员随身携带的工具、物料应安放稳妥,防止落下伤人。

(6)严禁任何人攀登吊运中的物体及在吊运物下通过和停留。

(7)爱护和正确使用各种设备。各种安全装置必须齐全可靠,不准随意拆除和占用。

(8)一切工具设备不得超重、超压、超载、超负荷使用。使用榔头时不准戴手套。

(9)两人共同操作,必须有主有从;三人以上的多人共同操作,应明确由一人统一指挥,密切配合,以确保安全。

(10)发生重大事故或恶性未遂事故,要及时抢救,保护现场并立即向领导和安全部门报告。

(11)在工厂内行走,应注意各种警示标志,严禁贪图方便跨越危险区,严禁从行驶中的机动车上爬上跳下。

(12)使用扶梯,应注意完好。竹梯脚要有橡皮包扎,扶梯的踏档不能缺损,上端要固定(或下端有支撑物),防止梯子滑倒,上下扶梯要面向梯子,手中不准携带重物。

(13)上下船舶要走引桥,船旁施工要有防护措施,防止落江。不准自搭跳板随意行走。

(14)上船的氧乙炔、电焊皮带必须架空,分道进入工作部位;明火作业前必须对氧乙炔、电焊皮带等工具以及作业场所、邻近区域(包括隔舱)进行全面检查,确保安全后方可施工。作业中应注意安全,严格执行明火作业"十不烧"规定。工作完毕必须切断电源、气源、拆下接头,并将皮带拉出舱外圈挂好。不准将与气源相连的皮带存放封闭式的工具箱内。

(15)船上严禁用电灯泡、气焊割炬、木柴等进行烘物或烤火取暖,不准用气焊割炬明火照明。

(16)船上油柜加油后,禁止在油柜附近、机舱等处吸烟。

(17)易燃易爆等危险场所,严禁吸烟和明火作业。不得在有尘毒、粉尘的生产场所进餐、饮水。

(18)在修、造船过程中,汽油、松香水、酒精、丙酮、油漆等易燃易爆物品在工作完毕后,一律带上岸,集中保管,不得留在船上,空油漆桶也要带走,做到工完、料尽、场地清。

(19)不得在防爆禁区内穿带有铁钉的鞋子和用金属物敲打,以防产生火花,发生爆炸。

(20)打磨、除锈必须戴好头盔、口罩,严防粉尘危害,患尘肺病。

(21)各种消防器材、工具应按消防规范放置,不准随便动用,安放地点周围不准堆放其他物品。

(22)非电气专业人员不准装、修、拆、搭电气设备和线路。

(23)专业修理人员检修各类机械电气设备时,事先应切断电源,并挂上"严禁合闸"警告牌。钳工无权取下警告牌,并严禁合闸。

(24)使用手持电动工具必须绝缘可靠,有良好的接地或接零措施,装有触电保护器,并戴好绝缘手套。手持行灯电压不得超过 36V。

(25)在容器、双层底及狭小舱室内工作时,必须坚持双人监护制,即一人工作,一人监护。监护人要坚守工作岗位,不能离开现场,要注意观察情况,以防窒息、中暑、昏倒、触电等事故的发生。

(26)生产现场安全设施和警界标识,不准私自摘除。因工作需要须经安全管理部门同意,工作完毕立即恢复。

(27)各类油料、含油废水、工业毒品、工业垃圾等,应倒在指定地点和指定盛器内,不准乱抛或随意排放。

(28)夜间施工要有良好的照明,船上行走要注意人孔洞,上下洞口后要自觉将翻板盖好。

复 习 题

1. 船舶推进系统的安装主要有哪几个方面的工作?
2. 轴系中心拉线望光前必须要具备哪些主要条件?
3. 确保轴系的安装质量是有哪些作业内容决定?
4. 尾管滑油密性检查的操作程序是怎样?
5. 无键液压螺旋桨的安装工艺步骤是什么?
6. 常见轴系联轴节法兰的校中方法和操作步骤是怎样的?

7. 什么叫曲轴臂距差？它的含义是什么？新造船用低速柴油机曲轴臂距差的允许标准值为多少？

8. 船用柴油机动车前的主要检查内容有哪些？

9. 柴油机有哪些常见的故障？

10. 船舶柴油主机有哪些系泊和航行试验项目内容？

11. 船舶钳工安全操作规程主要有哪些？